LAW & BUSINESS

法商图书

案件审理监管评查五步法

FIVE STEPS OF CASE TRIAL, SUPERVISION AND EVALUATION

王雨田◎著

法律出版社
LAW PRESS·CHINA
—— 北京 ——

图书在版编目(CIP)数据

案件审理、监管、评查五步法 / 王雨田著. -- 北京:法律出版社, 2022

ISBN 978-7-5197-6435-7

Ⅰ. ①案… Ⅱ. ①王… Ⅲ. ①审判-司法制度-研究-中国 Ⅳ. ①D925.04

中国版本图书馆 CIP 数据核字(2022)第 026306 号

案件审理、监管、评查五步法
ANJIAN SHENLI、JIANGUAN、PINGCHA WUBUFA

王雨田 著

责任编辑 赵明霞 魏艳丽
装帧设计 汪奇峰

出版发行 法律出版社
编辑统筹 法商出版分社
责任校对 王 丰 郭艳萍
责任印制 胡晓雅
经 销 新华书店

开本 710 毫米×1000 毫米 1/16
印张 26.5 **字数** 445 千
版本 2022 年 3 月第 1 版
印次 2022 年 3 月第 1 次印刷
印刷 永清县金鑫印刷有限公司

地址:北京市丰台区莲花池西里 7 号(100073)
网址:www.lawpress.com.cn
投稿邮箱:info@lawpress.com.cn
举报盗版邮箱:jbwq@lawpress.com.cn

销售电话:010-83938349
客服电话:010-83938350
咨询电话:010-63939796

书号:ISBN 978-7-5197-6435-7
定价:108.00 元

凡购买本社图书,如有印装错误,我社负责退换。电话:010-83938349

代序言　把审判工作做到人民群众心坎上*

人民群众的满意度是衡量司法工作得失成败的最终标准。习近平总书记指出，要坚持“把人民拥护不拥护、赞成不赞成、高兴不高兴、答应不答应作为衡量一切工作得失的根本标准”①。“我们要依法公正对待人民群众的诉求，努力让人民群众在每一个司法案件中都能感受到公平正义。”②人民法院作为国家审判机关、中国特色社会主义法治事业的建设者、社会公平正义的捍卫者，要始终坚持以习近平新时代中国特色社会主义思想为指引，自觉践行以人民为中心的发展思想，扎实推进“我为群众办实事”实践活动，把审判工作做到人民群众的心坎上，努力让人民群众在每一个司法案件中感受到公平正义。

自觉践行以人民为中心的司法理念。中国共产党之所以能够无往不胜，是因为她能够始终代表中国最广大人民群众的根本利益。中国共产党的百年历史，也是一部人民群众观一以贯之的实践发展史。进入新时代，以习近平同志为核心的党中央紧密结合中国特色社会主义法治的新实践新发展新要求，创造性运用马克思主义群众观，在推进全面依法治国中始终坚持“以人民为中心”。实践充分证明，只有始终站稳人民立场，积极回应人民群众关切，努力践行司法为民宗旨，司

---

* 《把审判工作做到人民群众心坎上》系作者 2021 年 7 月 17 日发表于《人民法院报》第 2 版的署名文章。

① 新华社：《习近平在十三届全国人大一次会议闭幕会上发表重要讲话　始终要把人民放在心中最高的位置　衡量一切工作得失根本标准：人民拥护不拥护、赞成不赞成、高兴不高兴、答应不答应》，载《上海人大月刊》2018 年第 3 期。

② 详见习近平：《论坚持全面依法治国》，中央文献出版社 2020 年版，第 14 页。需要注意的是，2017 年 10 月 18 日，习近平总书记在十九大报告中提出“全面落实司法责任制，努力让人民群众在每一个司法案件中感受到公平正义”。2018 年 2 月 24 日在中央政治局第四次集体学习时的讲话中强调：“要努力让人民群众在每一个司法案件中都感受到公平正义，所有司法机关都要紧紧围绕这个目标来改进工作，重点解决影响司法公正和制约司法能力的深层次问题。”除直接引用外，本书统一采用党的十九大报告“努力让人民群众在每一个司法案件中感受到公平正义”的表述，特此说明。

法工作才能符合民情、体现民意、赢得民心，司法事业才会呈现蓬勃生机和无限活力。践行习近平总书记“以人民为中心的发展思想”，落实到司法领域就是践行“以人民为中心的司法理念”。因此，各级人民法院的办案法官在履行审判职责时，要始终把人民放在心中最高位置，积极回应人民群众的新需求新期待，自觉践行“以人民为中心的司法理念”，把“案结事了人和”作为案件审理目标，实现案件办理的政治效果、法律效果和社会效果有机统一，不断提升司法权威和司法公信力，切实维护社会公平正义。

为人民群众提供便捷的诉讼服务。要严格落实立案登记制，持之以恒巩固改革成果，始终做到“有案必立、有诉必理”。充分尊重涉诉当事人多层次、多样化的立案需求，畅通现场立案、电话预约立案、上门立案、自助立案、网上立案、邮寄立案和跨域立案服务等立体化诉讼渠道，确保当事人通过任何一个渠道，都能享受同样标准、同样品质的诉讼服务。优化诉讼服务中心建设，为当事人提供诉讼咨询引导、立案受理、费用缴纳、诉前调解、案件查询、文书查阅、档案调阅等一站式诉讼服务。根据辖区情况、案件情况、当事人需求，推行巡回审判、就地办案、在线诉讼等便民利民服务举措，切实减轻案件当事人诉累。

为人民群众提供高效的司法审判。最高人民法院院长周强指出：“公正必须以高效为支撑，迟到的正义会使正义大打折扣，同样影响法治实施的权威和公信。”“避免正义迟到，是为了更好地维护社会公平正义。”①进入新时代，人民法院要更加坚持司法公正和司法效率并举，将两者一同作为“审判工作的灵魂和生命”，努力追求“有效率的公正”。司法实践中，若案件因立案受理后迟迟不开庭审理或审理后迟迟不作出裁判而导致久拖不决，自然难以让当事人感受到公平正义。因为，案件久拖不决，会让当事人对审判的效率作出负面评价，对裁判的公正性产生疑虑。只有科学管理案件审限，真正做到轻重分离、快慢分道、繁简分流，简案快审、繁案精审，才能为人民群众提供高效的司法审判。科学管理案件审限，一是要在立案受理时根据案件处理的难易程度进行繁简分流，实行快慢分道，按照立案的先后顺序及时排期开庭；二是要排查案件审理流程堵点，提前预判是否需要公告送达、启动司法鉴定，是否存在中止诉讼等可能导致审限拖延的情形，及时启动相关程序确保司法审判流程顺畅；三是要提前阅卷，做好庭前准备，对案件情况做到心中有数，让庭审紧凑高效，尽量减少因准备不足的开庭次数，避免增加

① 周强：《形成高效的法治实施体系》，载《求是》2014年第22期。

当事人诉累；四是要对涉诉案件能调则调，当判则判，避免因久调不决拖延审理期限；五是要对积案和长期未结案件分类施策、精准施策，以院长督办令等方式大力推动清结，避免因为少数的长期未结案件影响审判质效的整体水平；六是要通过类案与关联案件检索，以生效裁判的司法经验和裁判规则为基础和参照，让法官在案件审理中尽快锚定审判方向、确立争议焦点、形成裁判结论，为人民群众提供高效的司法审判。

为人民群众维护公平正义。人民法院作为公权力机关，是通过一个个鲜活的司法个案向社会提供司法服务和保障。人民群众尤其是案件当事人，是司法服务的直接体验者。要让人民群众在每一个司法案件中感受到公平正义，就需要进行供给侧结构性改革，提供优质高效的司法服务和保障，让人民群众有良好的司法体验感。优质的司法服务和保障，需要裁断公正。“我们每年审理的案件数以万计，哪怕出现万分之一的失误和不公，对当事人而言都是百分之百的伤害。”①人民法官必须牢记“100 - 1 = 0”的道理，公平公正办理每一起司法案件，把人民群众对公正的感受、对司法的信任通过一个个公正的司法案件进行累积，汇聚成一个对公平公正的整体感受。优质的裁判，需要说理充分。公平正义不但要实现，更要以看得见、说得明的方式实现。人民法院的司法裁判，要始终坚持将法律的专业判断与人民群众的朴素认知相结合，用当事人听得懂的、“接地气”的方式释法说理，用朴实的、通俗易懂的话语诠释法律的内涵和精神。审判人员应不断提升裁判文书说理质量，用充分的裁判说理切实让人民群众感受到公平正义。优质的司法服务，还需要人民群众的司法体验良好。法院不仅要为案件当事人提供公正的司法裁判，还要为其提供良好的司法体验感受。坚持实体正义与程序正义并重，在案件审理中，尊重诉讼参与人，充分保障其陈述权、辩护权、参与权、知情权和监督权，努力做到让人民群众每参与一次司法活动，都是一次高满意度的体验公平正义的过程，用优质的司法服务，切实提升人民群众的司法获得感和满意度。

主动接受人民群众的监督评判。“百姓心中有杆秤”，审判工作干得好不好，人民群众的感受最直观，评价最客观、最公正。习近平总书记指出：“人民是我们党的工作的最高裁决者和最终评判者。”人民群众是否满意、司法公信力是否提升，是衡量司法工作得失成败的最终标准。因此，审判工作效果的好坏只有在经

---

① 周强：《万分之一的错案就是百分之百的不公平》，载人民网—人民日报 2013 年 7 月 5 日，http://www.people.com.cn/GB/124hour/n/2013/0705/c25408-22085191.html。

过人民评判后才能最终判定。这就要求人民法院要积极主动接受人民群众的监督和评判。人民法院应当认真听取人民群众的意见建议,及时改进自身工作,在听取意见的过程中增进认同、同频共振,提升人民群众满意度。要畅通三条接受人民群众监督评判的沟通交流渠道:一是要畅通民众参与司法、监督司法、评价司法的互动渠道,主动接受人民监督。通过邀请人大代表、政协委员、党员代表、人民监督员、村(居)民代表等走进法院,旁听重大案件庭审、见证重大案件执行、参与法院重要活动,让人民群众"零距离"监督人民法院工作。二是畅通与民众沟通互通的交流渠道,主动开展判后回访。案件当事人不仅是案件的直接参与者,也是直接的监督者,其对于案件的质量、效率和效果等最有发言权。通过主动回访案件当事人,变坐堂审案为开门办案,深入老百姓和案件当事人中去听取意见和反应,接受人民群众的评判和检验,以此实现对办案法官的制约;变当事人上访为法官下访,主动释疑解惑,努力化解当事人的不满情绪,尽量消除人民群众的误解,进而赢得人民群众的信任。三是畅通投诉处理反馈的快速通道,做好人民来访工作。建立院领导带班导诉接访制度,认真听取来访群众意见,耐心解答来访群众遇到的问题,对于能够当场答复的诉求要当场答复,及时解决;对于不能当场答复的诉求,要做好登记并告知信访人答复时间,按时做好反馈,依法妥善化解涉诉信访问题,为来访群众排忧解难。

前　言

习近平总书记指出："要继续推进法治领域改革，解决好立法、执法、司法、守法等领域的突出矛盾和问题。公平正义是司法的灵魂和生命。要深化司法责任制综合配套改革，加强司法制约监督，健全社会公平正义法治保障制度，努力让人民群众在每一个司法案件中感受到公平正义。"①按照中央政法委的具体部署，在最高人民法院的统筹推进和有力指导下，各级人民法院深入贯彻落实习近平法治思想，扎实有序推进党中央部署的各项司法改革任务，司法体制改革系统集成、协同高效取得积极进展，审判质量、效率和公信力不断提升，人民群众获得感明显增强。

习近平总书记强调，我们的政法队伍主流是好的，是一支听党指挥、服务人民、能打硬仗、不怕牺牲的队伍，是一支党和人民完全可以信赖的有坚强战斗力的队伍。但是，随着司法改革向纵深发展，也出现了一些新情况、新问题。就如何继续深化司法责任制综合配套改革，周强院长在2020年9月召开的贯彻落实全面深化改革推进会专题会议上明确指出："全面落实司法责任制，推行'让审理者裁判，由裁判者负责'，放权之后必须要有监督。加快推进执法司法制约监督体系改革和建设，对人民法院来说，重点是要加强对审判权力的制约和监督。"②周强院长明确要求："要坚持问题导向，全面落实司法责任制，坚持用制度管案、管人、管事，着力破解审判责任不实、监督管理不力、裁判尺度不统一、惩戒机制不完善等突出

① 习近平：《坚定不移走中国特色社会主义法治道路，为全面建设社会主义现代化国家提供有力法治保障》，载《求是》2021年第5期。

② 周强：《加强审判权力制约监督　全面落实司法责任制》，载最高人民法院、最高人民法院司法改革领导小组办公室编：《人民法院全面落实司法责任制读本》，人民法院出版社2021年版，第5页。

问题,确保放权不放任、放权与监督相统一。"[①]这为全国各级法院在司法改革中进一步健全审判监督管理机制指明了方向。

根据党中央、最高人民法院的上述要求,完善审判权制约监督,要在继续坚持"让审理者裁判,由裁判者负责"的基础上,充分发扬司法民主,主动接受内外监督,实现"让监督者监督",进而形成落实司法责任制的"闭合链条"。[②] 为此,笔者结合多年审判实践经验和审判管理经验,在司法实务中积极探索出了案件审理、监管、评查五步法(以下简称五步法)。五步法,由法律依据检索、类案检索、关联案件检索、证据规则运用、法律规则适用五个环节构成,是一整套环环相扣、层层递进的系统化、规范化、标准化审判工作流程和办案方法,旨在实现案件审理、案件监管、案件评查"一把尺子量到底",以统一裁判尺度,规范自由裁量权的行使,缩小事实认定分歧和法律适用分歧,并在此基础上,实现审判权力运行可追溯、受监督的司法改革目标。

五步法是在习近平法治思想指导下努力以改革创新推动人民法院工作高质量发展的基层实践,是基层在深化司法改革过程中针对改革难点、痛点、堵点提供的"基层智慧""基层方案"。同时,五步法对于促进司法实务在标准化方向上高质量发展,指引当事人参与诉讼,促进法律职业共同体共同维护司法公正,全面推行依法治国等方面具有现实意义。

期待《案件审理、监管、评查五步法》能够成为广大法律职业共同体的"良师益友",能为全面依法治国、建设更高水平的法治中国贡献力量。

王雨田

2021 年 8 月

① 周强:《全面落实司法责任制 切实提升审判质效和司法公信力》,载《人民司法》2019 年第 19 期。

② 王雨田:《加强制约监督 规范司法权力运行》,载《法治日报》2021 年 8 月 5 日,第 5 版。

目　录

第一章　五步法的提出、构成和实践价值

党的十八大提出："法治是治国理政的基本方式。"①全面依法治国是我国国家治理战略布局的重要方面。习近平总书记指出："全面推进依法治国总目标是建设中国特色社会主义法治体系，建设社会主义法治国家。"②党的十八大以来，我国已经构建起"科学立法、严格执法、公正司法、全民守法"的全面依法治国的基本格局。在这个格局中，公正司法是其中的重要一环。

习近平总书记多次强调公正司法的重要性。在党的十八届中央政治局第四次集体学习时，习近平总书记在讲话中强调："所谓公正司法，就是受到侵害的权利一定会得到保护和救济，违法犯罪活动一定要受到制裁和惩罚。如果人民群众通过司法程序不能保证自己的合法权利，那司法就没有公信力，人民群众也不会相信司法。法律本来应该具有定分止争的功能，司法审判本来应该具有终局性的作用，如果司法不公、人心不服，这些功能就难以实现。"③对于人民法院工作而言，公正司法是人民法院审判工作的生命线，是人民法院一切工作的出发点和落脚点。

当前，中国特色社会主义进入新发展阶段，我国社会主要矛盾已经转化为人民日益增长的美好生活需要和不平衡不充分的发展之间的矛盾。党的十九届五中全会指出：我国已转向高质量发展阶段，我国发展不平衡不充分问题仍然突出；发展中的矛盾和问题集中体现在发展质量上。这就要求我们必须把发展质量问题摆在更为突出的位置，着力提升发展质量和效益。④ 对应党的十九届五中全会

① 习近平：《论坚持全面依法治国》，中央文献出版社 2020 年版，第 84 页。

② 习近平：《关于〈中共中央关于全面推进依法治国若干重大问题的决定〉的说明》。

③ 习近平：《论坚持全面依法治国》，中央文献出版社 2020 年版，第 22 页。

④ 习近平：《关于〈中共中央关于制定国民经济和社会发展第十四个五年规划和二〇三五年远景目标的建议〉的说明》。

要求，要实现人民法院事业高质量发展，必须在建设更高水平的平安中国目标任务下，切实解决好人民群众对更高质量司法公正的需求与人民法院工作发展不平衡不充分之间的矛盾。然而，现实生活中，在公正司法环节，司法机关还存在诸多与人民群众的期待不一致的地方。在人民法院工作方面，主要体现为审判人员司法能力参差不齐、司法责任制落实不到位、制约监督体系不完善、法律适用不统一等现象，甚至个案中存在的司法不公、司法不廉等问题。

习近平总书记曾深刻指出："我国司法制度是党领导人民在长期实践中建立和发展起来的，总体上与我国国情和我国社会主义制度是适应的。同时，由于多种因素影响，司法活动中也存在一些司法不公、冤假错案、司法腐败以及金钱案、权力案、人情案等问题。这些问题如果不抓紧解决，就会严重影响全面依法治国进程，严重影响社会公平正义。"①

近些年来，最高人民法院按照党中央的部署，厉行法治原则，坚持公正司法、有错必纠，以证据裁判为基础大力纠正冤错案件，在审判领域依法纠正了一批冤错案件。在扫黑除恶专项斗争中，更是刀刃向内，铁拳出击，依法严惩黑恶势力犯罪及其保护伞，取得了丰硕战果。在看到上述巨大成绩的同时，我们也要清醒地认识到，一些地区司法人员的司法能力和水平还需要进一步提升，个案中司法不公正甚至司法不廉洁的现象仍时有发生，"佘祥林案""于欢案""呼格吉勒图案""聂树斌案""孙小果案""怀化操场埋尸案"等案件就很典型，这些案件暴露出来的问题均引人深思、发人深省。从这些案件看，人民法院必须坚持党的领导，进一步深化司法改革，建立并完善与公正高效权威司法体制相匹配的审判权运行体制和机制。

党的十八大以来，围绕实施全面依法治国战略，为坚持和完善中国特色社会主义司法制度，确保审判机关依法独立公正行使审判权，党中央决定在全国法院开展以"司法责任制改革"为核心的司法体制"四项改革"②。中央全面深化改革领导小组第十五次会议审议通过的最高人民法院《关于完善人民法院司法责任制的若干意见》明确提出，推进司法责任制改革的总体目标就是"让审理者裁判，由裁判者负责"，确保人民法院依法独立公正行使审判权。中共中央《关于全面推进依法治国若干重大问题的决定》指出，必须完善司法管理体制和司法权力运行机

① 习近平：《习近平谈治国理政》（第 2 卷），外文出版社 2017 年版，第 130 页。

② "四项改革"是指司法责任制、完善司法人员分类管理、健全司法人员职业保障制度、推进省以下地方法院人财物省级统一管理，"四项改革"是司法体制改革的基础性制度性措施。

制,规范司法行为,加强对司法活动的监督,努力让人民群众在每一个司法案件中感受到公平正义。中共中央《关于坚持和完善中国特色社会主义制度推进国家治理体系和治理能力现代化若干重大问题的决定》(以下简称《决定》)进一步明确:必须强化对权力运行的制约和监督,要完善权力配置和运行制约机制。坚持权责法定,健全分事行权、分岗设权、分级授权、定期轮岗制度,明晰权力边界,规范工作流程,强化权力制约。坚持权责透明,推动用权公开,完善党务、政务、司法和各领域办事公开制度,建立权力运行可查询、可追溯的反馈机制。坚持权责统一,盯紧权力运行各个环节,完善发现问题、纠正偏差、精准问责有效机制,压减权力设租寻租空间。

按照上述《决定》要求,当前,随着司法体制改革向纵深推进,建立与员额制改革、司法责任制改革相配套的司法权力运行机制,在"让审理者裁判,由裁判者负责"的基础上,建立权力运行可查询、可追溯的反馈机制,实现"让监督者监督",已成为当务之急。各地法院也纷纷立足审判实践大胆探索,全国法院呈现开拓进取、锐意改革的全新局面。

案件审理、监管、评查五步法(以下简称五步法),正是在上述司法体制改革向纵深推进的大背景下应运而生的基层改革实践与探索。它直接源于笔者多年来在实践中总结的案件审理经验、审判监督经验和审判管理经验。五步法在司法实践中经反复试用、反复打磨,不断完善,日臻成熟,在郴州市中级人民法院司法改革实践中得到大力提倡和推行。五步法旨在打造由法律依据检索、类案检索、关联案件检索、证据规则运用、法律规则适用五个环节构成的环环相扣、层层递进的系统化、规范化、标准化审判工作流程和办案方法。在规范案件审理流程和审理方法的基础上,进一步规范院庭长的监管流程、监管方法,突出"事前""事中"监管,帮助院庭长更好地履行监管职能,以切实解决好"不愿管""不会管""不敢管"的问题。[①] 同时,通过审判管理部门有序组织案件质量评查,优化案件评查步骤和评查方法,以案件质量评查促案件质量提高,不断提升审判质量、效率和公信力。五步法将上述案件审理、案件监管、案件评查三项工作的工作流程和办案方法系统化、规范化、标准化,力图建立规范审判权力运行的体制机制,以实现审判权力运行可查询、可追溯的司法权力运行机制改革目标。

---

① 参见王雨田、何伦波:《完善审判权运行制约监督机制》,载《人民法院报》2021年5月11日,第2版。

按照五步法的要求，案件审理者在案件办理过程中必须严格按照五步法提交检索报告，并在此基础上依法办案。合议庭合议时如果发现存在事实认定分歧、法律适用分歧的情况，相关审判人员应自觉启动法律适用分歧解决机制[①]及时处理。在院庭长对法官履行监管职能过程中，监管者也要严格按照五步法，对案件审理者办理的案件进行独立检索和监管。在审判管理部门进行案件质量评查时，案件评查者同样应严格按照上述系统化、规范化、标准化的五个环节独立进行检索和评查。尤其在监管环节和案件质量评查环节，对于监管和评查过程中发现的事实认定分歧和法律适用分歧，应当依托法律适用分歧解决机制，在充分发挥司法民主的基础上，依法合议和分类处理，从而实现案件审理、案件监管、案件评查“一把尺子量到底”。司法实践中，应当高度重视审判流程管理，将审判流程管理规范化，在此过程中，充分发扬司法民主，严格执行民主集中制，实现审判人员自由裁量权的规范行使，并以此为基础，提升审判人员的司法能力和水平，统一裁判尺度，实现“类案同判”，从而全面提升审判质量、效率和公信力。

五步法是在习近平法治思想指导下以改革创新推动人民法院工作高质量发展的基层实践。五步法以司法民主为基础，以法律分歧解决机制为依托，以公正司法为目标，以司法为民为宗旨，坚持目标导向、问题导向和效果导向，立足中国特色社会主义法治建设，积极探索规范化、标准化、流程化的审判权力运行及监督机制，是基层在深化司法改革过程中针对改革难点、痛点、堵点提供的“基层智慧”“基层方案”。在审判实务中，五步法的推行，对于在“让审理者裁判，由裁判者负责”的基础上，努力实现“让监督者监督”，对全面落实司法责任制、完善审判权力运行和监督制约机制、统一法律适用等具有现实意义。

第一节　五步法的产生和探索目的

习近平总书记在中央全面依法治国工作会议上指出：“要积极回应人民群众新要求新期待，系统研究谋划和解决法治领域人民群众反映强烈的突出问题，不断增强人民群众的获得感、幸福感、安全感，用法治保障人民群众安居乐业。”“公

---

① 法律适用分歧解决机制，是指为避免人民法院生效裁判之间发生法律适用分歧和及时解决人民法院生效裁判之间业已存在的法律适用分歧的一套审判机制，主要包含法律适用分歧解决的组织体系、申请工作、工作流程、结果适用等内容。

平正义是司法的灵魂和生命。要深化司法责任制综合配套改革，加强司法制约监督，健全社会公平正义法治保障制度，努力让人民群众在每一个司法案件中感受到公平正义。”[①]五步法，直接源于人民群众对公平正义的新要求新期待，致力于服务深化司法改革的迫切需要，以及新发展阶段依法治国高质量发展的客观需要。

一、源于客观现实的迫切需要

党的十八大以来，在以习近平同志为核心的党中央的坚强领导下，在中央政法委的直接领导下，人民法院深入推进司法责任制及综合配套改革，促进审判质量、效率和司法公信力不断提升，司法改革取得了巨大成效。但不可否认的是，在司法实践中，“类案不同判”的情况还不同程度地客观存在，这与司法高质量发展的要求不相适应，与公正司法的要求不相适应。正是人民群众对“类案同判”的期盼、对公平正义的追求以及对高质量司法产品的需求等客观现实，从根本上促推了五步法的出台。

（一）人民群众对“类案同判”的期盼

“类案同判”，是指“类似的情况要同样对待”，是人民群众对司法公正的殷切期盼，是“法律面前人人平等”宪法原则在司法中的具体体现。司法裁判需要努力做到“类案同判”。这既是现代法治的基本原则，也是公平正义的内在要求。然而，在司法实践中，客观上还存在不少“类案不同判”的现象。

所谓“类案不同判”，即不同的法院对相同或者相类似的案件在认定事实或适用法律时作出的差异化判决。近年来，“类案不同判”现象时有发生，如对“知假买假”行为的不同法律认定、对“许霆案”等类案的不同处理，对借名买房纠纷中房屋产权的不同归属认定等。[②] “类案不同判”现象产生的原因是多方面的，既有主观原因，也有客观原因，个案中产生的“类案不同判”需要具体情况具体分析。

从审判实务角度看，产生“类案不同判”现象的直接原因，在于审判人员在审理案件时出现了认识分歧和判断分歧，即审判人员对所审理案件在事实认定上和法律适用上产生了不同的认识和判断，进而导致出现事实认定差异和法律适用差异。对于个案而言，无论是在事实认定上还是在法律适用上存在差异，都必将导

① 习近平：《论坚持全面依法治国》，中央文献出版社 2020 年版，第 2 页、第 5 页。

② 刘树德、胡继先：《关于类案检索制度相关问题的若干思考》，载《法律适用》2020 年第 18 期。

致裁判结果差异，进而形成“类案不同判”的现象。

在笔者看来，只有遵循审判规律和司法规律，充分发挥司法民主，建立起合理高效的分歧解决机制，才能从根本上规范和约束不同个性化的审判人员，进而取得“类案同判”的结果，确保法律的统一正确实施，实现案件审理政治效果、法律效果、社会效果的高度统一。

不可否认的是，由于审判人员的法律知识储备、司法裁判经验和裁判思路存在差异，在办案过程中不可避免会产生认定事实和法律适用分歧。有的学者认为：“由于绝对的同案并不存在，即使存在也很难认定，差异化的判决不仅无可避免，也具有相当的合理性。”[①]上述观点不无道理，然而，站在人民群众的立场看，从朴素的正义观出发，普通民众不能理解为什么“同样的事情”会存在差异化裁判。对他们而言，需要的是“类案同判”。人民群众对于司法公正的新期待，要求人民法院应当尽可能地消除案件审理过程中的事实认定分歧和法律适用分歧。从供给侧结构性改革的需要出发，人民法院应当深化司法改革，规范自由裁量权的行使，统一裁判尺度，确保法律的统一正确实施。从这个角度讲，“类案不同判”现象与建立和完善公正高效权威的司法体制改革要求是不相吻合的。面对司法实践中出现的差异化裁判，人民法院客观上需要建立并完善分歧解决机制，以统一裁判尺度，缩小甚至消除个性化审判主体的司法实务分歧。

为统一法律适用和裁判尺度，维护人民法院的司法公信力，最高人民法院于2019年10月11日印发了《关于建立法律适用分歧解决机制的实施办法》（以下简称《实施办法》），并于2019年10月28日起正式施行。《实施办法》明确规定，最高人民法院各业务部门、各高级人民法院和专门人民法院在案件审理与执行过程中，发现最高人民法院生效裁判之间存在法律适用分歧的，或者在审案件即将作出的裁判结果可能与最高人民法院生效裁判确定的法律适用原则或者标准发生分歧的，应当启动法律适用分歧解决机制，向最高人民法院提出法律适用分歧解决申请。对于最高人民法院审判委员会作出的关于法律适用分歧的决定，最高人民法院各业务部门、地方各级人民法院和各专门人民法院在审判与执行工作中应当参照执行。

笔者认为，按照上述规定，对于最高人民法院根据《实施办法》作出的关于法律适用分歧决定，各地法院应当在审判执行工作中严格参照执行。对于最高人民

① 周少华：《刑事案件的差异化判决及其合理性》，载《中国法学》2019年第4期。

法院尚未对法律适用分歧作出具体决定的案件，属于复杂疑难案件，对此类案件的事实认定分歧和法律适用分歧，各地法院应当通过合议庭依法合议，依托专业（主审）法官会议[①]、审判委员会（专业委员会），充分发扬司法民主加以解决。具体而言，审判人员在合议和讨论前，应当进行法律依据检索、类案检索与关联案件检索，并在此基础上对事实认定分歧和法律适用分歧进行分类处理，按照规定提交专业（主审）法官会议讨论或者提交审判委员会（专业委员会）讨论决定，确有需要的按程序向上级法院申请解决法律适用分歧。在合议和讨论案件过程中，无论是认定事实分歧还是法律适用分歧，均应按照少数服从多数的司法民主原则处理，以此逐步规范审判人员自由裁量权的行使，不断缩小不同审判主体之间的判断分歧，促进实现裁判理念、裁判思路和裁判尺度的统一。

对于客观存在的各地人民法院的法律适用分歧，应当及时按程序层报最高人民法院审判管理办公室，由最高人民法院审判管理办公室按《实施办法》进行处理，然后及时将处理结果反馈给各地法院，由各地法院遵照执行。

司法实务中出现的“知假买假”不同判、“借名买房”房屋产权不同归属等“类案不同判”的情况，应当引起我们足够重视。各地法院应在充分发扬司法民主，广泛凝聚司法智慧的基础上，按照最高人民法院出台的上述法律适用分歧处理机制的精神逐步解决好具体的法律适用分歧。一方面，在最高人民法院对相关法律适用问题没有明确指导意见之前，审理案件时应当按照五步法，严格“以事实为根据，以法律为准绳”依法审理、合议以及监管、评查。另一方面，在最高人民法院已经有明确裁判尺度的情况下，则应当以最高人民法院的裁判尺度为标准依法处理。

《实施办法》的出台，对最高人民法院及时处理法律适用分歧提出了更高要求。按照《实施办法》的内在要求，最高人民法院应当及时关注基层司法实践中出现的法律适用分歧，加大调研力度，充分听取基层意见，并在此基础上及时指导下级法院。对于基层法院而言，需要做到的是在正确认定事实的基础上，尽可能将裁判结果与最高人民法院的裁判尺度统一。如果普遍在适用法律的问题上出现不同意见，则应当按程序及时层报上级法院申请解决，上级法院应及时进行指导。

因此，在法院内部，亟须建立起一套能够解决法律适用分歧、完善类案与关联

---

① 专业（主审）法官会议，是根据最高人民法院《关于健全完善人民法院主审法官会议工作机制的指导意见（试行）》（法发〔2018〕21 号）和《关于完善人民法院专业法官会议工作机制的指导意见》（法发〔2021〕2 号）的相关规定，提炼归纳出的对“主审法官会议”和“专业法官会议”两个名称的合并简称。

案件检索、统一裁判理念和裁判尺度以及完善审判权力监督制约的系统化体制机制，以避免可能存在的因司法能力不足、司法行为不端、司法作风不廉而导致的事实认定分歧和法律适用分歧，最大限度地凝聚司法智慧、司法理性和司法共识，更好地解决好“类案不同判”的突出问题，切实维护好司法权威和司法公信力。

（二）人民群众对公平正义的追求

习近平总书记曾多次指出：“中国古代像包公、海瑞这样的清官，老百姓都推崇他们为‘青天’。”①“包青天的故事在我国民间广为传颂，从一个角度说明了群众对公正司法的企盼。”②包拯因“刚正不阿、善断狱案”千百年来受到百姓的敬仰，背后透射的是人民群众对于公平正义的朴素追求。在近现代，抗日战争时期陕甘宁边区陇东分区专员兼边区高等法院陇东分庭庭长马锡五则被老百姓称为“人民青天”“马青天”③。他所创建的“马锡五审判方式”至今仍被看作“司法民主化”的典范。2019 年，优秀红色司法电影《马锡五断案》上映，在法院系统内部和社会上都引起强烈的反响，也引发了人民群众的观影热潮。马锡五“一切为了人民，注重调查研究，就地化解纠纷，追求案结事了，倾听群众感受”④的好法官形象深入人心，人人称赞。这说明，千百年来人民群众对“青天”法官，对公平正义的追求从未改变。当前，我国已经进入建设更高水平平安中国、法治中国的新发展阶段，人民群众对于公平正义的需求必然更高、更迫切。

1. 司法裁判应当回应人民群众对公平正义的新期待

人民群众对于司法公平正义的新期待集中体现在对司法裁判的民意反映上。民意，是指社会公众对社会公共事件和公共事务所持有的相近的意见、价值判断和情感倾向，最直接的体现就是公众舆论。民意是人伦道德、公序良俗、群众感情的集中体现，感性倾向较为明显。与民意不同，法官判断案件是基于事实证据、法律素养、理性思维和逻辑判断，具有明显的司法理性。鉴于知识结构和思考问题时的立场不同，法官判决与社会公众的民意之间有时存在一定差异。司法实践

---

① 习近平：《论坚持全面依法治国》，中央文献出版社 2020 年版，第 46 页。

② 习近平：《论坚持全面依法治国》，中央文献出版社 2020 年版，第 22～23 页。

③ 参见宋凤英：《开创新中国民主司法模式的“马青天”》，载《党史纵横》2010 年第 3 期；王丽丽：《马锡五之子马秦宁深情讲述父亲的故事——“马青天”是群众对他最高的赞誉》，载《人民法院报》2021 年 6 月 12 日，第 4 版。

④ 贺小荣：《大力弘扬“马锡五审判方式”的时代价值》，载《人民法院报》2021 年 5 月 21 日，第 1 版。

中,审判人员与社会公众在证据和事实上往往是信息不对称的。在笔者看来,审判人员应当坚持证据裁判原则,保持不偏不倚立场,依法进行裁判,民意不能“绑架”司法。但是,对于引发社会公众广泛关注的案件,审判人员在审理案件时应当关切民意,回应人民群众的呼声,实现司法与民意的良性互动。

如何处理好裁判理念和民心民意之间的关系,这是审判人员需要认真对待、依法妥善处理的问题。司法裁判要始终坚持将法律的专业判断与人民群众的朴素情感相结合。在审判实务中,审判人员应以严谨的法理彰显裁判的尺度,以公认的情理表达司法的温度,在裁判文书中充分释法析理,切实提升人民群众的司法获得感和满意度,努力让人民群众在每一个司法案件中感受到公平正义。这是因为,从司法为民、公正司法的目标来看,人民群众应当成为判决是否公正的最终评判者。实践是检验真理的唯一标准,司法效果是否实现了“情、理、法”的统一,必须由人民群众进行评判。客观公正的判决,一定要能“说出人民群众的心声,判在人民群众的心坎上”,一定能够得到人民群众的高度认可,并经受得起人民群众口碑的检验。

2. 维护司法公信力需要切实防范冤错案件

法施于人,虽小必慎。党的十八大以来,以习近平同志为核心的党中央对纠正冤假错案给予了特殊关注。[①] 最高人民法院以对法律负责、对人民负责、对历史负责的态度,坚持实事求是、有错必纠,通过加强审判监督,坚决纠正冤错,对错案发现一起、纠正一起,一批重大刑事冤假错案得到再审改判,让人民群众对司法公正更有信心。公开数据显示:2012 年至 2017 年,全国法院“再审改判刑事案件 6747 件,其中依法纠正重大冤错案件 39 件 78 人,并依法予以国家赔偿;对 2943 名公诉案件被告人和 1931 名自诉案件被告人依法宣告无罪,确保无罪的人不受刑事追究、有罪的人受到公正惩罚”。[②] “呼格吉勒图案”、“聂树斌案”等重大冤错案依法得到纠正,并依法予以国家赔偿,让正义最终得以实现,以纠正错案推动法治进步。[③]

习近平总书记曾在不同场合指出:“公平正义是司法的灵魂和生命。”“要懂得‘100 - 1 = 0’的道理。一个错案的负面影响足以摧毁九十九个公正裁判积累起来

① 参见姜佩杉:《纠正冤错:让百姓重拾法治信心》,载《人民法院报》2018 年 12 月 4 日,第 1 版。

② 参见姜佩杉:《纠正冤错:让百姓重拾法治信心》,载《人民法院报》2018 年 12 月 4 日,第 1 版。

③ 参见最高人民法院周强院长 2018 年 3 月 9 日在十三届全国人大第一次会议上所作的《最高人民法院工作报告》。

的良好形象。执法司法中万分之一的失误，对当事人就是百分之百的伤害。"[①] "坚持全面依法治国，必须坚持公正司法。""坚持公正司法，需要做的工作很多。我们提出要所有司法机关都要紧紧围绕'努力让人民群众在每一个司法案件中都感受到公平正义'这个目标来改进工作。"[②]在司法裁判中要"站稳脚跟，挺直脊梁，只服从事实，只服从法律，一是一，二是二，不偏不倚，不枉不纵，铁面无私，秉公执法"。[③] 这些论述振聋发聩、切中要害，广大审判人员应始终牢记在心并身体力行。只有牢牢坚持"以事实为根据，以法律为准绳"，才能防范冤假错案，切实回应人民群众的新要求新期待。

3. 公平正义应以人民群众看得见的方式实现

党的十八大以来，以习近平同志为核心的党中央紧紧围绕保障和促进社会公平正义推进全面依法治国，强调公正是法治的生命线，促进社会公平正义是政法工作的核心价值追求。要求政法战线干警要肩扛公正天平、手持正义之剑，以实际行动维护社会公平正义，让人民群众切实感受到公平正义就在身边。[④] "尽管某些审判活动客观上是正义的，但是如果这种正义没有被人感受到的话，充其量只实现了一半的正义。"[⑤]我们必须要让司法权在阳光下运行，让"暗箱操作"没有空间，让司法腐败无处藏身。近年来，全国法院系统坚定不移贯彻落实党中央提出的"全面依法治国"战略，紧紧围绕"努力让人民群众在每一个司法案件中感受到公平正义"目标，坚持司法为民、公正司法，以信息化建设为支撑，以建设"审判流程公开""庭审活动公开""裁判文书公开""执行信息公开"四大平台为载体，全面深化司法公开，在促进司法公正、不断提升司法公信力上取得明显成效。[⑥] 公开报道数据显示，截至 2020 年 8 月，中国裁判文书网已累计公开裁判文书已超过 1 亿篇；截至 2020 年 12 月，中国庭审直播网已累计直播庭审超 1000 万场。[⑦] 上述平

---

① 该论述系习近平总书记于 2014 年 1 月 7 日出席中央政法工作会议并发表重要讲话时指出。详见中共中央宣传部：《习近平新时代中国特色社会主义思想学习问答》，学习出版社、人民出版社 2021 年版，第 175 页。

② 习近平：《论坚持全面依法治国》，中央文献出版社 2020 年版，第 22 页。

③ 习近平：《论坚持全面依法治国》，中央文献出版社 2020 年版，第 48 页。

④ 张慧：《公平正义是社会主义法治的价值追求》，载《光明日报》2019 年 8 月 23 日，第 11 版。

⑤ 参见江必新：《法官良知的价值、内涵及其养成》，载《法学研究》2012 年第 6 期。

⑥ 参见王川：《深化司法公开　提升司法公信力　让人民群众有更多获得感——周强率团出席第 17 届亚太地区首席大法官会议并发表演讲》，载《人民法院报》2017 年 9 月 22 日，第 1 版。

⑦ 参见罗沙：《中国裁判文书网文书总量突破 1 亿篇》，载新华社客户端 2020 年 9 月 2 日，https://baijiahao.baidu.com/s?id=1676721477039926219&wfr=spider&for=pc；翟敏：《中国庭审公开网直播第一千万场江苏颁奖》，载《江苏法制报》2020 年 12 月 18 日，第 1 版。

台的打造，有力促进了司法公开。四大平台将整个司法产品生产的全过程都置于阳光之下，让人民群众都成为司法产品的“监督员”。四大平台在让司法产品接受人民群众监督的同时，倒逼审判人员规范司法行为、提高司法能力，为人民法院司法公信力的提升奠定了坚实基础。五步法就是以人民群众的需求为导向，在司法权力运行体制机制上积极进行探索，在将案件审理标准化、规范化的基础上，努力实现案件审理、监管、评查的可视化，以达到对案件审理可追溯、可监管、可评查，让公平正义以看得见的方式实现。

（三）人民群众对高质量司法产品的需求

人民法院是公权力机关，向社会提供的是公共产品。从法经济学的角度看，审判人员办理案件，始终在通过司法活动生产公共“司法产品”。审判权的每一次运行过程，都是一个以个案裁判为媒介的司法公共产品的供给过程。① 进入新发展阶段后，人民法院要实现高质量发展，必然要对司法产品质量有更高要求。在个案的司法裁决过程中，审判人员应当惩恶扬善、执法如山，应始终处于居中裁判的位置，所作出的裁决不能掺杂私人利益或者获取私人效益。只有这样，审判人员提供的司法产品才具有公共性，才能经得起历史检验。司法裁判要实现和彰显其公共产品属性，它就应该是公开的。司法公开，包括司法裁判过程公开和司法裁判结果公开。② 无论是司法裁判过程的公开，还是司法裁判结果的公开，从高质量发展的维度看，都要求审判人员在裁判思路上做到有章可循、有迹可查。在审理案件过程中，我们应当充分发扬司法民主，坚决摒弃“审判神秘主义”。只有推动裁判过程公开透明，让司法产品经得起公正与效率的检验，才能使裁判结果彻底做到公开透明，进而真正令人民群众信服司法，才能真正地提升司法权威和司法公信力。

首先，司法产品要经得起公正的检验。人民群众接触到的最常见的司法产品就是各类裁判文书。截至 2020 年 8 月底，中国裁判文书网公布裁判文书数量已经突破 1 亿，是全球最大的裁判文书数据库。裁判文书公开，给人民群众监督评价司法产品提供了平台，让任何有瑕疵甚至错误、不公正的裁判无所遁形，对人民法院工作提出了更高要求。有学者从学术研究的角度，对某省 14 个中级人民法

---

① 参见申伟：《司法产品的分类及其供给》，载《暨南学报（哲学社会科学版）》2016 年第 12 期。

② 参见刘练军：《司法判决的公共产品属性》，载《金陵法律评论（秋季卷）》2012 年第 2 期。

院的560份裁判文书质量进行了调研分析。该研究在对选取的560份民事判决书一一进行考察后认为：不存在任何错误的有50份，约占9%；有重大错误的文书有3份，占0.5%；存在问题但在60分以上的有507份，约占90.5%，部分民事判决书除存在错字、别字、漏字、赘字等细节问题外，同时在文书首部、事实认定、理由说明、法律援引、判决主文等部分存在错漏之处。① 虽然上述研究在性质上不能代替司法机关内部的案件质量评查，但是其研究结论应当引起各级审判机关的高度重视。裁判文书是司法裁决这个公共司法产品的最终载体，司法裁决的公正性，应当通过裁判文书在形式上和内容上同时得到充分体现。

其次，司法产品要经得起效率的检验。针对司法实践中一定程度上存在的有案不立的现象，2015年以来，最高人民法院大力推行立案登记制，降低了立案门槛，坚决做到"有案必立、有诉必理"。随着立案登记制的普遍实行，以及人民群众依法维权意识的增强，各级法院"案多人少"的矛盾十分尖锐，由此带来的是司法效率问题日益突出，有些案件出现了长期未结的情况。随着审判案件数量的增长，执行案件的数量也迅速增长。最高人民法院在十二届全国人大二次会议上提出用"两到三年时间基本解决执行难"，2019年3月，在十三届全国人大二次会议上，最高人民法院向全国人大报告工作时宣布"基本解决执行难"目标如期实现，执行攻坚也取得了巨大成效。目前，全国法院正在向"切实解决执行难"迈进。要实现人民法院工作高质量发展，必须通过深化司法改革，强化诉源治理，将非诉讼机制挺在前面。要提供高质量的司法产品，必须兼顾司法公正与司法效率。为此，在审判流程管理中要真正做到轻重分离、快慢分道，繁简分流，简案快审，繁案精审。

再次，司法产品应注重"三个效果统一"。中国特色社会主义司法制度，决定了人民法院的司法工作不能只追求法律效果，而必须追求政治效果、法律效果、社会效果"三个效果"的有机统一。② 如何在审判执行工作中实现政治效果、法律效果、社会效果的有机统一，是人民群众对新时代人民法院工作的必然要求。政治效果，是指统治阶级即无产阶级的意志，通过审判机关公正、高效、权威的司法裁判，有效地落实到了社会各方面。审判机关的司法活动符合整个统治阶级的意志要求，能够巩固、维护无产阶级的统治地位，确保社会主义国家的有效治理。法律

① 参见李喜莲：《网上公开之民事裁判文书的现状、问题及对策》，载《法律科学》2015年第4期。

② 参见王比学：《坚持"三个效果"有机统一》，载《人民日报》2011年9月7日，第19版。

效果，仅就审判工作而言，是指各级审判机关依法独立行使审判权，坚持"以事实为根据，以法律为准绳"的审判原则。运用正确的司法理念，根据时代变化，全面、准确地理解和适用法律，既保证实体正义也保证程序正义，通过司法裁判切实维护法律权威，维护法律的确定性和统一性，进而维护社会公平正义。社会效果，是指司法裁判得到广大人民群众的认可，符合社会公共利益和社会主流价值判断。在此基础上，人民群众普遍认为，国家制定的法律是合法有效的，审判机关的司法活动是公平公正的，进而让其真正信服人民法院的司法裁判，并自觉地遵守法律，保证社会生活依法有序进行。社会效果主要强调的是，人民群众对司法裁判的认同感与满意度。"三个效果"有机统一，就是要求法律的实施与统治阶级意志的实现、社会成员的认同能够互相契合、互为补充，三者在审判机关的司法活动中达到相一致的效果。司法产品作为一种公共产品，涉及统治阶级意志的实现，涉及公共利益，涉及司法公信力，因此，必须要经得起政治效果、法律效果和社会效果的三重检验，实现"让人民群众在每一个司法案件中感受到公平正义"的目标。

最后，司法产品应当选择最优裁判思路。按照法经济学的要求，司法产品应当以最小的代价取得最大的社会效益，这一法经济学原则应当为审判人员所遵循，并具体落实到个案的处理上。审判人员应当在还原事实真相的基础上，依据现有法律体系，权衡各种裁判思路利弊，兼顾实体正义和程序正义，选取最优化的裁判路径，以最小的司法代价取得最大的社会效益。

二、源于司法改革的迫切需要

习近平总书记在党的十八届三中全会上一针见血地指出："这些年来，群众对司法不公的意见比较集中，司法公信力不足很大程度上与司法体制和工作机制不合理有关。"[①]此次会议上明确提出要开展司法体制改革。自 2013 年最高人民法院全面推进司法体制改革以来，各级人民法院积极探索、锐意进取，坚持目标导向、问题导向、效果导向，破解了一大批制约司法能力和影响司法公正的深层次问题。在新发展阶段，人民法院面临新形势、新问题、新任务，需要践行新发展理念，构建新发展格局，在深化司法改革中实现人民法院的高质量发展。

---

① 黄永维：《改革司法体制 建设法治中国——学习习近平总书记关于司法改革的重要论述》，载《人民法院报》2017 年 7 月 31 日，第 2 版。

（一）最高人民法院司法责任制改革的明确要求

党的十八大以来，习近平总书记曾多次提出，要解决影响司法公信力的体制机制问题。为贯彻落实上述改革目标，2014 年最高人民法院制定出台的《人民法院第四个五年改革纲要（2014—2018）》（以下简称《四五改革纲要》）首次提出：“建立中国特色社会主义审判权力运行体系，必须严格遵循司法规律，完善以审判权为核心、以审判监督权和审判管理权为保障的审判权力运行机制，落实审判责任制，做到让审理者裁判，由裁判者负责。到 2015 年年底，健全完善权责明晰、权责统一、监督有序、配套齐全的审判权力运行机制。”2019 年制定出台的《人民法院第五个五年改革纲要（2019—2023）》（以下简称《五五改革纲要》）明确提出，要“健全审判权力运行机制”“完善审判委员会制度”“完善审判监督管理机制”“完善统一法律适用机制”，并提出要“完善类案和新类型案件强制检索报告工作制”。2015 年以来，最高人民法院大力推进司法责任制改革、司法体制综合配套改革、审判权力运行机制改革，建立法律分歧适用解决机制，类案与关联案件检索机制，持续完善统一法律适用机制，现已取得初步成效。

1. 完善审判权力运行机制

2015 年发布的最高人民法院《关于完善人民法院司法责任制的若干意见》，成为司法责任制改革的纲领性文件，构筑起了司法改革的“四梁八柱”。该意见主要涉及八个方面的内容，具体包括：探索改革审判组织模式；改革裁判文书签署机制；推行院庭长办案常态化；建立专业（主审）法官会议；改革审判委员会制度；明确司法人员职责和权限；明确违法审判责任的七种情形；加强法官依法履职保障。随后，2017 年最高人民法院出台了《关于落实司法责任制完善审判监督管理机制的意见（试行）》，2018 年出台了最高人民法院《关于进一步全面落实司法责任制的实施意见》，2020 年出台了最高人民法院《关于深化司法责任综合配套改革的实施意见》。上述一系列司法改革文件的出台，让司法改革的目标不断明确、任务不断细化、进程不断推进，切实落实“让审理者裁判，由裁判者负责”。

2. 积极推进法律适用统一

统一法律适用，是深入贯彻落实习近平总书记全面依法治国新理念新思想新战略的重要举措，是完善中国特色社会主义法治体系的内在要求，是加强审判权力运行监督的具体行动，对于维护国家法治统一与法治权威具有重要意义。自 2015 年最高人民法院《关于完善人民法院司法责任制的若干意见》发布以来，最高人民法院通过推动审判委员会改革、专业(主审)法官会议建设、明确院庭长监督职责,筑牢了统一法律适用的基础。2019 年印发的最高人民法院《关于建立法律适用分歧解决机制的实施办法》,旨在从审判机制上避免最高人民法院本级生效裁判之间发生法律适用分歧,并及时解决本级生效裁判之间业已存在的法律适用分歧。[①] 2020 年 7 月底开始实施的最高人民法院《关于统一法律适用加强类案检索的指导意见(试行)》(法发〔2020〕24 号,以下简称最高人民法院《类案检索指导意见》),旨在围绕类案的界定、类案强制检索的适用情形、检索平台、检索范围和顺序、结果运用、法官回应、法律适用分歧解决等问题,提出明确的指导意见,对规范法官裁判权行使、统一法律适用等将发挥积极作用。[②] 2020 年 9 月出台的最高人民法院《关于完善统一法律适用标准工作机制的意见》[③],则逐步建立起了案例指导制度、完善类案参考、裁判指引等工作机制,建立类案与关联案件强制检索机制、建立审判业务法律研讨机制等一系列统一裁判尺度的体制机制。

3. 努力实现"让监督者监督"

2017 年,以"司法责任制为核心"的司法体制四项改革完成,标志着我国司法改革的"四梁八柱"主体框架已经确立。[④] 党的十九大报告明确指出,要"深化司法体制综合配套改革,全面落实司法责任制,努力让人民群众在每一个司法案件中感受到公平正义。"至此,最高人民法院的司法改革进入"精装修"时代。2020 年,最高人民法院明确提出,"深化司法责任制综合配套改革",其目的是在坚持"让审理者裁判,由裁判者负责"的基础上,深化与司法责任制相匹配的综合配套改革。在笔者看来,深化司法体制综合配套改革,必须要在"让审理者裁判,由裁判者负责"的基础上,实现"让监督者监督"。[⑤] "让监督者监督"就是聚焦审判权运行制约监督中"事中控权不足"问题,在实现审判流程的标准化、规范化的前提

---

① 参见曹士兵、韩煦:《〈关于建立法律适用分歧解决机制的实施办法〉的理解与适用》,载《人民司法》2020 年第 1 期。

② 参见刘树德、胡继先:《〈关于统一法律适用加强类案检索的指导意见(试行)〉的理解与适用》,载《人民司法》2020 年第 25 期。

③ 参见曹士兵、范明志等:《统一法律适用标准在实现人民法院宪法职能中的原则、机制与路径——〈最高人民法院关于完善统一法律适用标准工作机制的意见〉解读》,载《中国应用法学》2020 年第 5 期。

④ 王斗斗:《十九大代表热议司法体制改革:"四梁八柱"有了,如何"内部精装"?》,载中国共产党新闻网,http://cpc.people.com.cn/19th/n1/2017/1022/c414305-29601542.html。

⑤ 参见王雨田、何伦波:《完善审判权运行制约监督机制》,载《人民法院报》2021 年 5 月 11 日,第 2 版;王雨田:《加强制约监督　规范司法权力运行》,载《法治日报》2021 年 8 月 5 日,第 5 版。

下，让案件审理的全流程实现可视化、可评查、可监督，进而将审判权力约束在“流程链条”之下，制约在“制度铁笼”之内，公开在“司法阳光”之下，让“暗箱操作”没有空间、司法腐败无处藏身，不断提升司法公信力，进而全方位、全过程满足人民群众对司法公正的需求和期待。

（二）审判规律的客观需求

审判管理必须尊重审判规律，使审判管理各项工作机制和管理的方式方法充分考虑审判工作的特点，符合审判工作实际。[①] 在当前，探索建立审判权运行制约监督机制，要立足于法律适用分歧客观存在的现实，在尊重法官自由裁量权的基础上，规范法官自由裁量权行使，进而不断缩小法律适用分歧，统一法律适用。

1. 必须充分尊重法官自由裁量权

一方面，如法谚所说，“法律不做详尽规定，而委诸善良之人进行判断”，因此，法官的自由裁判权是客观存在的。另一方面，在成文法国家，通过法官正确行使自由裁量权，发挥司法智慧和司法经验，弥补法律的滞后性、原则性等不足，弥合法理和情理之间的缝隙，十分必要。“世界上没有完全相同的两个案件，任何案件都有它的不同之处。”[②]从这个意义上来讲，赋予法官一定限度的自由裁量权，是实现个案正义的有效途径。在我国，诸多法律中都明确赋予了法官自由裁量权，尤其是在民事法律中授予了法官很多“酌情”处理的权力。例如，《民法典》第 1131 条规定：“对继承人以外的依靠被继承人抚养的人，或者继承人以外的对被继承人抚养较多的人，可以分给适当的遗产。”《刑法》规定了诸如犯罪的手段、犯罪的时空及环境条件、犯罪的对象、犯罪造成的危害结果、犯罪的动机、犯罪后的态度、犯罪人的一贯表现、前科等一系列酌定量刑情节。基于法官自由裁量权客观存在，且这种客观存在具有必要性的现实，我们必须尊重法官的自由裁量权。

2. 法官自由裁量权需要规范行使

最高人民法院将自由裁量权定义为“人民法院在审理案件过程中，根据法律规定和立法精神，秉持正确司法理念，运用科学方法，对案件事实认定、法律适用以及程序处理等问题进行分析和判断，并最终作出依法有据、公平公正、合情合理

---

① 参见江必新：《审判管理与审判规律抉微》，载《法学杂志》2011 年第 5 期。

② 张开力：《当好审判的“庖丁”》，载《人民法院报》2015 年 6 月 19 日，第 5 版。

裁判的权力”。[①]因此，自由裁量权不是“绝对自由”的，必须要在法律规定的框架内规范行使，不能够恣意妄为，更不能偏离轨道，反而更加需要规制。正如习近平总书记在主持中共十八届中央政治局第二十一次集体学习时讲话中所指出：“法官、检察官要有审案判案的权力，也要加强对他们的监督制约，把对司法权的法律监督、社会监督、舆论监督等落实到位，保证法官、检察官做到‘以至公无私之心，行正大光明之事’，把司法权关进制度的笼子……”[②]因此，法官的自由裁量权必须规范行使，且必须接受监督制约。

3. 要认识到法律适用分歧是客观存在的

司法是一个动态过程，法官判案就是一个依法认定事实和准确适用法律的过程，也是一个理解法律和运用法律解决纠纷的过程。马克思曾说过，法官的职责是当法律运用到个别场合时，根据他对法律的诚挚理解来解释法律。[③] 审判实务中，全国人大宪法和法律委员会副主任委员江必新认为：“一个合格的法官，并不在于对法律条文表达敬意，而在于透过条文对其精神作出诚挚的理解，以自己的智慧和法律素养，将法律精神贯彻于裁判之中。”[④]因此，鉴于每个法官的政治修养、法律素养、司法经验不同，对于同一案件的事实认定可能会存在差别，对于法律的理解也可能会有差异，这些都是客观存在的，对此，必须要有充分的认识。我们需要努力做到的是在正确理解和运用法律的基础上，在最高人民法院主流观点和主流判决的框架内，尽量缩小法律适用分歧，统一裁判理念和裁判尺度，做到“类案同判”，进而实现法律适用统一。

4. 要清楚认识司法的过程就是发扬民主

习近平总书记指出，民主集中制是中国共产党的根本组织原则和领导制度，也是宪法确定的治国理政原则，充分体现了我们党的政治优势、组织优势、制度优势、工作优势。法院作为司法机关，必须坚持将民主集中制贯穿于人民法院审判工作全过程。[⑤] 司法是一个动态过程，其在程序上的内在要求就是发扬民主，“让

---

① 详见最高人民法院《关于在审判执行工作中切实规范自由裁量权行使保障法律统一适用的指导意见》（法发〔2012〕7号）。

② 习近平：《论坚持全面依法治国》，中央文献出版社2020年版，第147～148页。

③ 转引自丁国强：《司法制度安排的重大变革》，载《法制日报》2013年11月20日，第9版。

④ 江必新：《法官良知的价值、内涵及其养成》，载《法学研究》2012年第6期。

⑤ 参见最高人民法院、最高人民法院司法改革领导小组办公室编：《人民法院全面落实司法责任制读本》，人民法院出版社2021年版，第72页；何帆：《严格坚持民主集中制才能全面落实司法责任制》，载央广网2019年2月22日，https://baijiahao.baidu.com/s?id=1626181205613249515&wfr=spider&for=pc。

审理者裁判”放权于法官的本意并不是为了“让法官独裁”，而是让其在司法过程中在依法合议以及其他司法民主的机制下充分发扬民主，依法公正审理案件。具体而言，法官个人对案件的处理意见要服从合议庭评议意见这个“小民主”、专业（主审）法官会议讨论意见的这个“中民主”以及审判委员会讨论决定这个“大民主”，让法官在“合议庭”“专业（主审）法官会议”“审判委员会”的支持和监督下，凝聚智慧、凝聚共识，实现“兼听则明、全面审视”，从而作出公正、恰当的判决。尤其是在办理“四类案件”[①]时，充分发挥司法民主的优势和作用，凝聚集体智慧依法公正判决，显得尤为重要。同时，根据我国四级法院的职能定位和审级制度规定，下一级法院审判委员会的司法民主要接受上一级法院审判委员会的司法民主的监督，这样才能将所有的司法裁判尺度都统一到最高人民法院的裁判尺度之下。从而实现裁判思路、裁判理念、裁判尺度在全国范围的统一，从而更好地树立司法权威、维护法治统一。

（三）各地法院的探索实践

对党中央、最高人民法院安排部署的司法改革工作，全国各地法院狠抓落实，并结合本地实际积极开展探索，在实践中取得一系列成果，形成了一批可供参考、借鉴的经验。从审判实务角度，笔者简单梳理如下：

1. 关于类型化案件审判的探索

对类型化案件的审判，北京市第三中级人民法院和上海市高级人民法院均开展了积极探索。2016 年起，北京市第三中级人民法院着手编制《类型化案件审判指引》，该指引历时三年编撰完成。该院对 12 类民事案件和 15 类商事案件类型进行了编写，将每个案件类型的审判指引分为事实要点和法律要点两部分。事实要点审查部分说明法官需重点审查的事实；法律要点分为不同模块，下设不同级别法律要点，详细列明需要查明的事实、相关法律规范及常见问题解答，将分散的

---

① 此处所指的“四类案件”是最高人民法院《关于完善人民法院司法责任制的若干意见》（法发〔2015〕13 号）第 24 条所规定的“四类案件”。第 24 条规定：“对于有下列情形之一的案件，院长、副院长、庭长有权要求独任法官或者合议庭报告案件进展和评议结果：（1）涉及群体性纠纷，可能影响社会稳定的；（2）疑难、复杂且在社会上有重大影响的；（3）与本院或者上级法院的类案判决可能发生冲突的；（4）有关单位或者个人反映法官有违法审判行为的。院长、副院长、庭长对上述案件的审理过程或者评议结果有异议的，不得直接改变合议庭的意见，但可以决定将案件提交专业法官会议、审判委员会进行讨论。院长、副院长、庭长针对上述案件监督建议的时间、内容、处理结果等应当在案卷和办公平台上全程留痕。”

法律法规、司法解释按照案件类型予以汇总归纳,还将上级法院发布的指导意见、指导性案例参阅要点及实践中的成熟做法进行了系统梳理和固化总结,以此推动实现裁判思路和类案裁判规则的统一,维护司法过程和裁判结果的稳定。2019年,上海市高级人民法院专门制定了《类案办案要件指南编纂三年规划2019—2021》,并在2020年出版了《上海法院类案办案要件指南》系列丛书的第1册和第2册,对融资租赁合同纠纷、股权转让、机动车交通事故责任等类案形成了办案要件指南,以期以"类案类审"的方式推动统一辖区法院的法律适用。

2. 关于类案与关联案件检索报告制度的探索

在最高人民法院《类案检索指导意见》(法发〔2020〕24号)文件出台前,全国有不少法院对类案与关联案件强制检索报告制度进行了积极探索。如北京市、四川省、广西壮族自治区、贵州省、福建省、江苏省、辽宁省等高级人民法院,上海市第一中级人民法院、重庆市第一中级人民法院、浙江省台州市中级人民法院、辽宁省葫芦岛市中级人民法院等中级人民法院,以及一些基层法院,这些法院分别出台了规范性文件,对规范法官裁判权的行使、促进法律的统一适用发挥了一定作用,但由于对类案强制检索的适用情形、检索主体及平台、检索的范围及顺序、结果运用等缺乏明确统一的规定,亟须进一步规范完善。①

当前,类案与关联案件检索工作正在全国法院积极稳妥推进。2020年3月,深圳市中级人民法院速裁庭《关于类案、关联案件检索的工作意见(试行)》,对类案与关联案件检索工作作了细化区分。如明确规定速裁案件在审理前要进行关联案件强制检索,合议庭存在不同意见等11种情形的案件要进行类案强制检索。同年7月17日,江苏省高级人民法院印发《关于建立类案强制检索报告制度的规定(试行)》,要求该省各级法院法官在案件审理过程中,通过在线检索、查阅相关资料等方式发现与待决案件在案件基本事实和法律适用方面相类似的案例,为待决案件裁判提供参考。随后,湖南省高级人民法院制定印发《关于类案检索的实施意见(试行)》,会同湖南省司法厅、湖南省律师协会联合印发《关于协同推进类案强制检索机制共同维护司法公平正义的意见(试行)》。上述这些制度、机制的建立,将有助于类案裁判冲突的解决,在更大程度上促进法律适用的统一。但在实践中,对于解决关联案件"检索难"问题和"法院没有参照检索到的指导性案例

① 参见刘树德、胡继先:《〈关于统一法律适用加强类案检索的指导意见(试行)〉的理解与适用》,载《人民司法》2020年第25期。

或者参考其他类案作出裁判,应当如何处理,法院是否应当承担责任"等规定不明,还有待进一步探索。①

3. 关于规范法官自由裁量权行使的探索

对于建立规范法官自由裁量权行使的体制机制,湖南省高级人民法院、北京市高级人民法院等进行了积极探索。2020 年 7 月,北京市高级人民法院出台《关于规范民事案件自由裁量权行使保障裁判尺度统一的工作意见(试行)》。2020 年 8 月,湖南省高级人民法院制定出台《关于规范法官裁量权行使保障裁判尺度统一的实施意见(试行)》。上述两个司法意见都是基于 2012 年出台的最高人民法院《关于在审判执行工作中切实规范自由裁量权行使保障法律统一适用的指导意见》,旨在强化法律统一适用,正确运用司法政策,规范行使自由裁量权,充分发挥自由裁量权在保障法律正确实施,维护当事人合法权益,维护司法公正,提升司法公信力等方面的积极作用。

4. 关于法律适用分歧解决机制的探索

对于解决最高人民法院本院生效裁判之间的法律适用分歧,最高人民法院于 2019 年印发了《关于建立法律适用分歧解决机制的实施办法》(法发〔2019〕23 号)。该意见的出台,旨在避免最高人民法院在生效判决之间产生法律适用分歧,并对已经发生效力的判决之间存在的法律适用分歧及时加以解决,为最高人民法院统一法律适用和裁判尺度提供了机制保障。根据该意见,最高人民法院审判委员会关于法律适用分歧作出的决定,最高人民法院各业务部门、地方各级人民法院、各专门人民法院在审判执行工作中应当参照执行。在地方法院层面,各地在司法实践中都在积极探索法律适用分歧的解决路径。如,郴州市中级人民法院在审判实践中,针对侵害"外嫁女"集体经济组织成员权益案、撤销仲裁裁决案、非法代孕案等一系列疑难复杂案件和新类型案件的裁判理念、裁判思路和裁判尺度有所不一的问题,积极探索、敢于担当,主动适应人民法院标准化建设潮流,统一办案流程和办案标准,试行案件办理五步法,依托合议庭、专业(主审)法官会议、审判委员会(专业委员会),在民主集中制基础上,积极探索充分发扬民主、凝聚集体智慧的事实认识分歧解决机制和法律适用分歧解决机制。同时,在案件监管和随案评查环节,也全面推行五步法进行案件监管和案件评查,对事实认定分歧和法律适用分歧进行案件监管和案件评查,进而将民主集中制贯穿于人民法院立案、

① 参见刘树德、胡继先:《关于类案检索制度相关问题的若干思考》,载《法律适用》2020 年第 18 期。

审判、执行的全过程，以实现案件审理全过程的规范化、标准化、流程化和案件审理全流程可视化、可监管、可评查。五步法为提高案件质效和司法公信力、完善审判监督管理机制、统一法律适用奠定了坚实的基础，郴州两级法院“类案不同判”的问题正在逐步得到有效解决。

三、源于依法治国的迫切需要

习近平总书记强调，治理一个国家、一个社会，关键是要立规矩、讲规矩、守规矩。法律是治国理政最大最重要的规矩。① 同时，习近平总书记指出：“我国是一个有十三亿人口的大国，地域辽阔、民族众多、国情复杂。我们党在这样一个大国执政，要保证国家统一、法制统一、政令统一、市场统一，要实现经济发展、政治清明、文化昌盛、社会公正、生态良好，都需要秉持法律这个准绳，用好法治这个方式。这就是党的十八大明确提出的全面建成小康社会奋斗目标和党的十八届三中全会部署全面深化改革目标之后，党中央紧接着用这次全会部署全面推进依法治国工作的基本考虑。”②五步法正是在大力推进全面依法治国大背景下应运而生的，是在习近平法治思想指导下深化司法改革的基层实践。

（一）建设中国特色社会主义法治体系的要求

习近平总书记指出：“中国特色社会主义法治体系是推进全面依法治国的总抓手。要加快形成完备的法律规范体系、高效的法治实施体系、严密的法治监督体系、有力的法治保障体系，形成完善的党内法规体系。”③目前，我国的法律规范体系不断完善，中国特色社会主义法律体系已经形成，实现了“有法可依”。④ 当

① 中共中央纪律检查委员会、中共中央文献研究室编：《习近平关于党风廉政建设和反腐败斗争论述摘编》，中央文献出版社、中国方正出版社2015年版，第132页。

② 中共中央文献研究室编：《全面依法治国　开启中国法治新时代——学习〈习近平关于全面依法治国论述摘编〉》，载《党的文献》2015年第3期。

③ 付子堂：《建设中国特色社会主义法治体系是推进全面依法治国的总抓手》，载光明网，https://m.gmw.cn/baijia/2021-01/13/34539255.html。

④ 参见国务院新闻办公室：《中国特色社会主义法律体系》（白皮书），载国务院新闻办公室官网2011年10月27日，http://www.scio.gov.cn/ztk/dtzt/62/3/Document/1035422/1035422.htm。白皮书指出，截至2011年8月底，中国已制定现行宪法和有效法律共240部、行政法规706部、地方性法规8600多部，涵盖社会关系各个方面的法律部门已经齐全，各个法律部门中基本的、主要的法律已经制定，相应的行政法规和地方性法规比较完备，法律体系内部总体做到科学和谐统一，中国特色社会主义法律体系已经形成。截至2021年1月22日，我国现行有效的法律275部，其中宪法1部，宪法相关法46部，民法商法23部，行政法93部，经济法75部，社会法25部，刑法1部，诉讼与非诉讼程序法11部。

前，司法改革亟须探索的是，在社会主义法治国家建设的大背景下，如何建立高效的法治实施体系和严密的法治监督体系。五步法就是以此为目的，在推动人民法院高质量发展的总体目标下，坚持以人民为中心，贯彻新发展理念、构建新发展格局，着眼于正确实施法律、科学有效监督、依法有序运转等方面进行的有益探索，以确保公正高效廉洁司法，助推中国特色社会主义法治体系建设。

（二）推进审判体系和审判能力现代化的要求

审判体系和审判能力现代化，是国家治理体系和治理能力现代化的重要组成部分，是全面依法治国的重要基础。[①] 审判体系和审判能力现代化，与国家治理体系和治理能力现代化相匹配，是顺应时代潮流、符合发展规律、体现人民愿望的战略目标，是确保司法公正高效权威的必然要求。国家治理中最重要的环节之一就是解决纠纷，而法院是专门负责解决纠纷的国家审判机关。司法解决纠纷的过程，本质上是寻找事实、寻找法律的过程。人民法院要在解决好寻找事实、寻找法律这一基本问题的基础上，坚持“以事实为根据，以法律为准绳”的原则，准确认定事实，精准适用法律，作出公正裁判，实现公平正义，就必须依靠审判体系和审判能力现代化，加快建设公正高效权威的社会主义司法制度。[②] 目前，我国正处于新发展阶段，贯彻新发展理念，构建新发展格局，要求人民法院必须立足审判实际，遵循司法规律，勇于创新发展，积极探索新的工作方法、推行新的改革举措。五步法的提出适应了新时代人民群众对公正司法的新要求、新期待，坚持目标导向、问题导向、效果导向，旨在破解司法内部监督制约不足、法律适用分歧解决机制不完善等制约司法能力和影响司法公正的深层次问题，以期加快推进审判体系和审判能力的现代化，为法院审判质量、效率和公信力不断提升奠定坚实基础，助推人民法院高质量发展。

（三）坚持以人民为中心发展思想的要求

习近平总书记指出：“江山就是人民，人民就是江山。”全面依法治国最广泛、最深厚的基础是人民，全面推进依法治国必须坚持为了人民、依靠人民。要积极

---

① 参见高原平：《加快推进审判体系和审判能力现代化》，载《人民法院报》2019 年 12 月 7 日，第 1 版。

② 参见高原平：《加快推进审判体系和审判能力现代化》，载《人民法院报》2019 年 12 月 7 日，第 1 版。

回应人民群众的新要求、新期待，系统研究谋划和解决法治领域人民群众反映强烈的突出问题，不断增强人民群众获得感、幸福感、安全感，用法治保障人民安居乐业。[①] 人民法院在司法各环节，都应牢记以人民为中心的发展思想，坚守人民立场，体现人民意志、保障人民权益、激发人民创造力，全方位保障人民权益实现和发展，努力让人民群众感受到看得见、摸得着的公平正义。"类案不同判""审判权监督制约不足"等就是当前人民群众反映强烈的突出问题。[②] 五步法就是以解决这些人民群众反映强烈的突出问题为出发点和落脚点，通过五步法的可视化、可复制、可监管、可评查的案件审理、监管、评查流程，让审判人员的办案过程看得到、说得清、道得明，让司法公正以人民群众看得见的方式实现，不断满足新时期人民群众对司法公正的新期待。

（四）推进公正司法的要求

习近平总书记指出："所谓公正司法，就是受到侵害的权利一定会得到保护和救济，违法犯罪活动一定要受到制裁和惩罚。如果人民群众通过司法程序不能保证自己的合法权利，那司法就没有公信力，人民群众也不会相信司法。法律本来应该具有定分止争的功能，司法审判本来应该具有终局性的作用，如果司法不公、人心不服，这些功能就难以实现。"[③]因此，司法公正必须要以人民群众看得见、感受得到的方式实现。然而，应当看到的是，这是一个极其复杂的系统工程，必须从司法体制、司法权力运行机制、管理机制、监督机制、保障机制、社会舆论环境、公民法律意识培育、法官职业素养等多方面全方位统筹考量，任何环节的缺位或失当，均难以达到预期的效果。[④] 五步法就是针对上述目标，立足新时代新发展阶段下司法公正对法官素养、审判权力运行机制、统一法律适用机制、审判监督制约机制的新要求而积极探索的"量身定制"办案流程和工作方法，以在坚持"让审理者裁判，由裁判者负责"的基础上进一步实现"让监督者监督"，为公正司法提供有力保障。

---

① 新华社：《习近平在中央全面依法治国工作会议上强调　坚定不移走中国特色社会主义法治道路　为全面建设社会主义现代化国家提供有力法治保障　李克强主持　栗战书汪洋赵乐际韩正出席　王沪宁讲话》，载《人民日报》2020 年 11 月 18 日，第 1 版。

② 参见王雨田、何伦波：《完善审判权运行制约监督机制》，载《人民法院报》2021 年 5 月 11 日，第 2 版。

③ 习近平：《论坚持全面依法治国》，中央文献出版社 2020 年版，第 22 页。

④ 参见刘贵祥：《漫谈人民群众看得见的司法公正》，载《人民司法》2013 年第 11 期。

(五)推动全民守法的要求

全民守法是全面依法治国的长期基础性工作。① 全民守法是建设法治社会的一项系统工程,是法治精神真正渗透社会生活的每一个角落并发挥其重要作用的制度保障。法治社会的形成依托全民守法的保障,全民守法确保社会生活的每一个参与者、社会关系的所有领域都能够遵从宪法和法律的权威,形成良好的遵守和服从规则的守法意识。② 卢梭说:"一部真正的法律,不是刻在大理石上,也不是刻在铜板上,而是铭刻在人民的心中。"这说明,不为民众所认同的法律就不是真正的法律,也就没有法律的效力,法律所欲达到的目标就无法实现,法治亦不可能实现。③ 从这个角度而言,法律只有在经过司法人员准确适用到具体个案并得到人民尊重和认同后,这才能算是实现了法律的目的。因此,就全民守法与公正司法的关系而言,全民守法的基础是司法公信力,公正司法则是全民守法的保障。法官断案的终极追求,应当是通过依法审理待决案件,正确适用法律,让裁判结果接受实践检验,并最终获得人民群众的认可。只有当正确适用法律的判决结果得到人民群众的普遍接受和认同时,才能逐渐培养和强化人民群众对于法治的尊重和对法治的信仰。如果司法裁判失去公正性,势必不能得到人民群众的尊重和信任,那么不但起不到惩恶扬善、定分止争、弘扬社会主义核心价值观、引领社会风尚的积极作用,反而会成为引爆新的社会冲突的不安定因素。如果法院的裁判总是背离人民群众的朴素正义观和对法律的理解,或者法院裁判总是出现瑕疵甚至错误,那么人民群众将失去对法律的信任。因此法官作出的每一个裁判,从法律上看,必须要"以事实为根据,以法律为准绳";从情理上看,必须要符合社会良知和社会主流价值观,做到"情、理、法"相统一。只有这样,才能实现法律的指引、评价、预测、强制、教育的作用,在全社会形成知法、守法、用法的良好氛围,真正筑牢依法治国的根基。

---

① 参见杨春福:《全民守法的法理阐释》,载《法制与社会发展》2015 年第 5 期。

② 参见莫纪宏:《"全面推进依法治国"笔谈之一　全民守法与法治社会建设》,载《改革》2014 年第 9 期。

③ 参见杨春福:《全民守法的法理阐释》,载《法制与社会发展》2015 年第 5 期。

（六）实现自治、法治、德治深入融合的要求

法治的本质是良法善治，而自治、法治、德治三者的有机结合就是善治的体现。[①] 治理主体各尽其职、协同于理，才有真正意义上的善治。实现司法公正，有赖于法律职业共同体的协同努力。五步法的应用，能让法官的审判工作建立在对法律依据、生效案例进行全面系统检索的基础之上，从系统思维和普遍联系观点出发看待问题，从而在审理和合议过程中，对事实认定更加“胸有成竹”，对法律适用“更有底气”，与当事人打交道“更接地气”，能够游刃有余地做到“应调尽调、当判则判，调判结合、案结事了”。同时，五步法的推行，将在规范案件审理、监管、评查的同时，指引当事人、律师高质量参与诉讼过程，并对法律和相关案例进行全面检索，从而促使其对诉讼风险进行有效评估，有利于让当事人在“心中有数”“知己知彼”的基础上合理选择最优的纠纷解决方式，更好地在判决和调解之中做出选择。2021 年年初，在郴州市中级人民法院受理的一起交通事故纠纷二审案件审判过程中，笔者作为该案的审判长，按照湖南省高级人民法院制定印发的《关于类案检索的实施意见（试行）》的要求，向参加诉讼的律师告知其享有向人民法院提交检索类案和关联案件的权利。随后，该案被上诉人某保险公司的代理律师向法庭提交了郴州市中级人民法院已经生效的相关联案件民事判决书，提请将此判决作为待决案件的参考。法庭在核实关联案件和类案审理情况的基础上，向对方当事人进行了释明，促使二审上诉人对二审判决形成了合理预期。最终，该案各方当事人自愿当庭达成调解协议，其保险公司按照约定向邓某某家属支付了各项损失。[②] 本案办理实现了“三个效果”有机统一，做到了“案结事了”。该案的依法审理和妥善处理，是五步法在司法审判中的生动实践。

第二节　五步法的构成及特点

五步法是在案件审理（监管、评查）中，审判人员应当使用的由法律依据检索、

① 参见殷轺：《在实践中找准自治、法治、德治结合方式》，载《中国社会科学报》2020 年 10 月 24 日，第 10 版。

② 参见郑涛：《检索类案助力当事人调解，王雨田敲响郴州中院“新春第一槌”》，载红网 2021 年 2 月 18 日，https://baijiahao.baidu.com/s?id=1692037622962389861&wfr=spider&for=pc。

类案检索、关联案件检索、证据规则运用、法律规则适用五个步骤构成的一套系统化、标准化、规范化审判工作流程及相对应的工作技能。在司法实务中，按照五步法的要求，法官审理案件，院庭长监督案件，审管办评查案件，均应主动适用上述步骤。五步法的五个步骤是基于审判运行规律、法官办案逻辑、审判监管流程、案件评查规范设计的，五个步骤有先有后，依次接续，缺一不可。五步法针对司法实务中存在的案件审理、案件监管、案件评查环节彼此相分离、标准不统一、流程不规范的问题和不足，努力构建与员额制改革相匹配的审判权运行体制机制，以实现案件审理、案件监管、案件评查各个环节的工作流程和标准从头到尾能够做到用“一把尺子量到底”。五步法的全面推行运用，将倒逼法官在案件办理时在全面系统学习相关法律依据的基础上不断更新法律知识储备，不断更新裁判理念，不断优化裁判思路，进而不断提升办案能力和水平。在司法实务中，将确保办案法官在办理案件具体过程中，均能做到“庭前准备充分”“庭审规范有序”“合议案件精准高效”，为案件高质量审理和司法公正奠定坚实基础。

一、五步法的构成及运行机制

五步法是环环紧扣、层层递进、衔接有序、相互协调的有机体系，较好地解决了规范办案依据和办案流程，依法认定事实，准确适用法律，统一裁判尺度，完善审判监督中存在的突出问题。通过五步法这个“统一标尺”，能够健全并完善对法官审判权力的制约和监督，倒逼法官提升司法能力和水平。在重大、复杂、疑难案件中，按照五步法，能够充分发扬司法民主，集中集体智慧，在司法民主集中制基础上有效地解决事实认定分歧和法律适用分歧，进而用体制机制统一裁判理念和裁判尺度，从而实现“类案同判”。五步法的提出为法官办理案件、院庭长履行监管职责、审管办进行审判管理、案件评查员开展质量评查提供了规范的流程和工作方法。

（一）第一步：法律依据检索、监管及评查

“以事实为根据，以法律为准绳”是我国三大诉讼法的共同原则，是公平公正办案、确保案件质量的必然要求。“法律依据”是法官断案的“首要工具”。根据案由和相关争议，从立案、开庭到依法合议，从取保候审到财产保全，甚至案件进入执行后对当事人提出的执行异议依法进行审查等，办案法官在司法活动中始终要运用程序法和实体法处理案件。要做到依法办案，法官必须对受理案件时的所

有法律依据进行全面、完整、准确地理解。然而,法律依据是不断丰富和完善的,法律的立改废释已经成为常态。这就要求,法官要以案由为基础,在办案过程中,对相关的法律依据进行检索,做到"应检尽检"。司法实务中,不乏由于法官凭已有经验和固有法律知识储备办案,而在程序处理和实体处理时从头到尾疏忽甚至遗漏相关法律规定(司法解释)、指导案例的情况,这种情况在有新出台的办案依据时尤为常见,如果不及时检索,必将产生漏用法律依据的情形,对案件的质效和司法公信力造成损害。因此,本书认为,将"法律依据检索"作为五步法的第一步,在案件办理中十分必要。只有对案件涉及的相关法律及立法解释、行政法规、地方性规定、单行条例、司法解释、批复答复、指导性案例等(必须遵照的办案依据)进行全面、系统的必要检索,同时在重大、疑难、复杂案件中,对最高人民法院司法文件、上级法院参考性案例等(办案参考)进行补充检索(扩展检索),才能做到全面、完整、准确理解法律和适用法律,才能不遗漏应当进入法官视野的法律依据和办案参考,进而更有利于法官准确查明案件事实和正确适用法律,并在充分发扬司法民主的基础上,在司法民主集中制运行过程中,妥善处理事实认定分歧和法律适用分歧。

从五步法的推行看,法官办案时应将法律依据检索贯穿于庭审和合议的全过程。只有在对法律依据(程序法依据和实体法依据)进行全面检索的基础上,法官才能运用系统思维,在具备体系化法律知识储备的基础上,根据不同案件的具体情况,尽快确定争议焦点,尽快确定审判方向以及审理重点、难点。法律依据检索结果,应当有效运用于庭前准备、庭中审理和庭后裁决的全过程,从监管角度看能够精准还原检索全过程,这也是案件质量检验和司法过程公开透明的必然要求。按照五步法的要求,在检索时必须做到"应检尽检"。为此,法官必须具备相应的检索技能,检索来源应当权威,检索方法必须高效。审判人员要随时关注法律及司法解释的废止、修改及更新,保证法律依据检索的时效性、准确性、完整性。以《民法典》贯彻实施为例,2020 年 12 月 30 日最高人民法院为确保《民法典》正确实施,对现行有效的 591 件司法解释、相关规范性文件完成了全面清理工作,决定废止 116 件,修改 111 件,并新制定了 7 件司法解释。① 目前,最高人民法院根据审判实践需要,还在持续出台《民法典》相关配套司法解释,法官在检索法律依据

① 参见孙航:《走好贯彻实施民法典的"关键一步"——代表委员谈贯彻实施民法典全面完成司法解释清理和首批司法解释新闻发布会》,载《人民法院报》2021 年 1 月 8 日,第 2 版。

时必须要予以高度关注,在及时检索基础上确保法律知识储备与时俱进、及时更新。

此外,新时代的法官要善于利用各类法律检索平台及时进行有效检索,只有充分利用好大数据平台,才能在方法论上实现全面提升,不断提升司法效能和办案质效。我们只有在对法律依据进行全面系统检索、全面系统学习和全面精准理解的基础上办理案件,才能为正确认定事实、准确适用法律、实现公正司法、奠定坚实法律依据基础。

(二)第二步:类案检索、监管及评查

司法,从司法实务看,是审判人员对法律行为、法律关系进行定性、定量分析,并在此基础上分门别类进行类型化归类,依法审理、处理的过程。每一种法律行为或者法律关系,都有内在的规律,这是对法律行为、法律关系进行类型化审理的基础。对法律行为或法律关系进行归类并进行类型化审理,是法官应当掌握的基本功。

比如,在刑事案件中,要根据犯罪构成要件对犯罪行为进行类型化审理;在民事案件中,要从基础事实及相关法律关系中确定类型化的民事法律行为;在行政案件中,要从行政行为或行政基础事实中确定类型化的行政行为。在类型化审理过程中,审判人员要在待决案件的庭审中依法判断,甄别类型化的行为,坚持"以事实为根据,以法律为准绳"原则,及时、精准确定事实争议焦点以及法律适用分歧,引导各方充分举证、质证并进行充分辩论,为正确认定事实、准确适用法律奠定坚实审理基础,并为此后的合议庭评议打下坚实评议基础。

不同的审理者在类型化审理过程中会产生分歧。有时可能在类型化归类上存在认识分歧,有时可能归类一致但对法律规则具体适用存在认识差异,甚至两者兼而有之(这在复杂、疑难案件中十分普遍)。这时,就需要法官在全面完整准确理解办案依据的基础上,坚持独立判断,依法办案;在"明察慎断"基础上,正确认定事实,准确适用法律。尤其是在复杂、疑难、新类型案件中,合议时常常会产生事实认定分歧和法律适用分歧,此时,类案检索就显得十分必要和十分重要。通过类案检索,审判人员能够参考全国各地法官(尤其是最高人民法院)在相类似案件中如何具体处理案件的做法,对案件的妥善处理和正确审理能够起到十分重要的参考作用。具体而言,在办案过程中,承办法官可以在独立检索法律依据(证据规则和法律规则)的基础上,参考类案检索到的类案具体适用的证据规则和类

案具体适用的法律规则，即同行对类似案件类似争议问题的审理和处理，以此指引待决案件依法认定事实和准确适用法律，并在此基础上，最终采用最优裁判思路和裁判路径审理、处理待决案件。这样，通过与类案体系化的识别比对，能够最大限度地达到缩小和消除个性化审判主体的事实认定分歧和法律适用分歧的目的，在体系化思维下，统一裁判尺度，实现“类案同判”，实现案件办理的政治效果、法律效果、社会效果的有机统一，做到案结事了人和。

类案检索是“类案同判”的基础。类案，是指与待决案件在基本事实、争议焦点、法律适用问题等方面具有相似性，且已经人民法院裁判生效的案件。具体到办案技能而言，类案检索就是要用正确的检索方法、在权威的检索平台上，经过检索操作，真正把与待决案件在争议事实（基本事实）、争议焦点、争议法律适用问题相类似的已生效案件迅速、高效、精准地检索出来。在此基础上，用待决案件与检索出的类似案件进行识别比对，规范法官自由裁量权行使，确保待决案件办理与认定事实规则、证据裁判规则不偏离，确保待决案件与应当适用的法律规则不偏离，进而避免司法差错，杜绝司法不公、司法不廉现象。需要注意的是，由于法律具有一定的滞后性，法律规范无法穷尽生活中的一切可能。现实生活中，存在各种疑难复杂和新类型案件，这时可能会出现审判人员检索不到相类似生效判决的情况。然而，“司法不能拒绝裁判”，在无法找到“实质类案”的情况下，法官仍然需要进行类案检索，在独立办案的前提下，“最相类似”案件的检索报告仍然可以为合议庭合议提供一定的参考。审判人员在能动司法的基础上，可以通过类案检索比较借鉴最相似的司法理念、裁判思路，按照以最小代价取得最大社会效益的效能原则，确定待决案件最优裁判规则和解决路径。因此，类案检索对于正确审理案件必不可少。

类案检索，旨在通过检索已生效裁判、识别实质类案、运用类案检索结果、监督管理类案检索制度，充分发扬司法民主，在司法民主集中制原则的有效运行下，最终确保实现“类案同判”，促进法律适用统一，维护司法公正。做好类案检索工作，需要法官等检索主体掌握好“类案检索”“类案识别”“结果运用”“类案监管”四种能力。① 在检索已生效裁判时，主要是要掌握类案的检索方法、检索平台的使用方法，才能确保能够检索出所需类案。类案识别，是要对检索出的类案进行识

---

① 参见王雨田、何伦波：《提升类案检索能力　确保法律适用统一》，载《人民法院报》2021 年 5 月 21 日，第 2 版。

别对比，通过类案分析判断出与待决案件具有相似性的类案，也即识别实质类案，并制作好类案检索报告，为后续结果运用打下基础。识别出实质类案后，需要用好类案检索结果，在存在实质类案的情况下，要提取出已生效裁判的裁判规则，并用其涵摄待决案件，形成最终裁判结论。目前，类案检索制度刚刚运行，各地都处在探索阶段，还存在很多不完善的地方，加强类案检索制度落实的监督管理十分必要。通过类案检索、识别、结果运用和制度运行监督一起构成一套类案检索体系，确保类案检索能够有效运行，更好促进“类案同判”，实现法律适用统一。①

（三）第三步：关联案件检索、监管及评查

统一关联案件之间的裁判尺度，既是人民群众对于司法公正的朴素追求，也是法律面前人人平等在司法中的直观体现。做好关联案件检索，进而统一裁判尺度，规范法官自由裁量权，是破解“关联案件不同判”难题，提升司法公信力，切实维护社会公平正义的重要途径。准确把握关联案件检索的特点，正确理解类案与关联案件之间的联系与区别，让关联案件检索更具有针对性，才能做好关联案件检索。②

事物都是普遍联系的，案件也不例外。关联案件是通过“关联点”联结起来的不同案件，有的关联案件也可以归属于类案，但关联案件与类案之间是有区别的。相比于类案而言，关联案件具有联系更紧密、更直接、更具体的特点，关联案件检索一定要找准“关联点”。关联案件中的“关联点”，可以是关联主体，也可以是关联法律事实，还可以是关联标的物。在关联案件检索中，要用科学的方法迅速将关键“关联点”找出来，作为检索关联案件的基础，进而把真正的关联案件全面精准地检索出来。当前，专门的关联案件检索平台比较欠缺，关联案件智能推送技术不够成熟，关联案件检索面临“检索难”的现实困境。破解“关联案件检索难”的办法，就是构建一个“办案法官积极检索、相关部门协助检索、诉讼参与人自愿检索”的关联案件协同检索机制。③

关联案件检索是能动司法的具体体现，是法官职业素养和系统思维的具体展

---

① 参见王雨田、何伦波：《提升类案检索能力　确保法律适用统一》，载《人民法院报》2021 年 5 月 21 日，第 2 版。

② 参见王雨田：《强化关联案件检索　促进裁判尺度统一》，载《人民法院报》2021 年 5 月 30 日，第 2 版。

③ 参见王雨田：《强化关联案件检索　促进裁判尺度统一》，载《人民法院报》2021 年 5 月 30 日，第 2 版。

现。从办案技能看，法官必须要充分发挥主观能动性，以重要“关联点”为线索，对关联案件进行全面检索，在与关联案件事实认定和法律适用的比较中，在坚持依法办案、独立办案的基础上，才能确保纵向关联案件、横向关联案件彼此之间的平衡、协调，在实现个案公正的基础上实现广义的社会公平正义。具体而言，在刑事案件中，关联案件通常表现为共犯、上下游犯罪之间的横向和纵向关联。比如，在审理受贿案中，在认定事实和定罪量刑上，应当要与相对应的行贿罪案件进行比对平衡。如果因为分案审理，已有关联案件认定行贿人甲行贿 200 万元，但在审理乙受贿案时，合议庭只认定受贿人乙受贿 150 万元，这样处理案件肯定是不妥当的，案件处理结果经受不起法律、历史和人民群众的检验。在民事案件中，关联案件可能更多地体现在横向关联上（有时也体现为纵向关联），如诉讼主体关联、案件基本事实关联等。例如，在涉及同一房地产开发公司延迟交房纠纷中，在住户 A 与住户 B 基于同一事实主张违约金的诉讼案件，如果支持 A 的诉讼请求却驳回了 B 的诉讼请求，显然这样的审理结果势必会让当事人和社会公众难以接受。

时任最高人民法院副院长江必新在宣讲党的十九大精神时指出，在案件处理中“要善于衡平各种价值，兼顾案结与事了，做到法律与情理融通，个案处理与平等适用协调，正确处理好局部与全局的关系，全面考量个案正义与制度正义，从而以高水平、高质量的司法产品，让人民群众在每一个司法案件中感受到公平正义”①。关联案件检索就是聚焦关联案件“检索难”问题，通过运用科学的检索方法和检索技巧，精准发现与待决案件相关联的案件，在坚持法官独立判断、主流价值观理念、体系化分析思维、法秩序统一性四项原则的基础上，根据待决案件与关联案件的具体情形，通过发扬司法民主，在民主集中制运行中解决事实认定分歧和法律适用分歧，统一关联案件之间的裁判尺度，规范法官自由裁量权行使，让人民群众在关联案件处理中感到公平正义。②

（四）第四步：证据规则运用、监管及评查

证据规则的运用主要是用来解决事实认定的问题。查明事实真相是裁判纠

---

① 詹旋江、邱何娟：《江必新在福州中院宣讲党的十九大精神时强调 以高水平高质量的司法产品服务党和国家大局》，载《人民法院报》2017 年 12 月 1 日，第 1 版。

② 参见王雨田：《强化关联案件检索 促进裁判尺度统一》，载《人民法院报》2021 年 5 月 30 日，第 2 版。

纷的前提和基础。解决事实认定的分歧必须坚持证据裁判原则,正确地运用证据规则,紧紧围绕证据的关联性、合法性、真实性进行证据的审查与认定。规范证据规则的运用要求法官合理分配诉讼双方的举证责任,认定事实的证据必须达到法定的证明标准,并且最终认定的事实要符合经验法则和逻辑法则。

当前裁判文书不同程度存在"重证据认定结果,轻证据采信过程"的现象,未能全面、客观地反映证据裁判过程。[①] 法官必须将证据认定的过程在裁判文书说理中公开,尤其对于双方存在较大分歧的证据更加需要详细阐明是否采信的理由,接受当事人和社会公众的监督和评判。对于证据规则运用存在争议的证据认定,还要通过类案检索、关联案件检索实现证据规则运用的尺度统一。

强化裁判文书证据说理,可以有效制约司法的恣意和专断,规范法官自由裁量权,有助于提升社会公众对司法的认同感。从以往的冤错案件和枉法裁判案件的教训来看,其中绝大多数案件脱离了证据裁判原则,在证据规则运用方面出现了偏差,最终影响了裁判的公正性。在全面推进司法体制综合配套改革背景下,"让审理者裁判,由裁判者负责"的司法责任制已得到落实,为了确保在新的审判权运行模式下"放权不放任""用权不任性",证据的审查与认定将成为审判监督与案件评查的重点对象,是评判案件质量的重要维度。证据规则的规范运用将贯穿于案件的审判、监督与评查,确保"一把尺子量到底",切实检验办案质量。[②]

(五)第五步:法律规则适用、监管及评查

法律规则适用是在依法认定事实的基础上,对法律关系和法律行为进行定性分析,对法律纠纷进行实质化处理的过程,从而实现定分止争,达到政治效果、法律效果和社会效果相统一。

对类型化的法律行为要坚持依法评价、充分评价、最优化评价、一次性评价、不重复评价等原则,并在此基础上选择最合适的法律规则处理争议,以期达到"案结事了人和"的效果。法律规则适用的过程是一个能动司法的过程,是体现法官审判能力和司法经验的过程,也是法官凭借审判智慧弥合法律与事实、法理与情理之间缝隙的过程。法官在对案件进行法律依据、类案、关联案件以及证据规则

---

① 参见王雨田、周明:《提升证据审查能力　贯彻证据裁判原则》,载《人民法院报》2021 年 3 月 24 日,第 2 版。

② 参见王雨田、周明:《提升证据审查能力　贯彻证据裁判原则》,载《人民法院报》2021 年 3 月 24 日,第 2 版。

检索之后，可能会形成不同的裁判思路。这时需要法官综合全案权衡利弊，选用最合适的适用规则，以最小的司法代价取得最佳的社会效益。有的案件裁判思路、裁判规则在法律、司法解释、最高人民法院司法观点中已有明确意见，如“正当防卫”的认定、民间借贷中“夫妻共同债务”认定等问题，已经形成了统一的裁判思路，有了明确的裁判规则，法官应当严格予以遵循。而在某些疑难复杂案件或者新类型案件中，司法实践中尚未形成统一的裁判思路，没有统一的裁判规则，对于同一案件可能会有不同的处理方式，如在侵害“外嫁女”集体经济组织成员权益纠纷、“知假买假索赔”等案件中就出现了不同的裁判思路和裁判结果，这时候就需要寻找一个司法代价最小、各方当事人利益最大化的“最优裁判思路”。尽管法律规则适用的规范问题是审判实务中的难点问题，但法律规则适用仍然具有一个可以评价的客观标准，对法律规则适用进行有效监管与评查必不可少，要避免出现不当适用、错误适用法律，导致出现瑕疵案件，甚至错误案件。瑕疵案件和错误案件必然会损害涉诉案件当事人的合法权益，损害司法公信力，损害法律权威。

需要说明的是，五步法是规范案件审理、监管、评查三项工作的工作流程和工作方法，三个环节中流程和方法是一致的。后面的分步章节中有的没有单独就案件监管和评查进行专门的阐释，但在具体运行中，在进行案件监管和案件评查时，同样要严格按照案件审理中的上述流程和方法，独立进行，并在此基础上比对结论，以实现有效监管和评查。

二、五步法的特点

五步法是立足于新时代人民法院高质量发展的需要，在实践中总结提炼形成的一套与法官员额制改革相配套的司法权力运行和司法制约监督的体制机制和工作方法。五步法主要具有实践性、时代性、系统性、开放性、实用性等特点，是经实践检验并行之有效的案件审理、监管、评查方法。

（一）五步法具有实践性

五步法坚持了“从实践中来、到实践中去”的马克思主义实践论的基本方法，它从办案实践中产生，在办案实践中推行，在办案实践中完善，最终也要回到办案实践中检验。五步法直接源于基层的办案经验和审判管理经验，符合审判案件实际，简洁明了，遵循了审判规律和司法规律，具有可操作性，能够有力指导法官审理案件、院庭长监督案件以及审管部门评查案件。笔者在多年的案件审理、审判管理、审判监督实践中，既是审理者、又是监管者，同时也是评查者，在不断总结自身体会以及与其他审理者、监管者和评查者的交流过程中，提炼经验、不断总结，并将相关方法放入实践中去检验、丰富、发展。客观地回顾和省视，是“让监督者监督”的改革实践催生了五步法的诞生，并最终形成了案件审理、监管、评查五步法。实际上，笔者在岳阳市中级人民法院工作期间已将五步法初步运用于所分管的刑事审判、行政审判和民事审判工作以及审判管理工作，均取得良好成效。当前，结合郴州市两级法院系统规范审判权力运行司法改革实践，五步法正在郴州法院系统全面系统地大力推行。五步法是审判实践的产物，最终也必然服务于审判实践。

（二）五步法具有时代性

五步法是人民法院进入新时代背景下从审判实践中总结提炼出来的司法实务产物，是在司法改革中响应改革需要与时俱进的基层实践探索。五步法是在习近平新时代中国特色社会主义思想的指引下，全面贯彻落实习近平法治思想，立足于新发展格局、新发展理念、新发展阶段，在中国特色社会主义法治体系框架下，在全面深化司法体制改革的大背景下，在政法队伍教育整顿活动的直接推动下，积极探索出的一套符合司法规律、审判实践的案件审理、监管、评查的方法。五步法是推陈出新、守正创新的产物，旨在解决司法工作发展不平衡、不协调的问题，以及司法领域人民群众反映强烈的突出问题。五步法以满足新时代人民群众对司法公正的新要求和新期待为目标，是紧跟党中央、最高人民法院关于司法体制改革的安排部署而推行的基层实践，是贯彻落实党中央、最高人民法院相关司法体制改革相关规定的细化举措，是立足郴州法院审判实务积极探索的推进审判体系和审判能力现代化而作出的不懈努力。

（三）五步法具有系统性

五步法是人民法院审判体系和审判能力现代化建设在基层的生动实践。五步法自身是成系统的，它力图打造一个集法律依据检索、类案与关联案件检索、证据规则运用、法律规则适用“五位一体”的标准化案件审理、监管、评查流程，是一个层次分明的整体。五步法的每个环节都有其各自的功能，既有分工又有协作。法律依据检索环节旨在解决“有法可依、有法必依”的问题；类案与关联案件检索环节旨在解决“类案同判”的问题；证据规则运用环节旨在解决“正确分配举证责任、正确采信证据、认定事实”的问题;法律规则适用环节旨在解决“正确适用法律”的问题。上述五个环节各司其职、环环紧扣、衔接有序,又与其他环节相互呼应、共同发力,共同努力完成“解决事实分歧、统一法律适用”和“完善审判权制约监督”两大目标。当然,五步法要发挥“更大威力”,不但需要得到法院内部的体制机制等内部环境支持,还需要得到外部环境中互联网技术、人工智能技术、大数据等技术革新的技术支撑。

(四)五步法具有开放性

五步法是一个开放体系,提供的是一种与时俱进的案件审理、监管与评查的方法。五步法始终坚持应用法学定位,要求用普遍联系和运动变化的观点看待问题解决分歧。在运用五步法时,应当特别注重及时检索。因为法律、类案、证据规则、法律适用规则随时可能有更新或者变化,只要认真落实五步法的工作要求,都可以通过五步法相关步骤的检索实现上述知识和信息的同步更新,这也同时倒逼法官不断加强学习,不断更新裁判理念,提升司法能力,规范审判权力运行和自由裁量权行使。五步法的运用过程,是一个体现法官能动司法的过程,是一个在全面检索和学习的基础上,不断修正、校正自己裁判思路的过程,是一个在确有必要时需对前期裁判思路“推倒重来”的过程,也是一个不断接近事实、还原事实的过程,一个不断对法律规则进行优化选择适用的过程。经过五个步骤后,最终落脚点仍然要实质回归到“以事实为根据,以法律为准绳”的办案原则上来。同时,五步法的开放性,还体现在其本身也具有一个不断修正完善的过程,五步法仍然需要进一步深化,随着时代的发展,也要不断修正完善,在改革创新中持续发挥作用。

(五)五步法具有实用性

五步法,是立足于郴州法院系统规范审判权力运行的司法改革实践而积极探索的在人民法院系统内对案件进行审理、监督、评查的“标准化”流程和方法,它符合司法改革精细化管理的要求,通俗易懂、简便易行、标准统一。

五步法将复杂的案件审理、监管、评查过程化繁为简,简化为五个步骤,符合审判规律和认识规律,即便是初任法官也能运用自如。以往的办案方法,有的旨在解决刑事审判中的问题,有的旨在破解民事审判中的难题,有的旨在指导行政审判实践,有的单独指导审判监督管理,有的单独指导案件质量评查,功能相对单一。与上述办案方法相比,五步法是一套可复制、可推广的注重系统思维的案件审理方法,具有可操作性和实用性。

从法院内部体系看,在案件审理上,它在刑事、民事、行政审判中均能适用;在审判监督管理上,它可以供院庭长等监督者履行监督职权时使用;在案件质量管理上,它可以供案件质量评查人员履行案件质量评查职权时使用。从法院外部体系看,公诉人、司法行政人员、律师等法律职业共同体均可以按照五步法指引自己处理案件,共同维护社会公平正义;案件当事人可以按照五步法对自己的案件形成合理预期,准确、合理选择纠纷解决方式,实现成本—效应最大化,切实维护自身合法权益。

五步法的核心逻辑是遵循审理者的办案逻辑设计的,法官办案的中心任务就是“事实认定 + 法律适用”,五步法通过解决“有什么法律”“用什么法律”“怎么用法律”等问题,为法官独立思考、独立判断进行方法指引,为法官正确认定事实、准确适用法律提供了操作指引,为案件质量、效率和公信力不断提升提供了坚实基础,为司法为民、公正司法保驾护航。

第三节　五步法的哲学基础和实践价值

习近平总书记在纪念马克思诞辰 200 周年大会上指出:“马克思主义思想理论博大精深、常学常新。新时代,中国共产党人仍然要学习马克思,学习和实践马克思主义,不断从中汲取科学智慧和理论力量。”“我们要赢得优势、赢得主动、赢得未来,必须不断提高运用马克思主义分析和解决实际问题的能力,不断提高运用科学理论指导我们应对重大挑战、抵御重大风险、克服重大阻力、化解重大矛盾、解决重大问题的能力,以更宽广的视野、更长远的眼光来思考把握未来发展面临的一系列重大问题,不断坚定马克思主义信仰和共产主义理想。”①邓小平同志也曾指出:“马克思主义理论从来不是教条,而是行动的指南。它要求人们根据它的基本原则和基本方法,不断结合变化着的实际,探索解决新问题的答案,从而也发展马克思主义理论本身。”②五步法是积极自觉运用马克思主义基本原理、立场

---

① 习近平:《在纪念马克思诞辰 200 周年大会上的讲话》(2018 年 5 月 4 日),载新华社,http://www.xinhuanet.com/politics/2018-05/04/c_1122783997.htm。

② 《邓小平文选》(第 3 卷),人民出版社 1993 年版,第 146 页。

和方法用于解决司法改革难点、痛点、堵点的实践探索。五步法以马克思主义哲学为指导，哲学底色是马克思主义哲学，五步法要求应用者必须自觉将马克思哲学中的唯物论思想、认识论思想、辩证法思想和人民群众观等基本立场、基本观点和基本原理运用于审判实践之中。如果不懂得马克思主义哲学，或者背离马克思主义哲学，在“以事实为根据，以法律为准绳”的审判原则的贯彻落实上必然会出现偏差，就做不到客观公正，不偏不倚，不左不右，不枉不纵。就应用价值而言，五步法的实践价值主要体现在诉讼指引价值、审判监管价值、司法公正价值、司法效率价值上。

一、五步法的哲学基础

（一）五步法的唯物论基础

笔者此处所说的“唯物论”是马克思主义唯物论，也就是辩证唯物论。建党百年来，中国共产党之所以能够带领人民不断取得辉煌成就，是由于始终坚持将马克思主义基本原理和我国革命具体实践相结合。人们之所以会将马克思主义哲学归类为辩证唯物主义，是因为其离不开实践。[①] 马克思辩证唯物主义认为，实践是认识的基础，实践是检验真理的唯一标准。[②] 五步法是立足于现阶段我国的司法实践和人民群众对工作司法的新期待而提出的，也要再次回到实践中去接受检验。

1. 五步法立足于我国法治现状

首先，立足于社会主义初级阶段的基本国情。当前，我国正在推进社会主义法治建设和国家治理体系和治理能力现代化。就法院系统而言，各地法院正在推动审判体系和审判能力现代化。五步法是“坚持一切从实际出发”的原则，立足于“我国正处于并将长期处于社会主义初级阶段的基本国情”[③]上提出的。其次，立足于我国属于成文法国家这个国情。我国已经构建起中国特色社会主义法律体系，已经实现了“有法可依”。在新发展阶段，我们亟待解决的是“有法必依、执法

---

① 参见孙明慧：《辩证唯物论视角下马克思主义哲学中国化观察》，载《重庆社会科学》2017 年第 9 期。

② 参见罗邈：《基于辩证唯物论的“四个全面”战略布局审思》，载《中学政治教学参考》2016 年第 2 期。

③ 中共中央宣传部主编：《习近平新时代中国特色社会主义思想三十讲》，学习出版社 2018 年版，第 72 页。

必严和违法必究”的问题,归结起来就是推动人民法院实现高质量发展的问题。五步法要求法官在“有法可依”的基础上,坚决做到“有法必依”,要求法官正确理解和适用法律,能动司法,依法公正行使审判权。最后,立足于目前我国群众的法律意识、法律知识和法律职业群体素质参差不齐的国情。当前,少数当事人对司法诉讼存在认识误区,认为法院必须要支持自己的全部诉求才是主持公道,而往往忽视了自己的举证能力、过错责任等对裁判结果具有直接影响的其他方面因素。法官需要通过五步法,实现案件办理全过程的透明、高效、公正,为“胜败皆服”奠定坚实基础。五步法的适用过程,也同时是参与诉讼的各类主体法律知识储备、工作理念更新提升的过程,对新时代打造高素质的法律职业共同体具有重要意义。

2. 五步法立足于我国新发展阶段的现实需要

习近平总书记指出:“我国已进入高质量发展阶段,社会主要矛盾已经转化为人民日益增长的美好生活需要和不平衡不充分的发展之间的矛盾,人民对美好生活的要求不断提高,我国发展不平衡不充分问题仍然突出。”[①]进入新发展阶段,人民群众对于司法公正也有了新期待,对司法公正也有了新要求。进入新时代,为了满足人民群众对公平正义日益增加的需求和实现人民法院高质量发展,人民法院开展了以司法责任制改革为核心的一系列改革举措。五步法正是在这种背景下应运而生的。五步法从根本上来说就是对司法责任制综合配套改革的探索,是对审判权力运行体制机制完善的有益探索,也是人民法院积极回应新时代、新发展阶段人民群众对司法新期待、新需求的重要改革举措。

3. 五步法立足于案件事实判案

五步法的追求之一,就是要正确认定事实。即要通过法官正确分配举证责任、引导当事人举证,不断由表及里、由浅入深、去伪存真,不断还原、接近案件客观事实。这是案件公正办理的基础和根本保证。只有案件事实得到正确的认定,得到与客观事实最为接近的法律事实,我们才能据此去认识、评价和处理所涉及的法律关系和法律争议,才能够正确适用法律,才能够居中公正裁决,解决纠纷,进而才能够使当事人信服。正基于此,在五步法的第四步中,笔者提出要通过“提

---

① 习近平:《我国社会主要矛盾已经转化为人民日益增长的美好生活需要和不平衡不充分的发展之间的矛盾》,载手机人民网,http://m.people.cn/n4/2017/1018/c204500-9999520.html? from=timeline。

升法官证据审查能力，贯彻证据裁判原则”①来规范证据规则的运用，以期实现对案件事实的正确认定，为准确适用法律奠定坚实基础，进而实现司法公正。

（二）五步法的认识论基础

把马克思列宁主义的基本原理同中国具体实践结合起来解决中国所处阶段的实际问题，是中国共产党领导中国人民不断取得胜利的重要法宝。马克思主义认识论的基本原理可概括为：实践是认识的基础，或者说认识源于实践；认识指导实践并在实践中得到检验、丰富和发展；实践和认识的相互作用和循环往复，推动着认识不断丰富和深化，实践不断得到提升和发展。② 自从找到了马克思主义，通过将马克思主义的认识论与中国实践相结合，在不同的阶段先后产生了毛泽东思想、邓小平理论、“三个代表”重要思想、科学发展观和习近平新时代中国特色社会主义思想等马克思中国化成果。③ 习近平总书记在2016年哲学社会科学工作座谈会上指出：“坚持以马克思主义为指导，必须落到研究我国发展和我们党执政面临的重大理论和实践问题上来，落到提出解决问题的正确思路和有效办法上来。”④五步法的提出，正是在习近平新时代中国特色社会主义思想的指导下，在中国进入新时代这个大背景下，立足我国司法实际和郴州市司法改革实践，运用马克思的认识论着力解答人民法院高质量发展面临的实践难题，而提出的一套审判实务方法。

1. 五步法立足于审判实践

随着经济社会的不断发展，人民法院发展不平衡不充分的问题也日益凸显。要实现人民法院高质量发展，就必须高质量回应人民群众对司法公正的期待，其中最为紧迫的是需要有效解决“类案不同判”、坚决防止冤错案件发生、坚决杜绝司法腐败现象发生。当前，审判权监督制约不足、法律适用分歧解决机制不完善等一系列问题已经成为深化司法改革亟待解决的重点和难点问题。基于这些考

---

① 王雨田、周明：《提升证据审查能力　贯彻证据裁判原则》，载《人民法院报》2021年3月24日，第2版。

② 参见刘忠友：《习近平新时代中国特色社会主义思想对马克思主义认识论的继承和创新发展》，载《广东省社会主义学院学报》2020年第3期。

③ 参见刘忠友：《习近平新时代中国特色社会主义思想对马克思主义认识论的继承和创新发展》，载《广东省社会主义学院学报》2020年第3期。

④ 习近平：《在哲学社会科学工作座谈会上的讲话（全文）》（2016年5月18日），载人民网，http://politics.people.com.cn/n1/2016/0518/c1024-28361421-4.html。

虑,许多法院都立足自身工作实际探索了相关办案方法,比如邹碧华的“审判要件九步法”、北京市第三中级人民法院的“类型化审判方法”等,其目的都是统一裁判尺度和实现司法公正。近年来,湖南省郴州市中级人民法院的司法质效稳步上升,但是发改率高、服判息诉率低等问题也反映出在案件质量、效率和公信力提升中出现了短板和不足,这些短板和不足亟待解决。正是基于这些现实情况,笔者在多年的司法实践中摸索出“案件审理、监管、评查五步法”的工作方法,以期为新发展阶段人民法院提升审判质量、效率和公信力找到新路径。

2. 五步法在实践中接受检验

实践是检验真理的唯一标准。五步法能否有针对性地解决制约司法能力和影响司法公正的深层次问题,能否落实在“让审理者裁判,由裁判者负责”的基础上,实现“让监督者监督”,这些都需要到司法实践中去接受检验。湖南省郴州市中级人民法院近年来实行五步法的实践证明,无论是对刑事案件定罪量刑、还是对民事案件定分止争,抑或对行政案件公正裁决,五步法都真正实现了“一把尺子量到底”,在统一裁判尺度、解决法律适用分歧、完善审判权力监督制约等方面发挥了重要作用。尤其是在疑难复杂案件、新类型案件、敏感案件中更能体现出其独特作用。目前,五步法已经成为郴州两级法院法官公正司法的重要方法。

3. 五步法是能动司法的具体体现

“围绕中心,服务大局”“司法为民、公正司法”是人民法院的工作目标。正是立足“服务大局”目标,中国提出了“能动司法”理念。[①] 中国提出的“能动司法”与西方的“司法能动主义”是不同的两个概念。“司法能动主义”的理论和实践一般认为是发端于美国的司法审查制度,并为一些西方国家所广泛接受。[②] 公丕祥教授曾撰文指出:“关于能动司法,中国与西方国家有着不同的解读。‘能动司法’这一命题的提出,是当代中国法律人的智慧结晶,它是中国的‘本土资源’,而不是所谓的‘舶来品’。”[③]我国能动司法的核心在于,充分发挥司法的能动作用,有效地“为大局服务、为人民司法”[④],即服务党和国家大局,服务经济社会发展。“坚持能动司法在当代中国有着内在的必然性。因为坚持能动司法,是履行人民司法功

① 2009 年,时任最高人民法院院长王胜俊提出了“能动司法”理念,并指出,人民法院能动司法就是要发挥司法的主观能动性,积极主动地为党和国家工作大局服务,为经济社会发展服务。详见罗东川、丁广宇:《我国能动司法的理论与实践评述》,载《法律适用》2010 年 Z1 期。

② 参见王千华:《评欧洲法院司法能动性的贡献及其限度》,载《法学评论》2001 年第 5 期。

③ 公丕祥:《当代中国能动司法的意义分析》,载《江苏社会科学》2010 年第 5 期。

④ 罗东川、丁广宇:《我国能动司法的理论与实践评述》,载《法律适用》2010 年 Z1 期。

能使命的必然要求,是回应人民群众司法关切的必然要求,是改进转型时期社会治理的必然要求,是破解司法难题的必然要求,是提升司法公信力的必然要求,是传承人民司法优良传统的必然要求。"[①]"能动司法是人民法院作出的必然选择,能动司法从来是、一直是也将永远是人民司法的基本规律。"[②]因此,在深化司法体制综合配套改革背景下,坚持能动司法是应有之义。在现行司法语境下,能动司法,就是法官在办理案件时,应当充分发挥主观能动性,有效解决社会各种复杂的纠纷和案件,努力做到"案结事了人和",实现"三个效果"有机统一,更好服务经济社会发展大局。上述目标,正是五步法提出的初衷和目标。

五步法要求法官在办理案件时,应当在充分学习和掌握法律和立法、司法解释的基础之上,坚持能动司法,充分发挥自身审判智慧,参考借鉴已生效裁判的司法经验,公平公正地办理每一个司法案件,让人民群众真切感受到公平正义。例如,五步法明确要求,法官在处理疑难复杂案件、新类型案件时,应当在全面检索类案与关联案件的基础上,坚持独立判断的原则,准确适用法律办理案件,服务经济社会发展大局,而不是消极被动地坐堂办案,不顾后果地刻板适用法律,不做"'无所作为''沉默是金'的机械适用法律的机器。"[③]同时,五步法还要求,在办理案件时,法官必须要在我国现行的法律框架下依法办案,不能"造法"办案;下级法院运用和理解法律必须要统一到最高人民法院明确的裁判理念、裁判思路和裁判尺度之下。同时,五步法还要求法官坚持能动司法,立足审判职能,努力促成矛盾纠纷的一次性解决和实质性解决,主动顺势而为,积极回应经济社会的发展需要。[④]

(三)五步法的辩证法基础

马克思恩格斯辩证法思想具有丰富的内容,它对当今世界的很多问题都有参照、启示和借鉴意义,对中国特色社会主义现代化建设具有重要的指导作用。推动新时代人民法院高质量发展,离不开马克思主义辩证法思想的指引,更需要坚持以马克思主义中国化最新理论成果——习近平新时代中国特色社会主义思想,

---

① 公丕祥:《当代中国能动司法的意义分析》,载《江苏社会科学》2010 年第 5 期。

② 罗东川、丁广宇:《我国能动司法的理论与实践评述》,载《法律适用》2010 年 Z1 期。

③ 王雨田、周明:《处理好五对关系　践行司法为民宗旨》,载《人民法院报》2021 年 5 月 15 日,第 2 版。

④ 参见王雨田、周明:《处理好五对关系　践行司法为民宗旨》,载《人民法院报》2021 年 5 月 15 日,第 2 版。

特别是习近平法治思想为指导。在司法改革中，只有将其全方位、全过程地贯穿到审判工作中去，才能推动人民审判事业不断向前发展。

1. 五步法与普遍联系观点

“世界上的事物总是有着这样那样的联系，不能孤立静止地看待事物发展，否则往往会出现盲人摸象、以偏概全的问题。”[①]联系观，从宏观上表现为系统观。整个世界都是相互联系的统一整体，任何事物都构成了普遍联系中的某个环节或者其中的一个部分，并通过这些单个环节表现出联系具有普遍性。这要求我们在实践活动中要树立全局观、系统观。五步法就是一个系统性的办案方法，既做到了法律依据、类案、关联案件、证据规则、法律适用规则的检索、监管、评查等五个环节的相互协调、有机统一，又做到了统一裁判理念、裁判尺度、完善审判监督管理、提升法官素养等功用的互相促进、有机统一。联系观，从微观上表现为事物之间的普遍联系。五步法将类案、关联案件纳入为其中环节，正是看到了案件的当事人、法律事实、争议焦点等存在的客观联系。据此，才提出要将个案置于普遍联系的大环境中，即在关联案件与类案比较中进行二次评价，在确保个案公正的基础上，在关联案件与类案中实现法律适用的统一，从而实现对个案裁判尺度差异的弥合，切实让人民群众感受到公平正义。同时，需要注意的是，我们要用普遍联系的观点，去看待案件办理过程中法律关系和法律事实的认定，尤其是注意在民刑交叉、民行交叉、行刑交叉、刑民行交叉案件的处理中要注意运用普遍联系的观点，注重各审判领域之间裁判思维的衔接和区分，坚持法秩序统一性原则，妥善处理相关案件。[②]

2. 五步法与运动发展观点

唯物辩证法发展观，体现的是事物是不断发展变化的，即不断向前发展的一种趋势。从总体上可以概括为，事物发展一种由低层次向高层次、由简单到复杂、由混乱到有序的前进性的运动变化过程。五步法的产生和发展，是我国司法体制改革，尤其是司法责任制综合配套改革不断向纵深推进的一个缩影。从人民法院的改革纲要可以看出，人民法院改革目标不断明确，改革任务不断细化。当前司法改革的目标，已经从过去的“有没有”向现在的“好不好”发展，其追求目标演变

① 习近平：《在十八届中央政治局第十一次集体学习时的讲话》（2013 年 12 月 3 日），载中国共产党新闻网，http://theory.people.com.cn/n/2015/1109/c40531－27791878.html。

② 参见王雨田：《强化关联案件检索　促进裁判尺度统一》，载《人民法院报》2021 年 5 月 30 日，第 2 版。

为推动人民法院高质量发展。五步法是推陈出新、守正创新的成果，是在继承基础上创新发展的产物。它创新性地提出将法律依据检索、类案检索、关联案件检索、证据规则适用、法律规则适用等“五个环节”按照一定的逻辑进行重新排列组合，组成案件审理、监管、评查的“统一标尺”。此外，我们要通过五步法的推行，不断积累并巩固统一法律适用的改革成效，力推司法为民、公正司法向更高质量发展。一是通过五步法的适用过程，促进法官法律素养的提升；二是通过五步法的适用，不断弥合法官之间的认识分歧，促进法官之间裁判理念和裁判思路的统一，从而实现“类案同判”的目标；三是通过按照五步法办理一个个彰显司法公正的个案，增强法院整体的司法公信力。

3. 五步法与矛盾论

首先，我们要从“矛盾是普遍存在的”这个角度来看待“法律适用分歧”的客观存在。法官之间对某一个条文的理解存在分歧，这是符合审判规律的。从某种程度上来说，“绝对”消除“法律适用分歧”是不可能做到的。我们要做的、能做的，是在正确认识审判规律的基础上，提出尽量缩小“法律适用分歧”的方法，以期实现最大化地还原事实真相、正确适用法律，进而捍卫司法公正，树立司法权威。其次，我们要善于抓主要矛盾和矛盾的主要方面。我们要牢牢抓住“司法责任制”这个“牛鼻子”，在“让审理者裁判，由裁判者监督”的基础上，实现“让监督者监督”，着力破解制约司法能力和影响司法公正的主要问题、深层次问题、关键性问题。在此基础上，构建配套体制机制，以此促进审判质量、效率和公信力不断提升，促进法官司法能力和水平的不断提升，以及促进法院队伍建设等一系列问题的系统性解决。最后，我们要从矛盾的特殊性这个角度来对具体问题进行具体分析。从类型化的角度看，当前绝大部分案件都可以将其归为某类案件。但是，我们必须承认，从哲学层面来看，完全相同的两个案件是不存在的，在现实生活中，这是客观事实。因此，我们在处理案件时，既要适用五步法，在进行类案与关联案检索的基础上，找出待决案件与已生效裁判和关联案件之间的“共性”问题；又要在贯彻证据裁判原则的基础上，找出待决案件在基本事实、争议焦点等方面的“个性”问题，利用区别技术，坚持“独立判断原则和主流价值观理念”①，找到处理待决案件的“最优化”裁判思路和裁判方法，依法作出裁判，最终实现司法公正的目的。

---

① 王雨田：《强化关联案件检索 促进裁判尺度统一》，载《人民法院报》2021 年 5 月 30 日，第 2 版。

（四）五步法的人民群众观基础

人民群众观，就是人民群众至上的观点。① 通过对社会发展史的深刻分析，和对当时被整个社会普遍信仰的、错误的英雄史观的毫不留情的批判，马克思指出了人民群众在社会发展中的决定性作用，是一切历史的真正创造者，为无产阶级从思想上解放自己、努力为争取自己的利益而斗争提供了科学的理论支撑，成为无产阶级夺取革命胜利的重要思想武器。② 因此，马克思主义人民群众观从生产力决定生产关系、社会存在决定社会意识的基本原理出发，认为人民群众是历史的创造者，是推动社会历史前进的决定性力量。③ 完整、准确地理解、践行马克思主义人民群众观，就要始终"坚持人民主体地位"。④ 以习近平同志为核心的党中央紧密结合中国特色社会主义新实践、新发展、新要求，创造性运用马克思主义人民群众观，在推进全面依法治国中维护人民主体地位。⑤

在司法领域，践行人民群众观集中体现为坚持司法为民宗旨。习近平总书记指出："要依法公正地对待人民群众的诉求，绝不能让不公平的审判伤害人民群众的感情，损害人民群众的权益，以公正司法提升司法的公信力。"⑥实践证明，只有始终站稳人民立场，努力践行司法为民宗旨，积极回应群众关切，司法工作才能符合民情、体现民意、赢得民心，司法事业才会呈现蓬勃生机和无限活力。⑦ 五步法是立足郴州司法实践，践行人民群众观而提出的，其出发点和落脚点是切实回应新时代人民群众对审判事业高质量发展的新期待。

1. 始终坚持以人民为中心的司法理念

习近平总书记指出全面依法治国必须要"坚持以人民为中心"，"全面依法治国最广泛、最深厚的基础是人民，必须坚持为了人民、依靠人民。""司法体制改革

---

① 参见张珍华：《中国共产党人民群众观论析——从党在百年历程中制定的奋斗纲领的视角》，载《西华大学学报（哲学社会科学版）》2021 年第 2 期。

② 参见王文卓：《马克思主义人民群众观的理论实质》，载《人民论坛》2017 年第 10 期。

③ 参见曲建华：《简论中国特色社会主义人民群众观》，天津师范大学 2010 年博士学位论文，第 1 页。

④ 参见王文卓：《马克思主义人民群众观的理论实质》，载《人民论坛》2017 年第 10 期。

⑤ 参见杜鸿林：《习近平对中国特色社会主义人民群众观的丰富发展》，载《中共天津市委党校学报》2014 年第 5 期。

⑥ 习近平：《在中央政治局第四次集体学习时的讲话》，载《人民日报》2013 年 2 月 25 日，第 1 版。

⑦ 本报评论员：《坚持以人民为中心　牢记司法为民宗旨——学习贯彻习近平法治思想开创法院工作新局面系列评论③》，载《人民法院报》2020 年 11 月 24 日，第 1 版。

必须为了人民、依靠人民，造福人民——由人民评判。”“全面依法治国，必须紧紧围绕保障和促进社会公平正义来进行。”[①]践行习近平总书记“以人民为中心的发展思想”，落实到司法领域就是践行“以人民为中心的司法理念，意味着新时代人民法院的司法工作要改变司法方式，积极回应人民群众的新要求、新期待；要把‘案结事了人和’作为案件处理结果的重要目标，追求法律效果和社会效果相统一；必须要坚持司法公正，不断提升司法权威和司法公信力；要把维护和促进社会公平正义作为司法公正的核心价值。”[②]践行“以人民为中心的司法理念”，这也是五步法的出发点和落脚点。

2. 坚持以“满足人民群众的司法需求”为推进动力

习近平总书记曾深刻指出：“适应新形势新要求，要把体现人民利益、反映人民愿望、维护人民权益、增进人民福祉落实到依法治国全过程。”[③]“要积极回应人民群众新要求新期待，系统研究谋划和解决法治领域人民群众反映强烈的突出问题，不断增强人民群众获得感、幸福感、安全感。”[④]中共中央《关于全面推进依法治国若干重大问题的决定》更是明确指出：同党和国家事业发展要求相比，同人民群众期待相比，同推进国家治理体系和治理能力现代化目标相比，法治建设还存在许多不适应、不符合问题。这些“不适合、不符合”的问题体现在司法领域，就是司法能力不足、审判权力运行机制不完善和司法监督制约疲软等群众意见比较集中的问题。[⑤] “要牢牢把握社会公平正义这一法治价值追求，深化司法责任制综合配套改革，加强司法制约监督，健全社会公平正义法治保障制度，努力让人民群众在每一个司法案件中感受到公平正义。”[⑥]探索五步法的初衷，就是立足郴州法院司法改革实践，通过推行五步法，着力解决制约司法能力和影响司法公正的深层

① 习近平：《论坚持全面依法治国》，中央文献出版社 2020 年版，第 2 页、第 147 页；本报评论员：《维护和促进社会公平正义——论学习贯彻习近平总书记在中央全面依法治国工作会议上重要讲话》，载《人民日报》2020 年 11 月 23 日，第 1 版。

② 方乐：《以人民为中心司法理念的实践历程及其逻辑意涵》，载《法律科学》2021 年第 4 期。

③ 《坚持以人民为中心推进全面依法治国——学习贯彻习近平总书记在中央全面依法治国工作会议上重要讲话系列评论之二》，载《法治日报》2020 年 11 月 21 日，第 1 版。

④ 此段论述系出自习近平总书记 2020 年 11 月 16 日至 17 日在中央全面依法治国工作会议上的讲话。求是网：《“我们厉行法治的聚焦点和发力点”——坚持以人民为中心》，载求是网 2020 年 12 月 12 日，https://baijiahao.baidu.com/s?id=1685853113839569675&wfr=spider&for=pc。

⑤ 2014 年 10 月 23 日党的十八届四中全会讨论通过中共中央《关于全面推进依法治国若干重大问题的决定》。全文参见《人民日报》2014 年 10 月 29 日，第 1 版。

⑥ 《坚持以人民为中心推进全面依法治国——学习贯彻习近平总书记在中央全面依法治国工作会议上重要讲话系列评论之二》，载《法治日报》2020 年 11 月 21 日，第 1 版。

次问题，最大化满足新时代人民群众对公平正义的新需求和新期待，用司法改革实践深入践行马克思主义群众观。

3. 坚持“人民群众是司法公正的最终评判者”理念

以人民为中心要坚持人民评价标准。“人民群众是司法公正的最终评判者”理念就是“司法效果由人民评判”。习近平总书记强调，要“把人民群众拥护不拥护、赞成不赞成、高兴不高兴、答应不答应作为衡量一切工作得失的根本标准”①。江必新曾撰文指出：“要时刻记得，办一个案件，只是法官一年工作量的几十分之一甚至几百分之一，但对当事人来说，却意味着百分之百。人们将其财产、声誉乃至生死相托于法官，法官的担当能不重如泰山？”②因此，人民法院的司法裁判要坚持“人民群众是司法公正的最终评判者”理念，一定要得到人民群众的高度认可，说出人民群众的心声，判在人民群众的心坎上，经得起人民群众口碑的检验，因为人民群众的满意度是衡量司法工作得失成败的最终标准。③ 五步法的提出对内是为法官提供一种办案方法，对外也是为人民群众监督法院判决提供了一把“标尺”。同时，也是将法官的“流水线作业”打造成与工厂的“透明车间”和饭店的“透明厨房”一样的“透明化生产流程”，接受人民群众的监督和评判。因此，笔者提出郴州两级法院要“做精品法官、办精品案件、建精品法院”，要全力提升审判质量、效率和公信力，实现“让裁判有尺度、司法有温度、执行有力度”，努力让人民群众在每一个司法案件中感受到公平正义，树立公正高效权威的良好司法形象。

二、五步法的实践价值

五步法是在马克思哲学理论的指引下，在马克思主义中国化最新理论成果——习近平新时代中国特色社会主义思想的指导下产生的基层实践。五步法产生于司法实践，又在实践中经受了检验。五步法在提供诉讼指引、促进更好履行审判监管职责、实现司法公正、提升司法质效方面均具有实践价值。

（一）五步法的诉讼指引价值

五步法的诉讼指引价值主要体现在：能够指引法官标准化办案、指引法院完

---

① 新华社：《十三届全国人大一次会议在京闭幕　习近平发表重要讲话》，载新华社2018年3月20日，https://baijiahao.baidu.com/s?id=1595460711093082915&wfr=spider&for=pc。

② 江必新：《法官良知的价值、内涵及其养成》，载《法学研究》2012年第6期。

③ 参见王雨田、周明：《处理好五对关系　践行司法为民宗旨》，载《人民法院报》2021年5月15日，第2版。

善审判权责清单、指引诉讼参与人合理选择诉讼纠纷解决途径。

1. 指引标准化办案

标准化建设，是近年来人民法院司法改革的趋势。笔者认为，司法标准化，就是遵循审判规律和审判逻辑，在司法活动中打造任务明确、权责清晰、流程规范、逻辑严密的办案流程。通过标准化建设，人民法院在司法改革中可以不断促进裁判理念和裁判尺度统一，不断提升审判质量、效率和公信力。五步法就是力求打造这样一套司法公共产品的标准化流程，为法官、审判辅助人员作出公正的司法裁决结果提供帮助。标准化办案流程的另一大特点，就是可复制、可推广。因此，五步法作为一套标准化的办案流程，对初任法官、初任法官助理办案培训也具有积极意义。

2. 指引完善权责清单

五步法是贯穿于案件审理、监管、评查全流程的工作方法。它要求审理者审理案件、监督者履行监督职责、评查者评查案件都必须依照五步法的“统一标尺”进行，把权力约束在“流程链条”和“制度笼子”里，为进一步完善各类司法主体的审判权力、审判管理权力、审判监督权力责任清单奠定了坚实基础。五步法旨在严格落实“让审理者裁判，由裁判者负责”的司法责任的基础上，通过明确监督依据、监督办法和监督流程，强化司法内部制约监督，实现“让监督者监督”。

3. 指引参与诉讼

五步法不但能为法官办案提供指引，也能为其他诉讼参与人参与诉讼提供重要的诉讼指引。在人民法院推行五步法的标准化流程办案后，必将指引案件当事人、律师、公诉人以及其他诉讼参与人遵循五步法的标准化流程参与诉讼；指引诉讼参与人遵循法官的裁判思路和工作要求检索法律依据、类案与关联案件、证据规则和法律适用规则，从而更有效地举证、提出法律适用请求，最终达到实现“更容易实现诉讼请求”的目的。同时，五步法也更利于诉讼参与人正确评估诉讼风险，从而在纠纷解决方式上作出正确选择，在恰当的纠纷解决方式中更快实现诉讼目的。例如，在民事案件中，诉讼参与人可以在检索类案或者关联案件后，实现对自己涉诉纠纷中诉讼风险的合理评判，形成合理预期，从而更加准确地选择自行和解、诉前调解、诉中调解或者庭审裁判的方式解决涉诉纠纷，以实现诉讼成本—效益最大化。

（二）五步法的审判监管价值

提出五步法的重要目的，就是健全完善审判权制约监督机制，在坚持“让审理者裁判,由裁判者负责”的基础上,实现“让监督者监督”。因此,在推行五步法后,必将对人民法院的审判监督管理产生重要影响。

1. 实现审判“价值观、流程、质效”管理三合一

五步法有利于实现审判价值观管理、审判质效管理和审判流程管理的统一。首先,是有利于审判价值观管理。通过推行五步法,力求让所有法官的价值观统一到“必须要符合社会主义核心价值观、必须符合最高人民法院的主流观点、必须符合人民群众的根本利益”上来,在一定程度上实现法官审判价值观的统一。其次,是有利于审判质效管理。通过五步法标准化、流程化、规范化生产出来的司法产品,一定是更加经得起质量和效率、历史和法律检验的精品,这样有利于审判质效提升。最后,是有利于审判流程管理。五步法就是一套工作流程,可以将其嵌入现有的审判流程中运用,用以保证案件审理工作的规范、高效和流畅,这样有利于审判流程管理。

2. 规范法官自由裁量权

首先,五步法通过充分发扬司法民主规范法官的自由裁量权。通过合议庭、专业(主审)法官会议、审判委员会对法官的自由裁量权进行约束,并要求合议庭的“小民主”服从于专业(主审)法官会议的“中民主”,“中民主”又服从审判委员会的“大民主”,以期更好地凝聚司法智慧,确保司法公正。其次,五步法通过规范办案流程,进而规范法官自由裁量权。五步法打造了一套规范化、标准化的办案体系,让每一个案件都进入流程化管理,每一道“工序”必须严格遵照“产品质量”要求一一过关并全程留痕,让“暗箱操作”无处遁形。最后,五步法通过建立科学监管体系规范法官自由裁量权。五步法为院庭长等监督者提供了一把“标尺”,要求法官自由裁量权的行使必须要在法律、司法解释、指导性案例、最高人民法院司法观点和全国法院主流司法观点内行使。法官在办理案件时,没有充分的理由,原则上不能偏离指导性案例、参考性案例等已生效裁判的裁判观点及人民法院其他主流裁判观点作出裁决,更不能背道而驰,以此实现让人民群众对司法案件可预期、可预测的目标。

3. 完善审判监督管理机制

提出五步法的一个重要目的,是力图要实现“让监督者监督”。当前,郴州法院系统的司法实践证明,推行五步法能够实现“让监督者监督”。实践证明,推行五步法能够正确厘清依法监管与不当干预过问案件的界限,做到监督有据、监督有力、监督有效,有效破除了院庭长等监督者“不愿监督、不敢监督、不会监督”的

问题。推行五步法，就是为了强化“让监督者监督”，旨在坚持在“让审理者裁判、由裁判者负责”基础上，形成落实司法责任制的“闭合链条”。推行五步法，通过让监督者在“能监督、敢监督、善监督”上狠下功夫，能够使司法内部的制约监督“长出牙齿”、发挥威力，不断提升司法公信力，满足人民群众对司法公正的需求和期待。①

（三）五步法的司法公正价值

通过推行五步法，能够提升法官综合素养，让法官能够在案件办理中正确认定事实、准确适用法律，进而助推实现“类案同判”，最终实现司法公正。

1. 有利于提升法官综合素养

德国著名法学家拉德布鲁赫在《法学导论》中指出，法官就是法律由精神王国进入现实王国控制社会生活关系的大门。法律借助于法官而降临尘世。法官就是活法律，就是公平正义的代表，法官的能力素养是司法公正的有力保证。法官适用五步法办案的过程，也是全面系统学习法律、更新司法理念、深刻理解法律法规立法宗旨和目的的过程；是用法治思维判断是非曲直，彰显社会主义核心价值观、社会良知、司法文明和司法理性的过程；是磨砺洞察能力、分析能力的过程；是忠于事实和证据，坚守法律准绳，严格公正司法的过程。因此，五步法的持续推行，有利于提升法官的综合素养，为公正司法提供坚实保障。

2. 有利于正确认定事实、准确适用法律

成文法背景下的案件审理，就是一个要求法官正确认定事实、准确适用法律的过程。同时，案件办理过程，也是将抽象的法律条文运用于具体的矛盾纠纷处理的过程。它要求法官成为客观事实与法律之间的中介，运用从抽象到具体的思维方式，把规范中的抽象概念对应于具体的矛盾纠纷，对案件进行定性和法律评价。五步法正是基于这个逻辑，由表及里、由此及彼、由浅入深、去伪存真，最大限度地还原事实，并在此基础上，正确适用法律，作出公平公正的司法裁判，维护社会公平正义。

3. 有利于实现“类案同判”

五步法可以通过法律及相关规则检索统一裁判理念，为法官办案提供标尺。

---

① 参见王雨田、何伦波：《完善审判权运行制约监督机制》，载《人民法院报》2021年5月11日，第2版。

它能让法官清楚:法律是如何规定的,最高人民法院的司法解释、指导性案例是何种价值取向,以往生效裁判(类案)中的裁判思路是怎样形成的,从源头上保证待决案件的裁决不偏离法律规定、符合最高人民法院的裁判观点,为"类案同判"奠定坚实基础。同时,五步法要求对类案与关联案件进行全面检索,要求法官对待决案件与类案、关联案件进行纵向和横向的比对,划定待决案件的裁决结果的大致范围。从微观层面上看,它能实现同审判庭室、同审判"条线"、同辖区法院在类案处理中裁判理念、裁判思路趋于一致,最终实现"类案同判";从宏观层面上看,它能实现上下级法院之间、本辖区法院与其他辖区法院之间的裁判尺度相协调,逐步实现从小网格到大网面的辐射效应,从而在更大的范围内实现"类案同判",最终实现某一争议问题裁判尺度在全国范围层面的尺度统一。

(四)五步法的司法质效价值

提出五步法的根本目的,在于用高质量的司法产品、"三个效果统一"的司法裁判、高效率的司法审判、高效益的司法服务助推人民法院高质量发展,满足新时代人民群众对社会公平正义的新期待。

1. 提供高质量的司法产品

司法裁判是最常见、也是最重要的司法产品。五步法通过标准化、流程化、规范化的案件审理过程,通过规范法官自由裁量权、有效解决法律分歧,实现对司法产品的源头化、全过程的"品质控制",为人民群众提供高质量的司法产品。因此,五步法的价值之一是提供高质量司法产品。

2. 提供"三个效果统一"的司法裁判

五步法要求法官在正确认定事实、准确适用法律的基础上,在司法裁判中维护国家利益、国家安全、稳定社会秩序,弘扬社会主义核心价值观,保护人民群众利益,回应人民群众的期待和关切。它要求法官通过审判技巧、审判智慧和司法经验平衡司法理性和"人情冷暖",作出"依循天理,顺应人情,合乎国法"的裁判,最终实现政治效果、法律效果和社会效果相统一。因此,五步法的价值之一是提供"三个效果统一"的司法裁判。

3. 提供高效率的司法审判

社会舆论普遍呼吁,指出"迟到的正义是打折的正义"①。周强院长指出:"公

① 彭波:《迟到的正义是打折的正义》,载《人民日报》2013 年 8 月 7 日,第 17 版。

正必须以高效为支撑，迟到的正义会使正义大打折扣，同样影响法治实施的权威和公信。”“避免正义迟到，是为了更好维护社会公平正义。”[①]推行五步法，通过类案与关联案件检索，以生效裁判的司法经验和裁判规则为基础和参照，能够让法官在案件审理中尽快锚定审判方向、尽快确立争议焦点、尽快形成判决结论，尽量消除老百姓对司法不满意的“风险点”，为人民群众提供高效的司法裁判。

4. 提供高效益的司法服务

五步法不但要求提供高效率的司法裁判，还要求法官为诉讼当事人提供高效益的司法服务。即要求法官在案件办理中力求实现审判效益最大化，节约司法资源，减轻诉讼当事人的诉累。例如，五步法要求法官在办理疑难复杂时，应当在众多裁判思路中，选择一条最符合法治精神、最符合主流裁判观点、最能平衡当事人利益、最大程度上化解矛盾纠纷的解决办法，力求以最优的司法资源组合、最低的司法成本、最小的司法代价，为人民群众提供优质的司法服务和公正的司法裁判，实现审判效益最大化，切实减轻诉讼当事人的诉累。

---

① 周强：《形成高效的法治实施体系》，载《求是》2014 年第 22 期。

第二章　第一步——法律依据检索、监管及评查

古人云:“工欲善其事,必先利其器。”马克思曾说:“法官是法律世界的国王,除了法律,法官没有别的上司。”法官的办案过程,本身就是一个依法立案、开庭、合议、裁决的动态过程。在这个动态过程中,法官主导着审判进程,一切审理活动都必须依法进行,做到于法有据,这是依法办案的必然要求。然而,要做到于法有据,就必然要进行法律依据检索。

法官在审理案件的过程中,根据案件事实争议和法律争议,在查明事实的基础上,从浩如烟海的法律条文中,寻找出审理待决案件所需要(应当)适用的一切法律依据的过程,我们称之为法律依据检索。法律依据检索,以法官固有的法律知识储备为基础,以法律依据的立改废释为落脚点,贯穿于立案受理、庭前会议、庭审准备、开庭审理、依法判决乃至依法执行的全过程。

从依法办案的要求看,法律依据检索涵盖了办理案件所需要的一切程序法依据和实体法依据。从检索具体内容看,从法律到立法解释、司法解释,从实体法到程序法,法律依据检索必须做到“应检尽检”。为了充分发扬司法民主、集中司法智慧用以解决疑难、复杂问题,必要时还需要对最高人民法院法官相关参考性的司法观点(办案参考)进行补充检索(扩展检索)。法律依据检索(必要时辅助以办案参考检索),是依法公正办案的前提和基础,是法官依法办案职业素养的必然要求。

在五步法中,法律依据检索,是办案人员最基本的司法技能,也是依法合议时在民主集中制原则下解决事实认定分歧和法律适用分歧的基石,是自由裁量权得以规范行使的首要步骤。本章从厘清法律依据的定义和范围着手,从方法论上全面检视司法实务中法律依据检索中存在的问题及原因,并以问题为导向,从案件办理技能角度,明确进行法律依据检索应当采用的步骤和方法,以期为司法实务提供流程化、规范化、标准化的法律依据检索操作方法。

第一节 法律依据概述

一、法律依据的定义

“以事实为根据,以法律为准绳”是法官办案应当遵循的基本原则。法律依据,是指案件从进入法院大门开始,到诉前调解、诉调对接、立案、审判、执行等所有审判流程中,法官在审理案件时所应当适用实体和程序的法律规范的总和。从内容上看,具体包括宪法、法律及立法解释、司法解释、行政法规及部门规章、地方性法规、自治条例和单行条例等;从类型上看,既包括实体法,也包括程序法。此外,按照五步法的要求,在法律依据检索过程中,立法规定(含立法解释和司法解释)、最高人民法院司法文件、司法政策、指导性案例(办案依据)是当然的检索内容。同时,最高人民法院发布的典型案例、最高人民法院法官对于法律适用共性问题的相关司法观点(办案参考)等也可以纳入案件审理者的检索范围。此外,在办理涉外案件时,相关国际条约、国际公约等同样应当纳入审判人员法律依据检索的范围。

从审判实务角度看,审判人员的审理活动,自始至终都要做到严格依法进行。例如,在立案环节,关于受案范围和管辖,就需要严格依照法律规定、司法解释和相关司法文件进行。在庭审中,审判人员是否需要回避,庭前会议决定的宣读,乃至庭审秩序的维持,都要依法进行。在审理过程中,审判人员尤其需要根据案件事实争议焦点和法律适用分歧有针对性地进行法律依据检索,并在依法合议时,清楚地对法律依据检索过程作出说明或者提交完整的法律依据检索报告。

按照五步法的要求,审判人员应当在自身已有法律专业知识储备的基础上,认真、细致、完整、全面进行法律依据检索,以切实做到“认定事实于法有据”和“适用法律于法有据”。五步法明确要求审判人员在审理活动过程中要对其审理活动的法律依据进行流程化、标准化、规范化的有效检索,这样可以有效避免法官因未及时关注法律的立改废释和相关办案依据更新而造成瑕疵案件和差错案件。在此基础上,五步法进一步要求审判人员在依法合议时及时提交法律依据检索报告。这些举措适应了审判活动“全程留痕”的司法改革要求,便于实现审判人员审判过程的“可视化”,便于监管者、评查人员在司法权力制约监督体制机制下有效进行监管和评查。

此外,从裁判文书制作角度看,对具体援引法律条文进行了规范,办案人员需要严格遵照执行。具体而言，并不是所有的法律依据都需要在裁判文书中明确援引，只有能够作为裁判依据在裁判文书中明确援引的，才是裁判文书制作的法律依据。裁判文书制作的法律依据，“外化”了审判人员在依法办案中如何在个案中具体适用法律的过程，属于裁判文书的重要组成部分，据此，裁判文书才具有法律效力，这是本书需要重点分析的内容。

需要明确说明的是，在办理复杂、疑难、新类型案件时，五步法要求审判人员在进行有效的法律依据检索的基础上，进行办案参考检索，即检索最高人民法院发布的典型案例、最高人民法院审判参考、最高人民法院法官关于法律适用共性问题的司法观点等，这些案例及司法观点只是办案参考，并不是法律依据。尽管如此，五步法在必要时将这些办案参考纳入检索范围，一并进行补充检索，并在依法合议时予以参考，这对于审判人员充分发扬司法民主、集中司法智慧，在司法民主集中制有效运行下妥善处理事实认定分歧和法律适用分歧，进而依法审理好和妥善处理好待决案件，具有现实意义。此外，在简单案件中，由于法官知识储备足以解决审判过程中出现的相关问题，法律依据检索环节，也可以删繁就简，简化检索过程。

二、法律依据检索的必要性

从实务角度看，法官要做到依法办案，从案由的确定到证据的提交，从事实认定到法律适用，从实体处理到程序处理，都离不开以相应的法律规定为依据。法律依据的检索及选择适用贯穿于法官办案的全过程。法律依据检索是“有法必依”的必然要求；是“以法律为准绳”的具体体现；也是完善审判权力制约监督、规范法官自由裁量权的内在要求。

（一）依法治国的必然要求

党的十五大报告首次提出，要在2010年建成中国特色社会主义法律体系。2011年，国务院新闻办发布《中国特色社会主义法律体系》白皮书，宣布中国特色社会主义法律体系已经形成。[①] 中国特色社会主义的建设和完善，实现了“有法可

① 《中国特色社会主义法律体系》白皮书指出，截至2011年8月底，中国已制定现行宪法和有效法律共240部、行政法规706部、地方性法规8600多部，涵盖社会关系各个方面的法律部门已经齐全，各个法律部门中基本的、主要的法律已经制定，相应的行政法规和地方性法规比较完备，法律体系内部总体做到科学和谐统一，中国特色社会主义法律体系已经形成。详见中华人民共和国国务院新闻办公室：《中国特色社会主义法律体系》白皮书（全文）（2011年10月27日），载国务院新闻办网2011年10月27日，http://www.scio.gov.cn/ztk/dtzt/62/3/Document/1035422/1035422.htm。

依”。党的十八大明确提出，要全面依法治国。党的十九大报告指出，依法治国要求各级国家机关切实做到有法必依、执法必严、违法必究。而法律依据检索正是实现“有法必依”的具体举措，是实现司法公正的有力保证。

（二）审判原则的具体体现

1979 年，我国首部《刑事诉讼法》提出，人民法院审理案件，要“以事实为根据，以法律为准绳”，在这之后陆续出台的《民事诉讼法》、《行政诉讼法》乃至《海事诉讼特别程序法》中都沿用了这个基本诉讼原则。此后，三大诉讼法虽历经几次修改，但都坚持了该原则。“以法律为准绳”要求人民法院对案件进行程序处理或实体处理时，都必须以法律规定为裁判依据和裁判标准，这是统一裁判尺度和维护法治统一的必然要求。法律依据检索有效解决了“准绳是什么”和“准绳如何适用”等问题，为依法公正办案奠定了坚实基础。

（三）法官办案的必备素养

2019 年 4 月新修订的《法官法》第 3 条规定：“法官必须忠实执行宪法和法律，维护社会公平正义，全心全意为人民服务。”同时，第 6 条规定：“法官审判案件，应当以事实为根据，以法律为准绳，秉持客观公正的立场。”因此，信奉法律、遵守法律、严格依法办案是我国法官的根本义务和必备素养。当今社会，法律很多，法网越织越密，法官难以全部掌握，而每一个具体案件中所要加以适用的法律规定则是具体的、特定的，这要求法官必须精准适用法律及其相关法律条文。法官的责任就是要通过法律依据检索，在浩如烟海的法律条文中，去发现、寻找与待决案件的相关法条（有教科书把此称为法律的识别）。[①] 法官寻找和发现适合个案的法律依据的过程，为正确认定事实和适用法律奠定基础，更是法官司法能力和专业素养的具体体现。

（四）法律思维的内在要求

司法实务中，审判人员在审理活动中必须运用法律思维处理争议。然而，法律思维是以法律规定的存在为前提的，同时也要以法律逻辑为推理基础，审判人员的司法理性也必然要依托法律规定，通过法律逻辑来展开和实现。这些都决定

① 参见陈金钊：《司法过程中的法律发现》，载《中国法学》2002 年第 1 期。

了要实现法律思维，在方法论上，审判人员的审理活动首要的工作是从法律规定入手，即进行法律依据检索。

具体到个案的审理活动而言，按照司法三段论的内在逻辑要求，法官在审理案件时，先是要找出既存的法律规则，然后按照法律规则规定的要件进行按图索骥，从案件中抽取与法律规则中的构成要件相匹配的要件事实。如果彼此匹配，法官就会按照司法三段论的涵摄关系自然而然地得出判决和处理结论。在司法三段论的逻辑思维方式下，司法判决往往被简化为两个问题，一是法律规则的发现，二是案件事实的涵摄。审判人员必须以法律规定（大前提）为基础，结合待决案件审理活动查明的具体情况（小前提），运用法律思维（法律逻辑）分析事实争议和法律争议，得出具体处理结论。

因此，审判人员在办理案件时，首要的任务是要去检索（发现）法律依据（办案依据）。从这个意义上来说，审判人员首先进行法律依据检索，是法律思维的内在要求，是审判人员重要的审判技能。本书也是基于此，将法律依据检索放置在五步法五个步骤中的第一步。

（五）权力制约的必然要求

习近平总书记在中央全面依法治国工作会议上强调："公平正义是司法的灵魂和生命。要深化司法责任制综合配套改革，加强司法制约监督，健全社会公平正义法治保障制度，努力让人民群众在每一个司法案件中感受到公平正义。"[①]从审判实务的角度看，法官员额制改革后，由于综合配套改革尚需进一步完善，法官司法能力参差不齐、司法责任制落实不到位、制约监督体系不完善、法律适用不统一等问题逐渐暴露出来，人民群众对员额法官监督制约体制机制存在不足、员额法官存在"类案不同判"等影响司法公信力的情况，反映越来越强烈，这些都需要进一步在深化监督制约机制改革中逐步加以解决。从实务角度看，法官在全面检索法律的基础之上严格依据法律规定办案，院庭长在全面检索法律的基础之上严格依据法律规定开展监督，审判管理部门在严格检索法律规定的基础之上严格依据法律规定进行案件质量评查，是有效解决"类案不同判"、规范自由裁量权行使和审判权力监督制约机制的有效途径。

---

① 新华社：《习近平在中央全面依法治国工作会议上强调　坚定不移走中国特色社会主义法治道路　为全面建设社会主义现代化国家提供有力法治保障　李克强主持　栗战书汪洋赵乐际韩正出席　王沪宁讲话》，载《人民日报》2020 年 11 月 18 日，第 1 版。

第二节　法律依据检索的现状

一、目前法律依据检索中存在的问题

法律依据检索中，办案人员在法律依据检索环节存在的问题，最终必然会通过法律适用直接体现出来。如果法律依据检索不全面，将可能导致法律依据的漏用，而检索到的法律依据不权威、无效力或不适配，则会导致法律适用的错误，这些都会严重影响案件质量。

（一）法律依据不全面

从实务角度看，法律依据检索不全面问题，在司法实践中时有发生，也成为大多数当事人上诉的常见原因。法律依据的漏用往往会导致裁判结果出现偏差，甚至会产生错案等严重后果。对于法律漏用的案件，从笔者在中国裁判文书网的检索结果来看，审判实务中一般有两种处理方式：对于案件事实认定正确、适用法律基本正确，漏用的法律对判决结果不产生实质性影响的案件，上级法院一般会在对法律适用进行补正后，裁定驳回上诉、维持原判（如案例1）；如果漏用的法律对于事实认定、定罪量刑等判决结果有实质性影响的案件，则发回重审或依法改判（如案例2）。但是无论是哪种处理结果，在当事人收到上级法院的裁判文书的时候，都会觉得原审"搞错了"，进而对原审法官的能力和原审判决的公正性产生"合理怀疑"。

【案例1】①　在胡某某、黄冠某、黄林某等走私、贩卖、运输、制造毒品罪案的刑事裁定书中，写道：原判决适用《刑法》第347条第1款和第2款第1项、第25条第1款、第26条第1、4款、第67条第3款、第57条第1款、第56条第1款、第55条第1款、第59条第1款、第64条、第61条正确，但漏用《刑法》第27条、第65条、第356条，适用法律欠全面、规范。综上，原判认定事实清楚，证据确实、充分，定性准确，量刑适当，审判程序合法。上诉人的上诉理由及辩护人的意见均不成立。依照《刑事诉讼法》第236条第1款第1项之规定，裁定如下：驳回上诉，维持

① 以下案例均源自裁判文书的摘录。在此一并说明，后面不再赘述。

原判。

【案例2】 在张某某、邱某某非法经营案的二审刑事判决中，该院认为：原判认定的事实清楚，证据确实、充分，定罪准确、审判程序合法，但漏用《刑法》第23条规定，导致对张某某、邱某某的量刑不当，法院依法予以纠正并改判。张某某、邱某某提出原判量刑过重的意见成立，法院予以支持。最后该院依照《刑事诉讼法》第225条第1款第2项和《刑法》第225条第1项、第23条、第25条第1款、第27条、第67条第3款、第52条、第53条，最高人民法院、最高人民检察院《关于办理非法生产、销售烟草专卖品等刑事案件具体应用法律若干问题的解释》第1条第5款、第3条第2款第1项、第6条，最高人民法院《关于适用财产刑若干问题的规定》第1条、第2条第1款、第5条、第8条、第11条第1款的规定，判决：撤销一审法院刑事判决。

（二）法律依据不权威

在司法实践中，也出现过极少数委托诉讼代理人提供不权威的法律文件、法官不认真审查而适用虚假法律文件的案例，造成了不良影响。在有的案件中，据以定案的法律文件，直到上诉或者申诉至最高人民法院，才被确定是虚假文件。实际案例中，已经被明确确认为虚假法律文件的有：《公安部印章管理办法》[①]、最高人民法院《关于审理建设合同纠纷案件的暂行意见》（具体案例详见案例3）、[②]最高人民法院《关于审理民事纠纷案件中涉及刑事犯罪若干程序问题的处理意见》[③]等。适用虚假法律依据的根本原因，在于承办人没有对法律依据进行有效检索，没有对相关法律依据进行多平台复核。这是审判人员不应当发生的错误。

【案例3】 在河南某某房地产开发有限公司（以下简称河南某某公司）、黑龙江省某某集团有限责任公司（以下简称黑龙江某某集团）建设工程施工合同纠纷再审审查与审判监督案中，河南某某公司申请再审称原审漏列了必须参加诉讼的关键当事人郑州市惠济区某某陈粮管所（以下简称陈粮管所），黑龙江某某集团所承包施工的案涉工程系河南某某公司与陈粮管所签订《联合建房协议》共同合作

---

① 经过检索发现，中华人民共和国公安部并未正式出台过所谓的《印章管理办法》，只是在2002年8月时公布过《印章治安管理办法（草案）》，但最终该草案未经国家通过并实施。

② 详见最高人民法院民事裁定书，(2018)最高法民申1242号。

③ (2017)最高法民申1891号民事裁定书、(2018)最高法民申5608号民事裁定书等文书均明确表示最高人民法院并未发布《关于审理民事纠纷案件中涉及刑事犯罪若干程序问题的处理意见》。

建设开发的工程，陈粮管所是该工程的利害关系人，依据最高人民法院《关于审理建设工程合同纠纷案件的暂行意见》第7条关于“两个以上的法人、其他经济组织或个人合作建设工程，并对合作建设工程享有共同权益的，其中合作二方因与工程的承包人签订建设工程合同而发生纠纷的，其他合作建设方应列为共同被告”的规定，应当将陈粮管所列为当事人。法院审理后认为，河南某某公司所依据的最高人民法院《关于审理建设工程合同纠纷案件的暂行意见》，并非法院发布的司法解释，不作为裁判依据。

（三）法律依据无效力

为了适应经济社会发展和群众的司法需求，法律以及相关配套司法解释的更新速度很快。从类型上看，产生法律依据无效力的原因是多种多样的，有的是由于新法代替了旧法，有的是裁判理念更新导致的法条修改，有的是由于与现阶段司法工作要求相悖被废止。如果办案人员不及时全面加强学习，不及时更新自己的法律知识储备，则可能错误适用失去效力的法律依据。例如，2021年1月1日，《民法典》正式实施，与此同时，一大批与《民法典》裁判理念、具体条文相冲突的司法解释进行了修改和废止。其中，修改111件、废止116件，同时梳理现行有效的司法解释364件，如果不认真检索审查，就可能出现援引失效的法律依据的情况。在司法实践中，不同程度地存在审判人员误用已废止或者尚未实施的法律导致裁判结果不正确的情况。

【案例4】 在某建工集团有限公司与付某某、邓某某建设工程施工合同纠纷案二审民事判决书中，二审法院认定，一审法院判决理由部分引用的最高人民法院《关于适用〈中华人民共和国民事诉讼法〉若干问题的意见》第42条为失效法律条款，法院予以纠正。

（四）法律依据不适配

法律依据的检索，不但是一个寻找法律规则的过程，更是一个甄别法律规则的过程。在司法实践中，法官司法能力不足，导致对法律条文的理解偏差，或者是司法不公、甚至司法不廉而错用法律枉法裁判，都可能导致法律适用错误。

【案例5】 在刘某抢劫案的再审决定书中，再审法院认为：从本案的具体情节来看，刘某的违法行为情节显著轻微，危害不大，不需要受刑罚处罚，亦即不具备应受刑罚惩罚性，不应认为是犯罪。据此，第一审判决、第二审裁定认定申诉人刘某犯抢劫罪，适用法律错误。依照《刑事诉讼法》第253条第3项、第254条第2款、第255条的规定，决定指令某某人民法院对本案进行再审。

二、法律依据检索存在问题的原因分析

法律依据检索不全面、不权威、无效力和不适配等问题，究其背后原因，主要集中在检索意识不强、检索能力不足、检索动机偏差和评查机制不完善四个方面。

（一）法律依据检索意识不强

司法实践中，法律依据检索意识偏差主要表现在两个方面，一方面是经验主义，另一方面是形式主义。

1. 经验主义

所谓经验主义主要是指少部分办案经历丰富的法官认为自己对于法条十分熟悉，审判经验丰富，没有必要每次办案都对法律依据进行检索。随着我国进入新发展阶段，中国特色社会主义法治体系不断完善，立法水平不断提升，新制定、新修订、废止的法律依据数量较多，更新迅速。以借款利率为例，2015年8月最高人民法院《关于审理民间借贷案件适用法律若干问题的规定》（以下简称《民间借贷司法解释》）规定了“两线三区”利率规则。[①] 2020年8月，为顺应市场报价利率（LPR）定价方式，降低中小微企业的融资成本，引导整体市场利率下行，最高人民法院再对《民间借贷司法解释》中利率的“两线三区”进行修正，将2020年8月20日后的民间借贷案件利率保护上限调整至4倍LPR。2020年12月31日，又对《民间借贷司法解释》进行了修改，明确了4倍LPR的适用时间区间。[②] 如果沉迷于自己的“老经验”之中，则容易出现错用、漏用法律的情况。尤其是在陌生类型的案件和新类型案件时，法律依据的即时检索就显得更为重要。

---

① 2015年8月6日最高人民法院发布的《民间借贷司法解释》（法释〔2015〕18号）规定了民间借贷的“两线三区”利率规则，即：利率最高约定36%，超过36%段的利息部分，绝对无效；24%～36%部分，属于自然债务，未偿还的该段利率法院不予支持，已经偿还的部分也无需返还；约定的利率少于等于24%的，全部有效。

② 2020年12月31日最高人民法院最新修正《民间借贷司法解释》规定：一个借贷行为，如果发生于2019年8月20日之前，借贷之日至2020年8月19日这一时间段的利息，应按照24%的保护上限利率确定，而2020年8月20日之后的利息，应该按照起诉时的4倍LPR保护上限来判决。

2. 形式主义

所谓形式主义是指少数审判人员没有真正理解法律依据检索的重要性，认为只要找到法律依据就行了，进而导致法律依据检索不认真、不细致，甚至不全面、"走过场"。法律依据检索只追求"有没有"检索，而不追求检索得精准不精准、全面不全面。在司法实务中，有的审判人员检索了法律，但是遗漏了检索司法解释；有的审判人员检索了实体法，但是遗漏了检索程序法。有的审判人员的判决结果明显违背指导性案例；有的审判人员的裁判结果与最高人民法院的司法观点相悖。尽管这些是少数现象，但都是在目前法律依据检索中暴露出来的不足和问题。

（二）法律依据检索能力不足

主要体现在以下三个方面：一是对法律依据检索平台不了解，有的审判人员对法律依据检索还停留在书籍、搜索引擎等初级检索阶段，尚未充分利用法律数据库等大数据平台进行法律依据检索，导致法律依据检索耗时长、效果差；二是法律依据检索方法不正确，有的审判人员只会机械地进行检索，而不会有针对性、有目的性、有计划性地进行检索；三是对法律依据检索结果的识别力不够，虽然法律依据都检索到位了，但是理解适用、筛选甄别的能力不足。

（三）法律依据检索动机偏差

一方面，有的审判人员机械司法、凭经验和感觉办案。主要表现为从既定结果中找法条，这里是指审判人员已经在内心决定了案件的判决结果，然后再依据裁判结果找法律依据，这样往往会造成法律依据检索不全面，容易导致法条的漏用。另一方面，极少数案件中司法不公、甚至司法不廉导致法律依据适用偏差。从反面典型案例看，个别审判人员为了帮被告人脱罪、减轻刑罚，或者为了故意偏袒一方当事人，在认定事实和适用法律时，绞尽脑汁钻空子，对法律依据"应检不检""应用不用"，通过不当适用法律依据而达到非法目的，这些问题必须在权力运行制约机制中进行规制，及时制约到位、监管到位。

（四）法律依据检索评查机制缺位

目前，部分法院出台了关于案件质量评查规则，评查标准主要围绕认定事实是否清楚，采信证据是否恰当，案件定性是否准确，适用法律是否正确，裁判、执行结果是否公正，审理、执行程序是否合法，审理、执行期限是否超过法定期限，执行款物管理是否规范，执行信息录入是否及时全面，裁判文书是否规范，文书送达是否合法，立卷归档是否合格等方面进行。从实际情况看，现阶段对于法律依据的评查，主要体现在对“法律适用是否正确”的评查上。虽然，“法律适用是否正确”是案件质量评查的重要标准，能够有效甄别“瑕疵案件”和“违法审判案件”，毫无疑问应当坚持，但是应当看到，加强对法律依据检索情况的评查，更有利于从源头上规范法律依据的适用，为正确适用法律，提升案件质量提供“双保险”。

第三节　法律依据检索的主体及原则

一、法律依据检索的主体

根据“让审理者裁判、由裁判者负责”的司法责任制要求，审判人员及司法辅助人员是当然的法律依据检索主体。此外，各类诉讼案件中的诉讼参加人，如原被告、代理律师、公诉人、辩护人等，都应当对法律依据进行检索，只有对法律依据做到“应检尽检”，才能更好地为自己的诉讼理由和辩护理由提供支撑。

（一）审判人员

审判人员是法律依据检索的当然责任主体。审判人员作为法律依据检索的第一责任人，应当要对办理案件的法律依据进行全面有效的检索。审判人员包括案件承办人、合议庭成员。如果案件提交到专业（主审）法官会议或审判委员会，那么专业法官会议的法官和审判委员会委员作为监督者，必要时应担负起法律依据的检索监督责任。简言之，就是对具体案件享有“审判权”和负有“审判职责”的所有审判人员都应作为法律依据检索主体。

（二）司法辅助人员

法官可以安排辅助人员协助进行法律依据的检索。法官助理作为法官办案的助手，是当然的法律依据协助检索主体，确有必要时，也可以安排书记员协助进行法律依据检索。此外，专业（主审）法官会议秘书和审判委员会秘书，也负有协助法律依据检索的职责，应当对拟提交专业（主审）法官会议和审判委员会的相关案件的法律进行全面的检索，为专业（主审）法官会议法官和审判委员会委员提供辅助性服务。

（三）检察官、律师及其他诉讼参加人

检察官、律师、当事人、第三人作为诉讼参加人，应当对案件的法律依据进行全面检索，从而更好地支持公诉意见、本方的诉讼请求、辩护意见以及答辩意见等。但是，需要注意的是，对于上述人员提交的法律依据，承办法官一定要在多平台对其真实性、权威性、有效性和适配性独立地进行全面复核，并甄别适用有效法律依据。

二、法律依据检索的原则

法律依据检索应当遵循全面检索、即时有效、权威优先、分级检索和独立检索的原则。

（一）全面检索原则

法律依据检索最基本的原则，就是全面检索原则，这要求我们从法律到立法解释、司法解释，从指导案例到类案及关联案件[①]，从程序法到实体法，从民事到民刑交叉、民行交叉的所有规范性文件都进行全面检索。

（二）即时有效原则

即时有效，指的是所检索的法律依据必须是现行具有法律效力的规范性文件。对于虚假、已废止、尚未适用的法律文件和法条要及时甄别剔除。对于法律的溯及力问题，也要正确理解与适用。

（三）权威优先原则

在进行法律依据检索时，我们首选的检索平台应当是官方权威平台，比如中国人大网及全国人大开发的国家法律法规数据库和中国政府网、最高人民法院官网、中国裁判文书网等官方网站等。在上述平台检索未果的情况下，可以拓展到法信、北大法宝等公信力较高的平台，对于其他非官方检索平台，要慎用或者只作辅助性使用。

---

① 类案及关联案件将在下面的章节进行详细阐述，本章节不再赘述。

(四)分级检索原则

分级检索原则包括三方面的意思:一是按照法律效力层级对法律依据进行分级检索,如有法律规定的要先检索法律规定(含立法解释),然后再进一步检索行政法规、地方性规定、司法解释、指导性案例等;二是对新类型案件、"四类案件"和普通案件要进行分级检索,如民间借贷等常见的简单案件,其法律依据检索可以在第一次全面检索后,再次适用时仅作更新检索,而对于新类型案件、"四类案件"则必须要在量身定做检索方案的基础上"应检尽检",以期达到最好的检索效果;三是上级法院的生效判决对下级法院具有一定的指导意义,而上级法院对下级法院的生效判决一般可以不进行检索。

(五)独立检索原则

作为案件承办法官,一定要坚持独立检索原则。要独立对法律依据进行全面、系统的检索并形成检索报告。对于司法辅助人员、检察官、当事人和其他诉讼参与人提交的法律,要保持中立、审慎的态度,要依托自己独立制作的检索报告,对上述人员提交的法律依据进行比对、复核与甄别。

第四节　法律依据检索的范围

法律发现是法官等法律人寻找裁判依据的活动。这样一种"找法"活动,自然应当在法官所在国家现行有效的法律体系内进行,并且要严格遵循"穷尽制定法"的原则进行。严格来说,法官适用法律应当有明确的位阶顺序,法官要从制定法开始着手兼顾指导性案例进行全面检索。我国现在已形成的中国特色社会主义法律体系,就是上文所说的现行有效的法律体系。应当注意的是,这一法律体系,仍在不断丰富和发展之中,检索者一定要用发展的眼光看待中国特色社会主义法律体系,及时检索,确保检索内容覆盖所有的法律依据。从范围上看,法律依据检索主要是对现行法律规定(含立法解释、司法解释)的检索以及扩展检索。此处的扩展检索,主要是指对与待检索的法律依据相关的司法文件、司法政策、指导性案例进行扩展检索。

需要注意的是,在扩展检索中,尽管并非法律依据,但是必要时也要辅助进行典型案例以及最高人民法院法官关于法律适用共性问题司法观点等办案参考检索。之所以要进行扩展检索，是为了能更加准确地理解法律依据，也是为了后续能更准确地适用法律。即扩展检索结果不能作为法律依据在裁判文书在制作中直接使用。下面将其分为法律规定检索和扩展检索两部分进行阐释。

一、法律规定检索

按照《立法法》的相关规定和审判实际需要，法律规定的检索应当包括宪法、法律、行政法规、地方性法规、自治条例、单行条例以及处理涉外案件中可能适用的国际条约和国际公约。

（一）宪法

2016 年最高人民法院发布《人民法院民事裁判文书制作规范》明确对法院援用宪法的行为进行了规范，即裁判文书不得引用宪法和各级人民法院关于审判工作的指导性文件、会议纪要、各审判业务庭的答复意见以及人民法院与有关部门联合下发的文件作为裁判依据，但其体现的原则和精神可以在说理部分予以阐述。

据此，虽然宪法在裁判文书中不能作为裁判依据直接引用，但是宪法原则和精神是法官办理案件的必要遵循。因此，在进行法律依据检索时，必须要对宪法相关内容进行检索，但在制作裁判文书时，宪法条文仅能作为说理的依据，而不能直接在裁判文书中作为裁判依据进行援引。

（二）法律

法律是法官裁判的最主要也是最基本的依据。截至 2021 年 1 月 22 日，我国现行有效的法律 275 部，其中宪法 1 部，宪法相关法 46 部，民法商法 23 部，行政法 93 部，经济法 75 部，社会法 25 部，刑法 1 部，诉讼与非诉讼程序法 11 部。[①] 目前，随着经济社会发展需求，我国的法律体系还在不断丰富和完善之中，法官要及时关注法律制定、修订和废止的情况，确保检索到的法律准确、全面、权威。

（三）行政法规

按照《立法法》第 65 条第 2 款的规定，“行政法规可以就下列事项作出规定：

---

① 参见中国人大网：《现行有效法律目录（277 件）》，载中国人大网 2021 年 4 月 29 日，http://www.npc.gov.cn/npc/c30834/202101/170eaa5d4a994214aaf88e5dfac97665.shtml。

(一)为执行法律的规定需要制定行政法规的事项;(二)宪法第八十九条规定的国务院行政管理职权的事项。应当由全国人民代表大会及其常务委员会制定法律的事项,国务院根据全国人民代表大会及其常务委员会的授权决定先制定的行政法规,经过实践检验,制定法律的条件成熟时,国务院应当及时提请全国人民代表大会及其常务委员会制定法律”。

民事审判工作可以援引的行政法规,一是国务院为执行民事法律而制定的行政法规。此类行政法规是为执行民事法律基本制度而由行政法规进行细化而制定的,实际上是对民事法律的补充。二是全国人大及其常委会授权国务院制定的本属于应当制定法律的民事事项的行政法规,此类行政法规实质上代行民事法律职能。如《医疗事故处理条例》即属此类。①

现行《行政诉讼法》第63条规定:“人民法院审理行政案件,以法律和行政法规、地方性法规为依据……人民法院审理行政案件,参照规章。”行政审判中,行政法规是主要的法律依据,并且在审理行政案件时,国务院各部委和地方政府的规章可以参照适用。

根据最高人民法院《关于裁判文书引用法律、法规等规范性法律文件的规定》第3条中规定:“刑事裁判文书应当引用法律、法律解释或者司法解释。刑事附带民事诉讼裁判文书引用规范性法律文件,同时适用本规定第四条规定。”可见,在刑事审判领域,制作裁判文书时,法律、法律解释和司法解释是主要的法律依据来源。除此之外,行政法规和部门规章在处理部分刑事案件时,同样适用。比如,在审理毒品犯罪案件时,司法实践中对于毒品的认定应依据《非药用类麻醉药品和精神药品列管办法》及其附属的《非药用类麻醉药品和精神药品管制品种增补目录》依次进行,上述办法及目录为公安部、原国家卫生和计划生育委员会、原国家食品药品监督管理总局、国家禁毒委员会办公室联合下发的部门规章。

【案例6】 2018年11月28日,被告人彭某某在N市X区望州路北一里城市名人酒店六楼8608房内,贩卖给何某1000元的氯氨酮可疑物。同日被告人彭某某以500元价格贩卖给雷某一小包净重0.98克氯氨酮可疑物。随后公安机关将被告人彭某某抓获,在彭某某处缴获的K粉中未检出氯胺酮成分,检测出氟氨酮成分。当时氟氨酮尚未列入《非药用类麻醉药品和精神药品管制品种增补目录》,

---

① 参见吴兆祥:《〈关于裁判文书引用法律、法规等规范性法律文件的规定〉的理解与适用》,载《人民司法》2009年第23期。

N 市 X 区人民法院将贩卖氟氨酮的行为定性为犯罪未遂。2021 年 5 月 11 日，公安部、国家卫生健康委员会和国家药品监督管理局联合发布《关于将合成大麻素类物质和氟胺酮等 18 种物质列入〈非药用类麻醉药品和精神药品管制品种增补目录〉的公告》，决定正式整类列管合成大麻素类新精神活性物质，并新增列管氟胺酮等 18 种新精神活性物质，公告自 2021 年 7 月 1 日施行。也即，如果 2021 年 7 月 1 日之后贩卖氟氨酮，则属于贩卖毒品。

（四）地方性法规

根据《宪法》第 100 条的规定："省、直辖市的人民代表大会和它们的常务委员会，在不同宪法、法律、行政法规相抵触的前提下，可以制定地方性法规，报全国人民代表大会常务委员会备案。设区的市的人民代表大会和它们的常务委员会，在不同宪法、法律、行政法规和本省、自治区的地方性法规相抵触的前提下，可以依照法律规定制定地方性法规，报本省、自治区人民代表大会常务委员会批准后施行。"

地方性法规包括三种：一是省、自治区、直辖市人民代表大会及其常委会制定的地方性法规；二是较大的市的人民代表大会及其常委会制定的地方性法规（较大的市是指省、自治区的人民政府所在地的市，经济特区所在地的市和经国务院批准的较大的市）；三是经济特区所在地的省、市人民代表大会及其常务委员会根据全国人民代表大会的授权决定，制定的在经济特区范围内实施的法规。

地方性法规作为《立法法》规定的立法形式之一，有其法定的调整事项和适用范围，人民法院在处理符合地方性法规调整的事项，且在地方性法规适用的效力范围内的案件时，应当适用地方性法规，而不是参照。

地方性法规在其适用的范围内可以作为民事案件裁判依据，可以在裁判文书中直接引用。① 但是我们需要注意的是，地方性法规不能够与上位法相冲突，要注意审查是否符合相关法律的立法精神和立法本意。

【案例 7】　在某盐业进出口公司诉 S 市盐务管理局盐业行政处罚案中，J 区人民法院经审理后认为，S 市盐务局对盐业违法案件进行查处时，应适用合法有效的法律规范。《立法法》第 79 条规定，法律的效力高于行政法规、地方性法规、规

---

① 参见吴兆祥：《〈关于裁判文书引用法律、法规等规范性法律文件的规定〉的理解与适用》，载《人民司法》2009 年第 23 期。

章;行政法规的效力高于地方性法规、规章。S 市盐务局的具体行政行为涉及行政许可、行政处罚,应依照《行政许可法》《行政处罚法》的规定实施……根据《行政许可法》第 15 条第 1 款、第 16 条第 3 款的规定,在已经制定法律、行政法规的情况下,地方政府规章只能在法律、行政法规设定的行政许可事项范围内对实施该行政许可作出具体规定,不能设定新的行政许可。法律及《盐业管理条例》没有设定工业盐准运证这一行政许可,地方政府规章不能设定工业盐准运证制度。根据《行政处罚法》第 13 条的规定,在已经制定行政法规的情况下,地方政府规章只能在行政法规规定的给予行政处罚的行为、种类和幅度内作出具体规定,《盐业管理条例》对盐业公司之外的其他企业经营盐的批发业务没有设定行政处罚,地方政府规章不能对该行为设定行政处罚。

(五)自治条例和单行条例

根据《立法法》的规定,自治条例和单行条例是与地方性法规并列的一种立法形式,是我国实行的民族区域自治制度的产物,是指民族自治地方的人民代表大会依照当地民族的政治、经济和文化特点,制定的在该自治地方适用的法规。自治条例是规范和保障居住在县级以上聚居区的少数民族的平等权利和自治权利的综合性自治法规。单行条例是关于规范自治地方某一方面具体事项的自治法规,解决某个方面的民族关系问题,实质上就是一种变更之权。[①] 2015 年修改《立法法》,赋予所有设区的市享有地方立法权,该立法权主体扩大到 289 个;30 个自治州以及广东省东莞市和中山市、甘肃省嘉峪关市、海南省三沙市 4 个不设区的地级市也享有地方立法权。截至 2018 年 6 月,全国 155 个民族自治地方共制定了 130 多件自治条例、700 多件单行条例、60 多件变更和补充规定。[②]

《民事诉讼法》第 16 条规定:"民族自治地方的人民代表大会根据宪法和本法的原则,结合当地民族的具体情况,可以制定变通或者补充的规定。自治区的规定,报全国人民代表大会常务委员会批准。自治州、自治县的规定,报省或者自治区的人民代表大会常务委员会批准,并报全国人民代表大会常务委员会备案。"由

---

① 参见吴兆祥:《〈关于裁判文书引用法律、法规等规范性法律文件的规定〉的理解与适用》,载《人民司法》2009 年第 23 期。

② 参见李飞:《十三届全国人大常委会、专门委员会组成人员履职学习讲稿 立法法与全国人大常委会的立法工作》,载中国人大网 2018 年 6 月 29 日,http://www.npc.gov.cn/npc/c541/201806/9d6777a14f994ac59c1728a9fa84e9f4.shtml。

此观之,在处理自治地方的相关民事案件时,该地有自治条例和单行条例的,需要引用的,应引用上述自治条例和单行条例作为裁判的依据。

《行政诉讼法》第 63 条第 2 款规定:“人民法院审理民族自治地方的行政案件,并以该民族自治地方的自治条例和单行条例为依据。”可见,在处理涉民族自治地方的行政案件需要引用的,应以自治条例和单行条例为依据,法官在审理行政案件时,应当对民族自治地方的自治条例和单行条例进行检索并正确适用。

(六)涉外法律文件

法官在办理涉外案件时,首先应当根据需要全面检索我国相关涉外法律规定,如《涉外民事关系法律适用法》、《外资企业法》、《外商投资法》、最高人民法院《关于涉外民商事案件诉讼管辖若干问题的规定》、最高人民法院《关于涉外民事或商事案件司法文书送达问题若干规定》等法律法规。然后再根据相关法律关于法律适用的规定,视需要检索相应的国际条约、国际公约、国际协议。

二、立法解释、司法解释检索

立法解释和司法解释都是具有法律效力的法律解释类型,都是服务于法律的适用和实施。其中,立法解释是立法机关即法律的制定者对这个法律规范进行解释,它本身就相当于一个立法活动,所以与法律具有相同的效力。根据《宪法》规定,解释法律是宪法明确赋予全国人大常委会的一项职权,因此立法解释由全国人大常委会作出。同时,根据宪法和法律的授权,国家最高司法机关在具体应用法律过程中,有权对相关的一些问题进行解释。这是一种规范性解释也可以是个别解释,是适用法律的一个重要环节。在我国,最高人民法院和最高人民检察院有权进行司法解释。因此,在司法实务中,除了上述法律规定外,立法解释和司法解释同样是法官在办案过程中必须检索的法律依据。

(一)立法解释

全国人大常委会所作的立法解释主要侧重法律条文本身含义的明晰化、非歧义化,目的在于将一些规定不明确的法律条文进行比较细化的解释,使其含义更加明确,或者是弥补法律漏洞而解释法律,以使得现行法律能够适应经济社会发展的“新的情况”。除此之外,全国人大常委会法律解释的作用还包括完善法律,使法律原有的、当然或可能包括的含义明确化、具体化,补充法律、修改法律和裁断违法行为。根据全国人大网发布的公开资料显示，全国人大自 1982 年至今共发布立法解释 21 件[①]，立法解释相对于法律和司法解释来说，虽然数量十分有限，但是在进行法律依据检索时必不可少。

（二）司法解释

《立法法》第 104 条第 1 款规定："最高人民法院、最高人民检察院作出的属于审判、检察工作中具体应用法律的解释，应当主要针对具体的法律条文，并符合立法的目的、原则和原意。遇有本法第四十五条第二款规定情况的，应当向全国人民代表大会常务委员会提出法律解释的要求或者提出制定、修改有关法律的议案。"《立法法》授予了最高人民法院根据立法目的、原则，针对审判实践的具体应用制定司法解释的权力。

根据最高人民法院《关于司法解释工作的规定》第 6 条的规定，最高人民法院司法解释的形式分为"解释""规定""规则""批复""决定"五种。[②] "解释""规定""规则""批复""决定"相关具体定义如下：对在审判工作中如何具体应用某一法律或者对某一类案件、某一类问题如何应用法律制定的司法解释，采用"解释"的形式。根据立法精神对审判工作中需要制定的规范、意见等司法解释，采用"规定"的形式。对规范人民法院审判执行活动等方面的司法解释，可以采用"规则"的形式。对高级人民法院、解放军军事法院就审判工作中具体应用法律问题的请示制定的司法解释，采用"批复"的形式。修改或者废止司法解释，采用"决定"的形式。[③] 司法解释的文号是"法释〔××〕××号"。[④]

在司法实践中，司法解释为法官提供了详尽和操作性强的判案依据，但是由于经济社会不断发展，新业态、新型法律关系层出不穷，司法解释也需要不断与时俱进、推陈出新、"废旧立新"。2015 年，在最高人民法院党组领导下，历时两年，最高人民法院 21 个部门共同努力完成了新中国成立以来第一次全面集中清理司法解释的工作。为全面及时总结司法解释清理成果，最高人民法院研究室历经一年编纂的《最高人民法院司法解释汇编（1949—2013）》（以下简称《司法解释汇

---

① 笔者根据中国人大网（http://www.npc.gov.cn/）"权威发布"栏目的相关信息整理。

② 内容出自最高人民法院《关于司法解释工作的规定》。参见最高人民法院印发《关于修改〈最高人民法院关于司法解释工作的规定〉的决定》的通知（法发〔2021〕20 号），载微信公众号"最高人民法院"2021 年 6 月 16 日，https://mp.weixin.qq.com/s/b_fVbGdipm9lbgQcZio38A。

③ 参见上述新修订的最高人民法院《关于司法解释工作的规定》第 6 条。

④ 如最高人民法院发布的《人民法院在线诉讼规则》文号为法释〔2021〕12 号。

编》)正式出版。[①] 2020年12月,为了配合《民法典》的实施,最高人民法院对标对表民法典新规定新概念新精神,对新中国成立以来至2020年5月28日现行有效的全部591件司法解释及相关规范性文件、139个指导性案例进行全面清理。经清理,废止司法解释及相关规范性文件116件,修改司法解释111件,决定对2个指导性案例不再参照适用。[②] 围绕《民法典》的贯彻实施,在2020年12月最高人民法院出台了一系列司法解释,后面还将陆续出台一系列配套的司法解释。[③] 因此,法官在办案过程中,一定要对司法解释进行全面有效的检索,特别要注重审视司法解释是否失效、是否更新,避免造成司法解释的漏用和错用。

需要说明的是,最高人民法院编著的一系列司法解释"理解与适用"丛书是最高人民法院相关业务庭室编写的对相关司法解释的说明性书籍,有助于办案法官理解和运用司法解释,对于统一正确实施法律具有重要意义。司法实践中,最高人民法院一般都会针对新出台的司法解释、司法规定等编制"理解与适用"相关书籍和撰写"理解与适用"相关文章。例如《民法典理解与适用丛书》由最高人民法院民法典贯彻实施工作领导小组主编,书籍中的"条文理解"和"审判实践中应注意的问题"均为最高人民法院的主流司法观点,对指导下级法官办案有重要的参考价值,其权威性不言而喻。又如《最高人民法院民事诉讼法司法解释理解与适用》《〈第八次全国法院民事商事审判工作会议(民事部分)纪要〉理解与适用》《〈关于办理寻衅滋事刑事案件适用法律若干问题的解释〉的理解与适用》等。上述业务指导书籍和职务作品,对审判实务部门人员理解和适用司法解释具有很强的指导作用。因此,审判人员在进行司法解释检索的过程中,要注意对司法解释"理解与适用"丛书的检索和学习。

---

① 法制晚报:《最高法清理司法解释及文件:700多件司法解释被废》,载于中新网,http://www.chinanews.com/fz/2015/04-08/7192560.shtml。

② 参见:《贺荣:确保民法典统一正确实施》,载中国法院网2021年3月6日,http://www.court.gov.cn/zixun-xiangqing-289321.html。

③ 参见最高人民法院《关于适用〈中华人民共和国民法典〉时间效力的若干规定》(法释〔2020〕15号)、最高人民法院《关于适用〈中华人民共和国民法典〉婚姻家庭编的解释(一)》(法释〔2020〕22号)、最高人民法院《关于适用〈中华人民共和国民法典〉继承编的解释(一)》(法释〔2020〕23号)、最高人民法院《关于适用〈中华人民共和国民法典〉物权编的解释(一)》(法释〔2020〕24号)、最高人民法院《关于审理建设工程施工合同纠纷案件适用法律问题的解释(一)》(法释〔2020〕25号)、最高人民法院《关于审理劳动争议案件适用法律问题的解释(一)》(法释〔2020〕26号)等,载最高人民法院官网,http://www.court.gov.cn/fabu.html。

三、扩展检索

（一）司法政策和指导性文件

最高人民法院紧紧围绕党的中心工作和国家大局，根据国家宏观政策和形势发展需要，就如何加强审判工作发布了许多指导性文件，这些文件类型包括“意见”“通知”“会议纪要”等，这些都属于司法政策。就性质而言，司法政策是指导全国法院开展审判工作的意见，有的是对法律和司法解释的释明、补充，其效力层次低于司法解释，本身不具有溯及力，不能与司法解释相抵触。①

1. 服务中心工作意见

主要包括最高人民法院围绕党的中心工作和国家发展大局，根据国家经济发展需要制定的文件，主要以“通知”和“意见”的形式出现。如最高人民法院《关于充分发挥审判职能作用为企业家创新创业营造良好法治环境的通知》、最高人民法院《关于深入学习贯彻习近平生态文明思想为新时代生态环境保护提供司法服务和保障的意见》等。

2. 审判工作意见

审判工作意见，是指最高人民法院或者最高人民法院与其他相关部门针对某类或某个法律问题所作出的规定。例如，最高人民法院 、最高人民检察院、公安部、国家安全部、司法部《关于适用认罪认罚从宽制度的指导意见》，最高人民法院、最高人民检察院、公安部《关于办理电信网络诈骗等刑事案件适用法律若干问题的意见（二）》（法发〔2021〕22 号），最高人民法院、最高人民检察院、公安部、司法部《关于依法惩治妨害新型冠状病毒感染肺炎疫情防控违法犯罪的意见》（法发〔2020〕7 号），最高人民法院《关于依法妥善审理高空抛物、坠物案件的意见》（法发〔2019〕25 号）等。该部分内容通常发布在最高人民法院官方网站的权威发布——意见栏目。②

3. 会议纪要

最高人民法院会议纪要虽然不是司法解释，不能直接引用，但是由于其发布主体为最高人民法院，扮演着阐明最高人民法院司法观点和统一裁判尺度的重要

① 参见最高人民法院民事审判第一庭编：《最高人民法院关于道路交通损害赔偿司法解释理解与适用》，人民法院出版社 2015 年版，第 102 页。

② 上述文件参见 http://www.court.gov.cn/fabu-gengduo-19.html。

角色:一是会议纪要能够更快速回应社会司法问题和司法需求;二是会议纪要既有工作原则、工作规则,又有审理相关案件的具体指导意见;三是会议纪要具备补强司法解释统一裁判尺度的功能。[①] 因此,司法实践中也有很多法官援引最高人民法院会议纪要在裁判文书中说理,有学者就对法官援引《全国法院破产审判工作会议纪要》判案的情况进行了分析,2018 年和 2019 年共有 203 份裁判文书援引了该破产纪要[②],会议纪要的重要性可见一斑。

(二)最高人民法院发布的案例

最高人民法院在《人民法院第二个五年改革纲要》(以下简称《二五改革纲要》)中提出要建立和完善案例指导制度,以期更好地统一裁判尺度和法律适用。经过十多年的发展,我国已经建立起相对完备的指导性案例机制。指导性案例的准法源地位得到了司法实务人员的普遍认可,对于审判人员具有指导作用,审判人员应当在审理案件的过程中遵照执行。与此同时,最高人民法院会适时发布公报案例、典型案例、年度案例、要览案例等其他案例,这些案例可以作为办案参考进行检索,为审判实践提供参考。

1. 指导性案例

早在 2005 年,最高人民法院即发布《二五改革纲要》,提出建立和完善案例指导制度。在此前后,各地法院进行了案例指导制度建设的尝试和探索。《人民法院第三个五年改革纲要》要求,各级人民法院要引导广大法官参照指导性案例体现的公平裁判尺度和科学裁判方法,公正高效地审理案件。2015 年 2 月的《四五改革纲要》规定"改革和完善指导性案例的筛选、评估和发布机制"。《五五改革纲要》规定"完善指导性案例制度,健全案例报送、筛选、发布、评估和应用机制。建立高级人民法院审判指导文件和参考性案例的备案机制"。由此观之,最高人民法院致力于将指导性案例机制打造成为统一法律适用的有效机制,并不断建立和完善指导性案例工作机制。

2015 年 5 月 13 日,最高人民法院发布《〈关于案例指导工作的规定〉实施细则》(法发〔2015〕130 号),第 11 条规定:"在办理案件过程中,案件承办人员

---

① 参见侯猛:《纪要如何影响审判——以人民法院纪要的性质为切入点》,载《吉林大学社会科学学报》2020 年第 6 期。

② 参见侯猛:《纪要如何影响审判——以人民法院纪要的性质为切入点》,载《吉林大学社会科学学报》2020 年第 6 期。

应当查询相关指导性案例。”第 9 条规定:“各级人民法院正在审理的案件,在基本案情和法律适用方面,与最高人民法院发布的指导性案例相类似的,应当参照相关指导性案例的裁判要点作出裁判。”在司法实践中,也已经有很多法院在裁判文书中直接援引指导性案例(如案例 8)或者引用指导性案例的裁判要旨说理。

【案例 8】 天津市某某净水机械有限公司与天津市某某物资有限公司侵害商标权纠纷案一审民事判决书指出:本案中,被告抗辩原告恶意抢注涉案注册商标。依据最高人民法院指导性案例第 82 号明确的权利滥用认定规则进行审查,该指导性案例阐述了权利滥用认定规则。诚实信用原则是一切市场活动参与者所应遵循的基本准则,一方面,它鼓励和支持人们通过诚实劳动积累社会财富和创造劳动价值,并保护在此基础上形成的财产性权益,以及基于合法正当的目的支配该财产性权益的自由和权利;另一方面,它又要求人们在市场活动中讲究信用、诚实不欺,在不损害他人合法利益、社会公共利益和市场秩序的前提下追求自己的利益。民事诉讼活动同样应当遵循诚实信用原则。一方面,它保障当事人有权在法律规定的范围内行使和处分自己的民事权利和诉讼权利;另一方面,它又要求当事人在不损害他人和社会公共利益的前提下,善意、审慎地行使自己的权利。任何违背法律目的和精神,以损害他人正当权益为目的,恶意取得并行使权利、扰乱市场正当竞争秩序的行为均属于权利滥用,其相关权利主张不应得到法律的保护和支持。

2020 年 7 月,最高人民法院印发《类案检索指导意见》,最高人民法院相关负责人就该意见答记者问时,指出:“最高人民法院发布的指导性案例具有明显的约束性,即检索到的类案为指导性案例事实上具有了,人民法院应当参照作出裁判。”至此,指导性案例事实上具有了“准法源”地位。

截至 2021 年 3 月,最高人民法院共发布指导性案例 27 批 156 个,包括刑事类 26 个、民商事类 82 个(含环境民事公益诉讼)、行政类 26 个、国家赔偿 4 个、执行案例 18 个。越来越多的法官在办案中参照指导性案例办案,指导性案例在规范自由裁量权和统一裁判尺度中的作用也越来越凸显。

2. 公报案例

由于《最高人民法院公报》也是指导性案例发布载体,这里的公报案例是指除指导性案例以外的其他在《最高人民法院公报》发布的案例。公报案例虽然不像指导性案例那样，被明确为法官办案应当参照的案例，但是由于其发布载体《最高人民法院公报》的权威性和广泛性，“公报案例”事实上对下级法院法官判案产生了如指导性案例相似的指导性和约束性。所以有学者提出《最高人民法院公报》案例实际上就是一种“被确定的”指导性案例。① 1991 年 4 月，最高人民法院时任院长任建新在七届全国人大四次会议上所作的《最高人民法院工作报告》也指出：“通过《最高人民法院公报》公布了一批典型案例，发挥了案例指导审判工作的作用。”由此可见，公报案例是最高人民法院发布的具有指导性地位的案例。因此，法官在审理案件时，必须时要检索相关的公报案例，确保审判方向和裁判理念与最高人民法院公报案例的观点一致。

3. 典型案例

最高人民法院《关于完善统一法律适用标准工作机制的意见》明确规定：典型案例对于正确适用法律、统一裁判标准、实现裁判法律效果和社会效果统一具有指导和调节作用。针对经济社会活动中具有典型意义及较大影响的法律问题，或者人民群众广泛关注的热点问题，及时发布典型案例，树立正确价值导向，传播正确司法理念，规范司法裁判活动。

最高人民法院每年都会通过官网、微信公众号或者其他媒体公布各类典型案例。例如，仅 2020 年最高人民法院就发布了 21 批典型案例，其中包括涉正当防卫典型案例、黄河流域生态环境司法保护典型案例、依法惩处妨害疫情防控犯罪典型案例等。② 值得注意的是，每次发布的典型案例都有一个具体主题，主要围绕党中央最新的政策、国家经济社会发展重点、社会较为关注的热点话题等相关主题。该部分案例的特点是，较好地体现了现阶段国家的法治理念以及最高人民法院的裁判理念，在认定事实和适用法律方面很好地对上述理念进行了贯彻执行，对全社会有较好的引导、教育意义。因此，法官在裁判时，应当对该部分案例进行检索，确保办案理念与时俱进、与最高人民法院的最新司法观点保持一致。

4. 其他案例

最高人民法院发布的案例还有人民法院案例选、年度案例、案例要览、人民司法案例等。上述案例均为最高人民法院或者其下属的国家法官学院、中国应用法学研究所牵头编撰的案例，入选案例都是裁判理念正确、适用法律正确或者对审

---

① 参见陈越峰：《公报案例对下级法院同类案件判决的客观影响——以规划行政许可侵犯相邻权争议案件为考察对象》，载《中国法学》2011 年第 5 期。

② 笔者根据最高人民法院官网（http://www.court.gov.cn/）“权威发布”栏目公开信息统计。

理疑难复杂和新类型的案件具有参考价值的案件，其裁判理念、裁判规则均符合最高人民法院司法观点，具有重要的参考、借鉴价值。需要注意的是，法官在检索上述案例，除了辅助法官准确理解法律、正确适用法律外，很大程度上，应该是将其作为类案进行参考。

（三）辖区高级人民法院发布的指导文件、参考案例

最高人民法院《关于完善统一法律适用标准工作机制的意见》第8条规定："规范高级人民法院审判指导工作。各高级人民法院可以通过发布办案指导文件和参考性案例等方式总结审判经验、统一裁判标准。各高级人民法院发布的办案指导文件、参考性案例应当符合宪法、法律规定，不得与司法解释、指导性案例相冲突。各高级人民法院应当建立办案指导文件、参考性案例长效工作机制，定期组织清理，及时报送最高人民法院备案，切实解决不同地区法律适用、办案标准的不合理差异问题。"因此，办案法官所在辖区高级人民法院发布的办案指导性文件、参考性案例，法官应当在扩展检索时进行检索，以期为能更加准确理解和适用法律。

1. 各地高级人民法院指导性文件

全国各地高级人民法院都针对本辖区的实际情况，对部分案件的办理出台了相应的指导性文件。这些指导性文件主要是以"工作指引"的形式出现。如湖南省高级人民法院出台的《关于办理企业重整申请案件的工作指引（试行）》、广东省高级人民法院出台的《关于网络游戏知识产权民事纠纷案件的审判指引（试行）》、山东省高级人民法院出台的《互联网法庭使用指引（暂行）》等。这里需要说明的是，法律依据检索只需要检索直系上级法院的指导性文件。比如，湖南地区的法院只需要检索最高人民法院、湖南省高级人民法院出台的指导性文件即可。

2. 具有参考价值的案例

正如上文所述，各地高级人民法院可以参考性案例等方式总结审判经验、统一裁判标准。为此各地都开展了积极探索。比如，北京市高级人民法院、安徽省高级人民法院、陕西省高级人民法院、江西省高级人民法院等每年度都会发布《参阅案例》，江苏省高级人民法院每年通过《江苏省高级人民法院公报》发布参阅案例和裁判摘要，四川省高级人民法院、天津市高级人民法院发布案例指导，成都市中级人民法院发布示范性案例，郑州市中原区人民法院发布典型案例，都旨在对

本级审判部门和下级法院判案进行指导，统一裁判理念和裁判尺度，避免“类案不同判”。检索此类型案例的意义更多的是作为类案进行参考，尤其是北上广深等发达地区法院的判例，先进的裁判理念和裁判规则值得学习借鉴，其对于新类型和疑难复杂案件的审判经验也有十分重要的学习和参考价值。

（四）审判参考和人民法院出版社组织编写的《司法观点集成》

1. 审判参考

为了进行业务指导和开展业务研究，最高人民法院各业务庭室均定期出版《审判参考》，例如《刑事审判参考》自 1999 年 4 月创办，秉承立足实践、突出实用、重在指导、体现权威的编辑宗旨，密切联系刑事司法实践，旨在为刑事司法人员提供了有针对性和权威性的业务指导和参考。自 2006 年起，《刑事审判参考》由最高人民法院刑事审判第一、二、三、四、五庭共同主办。《民商审判指导与参考》是 2002 年起人民法院出版社出版的图书，该刊物主办部门是最高人民法院民事审判第二庭。《行政执法和行政审判参考》自 2000 年创办，是综合性的行政审判指导丛书。在司法实务中，上述《审判参考》业务类指导丛书，对于审判人员从事审判工作，进行审判活动，具有参考作用。

2. 司法观点集成

在 2009 年，人民法院出版社在全国组织了一批各领域的专家法官，紧密结合司法实践中的新情况和审判工作的新发展，整理和提炼出基本的审理规范。《最高人民法院司法观点集成》（以下简称《司法观点集成》）以最高人民法院发布的司法解释、司法政策、答复、通知、指导性案例、参考案例等为编写素材，并选摘部分最高人民法院的权威著述和主流观点，针对司法实务中的重点、难点、热点问题，梳理出若干专题，并对最高人民法院裁判尺度的演变进行了梳理，对各类指导意见中不完全一致的内容做了说明，对尚未形成共识的问题，也就其倾向性意见做了归纳，编写成了第 1 版《司法观点集成》。

2012 年以来，全国人大常委会制定和修改了多部法律，最高人民法院也发布了众多领域的司法解释、司法文件等。在 2014 年，人民法院出版社对《司法观点集成》进行了一次全面修订，第 2 版于当年正式出版。2017 年 11 月，《司法观点集成》（第 3 版）出版。该版以人民法院司法解释、人民法院司法政策精神、人民法院答复、人民法院指导性案例、裁判文书及公报案例等为素材和依据，以附录形式选摘人民法院主流观点、法官著述，梳理专题，分门别类，并以说明的形式阐述相关人民法院司法观点的适用要点。这些司法观点覆盖刑事、民事、商事、知识产权、民事诉讼、行政及国家赔偿等各个审判领域,代表人民法院对一些法律适用问题的司法态度和立场,也反映人民法院审判业务庭对一些法律问题的倾向性意见,对于法官审判实践具有参考价值,是法律依据检索、监管、评查的有力保障。

由于《司法观点集成》是由人民法院出版社编写的系列丛书,其中收录了最高人民法院及其业务庭室、审判人员对于法律、司法解释的理解与适用,也收录全国法院部分典型案件,其代表最高人民法院对一些法律适用问题的司法态度和立场,也反映最高人民法院审判业务庭对一些法律问题的倾向性意见,可供法官全面了解和掌握最高人民法院现行有效的全部司法观点,其中的裁判思路、裁判规则和司法观点对审判实践具有参考意义。

第五节　法律依据检索平台

一、法官自备资料库

法官自备资料库包括法官办案所需的工具书和法官收集整理的电子法律资料库。法官自备资料库,体现了法官的现有法律专业知识储备。根据法律的立改废释,法官应当及时更新自备资料库。在平时注重法律知识储备的基础上,法官在办理案件时,应当首先在自己的自备资料库中进行检索,在自备资料库中检索后,还应当通过相应的法律数据库平台进行即时检索和补充检索,以确保对相关办案依据做到了“应检尽检”。

(一)办案工具书

牛津字典对“reference book”的定义为“A book intended to be consulted for informationon specific matters”,即专于汇集、提供某一方面知识或相关信息的书,统称为参考工具书。参考工具书因其内容来源具有权威性、知识提炼度高、编排便于检索等特点,成为人们获得信息的有效途径。[①] 本书所称的办案工具书是指办

① 参见赵慎安:《数字资源环境下工具书服务的思考——以上海图书馆外文工具书为例》,载《情报探索》2018 年第 11 期。

案法官经常使用的,按照案件类型分门别类汇集、编排的用于辅助法官审理各类案件的专业书籍。这些工具书可以根据法律的修订、完善随时增减,进而建立起与自己审理的案件相配套的办案工具书体系,它是一个开放的概念。一般来说,办案工具书应当包括法律汇编,如《民法典》,法规汇编、最高人民法院和最高人民检察院司法解释汇编,除此之外还有意见批复、会议纪要、指导案例、最高人民法院发布的关于法律或司法解释的理解与适用、最高人民法院编著的裁判指引、最高人民法院观点集成等、最高人民法院办理某类案件的指导全书、最高人民法院办案实用手册、《中华人民共和国常用法典:应用版(中华人民共和国分类法典)》①等。

按照案件类型或者使用人员来分类,通常可以分为刑事案件办理法官必备工具书、民商事案件办理法官必备工具书、行政案件办理法官必备工具书、执行案件办理法官必备工具等。刑事案件办理法官的必备工具书通常有"一本通""总整理""全厚细"等刑事工具书。② 民商事法官常用的工具书通常包括《民法典》及"民法典理解与适用"丛书等工具书。③ 此外,民事审判各专业审判领域的法官还可以有针对性地配备专业审判书籍。例如知识产权法官可以配备《最高人民法院司法观点集成(知识产权卷)》《最高人民法院知识产权审判案例指导》等工具书;破产庭法官可以配备《最高人民法院关于企业破产法司法解释(三)理解与适用》

---

① 由法律出版社法规中心编写的分类法典,包括宪法、民事法、商事法、刑事法、经济法、行政法、社会法、国际法八大领域以及各领域下的若干具体部门,丛书全面收录各部门法所有法律、行政法规、司法解释,以及常用的部门规章、司法文件和请示复函。

② 常用的有由最高人民法院刑事审判第一、二、三、四、五庭合作主编的一本业务指导性连续读物《刑事审判参考》、由北京师范大学刘志伟教授编著《刑法规范总整理》(第11版)、由张军主编的《刑法〈总则〉及配套规定新释新解(第7版)》《刑法〈分则〉及配套规定新释新解(第9版)》、由李勇主编的《刑事证据审查三步法则》(最新2019年版)、由李少平主编《最高人民法院关于适用〈中华人民共和国刑事诉讼法〉的解释理解与适用》(最新2021年版)、由北京师范大学刘志伟教授等编著《刑事诉讼法一本通》(最新2021年版)、由北京师范大学刘志伟教授编著《刑事诉讼法规范总整理》(最新2019年版)、由人民法院出版社法规编辑中心编写的《解读最高人民法院司法指导性文件(刑事卷)上下册》丛书(包含刑事卷、民事卷、综合行政卷)、《最高人民法院司法观点集成(刑事卷)》等。

③ 通常有由最高人民法院民法典贯彻实施领导小组主编《民法典理解与适用》(最新2021年版)丛书、由最高人民法院民事第一审判庭主编《最高人民法院新民事诉讼法证据规定理解与适用》(最新2020年版)、由最高人民法院民事第二审判庭主编的《全国法院民商事审判工作会议纪要》及《〈全国法院民商事审判工作会议纪要〉理解与适用》(最新2019年版)、由杜万华主编的《最高人民法院民事诉讼法司法解释实务指南》(2015年版)、由人民法院出版社主编的《最高人民法院司法观点集成(2017~2020年增补本)民事卷》(最新2020年版)、由人民法院出版社法规编辑中心编写的《解读最高人民法院司法指导性文件(民事卷)》(最新2020年版)等。

《最高人民法院企业破产与公司清算案件审判指导》等工具书。行政案件办理法官可以配备《最高人民法院行政诉讼法司法解释理解与适用》《行政法官必备法律司法解释解读(第3版)》等工具书。[①] 此外,国家赔偿办公室法官可以配备《最高人民法院国家赔偿司法救助司法解释理解与适用》《国家赔偿与司法救助办案指导》等工具书。[②] 执行案件办理法官可以配备《人民法院办理执行案件规范》《最高人民法院执行司法解释条文适用编注》等工具书。[③]

(二)法官收集整理的法律资料库

法律检索是长期的、有计划的积累整理过程。每一次所作的法律检索,都应当把相关法律规定分门别类保存下来,以便下次直接使用。在平时的工作中,在看到新颁布的法律、新出台的司法解释、最高人民法院发布的相关案例、最高人民法院发布的司法观点和最高人民法院的批复等文件,都要有预期、有计划地进行保存整理。法官对工具书检索的同时,可以到自备法律资料库中进行检索,在进行检索后,未找到合适的法律,再通过数据库等平台进行检索。

一名有经验的法官,应当具有系统、完整的法律知识体系以及自备的法律资料库,该法律资料库应当具有法官的"个性",从审判领域看,民事法官、刑事法官、行政法官的法律资料库应当能够充分反映出其审判专业,做到"见库识人",这既是法官必备的职业素养,也是打造"专业"法官的必要途径。下面我们展示一个刑事审判领域法官电脑中的法律资料库(见图2-1)。

---

① 通常有由江必新主编的《最高人民法院行政诉讼法司法解释理解与适用》(2018年版)、由最高人民法院行政庭主编的《最高人民法院关于审理行政协议案件若干问题的规定理解与适用》(2020年版)、由人民法院出版社编的《最高人民法院司法观点集成(第3版)·行政及国家赔偿卷》(2020年版)、《最新法律文件解读》编辑委员会主编《行政法官必备法律司法解释解读(第3版)》(2019年版)等。

② 通常有由最高人民法院赔偿委员会办公室主编的《最高人民法院国家赔偿司法救助司法解释理解与适用》(2020年版)、由陶凯元、陈国庆主编的《国家赔偿与司法救助办案指导》(2020年版)、《解读最高人民法院司法指导性文件(综合行政卷)》等。

③ 通常有由最高人民法院执行局编著《人民法院办理执行案件规范》(2019年版)、由最高人民法院执行局编著的《最高人民法院执行司法解释条文适用编注》(2019年版)、由江必新主编的《执行规范理解与适用(增订2版)》、由江必新、刘贵祥主编《最高人民法院关于人民法院办理执行异议和复议案件若干问题规定理解与适用》(2019年版)等。

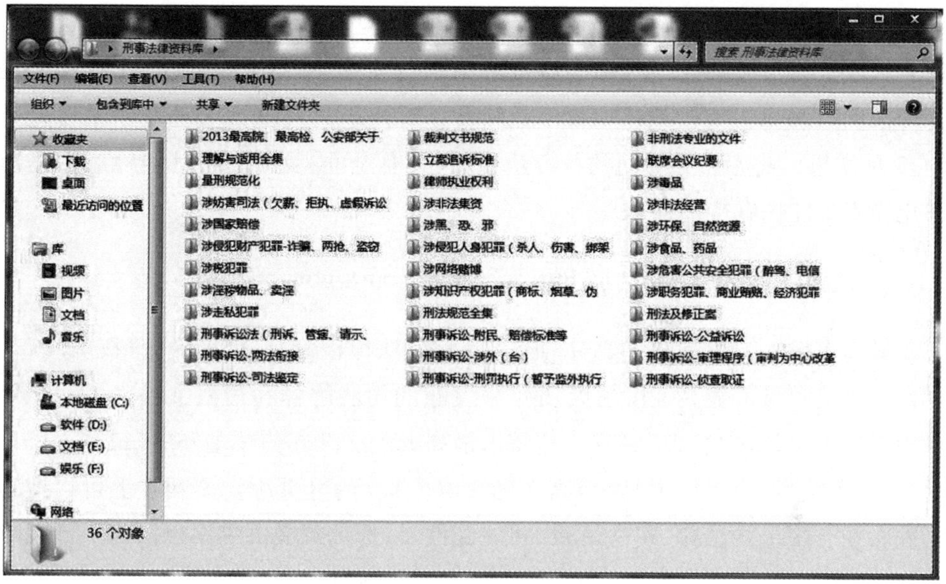

图 2－1　法官自备资料库

二、官方网站

全国人大、国务院、最高人民法院、最高人民检察院以及地方政府的官方网站发布的法律规定，应当是最正确、最权威的版本。我们在其他平台检索的法律规定不一致的，应当到相应的官网进行复核。

（一）中国人大网（http://www.npc.gov.cn）

中国人大网是全国人民代表大会的官网，全国人民代表大会作为立法机关，在其官网的“权威发布”栏目有法律、法律解释、法律草案的说明以及法律草案修改的报告等内容。我们检索相关内容，不仅可以查阅具体权威的法律条文，还可以对立法意图、立法过程、立法争议有全面客观的了解，从而加深对法律的理解。该平台的最大优势在于其及时性与权威性，但是由于该网站尚未设置搜索功能，检索操作存在一定困难。

（二）中国政府网（http://www.gov.cn/zhengce/xzfgk/index.htm）

进入中国政府网后，点击“政策选项”，进入页面后下拉可以找到“行政法规库”的图标，点击进去，可以进入“行政法规库”主页面，该主页面可以对行政法规进行检索。如在搜索栏输入“土地”作为关键词，检索到《土地复垦条例》《国有土地上房屋征收与补偿条例》《土地调查条例》《土地管理法实施条例》《土地增值税暂行条例》《城镇国有土地使用权出让和转让暂行条例》《城镇土地使用税暂行条例》7 项结果。此库作为专门的行政法规库，具有全面、及时、权威的特点，但是精细化检索功能还有待加强开发。

（三）最高人民法院官网（http://www.court.gov.cn/）

最高人民法院的官网主要有两个板块可供法律检索，一个板块为“权威发布”栏目。这里收录了最高人民法院历年来发布的司法解释和司法文件。另一个可供检索的平台就是“公报”栏目。这是由最高人民法院办公厅主办的《最高人民法院公报》的官网，也可以说是《最高人民法院公报》的网页版。该网站上可以搜索到发布在公报上的法律、司法解释、司法文件、精选裁判文书和案例。该页面设有“公报检索”功能选项，可以通过“标题”“文号”“栏目”“期数”等进行精确搜索。笔者在标题栏检索关键字“土地”，可以搜索到最高人民法院《关于审理涉及农村土地承包经营权纠纷调解仲裁案件适用法律若干问题的解释》等 11 个司法解释、最高人民法院《关于转发国土资源部〈关于国有划拨土地使用权抵押登记有关问题的通知〉的通知》1 个司法文件、14 篇选登的裁判文书和 7 个公报案例。

（四）中国裁判文书网（https://wenshu.court.gov.cn）

中国裁判文书网是最高人民法院四大司法公开平台之一。截至 2021 年 12 月 6 日，共收录 26,055,151 篇文书，其中收录民事文书 78,040,664 篇，刑事文书 9,722,444 篇，行政文书 3,075,134 篇，赔偿文书 143,959 篇，执行文书 34,307,696 篇，其他文书 765,254 篇。① 中国裁判文书网对于法律检索的主要目的在于“以案找法”，即可以通过检索类似案件的法律适用，反向找到某类案件办理中所需要的法律。尤其是可以找到上级法院乃至最高人民法院的生效裁判，可以在检索法律的同时完成裁判理念和裁判规则的检索，有很好的借鉴意义。但是这里要提醒的是，部分案件的法律适用可能存在不全面、不权威的情况，因此检索结果一定要认真复核、反复甄别。

---

① 笔者根据中国裁判文书网相关数据整理。

（五）最高人民检察院官网（https://www.spp.gov.cn）

最高人民检察院官网更多的功能倾向为新闻发布，能够找到的与法律检索相关的栏目为“工作信息”栏目的“最高人民检察院公报”和“指导性案例”，且“检索”功能尚不能精确检索，作为法律依据检索平台功能还有待优化。

（六）地方性网站

其他网站包括各地方人大和地方政府的门户网站，主要用于检索地方新规定、单行条例和自治条例。但是由于各个地方官网建设主要功用、建设理念和建设水平参差不齐，北上广以及东部沿海发达地区的网站，检索功能较为齐全，偏远地区的官网检索功能较弱。

三、各大数据库

“北大法宝”“威科先行”“法信”等商业法律检索平台相继上线，将法律检索推进了“大数据”时代，法律检索质效有效提升。2021年2月24日，全国人大常委会办公厅牵头开发的国家法律法规数据库正式开通，为法律依据检索提供了权威的官方平台。

（一）国家法律法规数据库（https://flk.npc.gov.cn）

国家法律法规数据库是全国人大常委会办公厅牵头建设的，贯彻了公益性、权威性、开放性、及时性和共建共享原则，收录了宪法和现行有效法律275件，法律解释25件，有关法律问题和重大问题的决定147件，行政法规609件，地方性法规、自治条例和单行条例、经济特区法规16,000余件，司法解释637件，涵盖了中国特色社会主义法律体系最主要的内容。在官网上线的同时，还开发了微信应用小程序，实现了法律检索从PC端到移动终端的升级优化，真正打造了“掌上检索平台”。

首页窗口内容分为“新法速递”“宪法”“法律”“行政法规”“地方性法规”“司法解释”六个部分。其中“新法速递”“宪法”“行政法规”可直接查看相对应的法律法规；“法律”“司法解释”“地方性法规”有下级分类，可以通过点击切换查看相对应的法律法规。

该数据库已经为用户提供国家法律法规数据库分类展示功能，用户可以通过首页导航栏的法律分类来查看相关的法律法规。点击首页第一行功能键(以“法律”栏目为例,见图 2 -2),可以查询相应的法律法规,相应的法律法规会通过列表的形式展示,序号、标题、制定机关、法律性质、时效性以及公布日期。

图 2 -2 国家法律法规数据库官网截图

该数据库同样可以使用搜索功能,在搜索区输入关键字,再点击搜索栏右侧的放大镜按钮,可以通过关键字来对相关的法律法规进行搜索,搜索到的结果会通过列表的形式展示在网页上。

此数据库同样有“高级搜索功能”,点击高级搜索,下方出现弹框,可以通过勾选弹框中的选项来进行精确的筛选(施行日期、公布日期、时效性、制定机关、法律效力阶位),弹框中三个按钮的分别是确定、取消、重置。确定按钮的作用是确定筛选条件并进行搜索,取消按钮的作用是取消筛选条件并关闭筛选菜单,重置按钮的作用是取消筛选条件不关闭筛选菜单。

系统对数据库中的所有法律法规提供了预览、打印、下载等功能,手机客户端扫描二维码,下载至手机客户端。点击“指定标题下的法律法规条例”按钮,进入详情页。所有的法律法规都有提供公报版本和 WPS 版本。

(二)法信(http://www.faxin.cn)

法信收录了完整的法律法规,并且更新速度极快,第一时间收录了最新的司法解释的标准文本，并且标注了“失效文件”和“不再参照”的指导性案例，大大减少了法官检索法条时的甄别时间，缩小了检索成本。此外，法信根据最新实施的《民法典》特别开辟了学习民法典专区（如图2－3所示），对所有的民法典配套司法解释逐条做了关联引用和关系编辑，不但关联了相关法律法规，同时关联了最新发布的《民法典》的司法解释，为法官学习、适用民法典提供了便利、有效、权威的检索平台。法信是全国首家法律知识和案例大数据融合平台，是汇聚海量法律知识文献和权威案例裁判的知识资源库。它包括法信码、法律、案例、观点（大法官、大检察官的司法观点）、图书、期刊论文、法条释义、法律文书、公报、标准、类案检索等15大类。与其他的法律平台相比较，其最大的特色在于“类案检索”（在第三章将会详细介绍，本章不再赘述）。

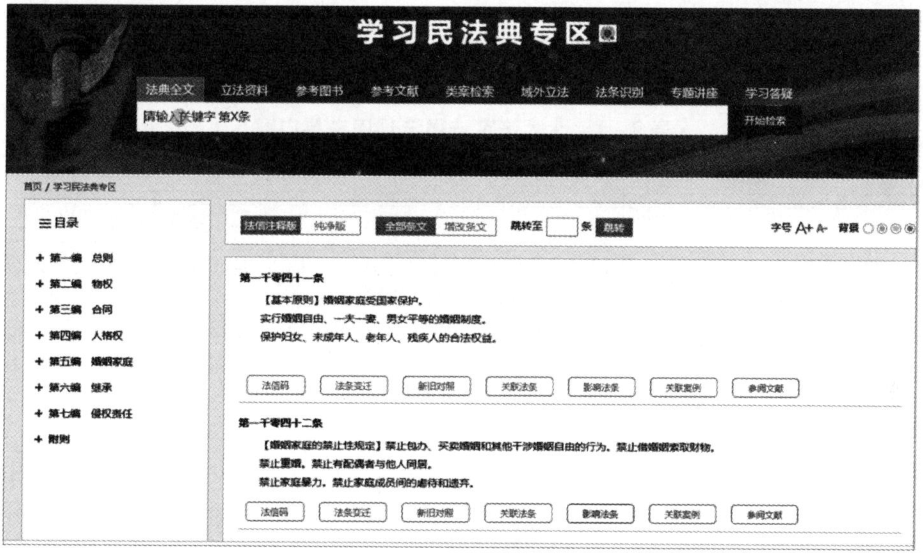

图2－3　法信平台民法典专区

（三）北大法宝（www. pkulaw. com/law）

北大法宝1985年诞生于北京大学法律系，经过30多年的改进和完善，是目前国内成熟、专业、先进的法律法规检索系统之一（见图2－4）。它收录了包括法律、行政法规、司法解释、部门规章、军事法规规章、团体规定、行业规定；地方性法规、地方政府规章，地方规范性文件、地方司法文件等法律依据（见表2－1）。

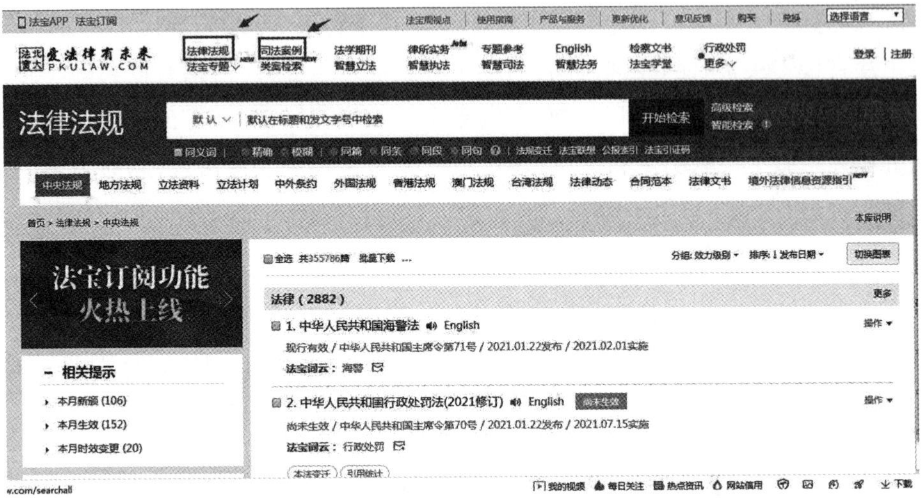

图 2 –4 北大法宝平台法律依据检索栏目

表 2 –1 北大法宝法律法规库主要内容

序号	类别	主要内容
1	中央法规 （355,800 篇）	全国人大（常委会）、国务院、国务院行政机构、国家监察委、最高人民法院、最高人民检察院批准或颁布的法律、行政法规、监察法规、司法解释、部门规章、军事法规规章、规范性文件，收录中共中央及其组成部门发布的党内法规，同时也收录社会团体、行业协会等机构发布的团体规定、行业规定。根据法规内容划分为百余个大类，千余个小类
2	地方性法规 （2,197,030 篇）	收录全国各地方人大（常委会）、地方政府、地方政府行政机构、地方各级人民法院、地方各级人民检察院颁布的省级、设区市地方性法规、经济特区法规、自治条例和单行条例、地方政府规章、规范性文件、地方司法文件、地方工作文件、行政许可批复。根据法规内容划分为百余个大类，千余个小类
3	立法资料 （16,170 篇）	收录立法草案及说明、立法草案审议意见、全国人大常委会工作报告、全国人大常委会执法检查报告、国务院政府工作报告、最高人民法院工作报告、最高人民检察院工作报告、地方政府工作报告、地方人大常委会工作报告、地方人民法院工作报告、地方人民检察院工作报告、白皮书、法规解读等各类立法相关资料
4	中外条约 （9285 篇）	收录中华人民共和国成立以来中国与世界各国、国际组织签订的双边条约，以及中国缔结或加入的多边条约。根据缔约国、条约种类、所属行业领域等进行多维度分类

续表

序号	类别	主要内容
5	外国法规（497 篇）	外国法律、国际组织发布的国际惯例和规范性文件。根据法规所属国家及国际组织、所属行业领域等进行多维度分类
6	香港特别行政区法规（3600 篇）	香港立法会及相关部门制定的成文法，包括中文和英文版本，共有 34 个类别
7	澳门特别行政区法规（26,586 篇）	澳门立法会及相关部门制定的法律法规，共有 400 余个类别
8	我国台湾地区的相关规定（10,162 篇）	我国台湾地区相关部门制定的相关规定，包括 200 余个类别
9	境外法律信息资源指引（118 项）	内容覆盖全球法律信息中心 LII、外国法与国际法查询指引、国际法资源、外国法资源、法宝项目资源以及英文期刊书籍资源等
10	法律文书（8006 篇）	刑事诉讼法律文书、民事（含经济）诉讼法律文书、经济合同纠纷诉讼法律文书、行政诉讼法律文书、仲裁法律文书、公证法律文书、行政案件类法律文书、公司法律文书、通用法律文书以及其他常用文书范本和格式文书

资料来源：此处系由作者根据北大法宝平台发布的“使用说明”整理。

（四）威科先行法律信息库（law. wkinfo. com. cn）

威科先行法律信息库的法规栏目包括法律法规和国际条约，案例栏目则包括裁判文书和案例评析等内容，案例评析中主要包括最高人民法院、最高人民检察院指导性案例和部分典型案例。该数据库最大的特色亮点在于强大的“高级检索”功能，包括主题、行业、地域、效力级别、发文机关等检索项目，划分的十分细致，有利于提高检索的针对性和精确度（见图 2－5）。

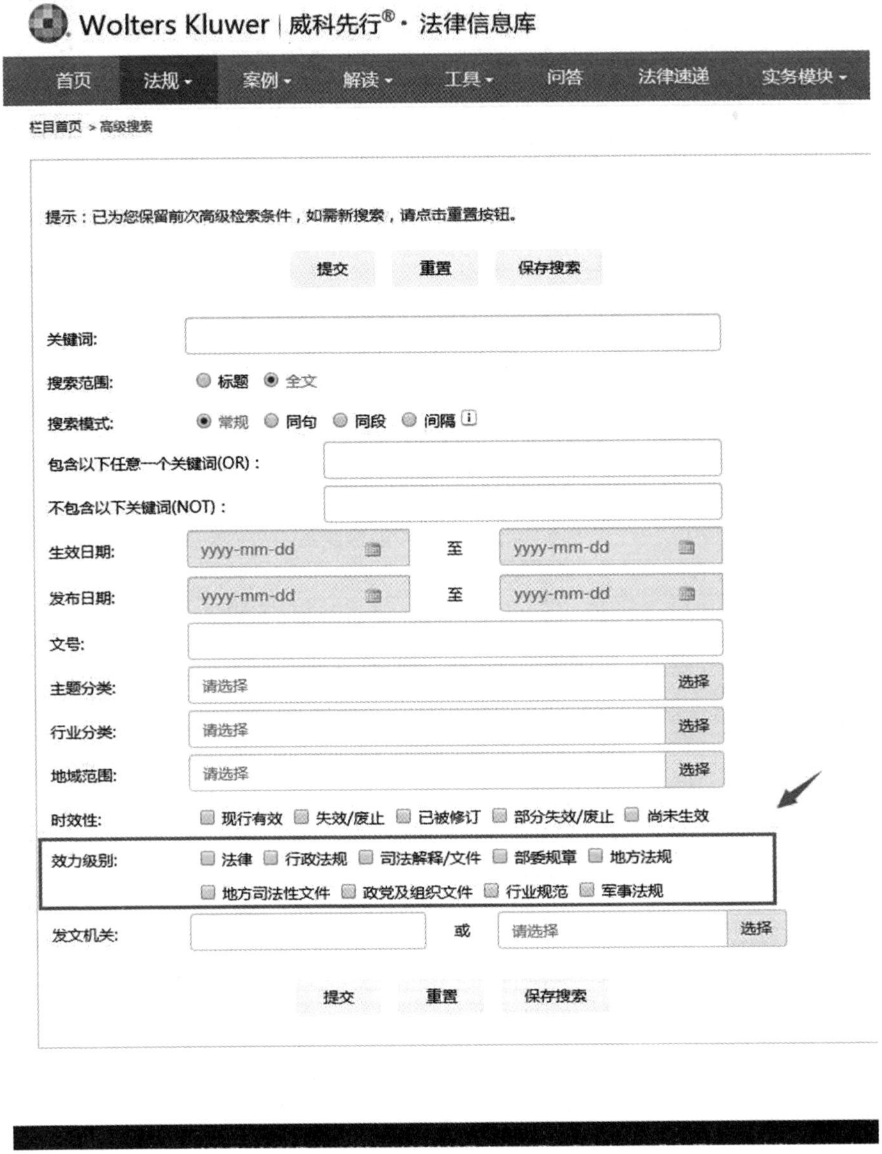

图2－5　威科先行平台法律依据检索栏目

（五）其他法律数据库

1. 学术类法律检索平台

具备法律依据检索功能的主要是中国知网（www. cnki. net）。中国知网是我国目前最大、最权威的全社会知识资源传播共享平台，内置中国法律知识资源总库，包含宪法知识库、行政法知识库、民商法知识库、经济法知识库、刑法知识库、诉讼法知识库等 14 个知识库，分为 400 余个专题，每一专题都包括涉及该专题的法律法规、案例、论文等法律知识资源，可以通过其强大的“高级检索”功能，对主题、发布机关、发布时间进行精确检索。

2. 其他常见法律检索平台

一是法律法规数据库(http://search.chinalaw.gov.cn)司法部官方网站，较为权威，其缺点在于检索设置较为模糊且更新速度较慢，很难实现精确检索，会导致检索成本增加；二是 iCourt 的 Alpha 数据库，该数据库的核心功能包括案例、法规、司法观点、类案规则、优案评析、行业雷达，主要是面向律师的工作需求开发，可以基于大数据平台，分析各大法院近年来某类案件裁判理念和裁判规则的走向，为律师的辩护方向和方法提供指引；三是处理涉外案件时，可以通过 Westlaw、HeinOnline、Lexis Advance 平台检索国外的案例、法条和相关文献。

四、搜索引擎

搜索引擎对于法官等专业法律人士来说，更大的意义在于了解法律规定的更新和最新的司法动态。

(一)百度搜索、360 搜索、必应搜索等搜索引擎

搜索引擎的优点是快速、信息量大，不足之处是信息混杂，对于专业审判的参考意义有限。我们可以通过搜索引擎捕捉与关键词相关的海量资料，从百科、法律、案例、新闻报道、论文文献等资料中人工甄别出有意义的信息，为精确使用法律专业数据库检索提供有效信息和检索方向。

搜索引擎的另一个特点是具有大众性，对于专业人士来说，其检索结果的指导性和实用价值可能有限。但是对于社会公众来说，通过搜索引擎检索法律、查询法律问题相对来说方便快捷、简单易行，是社会公众首选法律检索平台。因此，法官可以通过搜索引擎的法律依据检索，对当事人的检索情况有一个大致了解，也便于在案件审理时用当事人更容易理解的方式辨法析理。

我们以“拒不执行判决裁定罪”为关键词在百度搜索引擎进行了搜索，置顶的 4 条信息为百度百科、最高人民法院发布的典型案例、拒不执行判决裁定罪量刑标准和一个律师咨询广告，经过人工甄别，前三条通过标题看来，属于有效信息，最

后一条为无效信息，应当予以剔除。

（二）微信搜索

现在微信已经成为人们生活必不可少的手机应用程序，其搜索对象包括朋友圈、文章、公众号、小程序、服务等项目，尤其是公众号和小程序的检索功能，有很强的实用性。我们将关键词设为“拒不执行判决裁定罪”，得到了大量的检索结果，有司法实务界的司法观点，有典型案件的裁判文书，甚至还有朋友圈关于此罪的最新动态，我们可以从上述信息中筛选有效信息。

目前，最高人民法院、各地高级人民法院以及中级人民法院、基层人民法院大多数都开通了公众号，经常发布最新的法律条文、典型案例、裁判观点等。最高人民法院公众号发布的信息，内容涵盖法律法规的立改废情况、指导性案例、司法指导性文件和部分司法观点，对于审判实践有很好的指导意义。进入最高人民法院公众号后，可以发现其近期推送的消息，为指导性案例、案件繁简分流改革参阅资料和广东省的典型案例。在公众号主页的右上角，有一个搜索按键，可以选取关键词对最高人民法院发布的消息进行检索。笔者同样将“拒不执行判决裁定罪”作为关键词检索，可以得到最高人民法院的司法解释、典型案例以及各地高级人民法院的指导意见等检索结果，相较百度搜索引擎，其权威性、针对性、实用性更强，检索价值更大。对于最高人民法院公众号检索到的新法律、新司法解释、指导性案例和司法文件，我们可以利用专业检索平台复核其效力。对于最高人民法院的司法观点和裁判要旨，要认真学习领会，并注重在办案过程中准确适用。

第六节　法律依据检索的步骤

一、确定检索需求和检索目标

法律依据检索的第一步就是要确定检索目标，旨在确认“要解决什么问题”“要适用什么法律”的问题。

（一）从案由出发确定检索需求和目标

案由是法官进行法律检索重要依据，为法官进行法律依据检索指明了基本方向。根据最高人民法院《关于印发修改后的〈民事案件案由规定〉的通知》、最高人民法院《印发〈关于行政案件案由的暂行规定〉的通知》将案由分为一级、二级和三级案由。因此，我们在进行法律检索时，也要从一级案由的相关法律开始检索，从一般法到特别法开始检索，从法律法规到司法解释检索，从实体法到程序法开始检索。以“民间借贷纠纷”案由为例，法官应当按照《民法典》——借款合同纠纷——民间借贷纠纷……层层检索，同时应当全面检索与“民间借贷纠纷”有关的所有法律法规、司法解释和指导性案例，并检索《民事诉讼法》等程序法。

刑事案由基本上是根据《刑法》规定的刑事罪名确定的，因此对刑事法律依据检索应当从罪名出发。比如在“非法吸收公众存款罪”中，法官应当在检索《刑法》《刑事诉讼法》的基础上，全面检索最高人民法院《关于审理非法集资刑事案件具体应用法律若干问题的解释》《关于非法集资刑事案件性质认定问题的通知》，最高人民法院、最高人民检察院、公安部《关于办理非法集资刑事案件具体适用法律若干问题的意见》以及最高人民法院、最高人民检察院、公安部《关于办理非法集资刑事案件若干问题的意见》。同时，还应当随着阅卷和庭审的深入，根据审判实际需要，深化相关法律检索。比如，被告人有“自首”“立功”“认罪认罚”等情况，就必须要做延伸检索，真正做到“应检尽检”。

（二）从诉讼参加人提交的文书中确定检索需求和目标

1. 民事、行政案件文书。在民事、行政案件中，双方当事人会提交诉状（上诉状）或答辩状，并会在文书中写明案件事实和法律依据。法官应当对当事人提交的法律依据进行检索，复核其法律依据是否正确、权威、适配，并通过庭审释明或者裁判文书说理作出回应。

【案例9】　王某借款给刘某100万元，约定月息2%，按月支付，本金一年后一次性偿还。借款协议到期后，刘某拒不支付借款本息，王某起诉至某某区人民法院，要求刘某还本付息。在王某提交的《民事起诉书》中写道，“依据《中华人民共和国民法典》第六百六十七条、第六百六十八条、第六百七十四条以及《最高人民法院关于审理民间借贷案件适用法律若干问题的规定》，请求法院判如所请。”

在上述案例中当事人提交的《民事起诉书》中，列举了《民法典》和《民间借贷司法解释》。承办法官应当对上述法律规定进行复核检索，同时还应当在此基础上，对《民事诉讼法》和其他相关法律进行补充检索。

2. 刑事案件文书。在刑事案件中，公诉机关提交的起诉书、公诉意见书会列明办案的法律依据，辩护人提交的辩护意见中也会列明支持其论点的法律依据，法官应当通过检索，认真复核上述文书中的法律依据。

【案例10】 H省T县人民检察院在公诉意见书载明："2020年3月至7月，被告人龙某1伙同戴某、李某、李某某、覃某、余某等人多次在T县城、C市城区等地盗窃他人手机、香烟、摩托车及现金等财物价值达一万余元。龙某1还伙同戴某、刘某等人在C市城区携带凶器抢夺他人财物。"该院认为被告人龙某1伙同他人多次盗窃他人财物，其行为已经构成盗窃罪；伙同他人携带凶器抢夺他人财物，其行为已构成抢劫罪。被告人认罪认罚，依据《刑事诉讼法》第15条的规定，可以从宽处理。其系未成年人，在共同犯罪中均系主犯，还应适用《刑法》第17条，第26条第1款、第4款之规定。

法官在办理上述刑事案件中，应当对公诉机关提出的法律依据《刑事诉讼法》第15条，《刑法》第17条，第26条第1款、第4款的相关规定进行复核检索，并根据审判实际需要对办案所需要的法律依据进行全面检索。

（三）从庭审总结的争点出发确定检索需求和目标

案由为法律依据检索提供了大的方向，那么法官针对案件争点的法律检索则称得上是为待决案件"量身定制"的检索。

1. 从案件事实认定争点出发确定检索目标

比如，在"民间借贷纠纷"中，法官在办理案件时涉及"夫妻共同债务"的认定，除了检索"民间借贷纠纷"普遍适用的法律之外，还应当对涉及"夫妻共同债务"认定的相关司法解释、司法指导性文件、最高人民法院的司法观点和指导性案例等进行全面检索。在"故意伤害""故意杀人"等刑事案件中，则可能需要对"正当防卫"的相关司法解释、司法指导性文件、最高人民法院司法观点及指导性案例进行全面检索。

2. 从案件法律适用争点出发确定检索目标

法律适用的争议焦点有的是由于当事人对于法律理解不同导致的争议焦点，有的则是由于对某一类问题法律尚未明确规定，如何选择现有法律解决纠纷成为当事人的争议焦点。对于法律适用争议焦点的处理，应当首先检索法律法规、司法解释、指导性案例已经确定的法律适用规则，并准确理解和运用。对于法律适用竞合或者尚未有明确法律适用规则的，则需要将最相关、最类似的法律适用规则检索出来,作为裁判的参考。

二、设计检索方案

设计检索方案的过程,既是法官理顺裁判思路的过程,也是法官对自身法律知识体系升级完善的过程。法官在设计检索方案时,应当重点围绕“复核已有法律依据”“检索已知可能适用的法律依据”“检索未知新法律依据”三个方面进行。

对于法官在平时办案过程中接触较多、处理经验较为丰富的普通案件,检索方案为“基础检索+补充检索”。由于法官对此类案件相关法律依据较为熟悉,因此,法官在检索时可以在“自备法律资料库”的基础上,着重对法律依据是否更新、修改和废止进行检索。以“民间借贷纠纷”为例,民事法官应当在“自备法律资料库”中对《民法典》、《民间借贷司法解释》(法释〔2020〕6 号)进行基础检索。当遇到其他法律问题时则进行补充检索,如当涉及“担保”问题时则要补充检索最高人民法院《关于适用〈中华人民共和国民法典〉有关担保制度的解释》(法释〔2020〕28 号)。这里需要注意的是,在检索司法解释时,一定要注意复核检索结果是否为最新的司法解释,是否已经开始实施。

对于新类型案件以及“四类案件”,则有必要在检索前设计详细的检索方案,确保法律依据检索高质高效。检索方案应当包括检索需求、检索目标、检索目的、检索平台、检索关键词等。上述内容都会在相应章节予以阐述,此处不再赘述。

三、数据库精确检索

法官应当在办案过程中,结合审判工作实际,针对法律法规、案例和司法观点等不同的检索目标,选择合适的检索平台,将有效提高检索的效率,达到事半功倍的效果。

(一)数据库对法律法规的检索

法律法规的检索,包括对法律和立法解释、行政法规、自治条例和单行条例、司法解释等的检索。原则上应当在“国家法律法规数据库”进行检索。对于“国家法律法规数据库”未收录的法律法规,可以到“法信”“北大法宝”“威科先行”等商业数据库进行补充检索。数据库的主要功能和具体适用方法本章第五节已经进行了详细介绍,此处不再赘述。

（二）数据库对相关案例的检索

本章所指的案例检索，主要包括最高人民法院发布的指导性案例、典型案例等，可以到最高人民法院官网检索或者通过“法信”“北大法宝”“威科先行”等数据库平台进行检索。检索指导性案例时，还应当同时复核该指导性案例是否被废止。①

（三）数据库对司法观点的检索

法官对于司法观点的检索，首选是最高人民法院“理解与适用”丛书。“法信”数据库有专门的“观点”数据库，收录了最高人民法院、最高人民检察院的相关司法观点，可以通过其内置的检索引擎进行有效检索。例如，在首页点击“观点”按钮，然后进入观点搜索页面，在搜索栏中输入“正当防卫”，我们将会得到11条“立法观点”、93条“司法观点”和210条“学术观点”。其中“司法观点”会标明其出处，如置顶的检索结果“如何确定和理解正当防卫的必要限度”，出自最高人民法院民法典贯彻实施工作领导小组编制的《中华人民共和国民法典总则编理解与适用（下）》，法官可以在数据库进行检索的基础上，再到相关工具书中予以复核（如图2－6所示）。

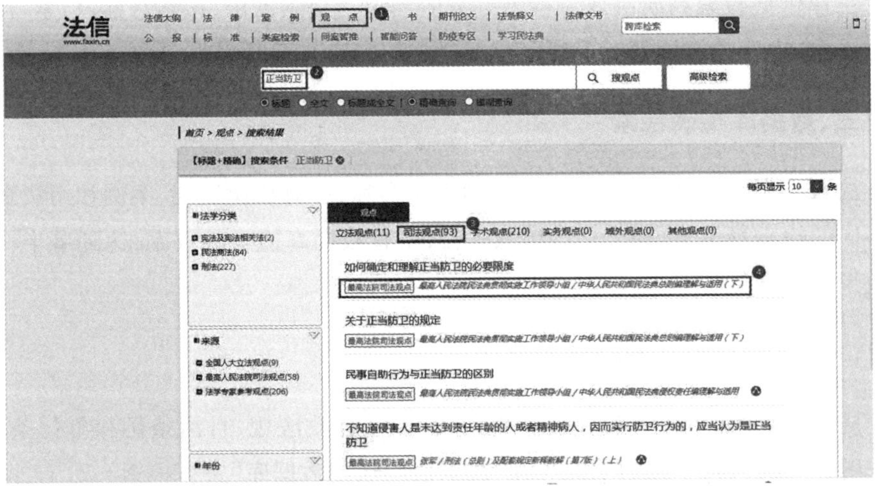

图2－6　利用数据库检索相关司法观点

---

① 2020年12月29日，最高人民法院举行贯彻实施民法典、全面完成司法解释清理和首批司法解释新闻发布会。在发布会上，最高人民法院宣布废止指导性案例9号和20号。

四、检索结果的复核

法官应当对检索结果进行“线上多平台”和“线上＋线下”的交叉验证复核。主要是对检索结果的完整性、有效性和适配性进行全面的验证，至少要通过两个数据库进行验证。

（一）复核检索结果的完整性

由于单个检索平台收录不全、检索关键词选取不恰当、检索方法不正确等，都有可能会导致检索结果不全面、不完整。尤其是司法指导性文件、指导性案例和最高人民法院司法观点容易被遗漏。因此，一定要对检索结果在两个及以上的平台进行交叉检索、复核，避免关键法条的漏用，确保“应检尽检”。

（二）复核检索结果的有效性

复核检索结果的有效性，包括时效性和权威性。时效性要求复核检索到的法律依据是否废止、是否属于已经公布但尚未实施的法律条文。权威性则要求复核法条是否为现行有效法律，是否属于法院裁判可依据的法律文件范围。比如，我们在“国家法律法规数据库”检索到相关法律依据之后，可以在“法信”平台进行复核检索，尤其是“法信”平台会标注法律依据的“公布时间”“施行时间”以及是否“已被修改”或“失效”，有利于减少检索时间、提高检索效率。

（三）复核检索结果的适配性

1. 复核法律效力是否适用于具体案件

首先，可以从文件名进行甄别。比如在审理“房屋租赁合同纠纷”案时，法官检索到最高人民法院《关于审理城镇房屋租赁合同纠纷具体应用法律若干问题的解释》（2020 年修正），但是如果所审理的案件是涉及农村房屋租赁合同纠纷的，那么明显不适用，可以从检索结果中予以剔除。

其次，可以从文件的具体内容进行甄别。比如法官在审理一方当事人为小额贷款公司的借贷纠纷案件中，依据最高人民法院《关于新民间借贷司法解释适用范围问题的批复》（法释〔2020〕27 号）关于“由地方金融监管部门监管的小额贷款公司、融资担保公司、区域性股权市场、典当行、融资租赁公司、商业保理公司、地方资产管理公司等七类地方金融组织，属于经金融监管部门批准设立的金融机构,其因从事相关金融业务引发的纠纷,不适用新民间借贷司法解释”的规定,在检索结果复核中应当剔除《民间借贷司法解释》。

2. 复核时间效力是否能够适用于具体案件

这里所说的时间效力主要是指法律依据的“溯及力”问题。《立法法》第93条规定:“法律、行政法规、地方性法规、自治条例和单行条例、规章不溯及既往,但为了更好地保护公民、法人和其他组织的权利和利益而作的特别规定除外。”一般来说,在新制定的法律法规实施之后的未结或者新立案的案件应当适用新的法律法规(再审除外)。但是《立法法》同时也规定了“更好地保护公民、法人和其他组织的权利和利益而作的特别规定除外”。最高人民法院《关于适用〈中华人民共和国民法典〉时间效力的若干规定》第2条规定了《民法典》在以下三种情形下具有溯及力:一是更有利于保护民事主体合法权益;二是更有利于维护社会和经济秩序;三是更有利于弘扬社会主义核心价值观。因此,我们在进行法律依据检索时,一定要注意核查法律依据的“溯及力”问题。①

五、制作检索报告

在完成法律依据检索后,应当要完成检索报告的制作。完整的检索报告应当包括法律依据检索、类案检索、关联案件检索、证据规则检索和法律适用规则检索等内容,此部分仅展示法律依据部分的检索报告(见表2-2)。

表2-2 法律依据检索报告样式

关于××案的法律依据检索报告 (建议稿) (××)湘××民终××号 一、案件基本信息 (包括案由、案件当事人、案件及其他基本情况等。) 二、检索需求和检索目标 (根据案由、当事人提供的法律、案件争议焦点等确定需要检索的法律依据。) 三、检索主体、时间、平台及范围 (详细写明类案检索主体、时间、使用的平台和检索范围,法律依据检索平台,原则上应当首选国家法律法规数据库,在结果复核阶段,应当要使用两个及以上平台。)

① 载最高人民法院官网2020年12月30日,http://www.court.gov.cn/fabu-xiangqing-282051.html。

续表

四、检索结果 （一）法律规定检索结果 1. 直接援引的法律依据。（包括法律和法律解释、行政法规、地方性法规、自治条例和单行条例、司法解释。） 2. 解决相关争议问题的法律依据。（写明立法解释、司法解释。） （二）扩展检索结果 3. 最高人民法院司法文件、指导性案例。（如最高人民法院会议纪要、指导意见等，如有指导性案例，写明指导性案例。） 4. 最高人民法院发布的典型案例、相关司法观点（办案参考）。（有相关司法观点的，需要写明，典型案例也可以作为类案在类案检索报告部分体现。） 5. 高级人民法院指导文件、相关典型案例、参考案例。（典型案例也可以作为类案在类案检索报告部分体现，参考案例作为类案在类案检索报告部分体现。） 6. 其他应当检索的内容。 五、法律依据的适用情况 检索人： 提交时间：　年　月　日

第七节　法律依据检索的具体方法

法律依据检索的具体方法，主要体现“法官找法”的思路、流程和具体方式。本节主要介绍体系检索法、关键词检索法和案例倒查法三种具体方法。三种方法可以独立使用，也可以组合使用，以确保法律依据检索的精确精准。

一、体系检索法

体系检索法就是一个从宏观到微观、从粗放到精细的检索过程。法官在收到案件后，通过“案由”确定案件的审判领域，锁定检索的具体法律体系①（详见表2－3），然后再逐步由浅入深，进行深入检索。如在办理“离婚纠纷”时，首先确定

① 中国特色社会主义法律体系经过漫长的发展，最终确定为七大法律部门，也称法律体系，即在宪法统领下的宪法及宪法相关法、民法商法、行政法、经济法、社会法、刑法、诉讼与非诉讼程序法等。

其审判领域为“民事审判领域”，然后将检索目标锁定在“民法”体系，再进行层层检索，如“《民法典》——婚姻家庭编——一般规定——离婚”。

表 2－3 我国的七大法律体系

法律体系	调整关系	包含的主要法律
宪法及宪法相关法	■规定国家的政治制度、社会制度	宪法、6 个相关法①
民法商法②	■三类平等主体间，即公民间、法人间、公民与法人间。 ■两类关系，即人身关系和财产关系	民法典（总则、物权、合同、人格权、婚姻家庭、继承、侵权责任）； 公司法； 招标投标法； ……
行政法	■行政主体与三类主体，即行政相对人、行政法制监督主体、行政主体内部。 ■四种关系，即行政管理关系、行政法制监督关系、行政救济关系、内部行政关系	行政处罚法； 行政复议法； 行政许可法； 环境影响评价法； 城市房地产管理法； 城乡规划法； 建筑法； ……
经济法	■调整经济关系	统计法； 土地管理法； 税收征收管理办法； 预算法； 政府采购法； 反垄断法； ……
社会法	■劳动关系 ■社会保障关系 ■社会福利关系	残疾人保障法； 矿山安全法； 劳动法； 职业病防治法； 安全生产法； 劳动合同法； ……

① 6 个相关法为《全国人民代表大会组织法》《地方各级人民代表大会和地方各级人民政府组织法》《全国人民代表大会和地方各级人民代表大会选举法》《国籍法》《国务院组织法》《民族区域自治法》。

② 这里需要解释的是，虽然民法商法在我国法律体系中属于一大部门，但是在做检索时，分开检索较为科学合理。

续表

法律体系	调整关系	包含的主要法律
刑法	■犯罪和刑罚	刑法
诉讼与非诉讼程序法	■法律流程	民事诉讼法； 刑事诉讼法； 行政诉讼法； 海事诉讼法； 仲裁法； ……

与此同时，还应当对相应的诉讼法进行检索，对《民事诉讼法》、最高人民法院《关于民事诉讼证据的若干规定》以及其他相关诉讼法律法规进行全面检索。但是，随着案件审理的不断深入，对于案件事实的认识加深和关联案件的检索，可能会出现刑民行交叉案件，则需要适时调整和校正检索方向。为了更好地展示体系检索法的具体适用方法，下面以一个具体案例进行演示。

【案例11】 原告A借款100万元给被告公司B，约定借款时间2年，月息3%，并签订借款合同。后因被告公司B从借款第6个月开始，以各种理由拖延并拒绝支付利息，原告A起诉至某区人民法院，要求被告公司B偿还本金及相应利息。法官甲承办该案，在审理过程中，又收到原告D、原告E、原告F起诉被告公司B的3件借款合同纠纷案。与此同时，法官甲从同庭室法官乙、法官丙处得知也收到了以公司B为被告的系列借款合同纠纷案。遂向庭长报告。随后，庭长向审管办和分管副院长汇报。经过数字法院系统检索，发现涉及被告公司B的民间借贷纠纷60余件。之后，该系列案件全案提请审判委员会研究，认定该案被告公司B涉嫌非法集资罪。遂决定对所有案件裁定驳回起诉，并将涉嫌非法集资等犯罪的线索、材料移送公安机关。

在上述案例中，法官甲在收到案件的第一时间，从案由"借款合同纠纷"分析属于民事审判领域，应当在"民法"体系和"民事诉讼法"体系对所有法律依据进行全面检索。法官甲在审理过程中，发现涉及被告公司B的诉讼案件达60件之多，可能涉嫌非法集资犯罪。此时，应当将检索方向调整到"刑法"体系和"刑事诉讼法"体系，着重检索相关法律对于"非法吸收公众存款罪"构成要件的规定。之后由于相关法律事实已经满足"非法吸收公众存款罪"构成要件，依据《民间借贷司法解释》第5条关于“人民法院立案后,发现民间借贷行为本身涉嫌非法集资等犯罪的,应当裁定驳回起诉,并将涉嫌非法集资等犯罪的线索、材料移送公安或者检察机关”的规定,该院裁定驳回起诉,并将相关线索、材料移送公安机关。

二、关键词检索法

关键词检索法主要适用于在各大平台进行精确检索。为了确保法律依据检索结果精确,对关键词的提取必须精准。关键词要尽量符合法律法规的标准表述、检索口径要准确适当。

(一)检索关键词的提取

检索的基础原理是:输入检索关键词或检索表达式之后,通过匹配算法对数据库中的内容进行匹配计算,从而取得匹配结果。在检索的时候,我们输入的关键词的长短,将决定匹配检索结果范围的大小。关键词越长则检索命中范围会越小,关键词越短则检索命中范围会越大。因此,在检索时应当遵循“少而精”的原则,要尽量围绕核心案情、核心争议焦点、核心法律关系进行检索。同时,案件涉及的主体、行为、原因、结果以及具体证据,都有可能是我们展开检索的线索,进而成为关键词的来源。

1. 从案由提取关键词。如“借款合同纠纷”“故意杀人”“工伤认定纠纷”等案由可以直接作为关键词进行检索。

2. 从案件事实中提取关键词。如“借款合同纠纷”案中,可以提取“利息”“本金”等关键词;如“故意杀人”案中,可以提取“正当防卫”“防卫过当”等关键词;如“工伤认定”案中可以提取“工作场所”“职业病”等关键词。

3. 从案件涉及的法理中提取关键词。如民事纠纷中的“表见代理”“追认”等关键词;如刑事案件中的“犯罪故意”“犯罪既遂”等关键词;如行政纠纷中的“行政协议”“行政许可”等关键词。

(二)检索关键词的调整

在提取关键词后,为了使最终的检索结果与我们的检索目标、检索需求相契合,在检索过程中,要根据实际情况对关键词进行转换或者对检索口径进行相应调整,以确保检索结果的完整性和精确性。

1. 关键词的转换

一是要注重使用专业术语或行业词汇。几乎每个行业都有属于本行业的“专业术语”，因此在检索时要注重使用相关行业的“行话”。如在“建设工程施工合同纠纷”中的“土方”“标段”等关键词，在“借贷合同纠纷”中的“LPR”“等额本金”等关键词。

二是可以替换成同义词或者近义词。比如，“借款”与“借贷”，“整容”和“整形”，“麻醉药品”与“精神抑制类药品”，“网络购物”与“线上购物”，等等。

三是可以调整关键词排序。关键词的排序变化，可能会导致检索结果的不同。我们先在“法信”平台检索标题“合同订立”，检索结果为《天津市人力资源和社会保障局关于劳动合同订立、履行、变更、解除和终止等有关问题的通知》等 3 个地方规范性文件。然后我们将关键词调整为“订立合同”，检索结果为政务院①《关于与外国订立条约、协定、议定书、合同等的统一办法之决定》、最高人民法院《关于未取得无船承运业务经营资格的经营者与托运人订立的海上货物运输合同或签发的提单是否有效的请示的复函》等 14 个法律法规。

四是可以对关键词进行拆分。我们在“法信”平台通过标题检索，先检索“拒不执行判决裁定”，检索结果为最高人民法院、最高人民检察院、公安部《关于依法严肃查处拒不执行判决裁定和暴力抗拒法院执行犯罪行为有关问题的通知》等 4 条检索结果，包括上述司法解释和 3 个地方性规定。我们将关键词拆分为“拒不执行判决”“裁定”并在中间加入空格符，检索结果为最高人民法院《关于审理拒不执行判决、裁定刑事案件适用法律若干问题的解释》(2020 年修正)等 8 个司法解释、27 个地方司法文件和 13 个司法资料，检索结果数量大幅增多。

2. 检索口径的调整

在关键词选取后，为了使最终的检索结果与我们的检索目标、检索需求相契合，在检索过程中要对检索口径进行相应的调整。当检索结果过少时，要通过减少关键词等方式拓宽检索口径；当检索结果过多时，则可以考虑通过增加关键词或者进一步精确提取关键词的方式，缩窄检索口径。

这里我们选取夫妻共同债务的法律检索进行分析(见图 2 -7)。选择“法信”作为检索平台，选择检索范围为“全部”，检索位置为“标题”。一般来说，检索关键词应当要先针对标题进行，在对标题检索无果或者结果较少的情况下，再放宽

---

① 1954 年，政务院改为国务院。

检索范围至“全文”。

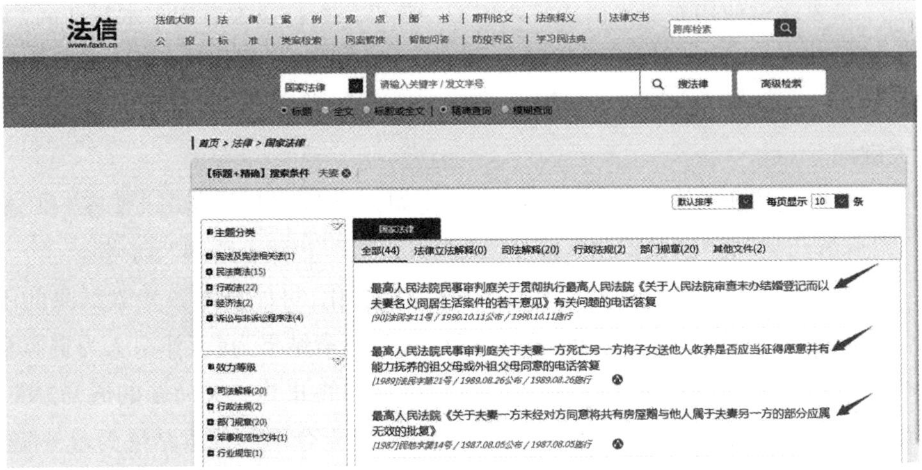

图 2－7　使用调整检索口径的方式检索法律依据

我们先将检索关键词直接设为“夫妻共同债务”，仅得到最高人民法院民一庭《关于夫妻一方对外担保之债能否认定为夫妻共同债务的复函》一项检索结果。由于检索结果较少，我们可以考虑缩减关键词再次检索。

我们将关键词进行缩减，调整关键词为“夫妻债务”，可以检索到 3 条检索结果，即最高人民法院《关于办理涉夫妻债务纠纷案件有关工作的通知》、最高人民法院《关于依法妥善审理涉及夫妻债务案件有关问题的通知》、最高人民法院《关于审理涉及夫妻债务纠纷案件适用法律有关问题的解释》（已失效）。相较第一次检索，此次检索结果增多，但是为了避免检索遗漏，我们可以再次尝试缩减检索关键词。

接下来，我们将检索口径继续拓展，即继续缩减关键词，仅检索“夫妻”，可以得到 44 条检索结果。检索结果涵盖夫妻相关的子女抚养、夫妻关系破裂等明显无关的法律（图中箭头所指均为无关检索结果）。可见，此时的检索口径明显过宽，掺杂了很多无效检索。

综上所述，当检索结果过多时，可能是由于检索口径过于宽泛。可以通过精确关键词和增加关键词的做法，对检索口径进行适当缩紧。当检索结果过少时，则需要适当扩展检索口径，通过减少主体限制、范围限制等方式，进一步增加检索结果。

三、案例倒查法

案例倒查法，一般在新类型案件和“四类案件”的法律依据检索中适用。该检索方法的思路是从指导性案例或者类案的法律适用中，找到相关的法律依据，然后再对这部分法律依据进行甄别和复核，确保法律依据能够适用于待决案件。

比如，法官在处理“代孕协议纠纷”的新类型案件中，应当要对其他法院的类案进行检索。在中国裁判文书网检索“代孕协议”，得到毛某某与四川某某健康管理咨询有限公司、谢某某合同纠纷一审民事判决书。从该案判决书中检索到法律依据为《民法总则》第 153 条第 2 款，《合同法》第 58 条，《公司法》第 63 条，《民事诉讼法》第 64 条第 1 款，最高人民法院《关于适用〈中华人民共和国民事诉讼法〉的解释》第 90 条以及《民事诉讼法》第 253 条（如图 2 – 8 所示）。

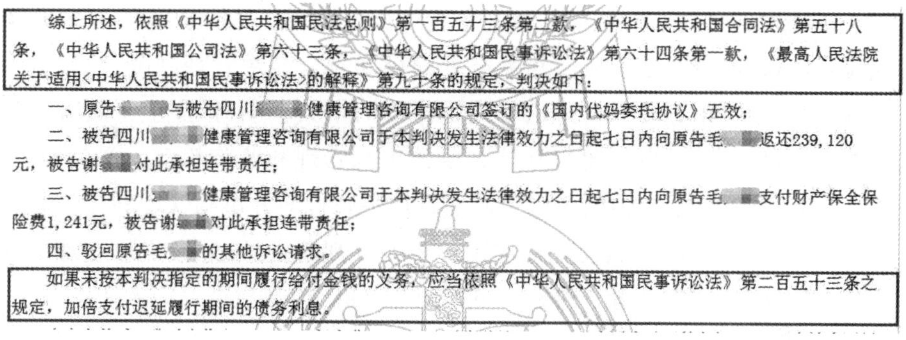

综上所述，依照《中华人民共和国民法总则》第一百五十三条第二款，《中华人民共和国合同法》第五十八条，《中华人民共和国公司法》第六十三条，《中华人民共和国民事诉讼法》第六十四条第一款，《最高人民法院关于适用<中华人民共和国民事诉讼法>的解释》第九十条的规定，判决如下：

一、原告[redacted]与被告四川[redacted]健康管理咨询有限公司签订的《国内代妈委托协议》无效；

二、被告四川[redacted]健康管理咨询有限公司于本判决发生法律效力之日起七日内向原告毛[redacted]返还239,120元，被告谢[redacted]对此承担连带责任；

三、被告四川[redacted]健康管理咨询有限公司于本判决发生法律效力之日起七日内向原告毛[redacted]支付财产保全保险费1,241元，被告谢[redacted]对此承担连带责任；

四、驳回原告毛[redacted]的其他诉讼请求。

如果未按本判决指定的期间履行给付金钱的义务，应当依照《中华人民共和国民事诉讼法》第二百五十三条之规定，加倍支付迟延履行期间的债务利息。

图 2 – 8　利用案例倒查法检索法律依据

当得到上述检索结果之后，我们通过到“国家法律法规数据库”复核可以得知，《民法总则》《合同法》已经被《民法典》所替代。因此，我们要将《民法总则》《合同法》中的相应规定在《民法典》中进行重新检索，并同时检索配套司法解释。

案例倒查法的优点在于，其不但可以检索到法律依据，同时可以检索到类案的裁判规则和法律适用规则。但是在适用此种方法时，要注意检索到的类案中可能也存在法律依据漏用、失效或更新等情况。因此，在进行检索时，应当要对相关法律依据按照上述复核方法进行再次检验，确保法律依据检索的精准性和权威性。

第八节　法律依据检索的监管及评查

一、法律依据检索监管及评查主体

负有监管和评查职能的主体，应当要对法官在办案过程中对法律依据检索的相关情况进行监管和评查。尤其是在新类型案件、“四类案件”和其他疑难复杂案件中，要通过规范法律依据检索，从源头上确保法律适用准确，确保案件办理公正、高效。

（一）院庭长

最高人民法院《关于完善人民法院司法责任制的若干意见》（法发〔2015〕13号）第21条规定：“院长除依照法律规定履行相关审判职责外，还应当从宏观上指导法院各项审判工作，组织研究相关重大问题和制定相关管理制度，综合负责审判管理工作，主持审判委员会讨论审判工作中的重大事项，依法主持法官考评委员会对法官进行评鉴，以及履行其他必要的审判管理和监督职责。副院长、审判委员会专职委员受院长委托，可以依照前款规定履行部分审判管理和监督职责。”第22条规定：“庭长除依照法律规定履行相关审判职责外，还应当从宏观上指导本庭审判工作，研究制定各合议庭和审判团队之间、内部成员之间的职责分工，负责随机分案后因特殊情况需要调整分案的事宜，定期对本庭审判质量情况进行监督，以及履行其他必要的审判管理和监督职责。”正如上文所述，院庭长对于本院、本庭的案件质量具有监督管理职责。院庭长应当对案件质量进行把关，注重对事实认定和法律适用的监督管理。法律依据检索作为正确适用法律的重要保证，应当要纳入院庭长的监管范围之中。

（二）审判管理部门

2019年9月26日，最高人民法院办公厅发布《进一步加强最高人民法院审判监督管理工作的意见（试行）》（法办发〔2019〕10号），对最高人民法院审判监督管理的主体、职责和具体工作要求进行了细化。该意见第三部分专门对“案件质量评查”进行了规定。将案件质量评查分为重点评查、专项评查和常规评查。规定重点评查由审判管理办公室牵头，专项评查由审判管理办公室负责，常规评查的结果要向审判管理办公室提交。因此，审判管理办公室作为案件质量监督和评查的主体是毋庸置疑的。

(三)专业(主审)法官会议

最高人民法院《关于完善人民法院专业法官会议工作机制的指导意见》第2条规定:“各级人民法院根据本院法官规模、内设机构设置、所涉议题类型、监督管理需要等,在审判专业领域、审判庭、审判团队内部组织召开专业法官会议”。由此观之,专业(主审)法官会议是根据监督管理需要设立的。专业(主审)法官会议的监管作用,体现在为承办法官、合议庭提供专业法律咨询意见的同时,对案件的事实认定和法律适用进行把关。

(四)审判委员会

最高人民法院《关于完善人民法院司法责任制的若干意见》(法发〔2015〕13号)第9条规定:“明确审判委员会统一本院裁判标准的职能,依法合理确定审判委员会讨论案件的范围。审判委员会只讨论涉及国家外交、安全和社会稳定的重大复杂案件,以及重大、疑难、复杂案件的法律适用问题。强化审判委员会总结审判经验、讨论决定审判工作重大事项的宏观指导职能。”最高人民法院《关于健全完善人民法院审判委员会工作机制的意见》(法发〔2019〕20号)第7条规定:“审判委员会的主要职能是:(1)总结审判工作经验;(2)讨论决定重大、疑难、复杂案件的法律适用;(3)讨论决定本院已经发生法律效力的判决、裁定、调解书是否应当再审;(4)讨论决定其他有关审判工作的重大问题。最高人民法院审判委员会通过制定司法解释、规范性文件及发布指导性案例等方式,统一法律适用。”上述两个文件都说明,审判委员会具有审判监督管理、统一裁判标准和统一法律适用的职能。

二、法律依据检索监管、评查相关机制

为了确保法律依据检索制度落地见效,必须建立起与法律依据检索制度相配套的监管、评查机制。主要包括法律依据检索报告制度、法律依据检索监督机制和法律依据检索评查机制。

(一)法律依据检索报告制度

1. 普通案件

在普通案件中,应当对法律依据进行检索,检索结果可以在合议庭评议时口

头汇报并记录在合议庭笔录中,作为监管、评查的依据。

2. 特殊案件

承办法官在办理新类型案件、“四类案件”和拟提交审判委员会讨论的案件时,必须要对法律依据进行检索并制作检索报告。检索报告应当向合议庭、专业(主审)法官会议、审判委员会提交。法律依据检索情况应当与类案、关联案件、证据规则、法律适用等情况的检索一并写入审理报告,作为监管、评查的依据。

(二)法律依据检索监督机制

第一,合议庭其他成员应当监督承办法官对法律依据进行检索,对于应当提交检索报告而未提交的可以拒绝评议,并向院庭长报告。合议庭成员应当在案件评议之前,在承办法官提交的检索报告的基础上进行独立检索,核查法律依据的完整性、权威性和有效性。

第二,院庭长应当督促承办法官对新类型案件、“四类案件”和拟提交审判委员会讨论决定的案件进行法律依据检索。同时,通过组织专项评查和常规评查的方式进行监督。

第三,审判管理办公室对拟提交审判委员会讨论的案件,要严格审查是否制作了法律依据检索报告。审判管理办公室要通过定期对合议庭笔录、审理报告中法律依据检索报告情况进行抽查的方式进行监督。

第四,审判委员会委员对提请审判委员会讨论的案件,应当在承办法官提交的检索报告的基础上,再进行独立检索,核查法律依据的完整性、权威性和有效性。

(三)法律依据检索评查机制

将法律依据检索及报告制作情况纳入案件质量评查体系,作为重点评查、专项评查和常规评查的重要考评指标。

首先,对于普通案件,着重评查合议庭笔录。评查法官是否做了法律依据检索,是否做到了“应检尽检”,是否在案件评议时将相关检索情况向合议庭汇报。

其次,对于新类型案件、“四类案件”和拟提交审判委员会讨论的案件,重点评查是否制作了检索报告并随案附卷。检索报告是否做到了“应检尽检”,审理报告中是否体现了法律依据检索的情况等。

最后,法律依据检索评查应当与法律适用评查综合考量后,作为案件质量评查的定等依据。

第三章　第二步——类案检索、监管及评查

习近平总书记指出，司法工作的根本目标是努力让人民群众在每一个司法案件中感受到公平正义。实现社会公平正义的核心要义是人人平等、法治统一。在司法实践层面，就是要统一法律适用和裁判尺度，规范法官自由裁量权，促进类似案件类似处理，也称“类案同判”。为解决“类案不类判”的问题，最高人民法院除了加强司法解释和案例指导工作之外，近年来日益重视发挥已生效裁判的指引作用，先后出台多份司法文件为创建类案检索机制提出工作要求。[①] 当前，开展类案检索，既是落实司法体制综合配套改革要求、推进司法制约监督体系改革、促进裁判标准统一的一项重要工作机制，也是新时代满足人民群众司法需求对法官办案模式调整的新要求。

第一节　类案的定义及类案检索的必要性

一、类案的定义

类，在《说文解字》中被解释为“种类相似”。“类”字的本义为“很多相似事物的综合”，引申指“类似、好像”。因此，类案可以解释为相类似的案件，类型化的案件。类案以法律行为类型化为基础，以法律行为的分门别类为基础。在现实中，类案又大体可以分为两大类，一类是已经在法律规范上进行类型化了的案件，这

---

① 具体见最高人民法院《关于完善人民法院司法责任制的若干意见》（法发〔2015〕13 号）、最高人民法院《关于落实司法责任制完善审判监督管理机制的意见（试行）》（法发〔2017〕11 号）、最高人民法院《司法责任制实施意见（试行）》、最高人民法院《关于深化人民法院司法体制综合配套改革的意见——人民法院第五个五年改革纲要（2019—2023）》（法发〔2019〕8 号）、最高人民法院《类案检索指导意见》等文件。

是建立在以案由为基础上的行为类型。如民事行为类型、刑事行为类型、行政行为类型,也即类型化了的案件。主要是指已按民事案由、刑事罪名、行政案由、执行案由、国家赔偿案由等进行了明确规范的案件类型。截至2021年5月底,民事案件有机动车交通事故责任纠纷等473个案由①,刑事案件有非法吸收公众存款罪等483个罪名②,行政案件有房屋征收补偿等163个行政案由③,执行案件有153个执行案由,国家赔偿案件有24个国家赔偿案由④。另一类是非类型化的案件,即暂未由法律规范进行类型化的案件。如民事纠纷中涉及祭奠权的纠纷,目前并未将其明确规定为民事案件上述473个案由中的其中一个,司法实践中表述亦不相一致,有的表述为人格权纠纷案、有的表述为其他人格权益、有的表述为祭奠方式纠纷案。同时在行政诉讼领域,还存在不少没有在最高人民法院《关于行政案件案由的暂行规定》中列举,且尚无法律、法规、规章或者司法解释明确法定名称的行为类型或事项。例如,原告起诉行政机关要求为其子女安排工作的案件,也属于非类型化的案件。

当前,对于两个案件之间是否构成类案的判断标准,理论界和实务界还存在一定的争议。在现实生活中,依照不同的标准,如果我们分门别类对事物进行审视,将很容易发现事物在某些方面是非常相似的,具有非常紧密的内在联系。案件在客观现实生活中产生的争议,按照其所指向的法律规范基础,它们也以一种类型化的方式存在。由于类型本身具有开放性,总会有一些案件因为存在若干共同特征而能被归为一类或一个家族,因此类案是客观存在的。⑤ 司法实践也充分证明了类案是大量而广泛存在的,不过他们有的是以类型化的方式存在,还有的是以非类型化的方式存在。这些案件虽然在具体情节上千差万别,但总是会在法律适用过程中在基本事实、争议焦点、法律适用问题等方面具有相似之处。因此,对于类案定义的界定问题,本书采用最高人民法院的观点⑥,即类案是指与待决案件在基本事实、争议焦点、法律适用问题等方面具有相似性,且已经人民法院裁判

① 详见最高人民法院《关于印发修改后的〈民事案件案由规定〉的通知》(法〔2020〕347号)。

② 《刑法最新罪名一览表》,载罪名网2021年8月16日,https://www.zuiming.net/51.html。

③ 详见最高人民法院《印发〈关于行政案件案由的暂行规定〉的通知》(法发〔2020〕44号),163个案由含一级案由1个,二级案由22个,三级案由140个。

④ 详见最高人民法院《关于国家赔偿案件案由的规定》(法〔2012〕32号)规定。

⑤ 参见孙海波:《重新发现"同案":构建案件相似性的判断标准》,载《中国法学》2020年第6期。

⑥ 详见2020年7月31日起试行的最高人民法院《类案检索指导意见》第一条。详见刘树德、胡继先:《〈关于统一法律适用加强类案检索的指导意见(试行)〉的理解与适用》,载《人民司法》2020年第25期。

生效的案件。

二、类案检索的必要性

无论是遵循先例制度的普通法系国家,还是实行成文法制度的大陆法系国家,公平正义的要求都包括了类似的人在类似的情况下应当得到类似的对待。在司法审判领域,类似案件应当类似裁判是一种普遍的人类司法实践。类似案件应当类似裁判,长久以来被视为公平正义的核心概念,人们将其与法治原则联系起来,视之为民主国家的核心特征。近年来,我国司法实践中"类案不类判"的现象时有发生,如对"许霆案"等类似案件的不同处理、对"知假买假索赔"类似行为的不同法律认定、对同为"借名买房"案件房屋产权确定不同归属、对集体经济组织成员资格认定不一致等。这些类似案件因未得到类似处理,受到社会的广泛关注,进而使司法的公正性备受质疑,裁判尺度的不统一损害了司法公信力。基于类似案件应当类似处理的法理,已结类案(生效裁判)的裁判规则对待决案件具有一定的指引和参考作用。故此,在对待决案件作出结论之前,对已结类案进行检索便具有了必要性。[①] 在我国司法体制和法律文化的大背景之下,对类案进行检索、识别和参照参考,以实现"类案同判",这既是提高审判效率的重要手段,也是实现形式正义的基本要求,更是践行"努力让人民群众在每一个司法案件中感受到公平正义"的核心要义。

(一)类案检索是辅助法官进行司法裁判的现实需要

我国作为成文法国家,实行类案检索的目的是以现有典型生效裁判案例或者主流生效裁判为参照或者参考,进而实现"类案同判"。其核心在于获取类案的裁判规则,为待决案件提供参考参照。笔者认为,法官在审理主流(典型)已生效类似案件时,在裁判理由部分,通过论证分析和作出符合法律精神内涵的解释说明,所形成的裁判规则和裁判要旨,对于同类案件的审理具有重要的指引参考价值。法律规则的概括性、简练性表达,使得待决案件的办案法官有时难以针对疑难、复杂案件,新类型案件中的具体纠纷案件作出合乎法律规则本义的理解和判断。同时,法官在审理案件时难免由于专业限制和经验不足等原因,也会对待决案件的性质认定、法律适用等产生不同理解,容易使作出的裁判出现偏差,导致出现瑕疵

① 北京市三中院课题组:《类案检索报告制作和运用机制研究》,载《法律适用》2020 年第 12 期。

案件，甚至是错案。类似案件未能得到类似裁判或处理，对司法公信力势必造成损害。基于司法大数据技术的类案检索能够为法官提供“专家会诊”式的经验，使案件办理可比较、可评价、可监督、可预期，从而弥合从类案到类判之间的逻辑缺陷和经验鸿沟。为法官准确作出裁断提供帮助，辅助办案法官在处理类似案件时作出符合合理预期的司法判断，确保法律适用统一。

同时，已生效类似案件作为“释法说理”的重要载体，能够促进现行有效法律的诠释和补充。办案法官通过检索类似案件，分析、思考已生效类似案件法官选择裁判思路、规则、原则、方法，厘清自己对待决案件的裁判思路，把握好司法的裁判尺度，做到认定事实和适用法律于法有据，提高裁判文书说理的说服力，确保裁判结果的公平公正，促进诉讼参与人服判息诉，实现案结事了人和。

（二）类案检索是规范法官自由裁量权的现实需要

党的十八届四中全会通过的中共中央《关于全面推进依法治国若干重大问题的决定》指出，法律的生命力在于实施，法律的权威也在于实施。司法的过程即法律实施的过程，裁判者通过法律程序将法律规则适用于诉争个案，以矫正失衡的权利与义务，修复受损的法律关系。由于法律的普适性、滞后性、局限性等特征以及事务发展变化的复杂性、具体案件的特殊性等因素，法官在司法裁判的过程中必然享有一定的自由裁量权，这在司法实务中也是客观存在的事实。

所谓自由裁量权，是人民法院在审理案件过程中，根据法律规定和立法精神，秉持正确司法理念，运用科学合理的裁判方法，对案件事实认定、法律适用以及程序处理等问题进行分析和判断，并最终作出符合“天理、国法、人情”的司法裁断的权力。法官的自由裁量权并非毫无约束的自由，其行使必须符合目的的正当性、手段的必要性和限制的妥当性，以保障公正、规范滥用、制裁恣意。法官自由裁量权行使，应当在一定范围内具有适用上的统一性，进而才能产生统一的裁判尺度，促进自由裁量权的规范行使。例如，对同一类型案件同一法院行使自由裁量权时，要严格、精准适用法律、司法解释，参照指导性案例，努力做到类似案件类似处理；同一法院的不同业务庭、同一业务庭的不同合议庭（独任法官）针对同类案件行使自由裁量权时，应当通过类案检索做到“同类案件同类处理”。类案检索与专业（主审）法官会议、审判委员会、院庭长监督等体制机制要相互协调配合，以规范法官自由裁量权，实现“类案同判”，进而统一法律适用。

当前，我国已经进入数字时代。据公开数据显示，截至2020年8月底，我国公布的裁判文书已经超过1亿篇。在海量的司法资源面前,通过类案检索能够帮助办案法官筛选出与待决案件最相类似的数据集合。经过筛选、比对、分析后,能选出最佳参考类案,为法官审理待决案件、规范行使自由裁量权提供案例数据支撑。进而保证待决案件的审理者作出的裁断更加"有谱",使案件的审理经得起类案比对,经得起法律检验、实践检验和历史检验,能切实提高案件的公众接受度、裁判的说服力和司法公信力。

(三)类案检索是提升法官裁判能力的有效方法

精湛的裁判技巧和高超的审判能力是经过长时间的实践积累产生的,需要审判人员对经办案件和类似案件的办案经验不断进行总结、提升。已生效类似案件的判决结果是裁判者智力劳动的成果和结晶,对其他裁判者的裁判过程和裁判思路客观上具有重要的指引和参考作用。已生效裁判,特别是指导性案例,其体现出的裁判智慧、裁判思路获得最高人民法院的认可,具有参照权威性。指导性案例以及其他已生效裁判本身在裁判规则、法律适用、利益衡量、法条解释等方面为法官提供了方法论上的指引。指导性案例裁判理由中的分析过程和论述理由以及法律考量明晰了法律规则的模糊地带,合理确定了法律规则的适用范围,消弭了含义理解的分歧,弥补了法律上的漏洞,为法官审理疑难、复杂案件提供了统一的裁判标准。

承办法官通过检索类案,能够使自己的思维和视野在类似案件事实和法律规则、法律规则价值取舍中与在审案件进行比较分析,用生效案件的裁判方法、裁判要旨、裁判理由、裁判结果为参照体系,为自己审理待决案件在认定事实和适用法律上提供参照(参考)。同时,类案检索的过程就是基于待决案件对已生效类似案件进行查询、筛选、分析的过程,能够使法官在比较中快速提高对待决案件的分析能力,弥补自身知识经验不足,不断提升审判业务能力和水平。同时,类案检索系统的构建使得对发案率高、成类型化的案件能够简便快捷、智能化地分门别类处理,为法官实现裁判理念、专业知识更新和裁判方法优化提供了新途径。

(四)类案检索是提升司法公信力的必然要求

司法权本质上是判断权,其根本任务是在两种相互冲突的利益之间作出裁决。作为成文法国家,实现法治统一必然要求在法律适用上实现统一。因此,同一法院的不同法官或者不同法院的法官对于相同的案件或者类似的案件,应当

"类案同判",不能作出差异明显甚至完全相反的裁判。如果对于类似情况要作出不同处理,必须要有充分的理由,且要在裁判文书中说明理由。从司法为民的角度看,"类案同判"是人民群众的朴素价值观,是人民群众对司法公正的基本期待。如果类似情况要作出不相类似的处理,裁判者必须要做出令当事人、令社会公众信服的合理解释,否则将破坏裁判结果的稳定性和可预期性,损害司法公信力。

因此,建立类案检索机制,切实统一类案裁判标准,破除"同案不同判""类案不类判"现象,是新时期人民法院不断满足人民群众对司法公正新期待的必然要求。[①] 同时,类案检索机制的建立能在一定程度上缩小法官与案件当事人和社会公众之间因法律知识的不对称而产生的隔阂,提高公众对裁判结果的认可度、接受度,进而提高司法公信力。

第二节　类案检索主体及案件类型

一、类案检索主体

从广义上来说,任何人都可以基于自身需求进行类案检索,包括法官、当事人、律师及社会公众等。本节立足司法实践,从解决审理案件过程中法律适用如何统一的具体问题出发,根据不同身份人员的职权职责,将主体范围分为依职权进行类案检索的主体和自主进行类案检索的主体两大类。

(一)依职权进行类案检索的主体

最高人民法院《类案检索指导意见》第3条规定:"承办法官依托中国裁判文书网、审判案例数据库等进行类案检索,并对检索的真实性、准确性负责。"湖南省高级人民法院《关于类案检索的实施意见(试行)》(以下简称《湖南高院类案检索意见》)第4条第1款规定:"承办人、合议庭在案件办理过程中,具有下列情形之一的,应当检索类案。"江苏省高级人民法院《关于建立类案强制检索报告制度的规定(试行)》(以下简称《江苏高院类案检索规定》)第1条规定:"类案检索,是指法官通过在线检索、查阅相关资料等方式发现与待决案件在案件基本事实和法律

① 参见王雨田、何伦波:《提升类案检索能力　确保法律适用统一》,载《人民法院报》2021年5月21日,第2版。

适用方面相类似的案例,为待决案件裁判提供参考。”上述三个司法文件,虽然对于类案检索的主体规定不尽一致,但可以明确的是,案件的承办法官是类案的检索主体。此处的法官,应当包含实行独任制审理时的独任法官(以下简称独任法官)和合议制审理时的合议庭成员中的法官(以下简称合议庭)。也即独任法官、合议庭在办理案件过程中,遇有上级法院或者本院司法文件明确规定的案件或者独任法官、合议庭自己认为需要检索的案件,应当依托相关平台或系统对一定范围内已审结且已生效的裁判进行全面检索。类案检索一般由独任法官、合议庭负责。此处类案检索的主体是基于独任法官、合议庭的职责要求,检索工作具有强制性。独任法官、合议庭应对类案检索的真实性、完整性、准确性负责。

在具体的司法实务中,根据工作需要,法官可以指导法官助理、书记员协助开展类案检索及制作检索报告等相关工作。法官助理对检索结果的真实性、完整性、准确性负责,独任法官、合议庭承担审核责任。独任法官、合议庭除了有前述核查责任外,对于待决案件审理中诉讼参与人提交的类案检索报告,也具有核查的义务。因此,独任法官、合议庭既是依职权进行类案检索的主体,也是依职权进行类案评查(核查)的主体。更详细地阐述,将在本章的第十节中进行,在此不赘述。

(二)自主进行类案检索的主体

最高人民法院《类案检索指导意见》第 10 条规定:“公诉机关、案件当事人及其辩护人、诉讼代理人等提交指导性案例作为控(诉)辩理由的,人民法院应当在裁判文书说理中回应是否参照并说明理由;提交其他类案作为控(诉)辩理由的,人民法院可以通过释明等方式予以回应。”《湖南高院类案检索意见》第 2 条规定:“当事人及其诉讼代理人(辩护人)、检察机关在诉讼过程中,可以检索案件并把检索情况作为诉辩意见向法院提出。”上述主体检索类案具有非职权性,故把上述类案检索的主体称为自主进行类案检索的主体,主要包括以下几类:

第一类是案件当事人,主要包含民事诉讼、行政诉讼、刑事案件及刑事附带民事诉讼、执行案件、国家赔偿案件中的当事人;

第二类是委托诉讼代理人、法定代理人、辩护人;

第三类是公诉人,主要包含刑事案件中的公诉人及公益诉讼案件中的公诉人;

第四类是诉讼中的第三人,主要包含有独立请求权和无独立请求权第三人;

第五类是其他参与诉讼的主体。

二、检索的案件类型

通过对最高人民法院和各地方法院司法文件规定的梳理,并结合司法实践,可将类案检索的案件类型主要分为强制进行类案检索、建议进行类案检索、诉讼参与人自主进行类案检索三大类型。诉讼参与人自主进行类案检索的案件类型,主要是以需求为导向,在涉及涉诉个案时,检索与其案件的处理相类似的或者相关联的案件。下面主要对强制检索的案件类型和建议检索的类型进行详细阐述。

(一)强制检索的案件类型

司法实践中,根据最高人民法院和地方法院司法文件的规定①,法官在审理下列案件时,应当进行类案检索。

1. 拟提交专业(主审)法官会议或者审判委员会讨论的案件。主要包括下列案件:(1)重大、疑难、复杂、敏感案件以及其他具有较大社会影响或标的额较大的案件;(2)与本院或者上级法院的类案裁判可能发生冲突的案件;(3)检察机关依照审判监督程序提出抗诉,且与法院就法律适用存在分歧的刑事案件。

2. 缺乏明确裁判规则或者尚未形成统一裁判规则的案件。主要包括下列案件:(1)新类型案件;(2)法律适用规则不明的案件;(3)实践中已有裁判规则,但具有争议,尚未形成统一裁判规则的案件。

3. 院庭长根据审判监督管理权限要求进行类案检索的案件。

4. 合议庭成员意见分歧较大的案件。主要包括以下几类案件:(1)合议庭对法律适用有重大分歧的案件;(2)独任审判因实体法律适用问题拟改判且法官所在合议庭意见存在重大分歧的案件。

5. 拟改判、发回重审或者提审、指令再审的案件。主要包括下列几类案件:(1)因法律适用意见不同而拟改判或发回重审由原审法院审判委员会讨论决定的案件;(2)本院已经发生法律效力的判决、裁定确有错误需要再审,且与原案件审判组织就法律适用存在分歧的案件;(3)一审判决已经行使自由裁量权酌定判决,二审拟再次行使自由裁量权二次酌定改判的案件。

6. 在案件审理过程中公诉机关、当事人及其辩护人、诉讼代理人提交同类生

---

① 参见最高人民法院《类案检索指导意见》和《湖南高院类案检索意见》等规定。

效裁判支持己方主张的案件。

（二）建议检索的案件类型

根据案件办理实践中，建议独任法官、合议庭对下列案件进行类案检索：（1）可能对本院辖区法律适用统一具有指导意义的案件；（2）对本院调研课题、精品案例、学术研讨、司法建议、审判白皮书等特色亮点工作有促进作用的案件；（3）独任法官、合议庭认为需要检索的其他案件。

第三节　类案检索的准备工作

在进行类案检索前，需要做好准备工作，才能让类案检索更精准、更高效。类案检索前的准备工作主要有以下三个步骤。

一、梳理归纳待决案件

（一）梳理待决案件的基本事实

案件经过开庭或者承办法官在全面分析案件材料的基础上，梳理出待决案件的基本事实。需要注意的是，此处所指的基本事实是在待决案件的全部事实基础上，形成基本案情，在基本案情基础上，按照将法律行为分门别类的要求，梳理出基本事实。基本事实是指与原告的请求权基础、被告的抗辩意见密切关联，并与与之相对应的法律规范具有对应关系的事实。

（二）归纳待决案件争议问题

在梳理了待决案件基本事实的基础上，再根据双方当事人的诉辩意见，明确待决案件的争议问题。此处应当包括两方面的内容，一方面是当事人的诉辩意见，另一方面是待决案件的争议问题，包含事实分歧和法律适用分歧。

二、提出检索目标

在梳理了待决案件的基本事实和争议问题的基础上，进一步提炼出检索目标。此处的检索目标，实际上就是待决案件需要解决的争议焦点或者法律适用争议问题。确定检索目标，是为了让检索更具有针对性，让后续对比分析更具有逻辑和层次。检索目标删繁就简最终体现在检索词上。下面将从民事、刑事、行政、执行等几种案件类型出发,用司法实践中的案例进行列举说明。

【案例1】 [①]在购房时,原告徐某明确告知房屋销售人员其名下已有一套房屋,询问其是否属于房屋限购对象,被告某开发商销售人员称有方法规避限购政策,故原告徐某与被告签订了《商品房认购书》,并于当日交付房屋定金5万元。后原告徐某得知,其确无购房资格,并于签订《商品房认购书》第二日口头提出要求解除《商品房认购书》,并要求被告返还定金,被告认为原告违反认购书约定,因不具备购房资格导致无法签约,定金不应当返还。双方产生争议。

本案检索目标即可归纳为“违反限购政策购房的定金是否应予返还”。

【案例2】 [②] 2004年年初,被告人张某等人以F公司团队负责人的身份,招揽业务员,并通过宣介会等形式向投资人介绍公司众多投资项目,后签订借款合同,并承诺保本付息。2015年1月,张某从公司离职,同年6月案发。从张某离职到案发,其招揽的下线业务员在其离职后仍吸收资金100余万元,公诉机构指控张某的犯罪案数额包括此金额。

本案检索目标即可归纳为“被告人离职后非法吸收资金数额的认定”。

【案例3】 [③]2017年7月,卢某因吸毒成瘾被公安机关责令接受社区戒毒3年。同年11月,公安机关接举报后发现卢某有吸毒的违法行为,后经鉴定机构对卢某的头发及血液进行鉴定,均检验出甲基苯丙胺。公安机关遂对其作出行政处罚决定及强制隔离戒毒决定书。卢某以公安机关采集生物样本程序违法、鉴定人员缺乏资质为由,起诉请求撤销该行政处罚决定。

本案检索目标即可归纳为“公安机关采集生物样本程序是否违法”。

【案例4】 [④]A银行与B公司金融借款合同纠纷案执行过程中,法院拟对被

---

① 参见陶然:《违反限购政策购房定金是否予以返还?》,载江西法院网2019年10月9日,https://jxfy.chinacourt.gov.cn/article/detail/2019/10/id/4500796.shtml。

② 参见李长坤、张亚男:《非法集资类案件的审理思路和裁判要点》,载黄祥青主编:《类案裁判方法精要》,人民法院出版社2020年版,第4页。

③ 参见周峰、汪菲:《治安行政处罚案件的审理思路和裁判要点》,载黄祥青主编:《类案裁判方法精要》,人民法院出版社2020年版,第49页。

④ 参见康邓承、琚璐:《涉租赁房产拍卖执行案件的办理思路和执行要点》,载黄祥青主编:《类案裁判方法精要》,人民法院出版社2020年版,第275页。

执行人B公司名下涉案房产进行拍卖。案外人C公司向法院提出异议认为其对涉案房产享有租赁权，提供证据证明在房产设定抵押及执行查封前其已经与B公司签订租赁协议，并在签订租赁协议后一直使用且已支付租金。

本案检索目标即可归纳为“租赁权是否可以对抗执行申请人”。

三、背景信息收集、整理与分析

在确定检索目标后，应当进行有针对性的背景信息收集、整理和分析。这个阶段主要是将案件的具体事实抽象为检索需要的法律事实，进而在相关数据库进行检索时帮助我们更迅速、更精准地提炼检索关键词，为运用检索关键词进行案例检索提供帮助。

收集背景信息的途径很多，可以通过国家哲学社会科学文献中心（https://www.ncpssd.org）、中国知网（http://www.cnki.net）、万方数据知识服务平台（https://www.wanfangdata.com.cn/index.html）等学术期刊网站，知乎（https://www.zhihu.com/signin?next=%2F）等知识问答平台以及百度（https://www.baidu.com/）、搜狗（https://www.sogou.com/）等搜索引擎进行检索。除此之外，还可以在微信公众号、今日头条上进行背景信息收集。

以上述案例1为例，根据检索目标，我们可以在搜索平台搜索“违反限购政策”“定金返还”，会出现很多涉及违反限购政策是否返还定金的典型案例及相应裁判观点的文章。

通过对背景信息的收集、整理、分析，我们可以归纳出法院在涉及需要检索案例的专业用语，进而了解该问题在司法实务中的观点和分析路径，为下一步在检索平台使用关键词等方式进行深度检索打下坚实基础。

第四节 类案检索平台及使用方法

当前可供类案检索的平台有官方平台（法院系统开发）和非官方平台（商业运营）。其中，法院系统开发上线的类案检索平台又分为最高人民法院建设的全国范围使用的类案检索平台和地方法院建设的类案检索平台两大类。最高人民法院开发的类案检索平台主要有中国裁判文书网、中国法律应用数字网络服务平台（法信）、中国司法案例网、中国审判案例数据库等检索平台；地方法院开发建设的类案检索平台主要有贵州省高级人民法院建立的“类案裁判标准数据库”、安徽省高级人民法院建立的“类案指引项目”、北京市高级人民法院建设的“睿法官系统”、重庆市高级人民法院建立的“类案智能专审平台”、广西壮族自治区办案系统嵌入的“刑事案件智能研判系统”“法律资源服务系统”“法智罗盘操作系统”等；商业运营的类案检索平台主要有北大法宝、OpenLaw、聚法案例、威科先行法律信息库、无讼案例、Alpha 案例库等。[①] 下面主要选取其中几个类案检索平台进行类案检索功能的演示。

一、中国裁判文书网

（一）中国裁判文书网简介

中国裁判文书网（http://wenshu. court. gov. cn/）是由最高人民法院建立的全国四级法院裁判文书统一发布平台，是专门公开裁判文书的平台，也是全球最大的裁判文书资源库。截至 2020 年 8 月底，中国裁判文书网文书总量突破 1 亿篇，访问总量近 480 亿次，用户覆盖 210 多个国家和地区。平台可提供全文、案由、案件名称、案号、法院名称、法院层级、案件类型、审判程序、文书类型、裁判日期、审判人员、当事人、律所、律师、法律依据等共计 15 个信息项关键词的检索，可实现多信息项组合检索功能。

（二）如何进行类案检索[②]

1. 快捷检索框

快捷检索通过在快捷检索框输入关键词即可实现。其一，快捷检索支持关键词联想推荐。在快捷检索框输入关键词后，联想推荐案由、关键词、审理法院、审理法官、当事人、律师、律所、法律依据 8 个类型的信息。其二，快捷检索支持拼音检索，包括全拼和简拼。其三，裁判文书网支持检索记录自动保存。裁判文书网可以保存最近 5 条检索记录。

2. 高级检索窗口

高级检索通过在高级检索窗口中填写多个信息项来实现。高级检索可以实

---

① 参见刘树德、胡继先：《关于类案检索制度相关问题的若干思考》，载《法律适用》2020 年第 18 期。

② 本部分内容参考中国裁判文书网对于其平台的类案检索功能的介绍用语。

现多个信息项组合检索。裁判文书网的高级检索中提供全文、案由、案件名称、案号、法院名称、法院层级、案件类型、审判程序、文书类型、裁判日期、审判人员、当事人、律所、律师、法律依据等共计15个信息项的检索,从而实现多信息项组合检索功能(见图3-1)。

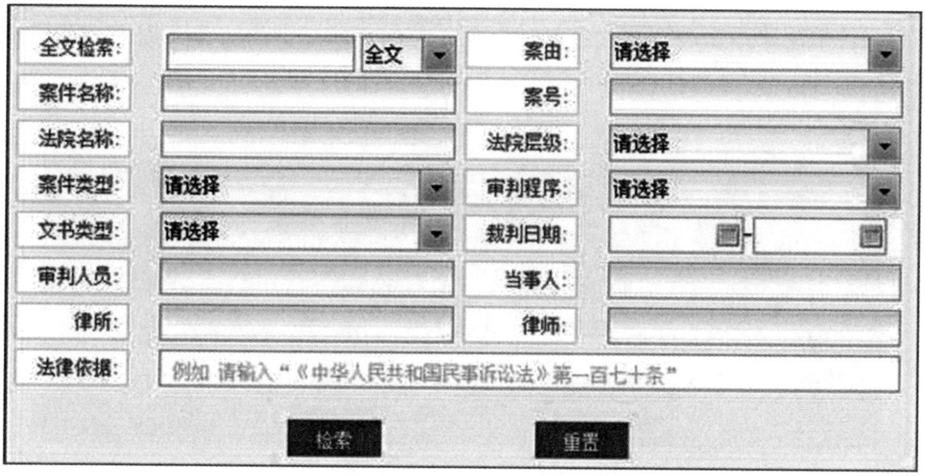

图3-1　利用"高级检索"功能检索类案

3. 在结果中检索

裁判文书网支持在结果中无限次检索。在列表页检索框中输入或选择新的检索条件,默认在当前检索结果的基础上检索裁判文书(见图3-2)。

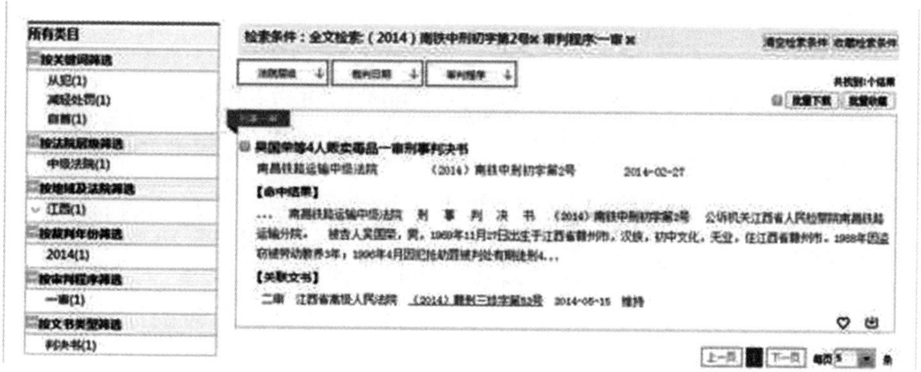

图3-2　利用"在结果中检索"功能检索类案

二、法信平台

(一)法信平台简介

法信(http://www.faxin.cn/)平台是中国法律应用数字网络服务平台的简称,是中国首个法律知识和案例大数据融合服务平台。该平台为法律人提供类案检索、同案智推等服务,并向社会大众提供法律规范和裁判规则参考(见图3-3)。

图3-3 法信平台类案检索栏目

(二)如何进行类案检索①

在法信平台找到"类案检索"(见图3-4)进行点击,会现出"类案检索"子库的两个入口。类案检索支持四种检索方式,分别是关键词检索、高级检索、导引式检索、以文检索。

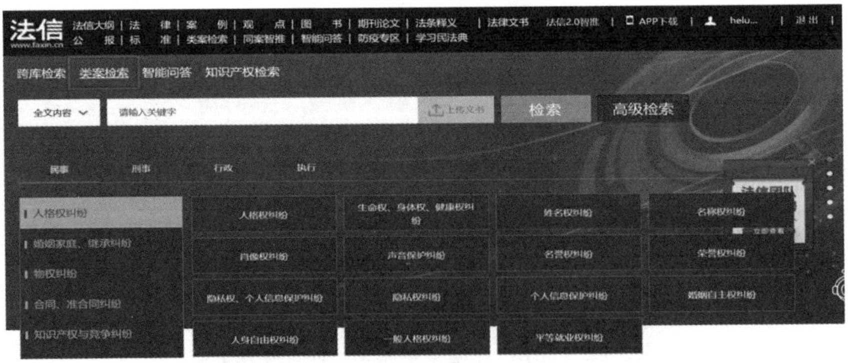

图3-4 法信平台类案检索入口

① 本部分内容参考法信网对于其平台的类案检索功能的介绍用语。

1. 类案快捷检索

通过在法信类案检索文本框输入需要查询的关键词即可实现。法信“类案检索”快捷功能对典型案例和裁判文书进行了精准的分类标注和分类推送。平台的案例推送按照最高人民法院《类案检索指导意见》所规定的最高人民法院指导性案例、典型性案例和各地高级人民法院发布的参考性案例进行三级分类。裁判推送按照最高人民法院、本省(市、自治区)高级人民法院、上级法院、本级法院进行四级分类。法信平台对案例进行了醒目的自动化标注,并且优先推送最高人民法院八大权威来源的案例,这对于法官按照最高人民法院相关意见制作类案检索报告,能提供非常便捷的帮助。

2. 快捷生成类案检索报告

法信平台具有快捷生成类案检索报告的功能(见图3-5)。法信平台的类案检索报告由本案特征、类案大数据分析、类案规则、法律观点四个部分组成。类案检索报告中所列入的类案和观点,既包括系统智能推送,也可以由法官自主选择。法官在系统中选择类案和观点加入检索报告后,系统会自动从案情特征、争议焦点等方面对本案和类案进行偏差比对,并自动将选择的类案规则、法律观点、系统生成的案情比对、大数据分析合并成一个完整的报告,并可下载供法官使用。

图3-5　法信平台快捷生成类案检索报告功能

三、中国司法案例网

(一)中国司法案例网简介

中国司法案例网(https://anli.court.gov.cn/)是最高人民法院司法案例研究

院的官网。中国司法案例网及时跟踪社会热门案例、推出法律界知名专家悉心研究的文章、收集并发布中华法系类成果、翻译域外热门案例成果等。最大亮点在于运用众创思维、借助众筹方法、秉持众享精神，构建信息化、智能化司法案例收集、生成、推荐、评价、交流、研究、共享的网络平台。中国司法案例网对收录的案例按照指导性案例、参考性案例、大数据案例、中华法系案例、域外经典案例板块进行了分类，需要查询相应案例时点击相应板块即可（见图 3－6）。

图 3－6　中国司法案例网案例类型页面

（二）如何进行类案检索①

中国司法案例网案例库提供了强大的检索工具，通过关键词检索、多关键词分段和联合查询，满足专业级、普通级的检索需求。类案检索者可以按照案例来源、部门法、案号、案由、案件类型、审理法院、相关法条等条件进行多种组合检索，全面覆盖检索需求（见图 3－7）。

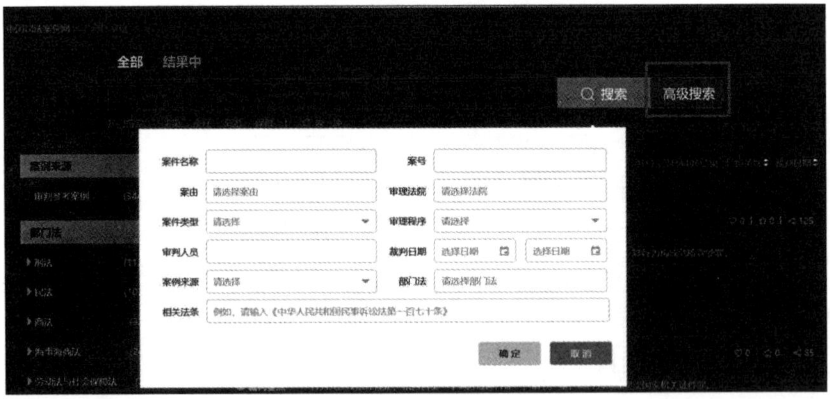

图 3－7　利用中国司法案例网进行类案检索

① 本部分内容参考中国司法案例网对于其平台的类案检索功能的介绍用语。

1. 同义词检索功能

中国司法案例网的同义词检索功能是一种单词衍生形态查询。例如，当检索者输入“离婚”时，搜索引擎除以“离婚”为条件搜索外，还会对“离婚后损害责任纠纷”“离婚后财产纠纷”等同词根的词进行查询。

2. 追加检索功能

追加检索，即二次检索，是在前次检索结果集合的范围内，通过追加限定条件，进一步缩小检索结果集的范围，锁定检索人需求。如图 3－8 所示，先用关键词“离婚”进行了第一次检索，范围仍然较大，再在检索框输入检索词“探望”进行二次检索，检索将更加精准。检索到离婚纠纷中涉及探望权争议的案件。

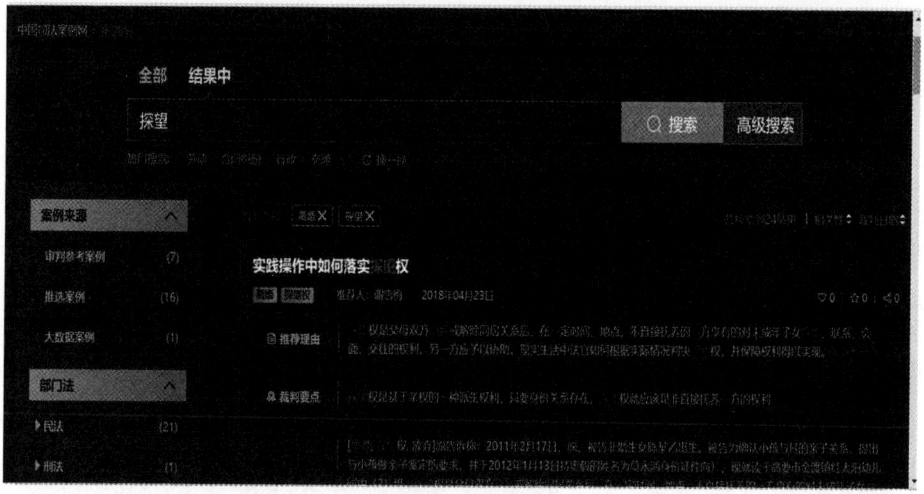

图 3－8　利用中国司法案例网进行追加检索

四、聚法案例平台

（一）聚法案例平台简介

聚法案例（https://www.jufaanli.com/）平台是聚法科技（长春）有限公司推出的一款专业智能法律数据库及应用平台（见图 3－9）。目前平台包含案例检索、法律法规检索、HOLO 检索、法律文字校对、法律网站导航五大功能模块。聚法案例是专门做案例分析，搜索以后可直接提供可视化分析。案例检索主要针对刑事常见罪名，比如贪污受贿罪可以根据数额推送相关的参考案例。同时设有案例导航网页，提供法律人需要的 2500 多个网站，比较实用。

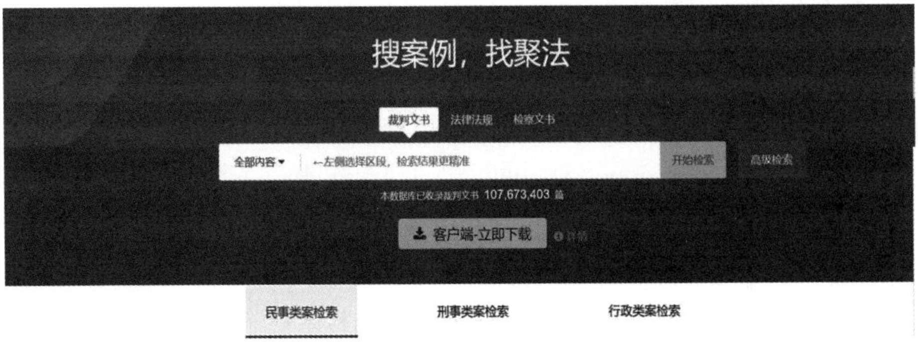

图3-9 聚法案例平台

（二）如何进行类案检索①

1. 高级检索功能

检索者可在检索关键词输入栏右侧点击“高级检索”，进入高级检索功能页面（见图3-10）。高级检索功能是面向具有较为专业法律数据需求的类案检索者，实现了在一次检索中整合多种检索维度，进一步缩减数据检索时间。

图3-10 聚法案例平台高级检索功能

除支持标题、案由、审判人员角色等区段的交叉检索外，高级检索还实现了同句检索、同段检索、间隔检索及关键词剔除检索，全方位精准定位裁判信息，切实提升检索效率。

---

① 此部分内容参考聚法案例网对于其平台的类案检索功能的介绍用语。

2. 可视化检索功能

检索者可在关键词输入栏上方选择“图表分析”后，输入关键词进行检索。也可以在确定检索条件及检索结果后，在检索结果页点击“图表分析”，切换至可视化检索。此外，根据检索者输入的关键词进行案例检索，并通过法院层级、案件性质、审理程序、文书性质、审判年份、审判月份、省份和律所等维度对检索结果进行数据分析，以视图的形式直观展示检索结果。

3. 标签检索功能

系统利用人工智能技术，对文书中的关键信息进行提取，以标签的形式展示，并由法律专业人士对所有标签进行整理、归纳。每个类案标签关联数十种不同表述方式，保证检索案例的精准性、全面性。

检索者在确定检索条件后，在案例检索结果页可查看每个案例的类案标签，点击类案标签即可成为新的检索关键词，在现有检索条件下继续筛选文书。

4. 区段检索功能

聚法案例平台将文书分为多个区段，包括本院认为、本院查明、裁判结果、争议焦点、标题、审理经过、当事人、原告诉称及辩方观点，用户在检索案例时选择想要检索的文书区段后输入关键词即可检索(见图3－11)。

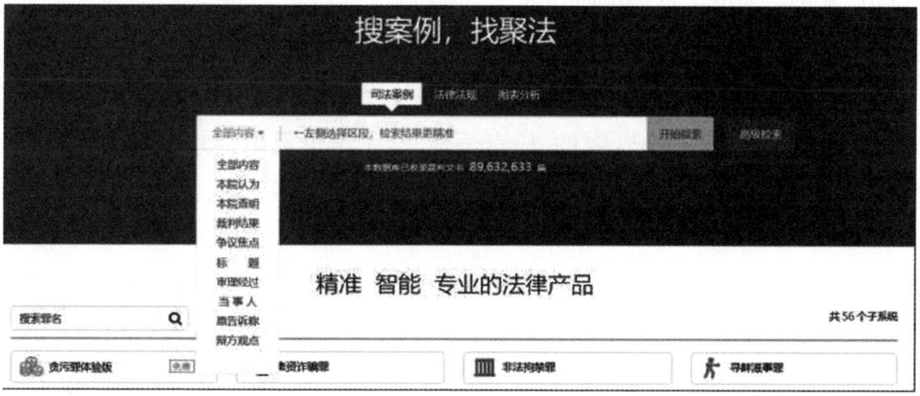

图3－11　聚法案例平台区段检索功能

5. 交叉检索功能

检索者在检索案例时，可将不同的关键词限定在不同的文书区段进行检索，即在文书不同的区段分别搜索关键词，系统可综合所有检索条件后精准提供检索结果。

6. 在结果中检索功能

检索者在已经确定部分检索条件后，在现有检索结果中需要进一步缩小案件范围，筛选出目标案例时，就需要使用在结果中检索的功能。该功能可在已检索到的内容中筛选出更为精准的信息。该功能与中国司法案例网中的“追加检索功能”类似，具体使用方法不再赘述。

7. 联想检索功能

聚法案例平台系统具有目前最智能的联想检索功能。用户在关键词输入的过程中，根据已经填写的文字内容自动推送关键词等信息，有效帮助用户确定搜索关键词。

8. 模糊检索功能

当检索者输入关键词后，可能因为输入不准确导致该条件下无检索结果。此时系统会根据已经输入的内容，将关键词进行切分，忽略词之间的位置关系进行简单的检索。

9. 关键词相关搜索功能

在输入关键词后，系统将自动展示该关键词的相关搜索，用户可根据推送选择新的关键词。

10. 类案检索报告自动生成功能

在完成案例检索后，可根据需要将检索结果添加至类案检索报告，系统根据检索人操作内容，可以自动生成报告，从而极大提升检索效率。该报告主要包含检索目的、检索关键词、检索案例、检索法规、检索结论及附件六大部分。检索人也可自主提供类案检索报告模板，实现按需定制（见图 3－12）。

关于“XXX”问题的案例检索报告

一、检索目的

就XXX（案由或争议焦点）问题，本院在类案智能推送系统中进行类案检索。

二、检索关键词

公司：

三、检索案例

1.指导案例137号：云南省剑川县人民检察院诉剑川县森林公安局怠于履行法定职责环境行政公益诉讼案

案件类型：行政

审理程序：一审

文书性质：判决

审理法院：云南省剑川县人民法院

案　　号：[illegible]

审判时间：[illegible]

四、检索法规

五、检索结论

关于XXX问题，法律中没有明确的限制性规定。XXX，小部分法院认为……，原因是……。本院认为，应当适用……的规定，作出……的判决。

六、附件

1.指导案例137号：云南省剑川县人民检察院诉剑川县森林公安局怠于履行法定职责环境行政公益诉讼案

图3-12　聚法案例平台“自动生成检索报告”

五、无讼案例平台

（一）无讼案例平台简介

无讼案例(https://www.itslaw.com/home)是一款精确、易用、高效的检索工具，目前已收录超过9000万份裁判文书及155万条法规，且每天持续更新中，通过关键词系统能为检索者提供优质的检索体验（见图3-13）。

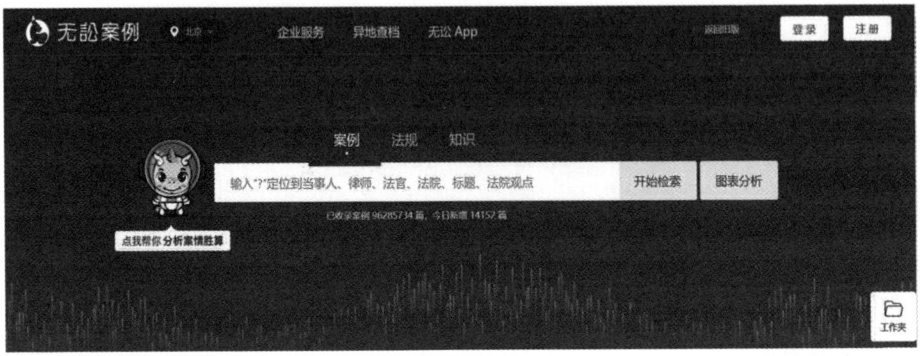

图3－13　无讼案件平台

（二）如何进行类案检索[①]

1.快捷检索

通过在快捷检索框中输入关键词，如"农村集体经济组织成员资格"，点击开始检索，即可得到所需检索结果。

2.精准检索

若想筛选更精准的关于"农村集体经济组织成员资格"方面的案例，需要将新的关键词输入检索框中，如"外嫁女"，点击"结果中检索"按钮即可。另外，检索者也可以点击左侧的导航栏中的内容进一步筛选，想要检索的信息就可以精准地展现出来。此外，点击案例标题进入案例详情页，有同类案例、引用法规、认证律师名片和相关无讼阅读文章推荐。无讼案例平台的同类案例包括该院同类案例、上级法院同类案例和最高人民法院同类案例等几类（见图3－14）。

图3－14　无讼案例平台案例类型精准检索

① 此部分内容参考无讼案例网对于其平台的类案检索功能的介绍用语。

3. 一键生成图表可视化阅读

检索到目标信息后,点击图表分析,即可生可视化图表,直观地了解案例信息。检索的案例结果,可以通过相关性或裁判日期排序,优先查看想要的信息。同时,平台还支持将检索到的案例分享到微信上,方便检索者在移动端直接打开。分享到微信时,点击分享,用微信扫描二维码即可。检索者还可以对检索的案例结果进行收藏、下载、批量下载等操作。收藏的案例可以随时查看,点击"设置"进入"我的工作夹",找到对应的工作夹即可查看。

4. 一键生成案例报告

进入无讼案例平台"我的工作夹"并选好工作夹,点击右侧"生成案例检索报告",即可一键生成案例报告(见图 3－15)。

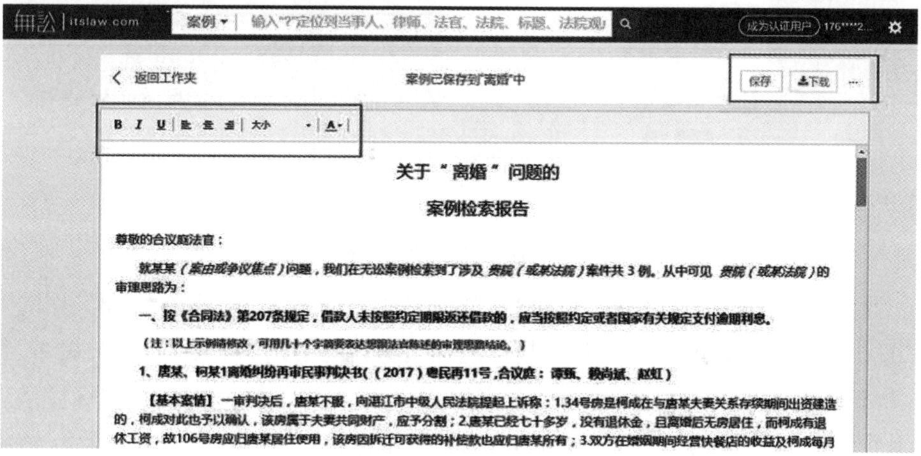

图 3－15　一键生成"案例检索报告"

生成案例检索报告后,可以在线编辑,内容和字体格式都可编辑,编辑完成后保存、下载。另外也可以通过快速收藏夹直接制作案例检索报告,点击检索报告快捷键,将案例收藏到快速收藏夹。点击右侧蓝色按钮,打开快速收藏夹,点击"快速生成案例检索报告"即可。

六、北大法宝平台

(一)北大法宝平台简介

北大法宝(https://www.pkulaw.com/)是由北京大学法制信息中心与北京北大英华科技有限公司联合推出的智能型法律信息一站式检索平台(见图 3－16)。

图 3－16　北大法宝平台

北大法宝平台结合最高人民法院《类案检索指导意见》对类案指导工作的要求，推出了“类案检索平台”。该平台以北大法宝司法案例库汇聚的刑事、民事、行政、执行案例大数据为支撑，以案由要素知识体系为基础，通过案例数据标注搭建类案智能检索、智能比对算法，实现四大类案由案例关键词检索、高级检索、智能检索等功能，精准定位法官、检察官、律师、当事人、院校五类用户的类案检索需求，系统支持一键生成类案报告，打造特色化类案办公场景。

（二）如何进行类案检索①

1. 关键词检索功能

平台实现民事、刑事、行政、执行案例文书数据结构化拆分，基于案由要素实现案件要素精准抽取，围绕案件基本事实、争议焦点、法律适用不同维度，实现类案文书关键词检索联想推荐功能。

① 此部分内容参考北大法宝网对于其平台的类案检索功能的介绍用语。

2. 高级检索功能

全方位解构案例文书，围绕诉讼不同角色特点，设置涵盖案例标题、案例全文、案由、文本结构、案号、类案层级、法律依据、终审结果、审结时间、代理律师、当事人、审判人员等数据维度的高级检索条件，支撑用户灵活、高效、精准检索类案（见图3－17）。

图3－17　北大法宝类案检索子平台

3. 类案智能检索功能

检索者输入案例文书、基本案情，平台自动推送与待决事实相似的案例，并提供案例基本事实、争议焦点、法律适用精细化相似度计算，为检索者提供全方位类案参考。

4. 类案报告智能生成功能

北大法宝平台针对律师、法官、检察官、当事人、法学研究人员五类群体对类案检索的不同需求，平台根据五类用户群体对类案报告制作的个性化要求，支持个性化类案报告智能生成服务。类案报告模板分为文档式和表格式，方便用户灵活调用类案模板（见图3－18）。

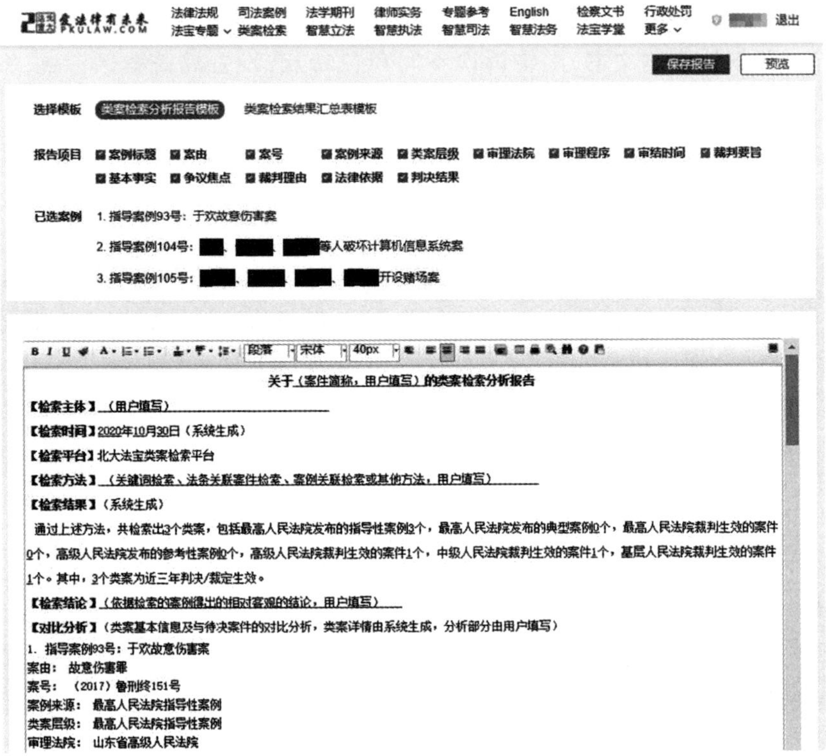

图 3－18　智能生成类案检索报告

5. 检索结果排序功能

北大法宝平台按照最高人民法院《类案检索指导意见》的精神，针对类案检索结果，支持类案层级、法院层级、审结日期三种案例排序方式，全方位满足用户的类案参考需求。

第五节　类案检索范围、顺序与方法

一、类案检索范围

（一）类案检索的案件范围

在案件审理中以及后续的院庭长监管和案件评查人员评查中，办案法官等依职权进行类案检索时，检索的案件范围至少应当包括以下范围：

（1）指导性案例，即最高人民法院发布的指导性案例；

（2）公报案例，即《最高人民法院公报》刊登的案例、裁判文书；

（3）最高人民法院发布的典型案例，例如，最高人民法院《人民法院案例选》《中国法院年度案例》《中国审判案例要览》中刊载的典型案例；

（4）最高人民法院作出的生效裁判；

（5）本省（自治区、直辖市）高级人民法院发布的参考性案例、典型案例及作出的生效裁判；

（6）上级法院发布的典型案例及作出的生效裁判；

（7）本院发布的典型案例及作出的生效裁判；

（8）其他法院的生效裁判。

需要检索其他法院的生效裁判主要有两种情形：

第一种情形是在本辖区高级人民法院发布的参考性案例及生效裁判中没有检索到类案的，再从本辖区以外的其他高级人民法院发布的参考性案例及裁判生效的案件中进行检索。

第二种情形是在上一级人民法院及本院裁判生效的案件中没有检索到类案的，再到其他地区法院裁判生效的案件中进行检索。

（二）类案检索的时间范围

因为通常类案的数量较为庞大，在进行类案检索时，应当充分考虑类案的时效性，并结合具体情况选择在一定时间范围内进行检索。

一是最高人民法院已发布的指导性案例（已经明确废止的除外）；

二是最高人民法院近五年内发布的公报案例、典型案例及作出的生效裁判；

三是本辖区高级人民法院发布的参考性案例（已经明确废止的除外）；

四是本辖区高级人民法院、上级人民法院、本院近三年内发布的典型案例及作出的生效裁判。

需要注意的是，若检索所得案件数量过多或者过少，可以根据实际情况调整第2类及第4类案件的检索时间范围，即必要时检索者除检索近期的类案之外，还应检索远期的类案。

（三）类案检索的地域范围

在地域上除上级人民法院及本院发布的典型案例和作出的生效裁判外，其他具有代表性的省（自治区、直辖市）高级人民法院和中级人民法院近三年发布的典型案例及作出的生效裁判也可纳入检索范围。

必要时，对于首例及新类型等案件，检索的地域范围可以扩展至域外法院已经生效的同类案件。

二、类案检索顺序

（一）按效力层级依次检索

独任法官、合议庭在进行类案检索时，应当按照案例的效力层级即本章本节中的“类案检索的案件范围”中的顺序依次进行检索。

（二）已检索到高层级类案可不再检索低层级类案

独任法官、合议庭在进行类案检索过程中，已经检索到指导性案例的，可以不再检索下一效力层级的案例；已经在上一效力层级中检索到类案的，可以不再进行检索。需要注意的是，独任法官、合议庭认为必要时，在前一效力层级中检索到类案的，也可以继续在其他效力层级中进行检索。

三、类案检索方法

类案检索的要素主要包括基本事实、争议焦点、法律适用问题三方面，检索人应当围绕待决案件的一个或者几个要素检索类案。类案检索可以采用关键词、法条关联、案例关联等检索方法。

（一）关键词检索法

用关键词检索类案是最直接、最常见、最普遍、最重要的方法。根据前面平台的介绍结合检索实践可知，关键词检索是一种几乎在所有案例检索平台都能实现的一种类案检索方式。如法信平台（见图 3 – 19）运用关键词检索，通常有如下几个主要步骤。

1. 关键词的选取、运用

关键词的选取直接关乎案例检索的质量，选取的关键词越精准，检索到的类案可用性就越高。

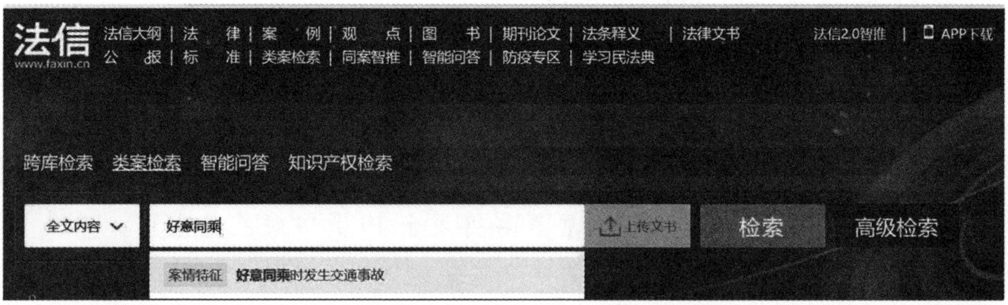

图 3 - 19　关键词检索法

(1)关键词的选取

选取的关键词必须规范、简练。初步检索时,可直接从前期类案检索的准备工作中梳理归纳待决案件的基本事实和争议问题后确定的检索目标中提取关键词。再到检索平台中采取“全文检索”或者“定位检索”等方式进行检索。

通常我们在检索时都是直接根据案件检索目标确定关键词,但往往涉及相同争议焦点和法律关系的案例数量较多,检索出的案例针对性不够强。为了提高检索的精准度,我们可以在确定争议焦点关键词之后搭配案件的特殊信息关键词一起检索,也即采用“争议焦点关键词 + 案件特殊信息关键词”模式进行检索。下面通过实例介绍三种实用的检索关键词确定方法。

第一种,依据案件材料中的特殊主体信息确定检索关键词。下面用实例进行说明。

【案例5】　林某出生、成长在北厝镇某村,2009 年出嫁(非同村),但户口未迁出,亦未享受丈夫所在村的村民资格或村民权益。2011 年,林某与丈夫因感情问题离婚又回到娘家生活。2010 年起,因涉及实验区重大项目征迁,北厝镇某村被征地约 34 公顷。2015 年,村委会对征地补偿款进行了发放,林某未分到补偿款。因征地补偿款问题,林某与村委会起了纠纷,双方发生争议。

解析:该案可确定关键词为“外嫁女征地补偿”。

【案例6】　贺某与朱某共谋,在明知涉案塑料盒子——聚丙烯次级膜系国家限制进口的固体废物的情况下,通过外商提供虚假单证,并由外商采用伪装方式装箱,以不具有进口固体废物资质的上海某贸易有限公司的名义,通过朱某所在的上海某货运代理有限公司代理,以一般贸易的形式予以申报进口。

解析:该案可确定关键词为“非法进口固体废物”。

【案例7】 2020年6月8日下午,被告人何某从郴州安仁县龙海镇步行去郴州,行至永兴县樟树镇曹子芳村被害人王某甲家门口时坐在门口休息,后发现王某甲家中无人,17时许,使用砖块将王某甲家窗户栏杆砸开后爬进去,将王某甲家中两瓶酒喝掉,欲将王某甲家摩托车骑走,因电瓶被取走无法发动,便将摩托车推倒在地,且在王某甲家卧室衣柜抽屉里盗得现金19元并睡在卧室里。2020年6月9日7时许被隔壁邻居发现,何某便从王某甲家中厨房内拿起两把刀在房中朝他人挥舞,随后从其砸开栏杆窗户爬出并持刀逃走,在逃跑的过程中将刀具丢弃,后在S212省道上被公安民警抓获。该案最为突出的是,被告人在房内持刀威胁户外人员。

解析:该案可确定关键词为"持刀威胁户外人员"。

在中国裁判文书网利用关键词"持刀威胁户外人员"便能检索到该案(见图3-20)。

图3-20 检索结果展示

第二种,依据特殊证据确定检索关键词。一些专业性较强的案件,可能含有特殊的证据材料,我们可以直接选择该证据作为检索关键词。下面用实例进行说明。

【案例8】 韩先生作为家中的小儿子,在父亲年老体病时一直在病榻前陪伴、照顾,其父生前立下遗嘱,将名下的房屋指定由韩先生一人继承。但是由于这份遗嘱的内容为电脑打印而成,遂发生纠纷。

解析:该案可确定关键词为"打印遗嘱"。

【案例9】 被继承人某甲和某乙二人是夫妻,共生育一个女儿、两个儿子。妻子某乙已亡故,丈夫某甲、又因罹患癌症于2019年过世。丈夫住院治病期间,在两兄弟等人的见证下,由案外人录像立下遗嘱,表示过世后将其名下的房产留给女儿。但在丈夫去世后,小儿子因对此有意见,便未配合女儿办理该房产的过户手续。之后，小儿子因病死亡。根据法律规定，小儿子应当继承的遗产转由他的继承人即他的妻子和子女继承。所以，女儿将大儿子及小儿子的妻子和子女诉至法院，要求他们按照父亲的遗嘱，由自己继承父亲名下的房产。同时，大儿子已经表示放弃继承诉争房产。

解析：该案可确定关键词为"录音录像遗嘱"。

第三种，根据法律条文确定检索关键词。有的案件的争议是围绕某一条或者数条法律条文的适用展开的。因此，可以直接以该法律条文作为检索关键词。这种检索方式在原被告双方就适用的法律条文没有争议，但对条文的含义有不同理解的案件中尤其有效。下面用两个案例进行说明。

【案例10】　某男子在永定河冰面遛狗时溺亡，其家属以有关单位未尽到安全保障义务为由提起诉讼，请求法院判令被告赔偿丧葬费、幼儿抚养费等共计62万元。法院经审理认为，男子溺亡地点位于永定河拦河闸侧面消力池，难以认定为公共场所，且其在明知进入河道冰面行走存在风险的情况下，仍进入该区域，最终导致溺亡，该行为属于侵权责任法上的自甘风险行为，应自行承担相应损害后果。

解析：该案可确定关键词为"《民法典》第1198条第1款（原《侵权责任法》第37条第1款）"。

【案例11】　陈某到某房地产公司购买了一套商品房，后双方发生争议。在诉讼中，双方对《关于审理商品房买卖合同纠纷案件适用法律若干问题的解释》第15条规定的解除权的消灭指的是"约定解除权"还是"法定解除权"有不同理解。

解析：该案可以直接确定"《关于审理商品房买卖合同纠纷案件适用法律若干问题的解释》第15条"为类案检索关键词。

（2）关键词的转换与更新

目前多数类案检索平台尚不能实现智能语义检索，因此关键词与检索出来的裁判文书中的词组是一一对应的。由于不同的法院对同一问题的表述有所不同，例如，"协议"与"合同"、"公租房"与"保障房"、"炒股"与"买股票"、"盗抢"与"偷东西"，这就需要我们对关键词进行转换。那么如何进行关键词的转换呢？下面介绍三种常见的方法。

第一种，用一个小概念词转换为外延较宽的大概念词（反之亦可）。

以北大法宝平台为例，2021年2月28日在类案检索栏目以"全文＋交通肇事”进行检索得到23,752份裁判文书(见图3－21)。

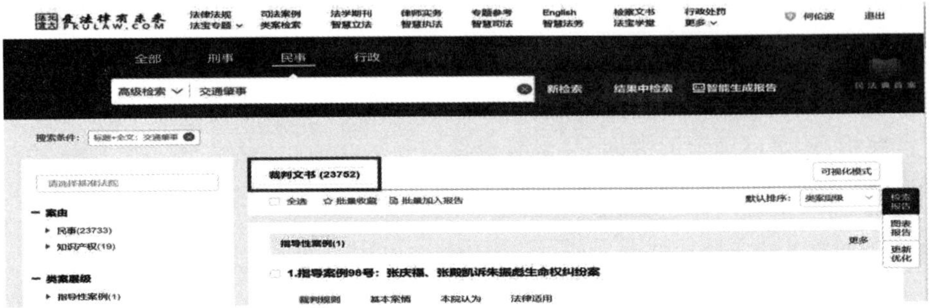

图3－21　检索结果文书展示(一)

将上述检索关键词换为外延概念较宽的“交通事故”进行检索,则检索到的结果为3,354,017份(见图3－22),体量大了很多。

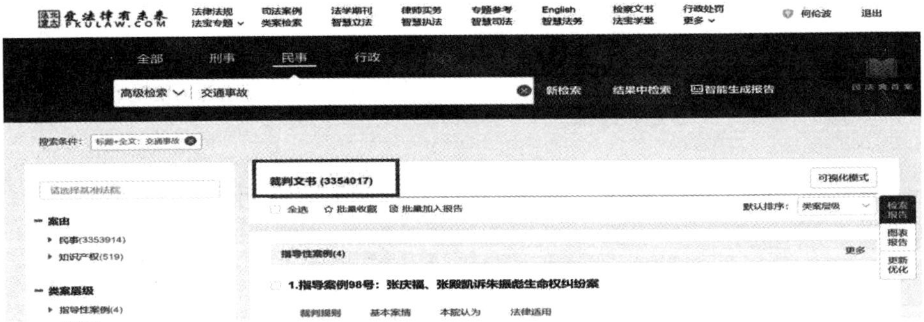

图3－22　检索结果文书展示(二)

将外延概念较小的关键词替换为外延概念较大的关键词的适用情形通常是在检索到的文书数量较少,不足以满足类案检索需求时适用。

反之当选取的关键词检索到的类案数量较多,不够精准时,可以将外延较宽的检索词替换为外延较小的检索词后,再进行类案检索。

第二种,用同义词进行替换。

如用关键词“营销合同”进行类案检索时,也可以用同义词“销售合同”或者“经销合同”作为关键词进行检索。下面以法信平台为例进行实例检索(见图3－23)。

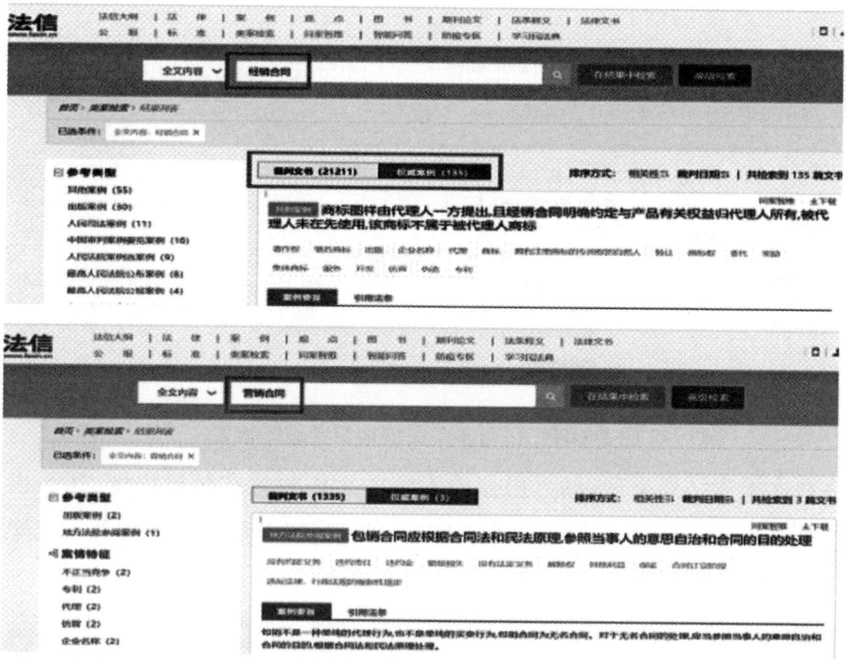

图 3－23 替换同义词检索结果展示

第三种,将俗语替换为规范的法言法语、专业法律术语或者说“检索语言”。

采用这种方法的时候,前述“类案检索的准备工作”中关于“背景信息收集、整理、分析”中准备的专业词汇就能派上用场了。如将一般俗语“风险负担规则”替换为法言法语“危险负担规则”、俗语“酒驾”替换为专业术语“危险驾驶”。实践在还有“法律拟制”“事后不可罚”“上游犯罪”“片面的共犯”“表见代理”等专业法律术语与俗语表述相差较大。需要注意的是,由于理论研究的深化和法律规范的修订,类案检索中常用的法律概念和学理表述会有所更新。在通过初步检索后,我们应该注意使用更新后的关键词替代初步检索的关键词,进行补充检索、延伸检索。

(3)关键词的组合、排列与运用

进行类案检索时,有时一个关键词并不能直接涵盖所要表达的案件信息,或者单一关键词检索结果过多,因此需要进行关键词的排列组合(见图 3－24),以便检索更加精准和高效。如前述“争议焦点关键词＋特殊案件信息关键词”的方式。需要注意的是,单次检索的关键词不宜过多,避免将检索范围限定过窄。使用关键词组合检索时,不同的关键词之间需要使用空格隔开。

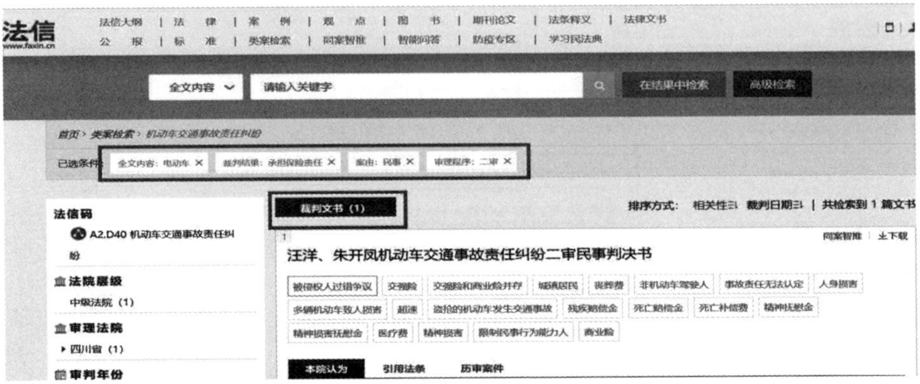

图 3－24　利用多个关键词组合进行检索

在单次检索结果呈现以后，根据检索到的案例数量和精确程度，还可以在已出现的结果中输入外延更小的关键词点击“在结果中检索”，达到排除无效案件的目的（见图 3－25）。

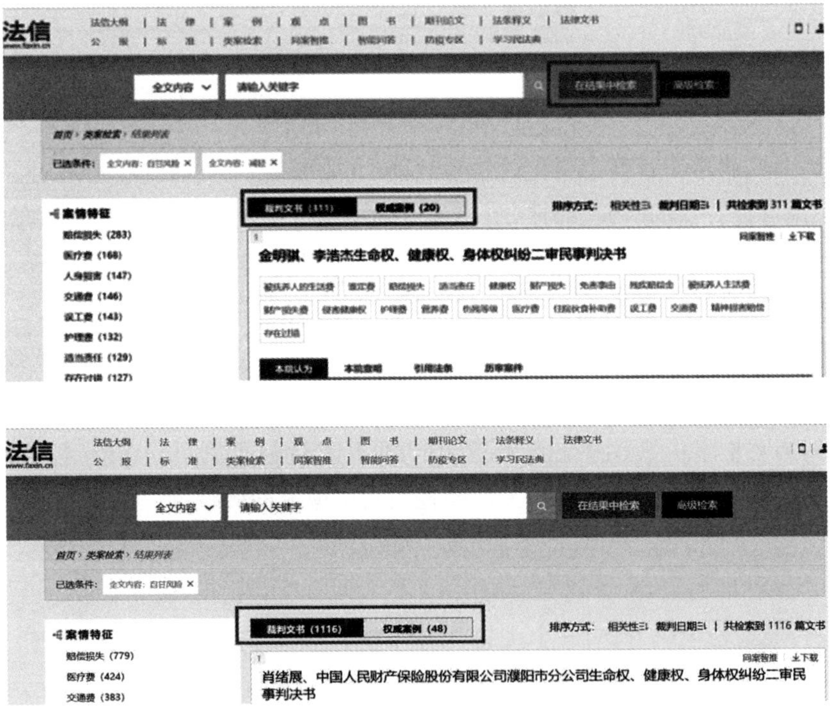

图 3－25　利用“在结果中检索”功能缩小范围

2. 利用数据库的高级检索功能

确定关键词并且进行必要的排列、组合以后，类案检索可以得到初步检索结果，如果检索到的案例数量仍然较多，接下来可以使用数据库的高级检索功能进一步缩小检索范围。

（1）逐层筛选

当前，主流类案检索平台一般都自带逐层筛选功能。筛选条件一般包括法院级别、审理法院、案件类型、案由、案号、审理程序、审判人员、当事人、裁判日期、文书种类等，筛选时要避免直接限定所有选择项，否则可能导致检索结果太少，应根据选择项的重要性逐层选择，直至检索到的案例数量和质量均符合要求为止。

此处的筛选逻辑是确定案由以后，依次筛选案件类型、法院层级（或审理法院）、裁判日期。如果想针对性地检索某位法官的裁判文书也可以直接限定审判人员，其余筛选项根据需要选择（见图3－26）。

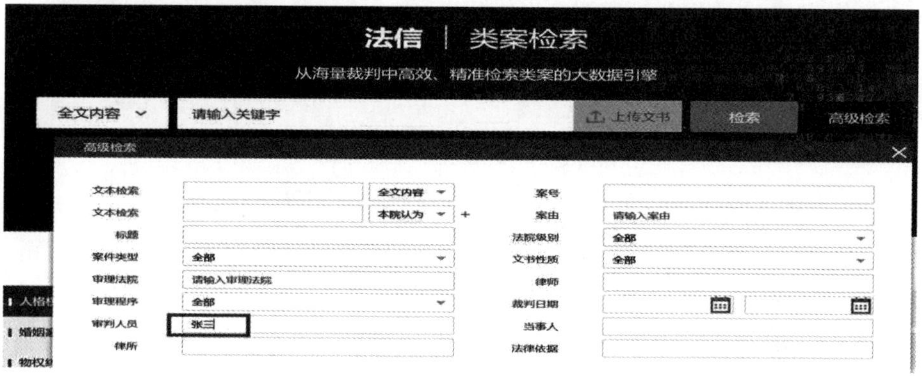

图3－26　通过“逐层筛选”功能精准检索

（2）定位检索

使用定位检索方法，可以直接限定在裁判文书的某一段落查找关键词。主要有以下几种方式，下面以法信平台举例说明。

第一种，当我们需要直接获取法院对某一争议的观点时，可以直接将检索范围限定于裁判文书的“本院认为”部分（见图3－27）。

第二种，希望检索到案情相同的类似案件时，将关键词限定于裁判文书的事实查明（本院查明）部分再进行类案检索（见图3－28）。

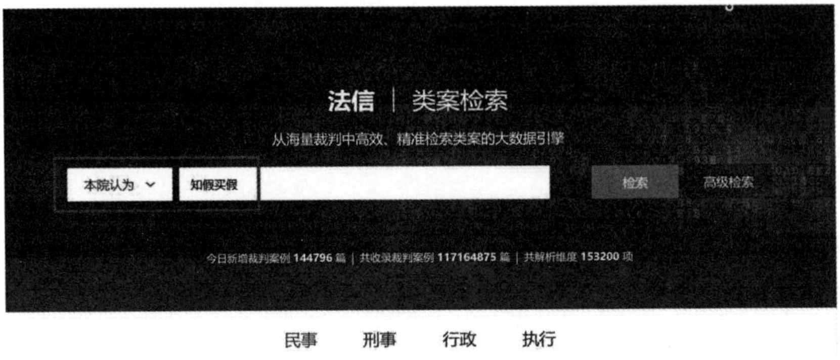

图 3－27 利用“定位检索”功能开展检索(一)

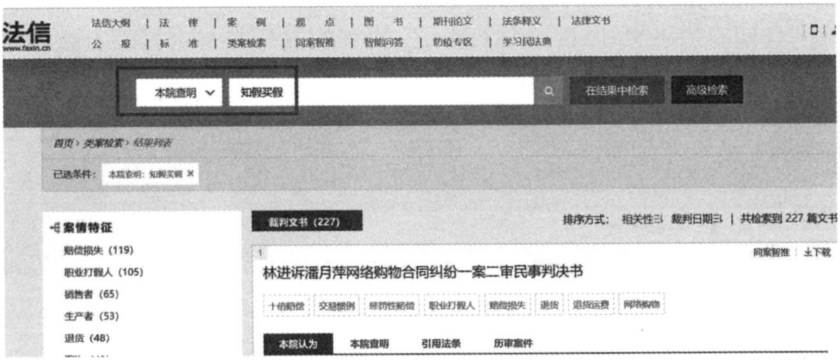

图 3－28 利用“定位检索”功能开展检索(二)

第三种，希望检索到能支持一方的裁判案例时，可以将关键词限定于裁判文书的“裁判结果”部分(见图 3－29)。

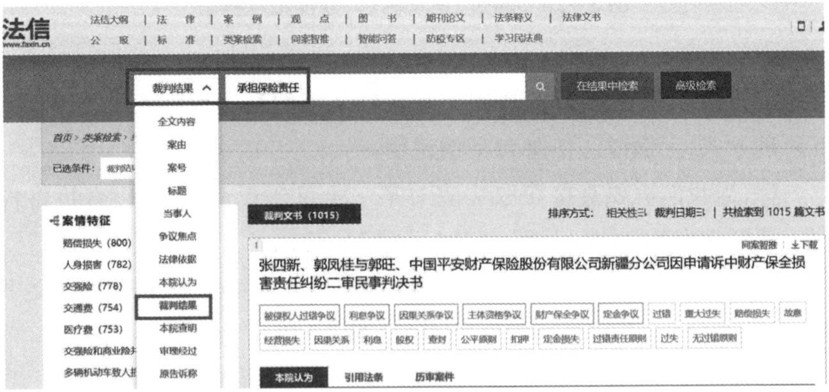

图 3－29 利用“定位检索”功能开展检索(三)

为了使检索更加精准和高效，可以使用“定位检索＋关键词排列组合”的方法，通过在同一位置中使用多个关键词进行检索，往往能达到事半功倍的效果。下面举例进行说明。

例如，在法信平台的类案检索平台中的全文检索栏目中先输入关键词“电梯吸烟”进行第一次检索，再输入关键词“劝阻”，选择在“结果中检索”功能进行第二次检索，最后输入关键词“不应承担责任”，再选择“在结果中检索”功能进行第三次检索，便能检索到“电梯劝阻吸烟猝死案”案例（见图3－30）。

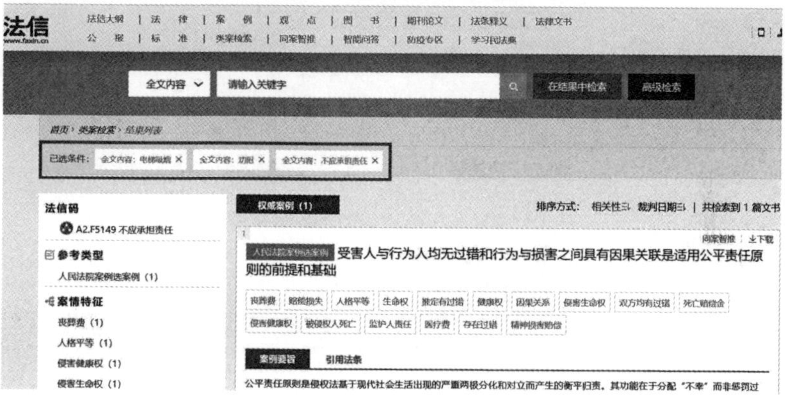

图3－30　利用多个关键词进行分次检索（一）

又如，想要检索到与“买受人非集体经济组织成员，宅基地转让未获审批，双方就合同效力发生争议”的宅基地买卖合同纠纷案件相类似的案件，可以采用以下方式检索。以法信平台为例，在“本院认为”部分单独检索“宅基地”，有197,761篇结果（检索截止时间为2021年2月28日），合并检索“宅基地”“集体经济组织”“审批”，检索结果大幅减少到5280篇，且符合本案检索的需要（见图3－31）。

图3－31　利用多个关键词进行分次检索（二）

(3)反向检索

当我们输入关键词检索时,某一关键词可能外延较广或者该关键词的输入会连带出现大量具有特定情节的案例,这时候我们可以进行反向检索。

以法信平台为例,在使用关键词“遗产”进行类案检索时,平台推荐了具有特定情节的关键词,如“诉争房屋能否作为遗产争议”,我们可以选择进行反向检索,平台检索结果显示有4起案例,范围大大缩小(见图3-32)。

图3-32 通过“反向检索”方式检索类案

(4)同类案件推荐

现在主流的检索平台都提供类案推荐功能,当已经检索到某一符合需要的案例时,再使用类案推荐功能可以直接获取到与该案例类似的案件。如法信平台有“同案智推”功能,在检索类案时可以使用(见图3-33)。

图3-33 通过“同类案件推荐”方式检索类案

（二）法条关联检索法

法条关联检索主要依靠“法条联想”，法信平台、北大法宝等平台可较好实现。

例如，在法信平台的高级检索功能的法律依据栏目，使用“中华人民共和国刑事诉讼法第三十六条”为关键词进行类案检索，检索到裁判文书85份，权威案例2件（见图3－34）。

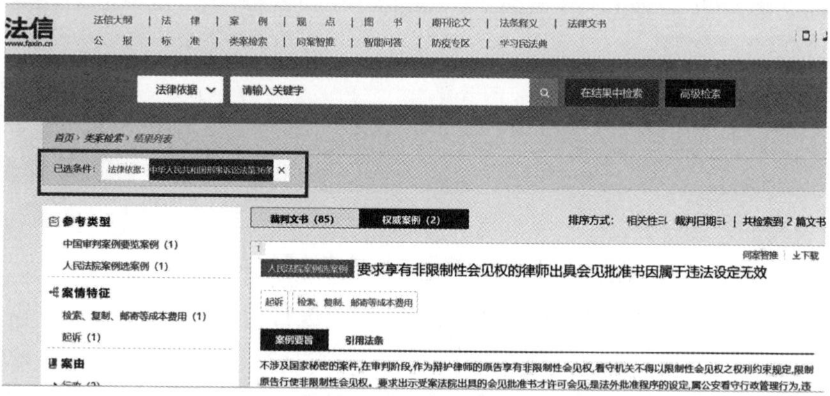

图3－34　通过“法条关联检索法”检索类案

又如，在北大法宝平台高级检索功能的法律依据栏目，使用“中华人民共和国刑法第三百二十四条第二款”为关键词进行类案检索，检索到裁判文书25份，其中指导性案例1件，普通案例24件，见图3－35。

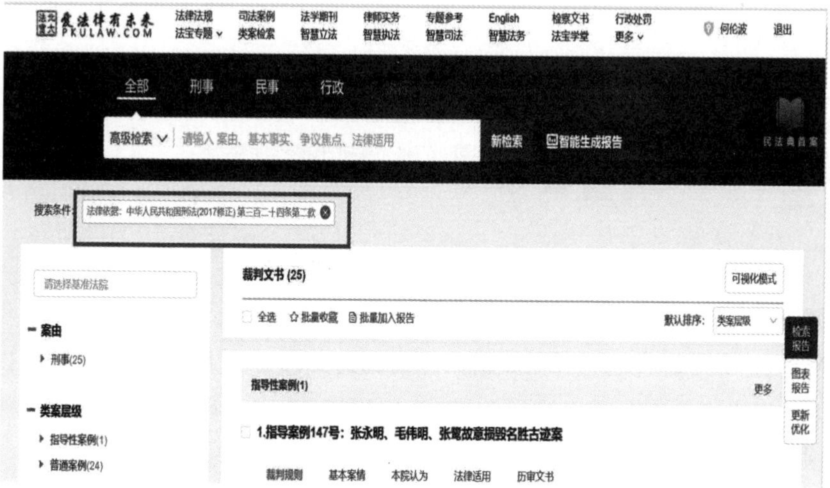

图3－35　通过“法条关联检索法”检索类案（二）

（三）案例关联检索法

案例关联检索有赖于类案智能推送技术的发展，法信平台等可以操作。下面以法信平台“同案智推”功能（见图3－36）进行两种实务操作方式的演示。

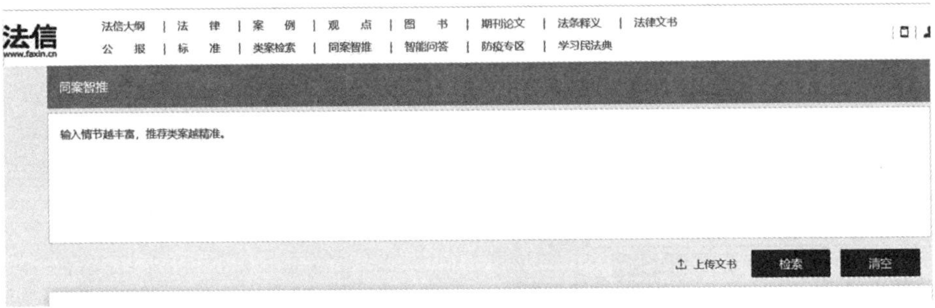

图3－36 通过“案例关联检索法”检索类案

第一种，在文本框输入待决案件的案件细节进行检索，案件情节越丰富，推荐的类案越精准（见图3－37）。

图3－37 通过案件细节检索类案

例如，在文本框中输入案件情节“绩效考核不合格，被单位辞退”，经初步检索出裁判文书7132篇，权威案例32篇。检索到的案件量较大，要缩小范围可以按前述方法利用快捷检索框中再输入关键词“试用期”。点击后面的“在结果中检索”功能，则检索到的案例大幅减少到93篇。

第二种，就是“以文找案”，即将需要检索类案的裁判文书上传至检索文本框，进行类案检索(见图 3－38)。

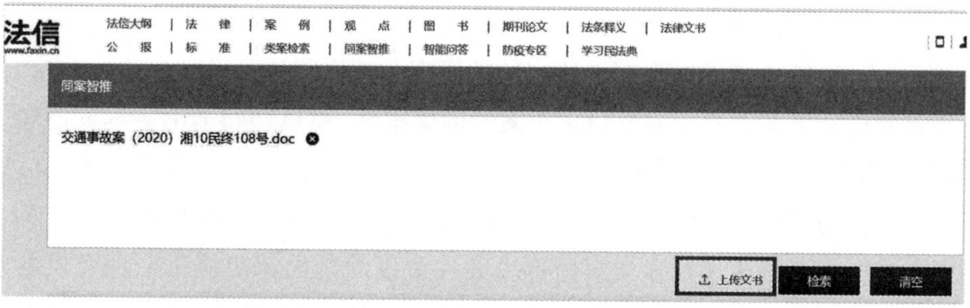

图 3－38 通过“以文找案”检索类案

如通过将“(2020)湘 10 民终 108 号”裁判文书上传检索文本框后进行检索，检索到裁判文书 132,677 份文书，4 个权威案例(见图 3－39)。检索到的案件量较大，要找到更精准的类案，还需要采取定位检索的方式进行精准检索。

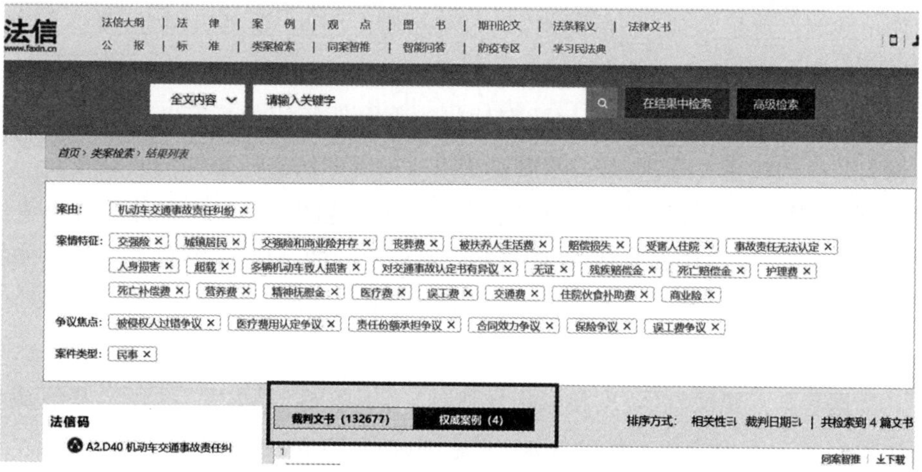

图 3－39 检索结果展示

需要注意的是，大家可以根据自身的检索习惯及检索实用度选择适当的检索方法。

第六节 类 案 识 别

“类似案件类似裁判”作为一项“审理原则”，是实现形式公正的必要条件，是司法公正的构成要素。类案类判有助于规范法官自由裁量权，限制司法专横，促进法律适用统一，也是现代法治的基本要求之一。实现“类案同判”应包括四个步骤：第一步，提炼争点。即根据司法文件的规定和待决案件办理的具体需要，确定是否需要检索类案。对于需要检索类案的待决案件，要梳理归纳出基本案情和争议问题，明确争议点。这一步是“类案同判”的逻辑起点。第二步，检索类案。即以待决案件为基础，检索出与待决案件属于同一类型的案件（群），我们可以称之为形式类案。这是通过检索类案为待决案件争议问题的解决提供一种可供参照（参考）的司法方案。第三步，类案识别。即对检索出的“形式类案”与待决案件在基本事实、争议焦点、法律适用问题等方面的相似性进行比对、分析、判断，最终确定待决案例与“形式类案”是否为实质类案，并决定是否参照（参考）。这是解决待决案件争议问题的关键环节。第四步，类案援引。在类案识别基础上决定参照类案的，将“实质类案”蕴含裁判规则类推适用于待决案件，完成参照（参考）类案作出裁判。这是实现“类案同判”的最终步骤。因此，类案识别是“类案同判”中的关键环节，更是后续类案援引的基础和前提，至关重要。

类似案件的识别是一个对生效案件与待决案件的构成要素进行辨别、比对、分析与归类的综合过程，也是一项需要法律适用者即法官所掌握的复杂技能。实践中，在检索平台进行类案检索时可能会检索到大量案件，这些案件与待决案件是否构成类案，需要认真识别、准确判断。在成文法的语境下，案件之间相似性的判断，或者案件事实的比对，通常是以隐性的或不规范的方式进行的，而且长期以来，法律人缺乏这种专业性的训练，准确地判定两个案件的相似性并非易事。

依据最高人民法院《类案检索指导意见》第1条对于“类案”的规定及最高人民法院《〈关于案例指导工作的规定〉实施细则》第9条的规定，其“类似”要素至少应当包括基本事实、争议焦点和法律适用问题等方面的内容。笔者就这一问题进行了探索，初步总结了类案识别的标准，以供参考。笔者认为，检索到的类案与待决案件之间是否具有相似性和参考性，应从案件的案由（罪名）、争议焦点、基本事实、法律适用问题等方面为比较基点进行相似性比对、识别。其中，类案识别的核心标准是争议点相似、基本事实相似和具体法律适用问题相似。

一、案由（罪名）相似性比对

通常来说，案由是识别类案的基本着眼点。案由相同，则表明诉争案件的基本事实及其法律关系大体趋同或相似。为了方便诉讼指引和法律适用查明，实际审判工作中各类诉讼案件都根据需要设置了案由，亦即对诉讼案件所涉及法律关系的性质进行概括后形成的案件名称。因此，案由可以为类案识别提供初步指引。目前，案由类别主要有民事案由、行政案由、执行案由、国家赔偿案由，在刑事案件中则称罪名。因此，案由（罪名）相同或类型相同是类案判断的首要步骤，也是排除大量不相关信息的最有效方式。

（一）比对案由（罪名）是否相同

以民事案件为例。《民事案件案由规定》明确指出“民事案件案由是民事案件名称的重要组成部分，反映案件所涉及的民事法律关系的性质，是对当事人诉争的法律关系性质进行的概括”①。我国民事案件的案由由四级构成，其以民法理论对民事法律关系的分类为基础，依据当事人诉争的民事法律关系的性质来确定，以法律关系的内容即民事权利类型来编排体系，与我国民事法律规范的体系编排基本一致。《民法典》的体系编排更是进一步突出了二者的一致性。因此，当两个案件的案由相同时，通常意味着两个案件涉及的法律性质和法律关系相同，涉及的“权利来源”和“救济来源”相同或类似，且效力层级越低的案由相同案件的“基本事实”越具有相似性。为此，通过比对类案与待决案件的案由来判断两者之间的基本事实相似性具有可行性和易操作性。

（二）比对请求权法律基础是否相同

请求权法律基础通常由作为“权利来源”和“救济来源”的相关法律规范构成。其中“权利来源”为原告请求救济的民事实体权利的法律出处或有效的合同约定；“救济来源”为原告的民事实体权利被侵害或妨害后其选择的救济手段的法律出处或有效的合同约定。上述的“权利来源”和“救济来源”是确认原告诉讼请求成立的判断标准和依据，也是法院在裁判文书的裁判依据部分必须列明的事项。在办理具体案件时，先要确定原告诉讼请求的法律基础即“权利来源”和“救济来源”，然后再以相关的具体法条作为关键词进行检索，就非常容易找到以同样法条作为裁判依据的类案。

总之，在判断类案与待决案件“基本事实”相似性时，原则上应首先确定案由（罪名）或请求权法律基础相同或类似，即以案由（罪名）相似为基础，然后再依据

---

① 详见最高人民法院《关于印发修改后的〈民事案件案由规定〉的通知》（法〔2020〕347 号）。

相关法律规定提供法律要件进行案件事实的比对，最终确定"基本事实"的相似性。但是，对于常见多发案由（罪名）来说，案件的多样性、复杂性还是会导致裁判结果的显著差异性。实践中不少当事人正是基于相同案由（罪名）出现不同的裁判结果，进而质疑司法裁判的公正性。这是因为案由（罪名）相同的案件之间，也可能在争议焦点、基本案情、法律适用等方面存在差异。因此，在整个的类案识别中，案由（罪名）相似性比对只能起到一个初步指引的作用。用马克思主义辩证法的观点分析，案由（罪名）相似的两个案件之间有可能是实质类案，但也有可能不是实质类案；案由（罪名）不相似的两个案件之间也不完全就不是实质类案。由此可见，立足案由基础上的进一步深入分析，是准确界定同类案件，实现适法统一的必由之路。

二、争议焦点相似性比对

类案判断贯通于查明案件事实和适用法律规范，而能够有效连接案件事实分歧和法律规范适用分歧的恰恰是争议焦点。争议焦点，也称案件争点，是诉讼过程中当事人之间所争议的问题，是当事人之间产生纠纷的关键，是案件的核心问题，也是案件相似性识别和比对的核心点和重要出发点。只有从相关的争议点出发才能判断关键事实是否相似。因此，法官在类案判断中，需要重点对案件的争议焦点进行比对。

（一）比对争议焦点是否相似

争议焦点，是当事人之间及当事人与法官之间在诉讼标的、法律适用、事实、证据以及一些程序事项等方面具有实质意义的分歧。[①] 争议焦点能够对办案法官把握案件脉搏、作出裁判结论产生影响。在案件审理中，争议焦点会被法官在裁判文书进行系统论证，最后被总结归纳为案件的裁判要点。因此，对于待决案件而言，类案的价值在于其裁判要点、裁判理由具有参照（参考）性。为此，如果检索出的类案与待决案件的争议焦点不同，那么该类案与待决案件之间就没有相似性，对于待决案件而言，该类案就没有参照（参考）价值。

在司法实践中，一个案件的争议焦点存在于多个层面，既包括法律适用争议，又包括事实认定争议；既包括实体争议，也包括程序争议。因此，在识别、比对类

---

① 参见黄湧：《民事审判争点归纳：技术分析与综合运用》，法律出版社2016年版，第29页。

案与待决案件在争议焦点上是否具有相似性时,要注意比对法律适用争议和事实认定争议。需要注意的是,虽然案件的基本事实包含争议焦点,但不能完全等同,因此现实中存在争议焦点相似但在基本事实方面存在差异的情况。[①] 因此,案件的争议焦点与案件的基本事实不能画等号。要准确判断两者之间是否是实质意义上的类案,除了要对争议焦点进行识别、比对外,还需要对案件的基本事实进行识别、比对,才能最终确定。即争议焦点识别、比对环节在整个类案识别过程中起到的是一个初步筛选作用。

(二)实例演示

在胡某伟等六户业主诉某县园洲浅水湾度假村有限公司(以下简称园洲公司)、毛某球商品房预售合同纠纷等六件系列案[②]中,胡某伟等六户业主认为其起诉的案件与梁某英诉某市银泰达实业有限公司(以下简称银泰公司)商品房销售合同纠纷案[③]之间争议焦点相似,要求法院参照该案作出一审判决。下文,对该两起案件在争议焦点上是否具有相似性进行比对分析,为类案识别中争议焦点的相似性比对进行实例演示。

【案例12】 胡某伟等六户业主诉园洲公司、毛某球商品房预售合同纠纷案的裁判文书中显示:

2018年1月9日,胡某伟(买受人)与园洲公司(出卖人)签订《商品房买卖合同(预售)》,合同约定,出卖人应当在2018年12月31日前向买受人交付案涉商品房,且案涉商品房交付时应当已取得建设工程竣工验收备案证明文件及房屋测绘报告、《住宅使用说明书》和《住宅质量保证书》等。合同签订后,胡某伟向园洲公司支付了首期购房款204,522元,剩余房款通过贷款方式进行支付。2018年12月30日,原告胡某伟签署钥匙托管责任声明书、入伙会签单、业主/住户信息登记表、《前期物业管理服务协议》等文件,接收案涉商品房。经核查,经验收合格,涉案商品房于2019年12月27日取得《房屋建筑工程和市政基础设施工程竣工验

① 如(2011)寒民三初字第199号与指导性案例2号、(2013)杭江商初字第33号与指导性案例9号。参见谢奕:《在先案例的参照困境与识别适用路径构建——基于D法院案例引证制度的实证分析》,载《法治论坛》第59辑(2020年);张骐:《再论类似案件的判断与指导性案例的使用——以当代中国法官对指导性案例的使用经验为契口》,载《法制与社会发展》2015年第5期。

② 详见广东省惠州市中级人民法院民事判决书,(2020)粤13民终6200-6205号。

③ 详见广东省惠州市中级人民法院民事判决书,(2017)粤13民终1721号。

收备案表》,并注明备案文件包括建设工程竣工验收报告以及规划、公安消防、环保部门出具的认可文件或者准许使用文件、施工单位签署的工程质量保修书、商品住宅的《住宅质量保证书》和《住宅使用说明书》等。涉案商品房于2017年9月11日取得《房产面积测绘成果报告书》。后胡某伟主张园洲公司故意隐瞒案涉商品房未取得验收备案的事实,甚至出示虚假的备案表欺骗原告收楼,原告于2018年12月30日的收楼行为并非其真实意思表示。在诉讼中,原告方胡某伟等人认为:"房屋的有效交付有明确的法律强制规定即验收合格才能交付,不能简单地以所谓推定的买受人'收楼'的认定来免除开发商违反法律规定的违法违约责任。房屋必须经过验收合格后才能交付使用,这是法律强制性规定,开发商违背法律让业主提前签署交房文件意图达到'交房'的目的,属于违法行为。在园洲公司未取得竣工验收前,不能因不明真相的买受人胡某伟等人的善意配合行为免除被开发商的责任。"而园洲公司则认为:"买受人明知商品房不符合交付条件而接收房屋,又以商品房的交付不符合约定或法定的交付条件,要求答辩人支付违约金,不应得到支持。"

解析:上述原被告双方的争议焦点应归纳为"买受人实际收房时间能否作为认定开发商是否构成逾期交房的依据,进而以此计算违约金"。

【案例13】 梁某英诉银泰公司商品房销售合同纠纷案的裁判文书显示:

2013年8月1日,梁某英与银泰公司签订了《广东省商品房买卖合同》。该合同第8条约定,出卖人应当在2014年12月30日前将经验收合格,且符合本合同约定的商品房交付买受人使用;梁某英在合同签订后于2013年9月3日向银泰公司一次性支付了全部购房款550,024元。梁某英于2015年10月15日办理了"同意收楼"的相关收楼手续,涉案房屋的竣工验收时间为2016年6月14日。后双方发生纠纷。在诉讼中,梁某英认为:"房屋必须经过验收合格后才能交付使用,这是法律强制性规定,被上诉人违背法律让业主提前签署交房文件意图达到'交房'的目的,属于违法行为。银泰公司要求其在竣工验收之前提前签署交房文件意图规避法律来'交房'的行为是被国家所制定法律认定为违法的行为。故请求法院认定,银泰公司在房屋竣工验收合格之前'交房',依然需要承担延迟交房违约责任。银泰公司的违约金数额计算,应从2014年12月31日起,计算至竣工验收之日,即2016年6月14日。"而银泰公司认为:"涉案房屋在未竣工验收合格之前,梁某英因其工作生活需要要求提前收楼,并在2015年9月30日已经自愿办理了收楼手续,其已经交付房屋且梁某英实际占有使用了涉案房屋,该房屋已发生转移，而且在梁某英起诉前，涉案房屋于2016年6月14日经竣工验收合格。根据公平交易原则，应视为案涉房屋已经交付，违约金计算截止日期计算至原告办理收楼手续前一天，即2015年9月30日。”

解析：根据案件事实，法庭将上述原被告双方的争议焦点归纳为“逾期交房违约金计算的截止日期问题”。

在上述两份判决中，虽然关于争议焦点的文字表述不相一致，但上述两起案件的争议焦点均是在商品房买卖中，房产商预逾期交房，且买受人在房屋未竣工验收前收房的，违约金计算的截止日期该如何认定的问题。故此，通过比对发现，上述两起案件在争议焦点上具有相似性。

三、基本事实相似性比对

案件事实由基本事实和非基本事实组成。而基本事实是关系到案件性质、责任构成以及责任程度的事实，除此之外的事实都是非基本事实。[①] 基本事实构成待决案件的主体，是确定案件性质和法律关系的核心构成要件。基本事实相似是判断待决案件与已生效案件是否为类似案件的核心，是判断案件类似的根本比对点。如果围绕同一争议焦点的基本事实不同，则两个案件必然不属于类似案件，不具有类似案件类似审判的必要。因此，在适用指导性案例或者参考已生效裁判时，独任法官或者合议庭必须对待决案件与指导性案例、已生效裁判案件进行基本事实的比对，并对两者的相似性作出判断，这是指导性案例适用、已生效裁判参考的重要技术。同时，前文也已阐述在两个案件之间存在争议焦点相似，但基本事实存在差异的情形，也要求在进行类案识别中进行基本事实的识别对比，通过判断检索出的类案与待决案件之间在基本事实上是否存在相似性，以此来辅助进行类案的识别，辅助法官正确地适用法律。

但需要注意的是，作为案件类似判断的基本事实，必须是经法庭认定的具有法律意义的基本事实，未经庭审中举证、质证确认的事实不能作为类案识别中的基本事实。因为“在待决案件与已生效裁判的构成要件事实相似性的判断上，要求所有构成要件事实均一致难免陷入机械与僵化，即使不完全一一对应相同，也

① 参见刘作翔、徐景和：《案例指导制度中的案例适用问题》，载《湘潭大学学报（哲学社会科学版）》2008年第2期；付玉明、汪萨日乃：《刑事指导性案例的效力证成与司法适用——以最高人民法院的刑事指导性案例为分析进路》，载《法学》2018年第9期。

不影响类比的可行性”①。因此,在类案识别中进行比对的基本事实是指经法庭认定的基本事实。

进行基本事实相似性比对,一般需要经过以下几个步骤。

(一)提取案件基本事实

如前文所述,在具体案件中,案件的基本案情往往是由数个事实组成。在这数个事实中存在一个或者多个产生法律效果的事实(又称法律事实),在这一个或者多个法律事实中存在一个或者多个直接决定具体案件适用的基本事实。这就需要办案法官从包含数个案件事实的基本案情中提取出在案件中起关键作用的事实,即案件的基本事实,进而排除案件中的非基本事实。归纳实践中的做法,可以梳理出一些寻找案件基本事实的脉络②,通常有以下三种方法。

第一种方法,结合争议焦点提炼基本事实。与争议焦点相关的事实无疑都应被视为对案件具有关键性影响的基本事实。为此,在提炼已生效案件的基本事实时,可以结合裁判文书中归纳总结的争议焦点具体进行实际操作。

第二种方法,结合判决理由来提炼基本事实。确定基本事实就需要深入判决理由的内部,审视已生效判决在形成判决理由时到底选择了哪些事实,并如何评价这些事实。为此,可以结合已生效裁判文书中的裁判理由来提炼基本事实。

第三种方法,通过裁判要点中的请求权基础规范逆推出基本事实。请求权基础规范的正向思维是找到请求权基础规范,分解出法律构成要件,与案件事实逐一比对,当案件事实的构成要件符合请求权基础规范时,可支持原告的请求权。③例如,在识别指导性案例中的基本事实时,可以通过裁判要点中的请求权基础规范,寻求支撑裁判要点中抽象规范的基本事实,通过逆向思维判断识别出指导性案例中的基本事实。在检索到的类案是非指导性案例时,则首先要总结归纳出裁判要点(裁判规则),再按上述方法判断和识别出已生效案件的基本事实。

锁定案件基本事实,就为判断案件相似性提供了初步基础,使比较点更加具体、明确,比对范围将大大缩小。接下来,仍需要进一步限缩识别,范围越小越具

---

① 谢奕:《在先案例的参照困境与识别适用路径构建——基于D法院案例引证制度的实证分析》,载《法治论坛》2020年第59辑。

② 参见孙海波:《重新发现“同案”:构建案件相似性的判断标准》,载《中国法学》2020年第6期。

③ 参见葛云松等:《法治访谈录:请求权基础的案例教学法》,载《法律适用:司法案例》2017年第14期。

体，就越有助于识别、比对两个案件之间的相似性。为此，要在基本事实之中继续区分出相同点和不同点。

（二）区分出基本事实中的相同点和不同点

区分待决案件与已生效案件基本事实中的相同点和不同点的过程，某种意义上类似于数学运算中的“提取公因式”，是寻找两个案件之间的“最大公约数”。它实际上是一个“求同存异”的过程。一方面，既要找到两个案件之间的共同事实；另一方面，也要发现它们的不同点。对于相同点和不同点的问题，这里需要注意三点。

第一，这里论及的相同点并不要求一模一样，而只是在相似意义上而言的。第二，无论是相同点还是不同点，很少是自然呈现的，而要经过法官的评价，因此它们通常是评价意义上的相同点或不同点。第三，区分相同点与不同点的过程必然是非演绎性的，甚至有时需要借助于法感、经验、直觉以及其他形式的实质性判断。如特殊情况下，某一基本事实可能存在两个以上的不同争议，但待决案件双方仅在其中一个问题上有分歧。因此，仅基本事实具有一致性还不够，还需要结合争议焦点和法律适用是否具有一致性进行综合判断。

为直观呈现案件基本事实相同点和不同点区分的过程，这里引入司法实践中的具体实例，演示如何归纳和提炼它们之间的相同点和不同点。如最高人民法院第 89 号指导性案例和“河南改姓案”“沈阳改姓案”均系因姓名权而引发的争议。[①] 下面以这三起案例进行相同点和不同点的解剖、分析，见表 3－1。

表 3－1　区分案件相同点和不同点实例演示

案件名称	河南改姓案	北雁云依案 （指导性案例 89 号）	沈阳改姓案
基本事实	1. 夏某和赵某为儿子办理姓名登记； 2. 所选取之姓氏系“夏”“赵”之外的祖姓“万”	1. 父母为新生女儿创设姓氏； 2. 所选取之姓氏既非父姓或母姓，亦非祖姓，而属于任意创设的第三姓	1. 当事人向户籍登记机关提出变更自己姓名的申请； 2. 当事人申请将原姓变更为父母姓氏之外的“耶律”

① 参见孙海波：《重新发现“同案”：构建案件相似性的判断标准》，载《中国法学》2020 年第 6 期。文中涉及的具体案例为：最高人民法院指导性案例第 89 号；河南省荥阳市人民法院行政判决书，（2013）荥行初 14 号；辽宁省沈阳市中级人民法院行政判决书，（2005）沈行终 252 号。

续表

<table>
<tr><th>案件名称</th><th>河南改姓案</th><th>北雁云依案
(指导性案例 89 号)</th><th>沈阳改姓案</th></tr>
<tr><td rowspan="2">相同点</td><td colspan="2">1. 均系为新生儿办理出生姓名登记;
2. 都未选择父姓或母姓,而是选择的第三姓</td><td>—</td></tr>
<tr><td>—</td><td colspan="2">所选择的姓氏均为父母姓氏之外的第三姓,系任意创设的</td></tr>
<tr><td rowspan="2">不同点</td><td colspan="2">虽然都选择了第三姓氏,但一个是任意创设了姓氏,而另一个则是选择自己姓氏之外的其他祖姓</td><td>—</td></tr>
<tr><td>—</td><td colspan="2">1. 一个是父母为子女创设姓氏,一个是自己为自己创设姓氏;
2. 一个是出生阶段户籍登记引发的姓名权争议,另一个则是姓名创设以后进行的姓氏变更争议</td></tr>
</table>

(三)基本事实中不同点的重要性衡量

在列明两个案件之间的相同点和不同点之后,基本事实提取的工作并未因此结束。仍然有一些事实特征对案件识别、对比而言是无关紧要的,需要从比较清单中加以剔除。需要注意的是,并非相同点的数量越多就越能证明两个案件相似,反之亦然。类比推理的核心在于相同点和不同点的重要性判断。经过比对判断后,如果基本事实中相同点重要,已生效案件可以参照使用;如果基本事实中不同点更重要,则不具有可参照(参考)性。

(四)实例演示

1. 方法、步骤

将待决案件与检索出的类案在基本事实中进行相似性比较识别,可以采取以下三个方法和步骤(见表 3 -2):

第一步,列举案件基本事实构成要素,即列举已生效案件 A 的基本事实构成要素包含事实特征 X、Y 和 Z、W;列举待决案件 B 具有的事实特征,包含要件事实特征 X、Y 和 C、D。

第二步,梳理相同点和不同点,即对已生效案件 A 和待决案件 B 之间的基本事实(具体事实)进行比对,梳理出 A 和 B 具有共同之处 X、Y,A 和 B 具有不同之处 Z、W 和 C、D。

第三步，相同点和不同点的重要性判断。若判断已生效裁判 A 中是 X、Y 比 Z、W 更重要，同时，判断在待决案件 B 中是 X、Y 比 C、D 更重要，则已生效案件 A 与待决案件 B 在基本事实上具有相似性；反之则不具有相似性。

表 3－2　待决案件与已生效案件基本案情相同点与不同点识别比对

案件类型	已生效案件 A	待决案件 B
基本事实	X、Y、Z、W	X、Y、C、D
相同要素	X、Y	
不同要素	Z、W	C、D
重要性判断	通过识别比对，相同点 X、Y 对类案 A 和待决案件 B 均具有“更重要”	
识别结论	已生效案件 A 与待决案件 B 在基本事实上具有相似性	

2. 实例演示

下面以最高人民法院第 23 号指导性案例和胡某诉王某买卖合同纠纷案①为例进行基本事实相似性比对进行实例演示（见表 3－3）。

表 3－3　待决案件与已生效案件基本案情相同点与不同点识别比对

案件名称	第 23 号指导性案例	胡某诉王某买卖合同纠纷案
基本事实	1. 买卖合同纠纷； 2. 在超市购买食品“玉兔牌”香肠 14 包； 3. 涉案商品在购买时已过保质期； 4. 在现场结账后直接到收银台索赔（未造成人身伤害）； 5. 诉请 10 倍赔偿； 6. 购买者属于知假买假行为	1. 买卖合同纠纷； 2. 在淘宝网络购买防脱发去屑保湿控油洗发水 13 瓶； 3. 涉案商品系进口商品，无任何中文标识、进口特殊用途化妆品批号（特殊用途育发类化妆品） 4. 起诉时未有证据证明对人身已造成伤害； 5. 诉请 10 倍赔偿； 6. 购买者属于知假买假
相同点	要素 1、4、5、6	

① 详见广东省深圳市宝安区人民法院民事判决书，（2019）粤 0306 民初 6823 号；广东省深圳市中级人民法院民事判决书，（2019）粤 03 民终 30160 号。

续表

案件名称	第 23 号指导性案例	胡某诉王某买卖合同纠纷案
不同点	1. 涉案商品系食品； 2. 在实体店购买； 3. 涉案食品是已过期的不符合食品安全标准的食品	1. 涉案商品系特殊用途化妆品； 2. 在网络购买； 3. 涉案商品是无中文标识、无批注批号的化妆品
重要性判断分析	在指导性案例中，法院支持 10 倍索赔是基于侵权客体是不符合安全标准的假冒伪劣食品，该事实对法院的裁判结论的影响比其他事实重要；在胡某诉王某买卖合同纠纷案中，购买商品系无中文标识、无批准批号化妆品的事实对该案的影响比其他事实更重要。因此，在上述两个案件中，基本事实中的不同点比相同点更重要。作为基本事实的食品在后案的相似性比较中不能随意扩展到任何产品	
识别结论	第 23 号指导性案例与胡某诉王某买卖合同纠纷案在基本事实上不具有相似性；指导性案例对该案不具有参照性作用	

四、法律适用问题相似性比对

类案检索的目的在于解决裁判的分歧和差异，故在类案识别中，争议类似是类案判断的基本前提。此处的类似“争议”主要是指法律适用层面的争议，仅在事实认定方面存在争议的案件不具有通过类案检索统一法律适用的必要性。因此，法律适用问题是案件裁判中需要重点考量的问题，也是影响裁判结论的关键问题。法律适用问题及其解决一般会在裁判文书说理中充分体现，类案检索中需要对法律适用问题进行认真识别、比对，并对裁判观点予以分析、判断，作为判断是否构成类案的重要依据。

基本事实和法律适用是一个问题的两个方面。对此，需要法官的目光在事实认定与法律适用之间循环往复，以保障相似性判断的可靠性。在进行争议焦点、基本事实比对的基础上，再分析比较两个案件的法律适用问题是否具有相似性。

五、通过综合权衡识别实质类案

如何在法律适用中架起从应然通向实然的桥梁？拉德布鲁赫认为应当“借助事情的本质”。通过对案由、争议焦点、基本事实、法律适用问题的比较实现了类案的初步判断，但要确定待决案件与检索出的已生效裁判是否是实质类案，则还要结合个案考量和价值判断、立法目的等进行实质判断。在实践应用中，证据、程序、政策等通常居于补充地位，发挥排除作用。也即在争议焦点、基本事实、法律适用问题等相同或相近的情况下，仍需进一步进行综合校验，从排查有无证据或政策等方面入手进行识别。经过深入细致的排查后，如果没有能够排除两个案件之间构成实质类案的相关因素，才可以最终确定待决案件与检索出的“形式类案”之间为实质类案。

（一）行为后果相似性比对

除了上述比对点外，行为后果的相似性，也是判断是否构成实质类案，是否需要类似审判的重要因素。如果相似的行为和情节造成了截然不同的行为后果，在法律上也会有不同的评价。譬如，就刑事案件中的故意杀人案件而言，如果两个案件中的行为、情节相近，但在造成的行为后果方面，一个仅杀人未遂，另一个却属于杀人既遂，那么两个案件通常不构成实质类案，待决案件的办案法官也不用再受到已生效类案裁判规则的约束。

（二）案件举证情况比对

在这部分中，要着重比对检索出的类案中的当事人在举证方面与待决案件是否有重大不同。因为举证是否充分，会直接影响裁判结果。例如，同属于类案，但在某一个案件中由于一方当事人举证不足导致其败诉的结果，那么该案对于待决案件的参考意义在某些方面就会大打折扣，就需要办案法官审慎选择。又如，法庭对当事人迟交的证据或者提交的具有轻微瑕疵的证据是否采信均会影响裁判结果，也会影响类案相似性的判断。

（三）当事人抗辩情况比对

在这方面，因为被告抗辩的理由成立与否会直接影响原告诉讼请求的成立与否，也会影响案件构成要件的成立与否。例如，同为超过诉讼时效的案件，被告抗辩与不抗辩会导致两种不同的裁判结果。又如，在约定违约金过高的情况下，被告是否抗辩也会影响案件的处理。如果被告不抗辩违约金过高并主动作出相应的举证，法院一般不会主动调整违约金标准。

（四）其他方面情况比对

除了前述所有情况外，某些重要法律原则如诚实信用原则、绿色原则、符合社会主义核心价值观等的运用，某些法治理念如坚持以人民为中心、当事人各方利益平衡、社会利益与当事人利益平衡等，包括运用某些法律推理方式，如当事人真实意志的认定、善意相对人或者第三人认定等，都会对案件的裁判结果产生影响。在遇有上述情形时，需要法官发挥个人经验和智慧，对两个案件之间的相似性进行综合判断。

在经过初步检索后，若存在的“形式类案”数量较多，在对“形式类案”进行实质性评价时，要按照主流价值观进行取舍和综合权衡。比较两个或数个已生效裁判之优劣，从事实认定、法律适用等方面选择出最优裁判思路，将其确定为据以参照（参考）的实质类案，才在后续的待决案件中予以援引适用。

六、类案识别思维导图

为了便于实践操作，笔者设计了类案相似性比对的思维导图（见图3－40），供法官在案件审理、院庭长在案件监督以及审判管理者在案件质量评查中借鉴使用。

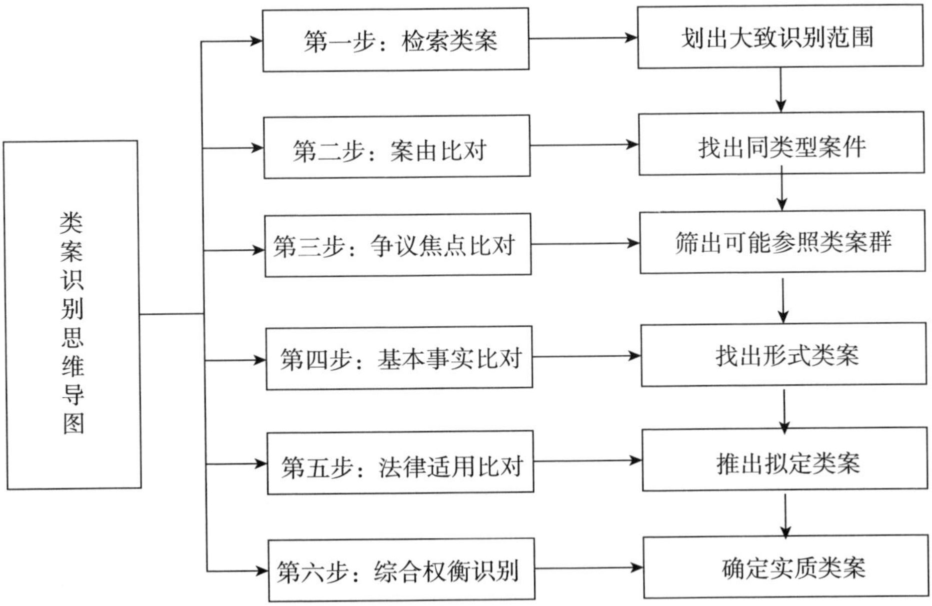

图3－40 类案识别思维导图

第一步，检索类案，划出大致识别范围；

第二步，案由（罪名）相似性判断，找出同类型的案件；

第三步，争议焦点相似性判断，筛出可能参照的类案群；

第四步，基本事实相似性判断，找出形式类案需要注意的是，在这一步中，需要在基本事实相似性的基础上，找出已生效案件与待决案件的相同点和不同点，再判断相关相同点和不同点何者具有压倒性分量，最终判断已生效案件与待决案件是否属于实质类案；

第五步，法律适用问题相似判断，推出拟定类案；

第六步，综合权衡识别，确定实质类案。

第七节　类案检索结果的呈现与运用

在完成类案的检索和识别之后，需要根据类案的检索情况制作类案检索报告，以便合议庭在合议或者提交专业（主审）法官会议、审判委员会讨论时使用，也为法官固定检索成果进行留痕。最高人民法院《类案检索指导意见》第 8 条规定："类案检索说明或者报告应当客观、全面、准确，包括检索主体、时间、平台、方法、结果，类案裁判要点以及待决案件争议焦点等内容，并对是否参照或者参考类案等结果运用情况予以分析说明。"为此，笔者在这一节中，根据上述规定精神进行细化和详细进行阐述，以期为实务操作提供指引。

一、制作检索报告

类案检索报告既是类案检索结果及运用的重要表现形式，也是类案检索机制发挥作用的重要载体。类案检索报告的制作主要包括两部分内容：第一部分是明确类案检索报告主要内容，即类案检索报告的构成要素；第二部分是明确类案检索报告以何种形式对外进行展示，即类案检索报告的呈现形式。

（一）检索报告的主要构成要素

1. 待决案件的基本事实和争议问题

精准地梳理归纳出待决案件基本事实和争议问题，对于有效开展类案检索和后续进行类案识别、比对及类案检索监督、评查都具有重要意义。

关于待决案件的基本事实和争议问题，在"类案检索的准备工作"一节中已有阐述，在此不再赘述。但需要再明确两点：一是待决案件的基本事实并不是待决案件的基本案情，而是对案件的处理具有重要影响、具有关键性作用的事实。二是待决案件的争议问题是指待决案件在经过审理之后梳理出来的争议问题。此处的争议问题，可以是其中的一个或者几个，主要是指需要进行检索的争议问题。如果虽然是案件审理中当事人双方的争议问题，甚至是争议焦点问题，但该问题已经有了明确的裁判规则，或已经有了统一的处理意见，则不能视为此处的争议问题。

在民商事审判领域归纳案件争议问题，应当熟练掌握法律关系分析和请求权基础分析两种方法。所谓法律关系分析的方法，是指通过理顺不同的法律关系，确定其要素及变动情况，从而全面地把握案件的性质和当事人的权利义务关系，并在此基础上通过司法三段论的适用以准确适用法律，做出正确判决的一种案例分析方法。所谓请求权基础分析法，又称为归入法、涵摄法，是指通过寻求请求权基础，将小前提归入大前提，从而确定请求权是否能够得到支持的一种案例分析方法。

2. 类案检索主体、时间、平台及范围

在检索报告中应载明类案检索主体、检索时间、检索平台和检索范围。特别是类案检索平台，其作为类案检索的重要信息技术依托，在报告制作中应当明确检索的平台名称，平台如有不同栏目的还应注明栏目，如法信平台有类案检索和跨库检索等不同栏目，以便在后续的监督、评查环节"复盘"时使用。

3. 检索的条件和方法

在检索报告中详细列明检索的关键词、地域、审级、裁判时间等检索条件和使用的检索方法。这也是为后续的院庭长监督、案件质量评查及其他工作需要进行"复盘"时奠定基础。

4. 类案检索结果

(1)写明检索结果

若检索到类案，需要详细写明类案的检索结果。检索结果既包括指导性案例类案检索情况，也包括参考性案例及其他案例检索情况，包含最高人民法院发布的典型案例及裁判生效的案件、辖区高级人民法院发布的参考性案例及其他已生效案件、上级人民法院及本院已生效的案件、其他地区法院的已生效案件。

如未查询到类案的，可以注明无检索结果。

(2)摘录裁判要点

如果检索到的类案是指导性案例，则应将指导性案例的裁判要点摘录到类案检索报告中。检索到的其他类案,若配套有提炼出裁判要点的,也可参照上述方法进行摘录;若检索到的类案没有裁判要点,则需要检索类案的法官进行裁判要点的提炼。

(3)摘录适用法律情况

在检索到类案后,将类案的适用法律情况载入类案检索报告中,为待决案件适用法律提供参照或参考。

(4)生效裁判的基本信息

主要包括生效裁判的作出法院、案号、裁判时间、审判组织成员等内容。

(5)类案的简要案情和争议问题的裁判方向

按照前文的效力层级依次检索,如果在上一效力级中已检索发现类案,可不再进行下一效力层级案件的检索。如果类案较多,可列明案件数量,抽取一定数量有代表性的案件,并分别说明案件情况,建议使用表格列明,案情复杂的分段列明。此部分内容一般适用于分析式检索报告。

5. 类案参照价值分析

此部分内容着重比较检索出的类案与本案的相同点和不同点,以及对本案裁判的参考价值,在处理意见部分可就此提出案件的处理意见。如检索出的案件裁判方向差异较大,应分别列明,在陈述处理意见时,应说明理由,并在报告附件中附上不同裁判方向(结果)的典型案件。

对于检索出来的类案,首先要按照前文进行类案识别的几个要素进行识别,识别后认为是类案的再载入类案检索报告。若对是否为类案不确定的,需要先行载入类案检索报告,并做出相应的标记或说明,供合议庭评议、专业(主审)法官会议讨论和审判委员会讨论时参考。

6. 本案处理意见

第一种情况,检索到的类案已经具有了统一的裁判意见。参照(参考)类案裁判规则提出待决案件的裁判意见,并在合议庭评议、专业(主审)法官会议和审判委员会讨论时进行说明。但若认为检索到的类案并非主流裁判意见或者不符合主流价值观,即如果引证参照会导致利益失衡,或会与法治发展、公序良俗、国家公共政策等相违背,则应排除适用,并进行说明。

第二种情况,检索到的案例不具有统一裁判意见的情况。法官应对检索到的类案的处理情况写明初步处理意见并说明理由,供合议庭评议、专业(主审)法官会议讨论和审判委员会讨论时参考。面对检索到类案中的观点分歧,法官应当将待决案件的处理思路与类案的裁判规则进行比对、分析，通过甄别在同类案件的不同裁判规则中选择确定一个最优裁判进行参照且说明理由。同时，要就实质否定其他类案的参照意义，进行充分的说理。此外，当法官认为类案的裁判规则均不具有参考意义时，应视情况来确定是调整待决案件的处理意见，还是根据规定程序报请解决法律适用分歧。

7. 结果运用情况

在检索报告中载明对检索结果的运用情况，主要载明是否采纳类案检索结果；若未采纳类案检索结果，说明后续作了何种处理。

（二）检索报告的体例样式

根据最高人民法院《类案检索指导意见》规定，对应当进行类案检索的案件，承办法官应当在合议庭评议、专业（主审）法官会议讨论及审理报告中对类案检索情况予以说明，或者制作专门的类案检索报告。同时，通过梳理地方法院落实最高人民法院的类案检索制度的文件规定，类案检索报告的形式既可以是制作成“表格式”样式，也可以作为“审理报告”中的一项内容，或在合议庭评议、专业（主审）法官会议讨论、审判委员会讨论时对类案检索情况予以说明，并记录评议笔录、讨论笔录、审判委员会记录，还可以是单独的检索报告。就单独的检索报告而言，根据待决案件的具体情况，可以分为备注式检索报告、表格式检索报告、分析式检索报告，独任法官、合议庭可以根据案件情况采用备注式检索报告、表格式检索报告或者分析式检索报告。

1. 检索报告样式的确定原则

拟提交专业（主审）法官会议或者审判委员会讨论的案件，一般采用分析式检索报告。院庭长监督案件、缺乏明确裁判规则或者尚未形成统一裁判规则的案件，一般采用表格式检索报告。除上述需要检索案件外，其他需要检索的案件，可以采用备注式检索报告。

2. 三种检索报告的具体样式

第一种为分析式检索报告。分析式检索报告包含以下几部分内容（样式见表3－4）：

第一部分是待决案件概述，即待决案件的基本事实和争议问题（未开庭审理时为当事人诉辩意见）。

第二部分是类案检索过程情况介绍，即载明类案检索主体、平台、时间、范围、方法、条件等。

表 3－4　分析式类案检索报告样式

关于××案的类案检索情况报告 （建议稿） （××）湘 1023 民终××号 一、待决案件概述 概括写明待检索案件基本事实和争议问题，列明存在适用争议的具体法律的名称和条文内容。 二、类案检索过程概述 1. 检索主体、时间、平台及范围 详细写明类案检索主体、时间、使用的平台和检索范围，平台如有不同栏目的应注明栏目，如法信有类案检索和跨库检索等不同栏目。 2. 检索的具体方法、条件 列明检索的关键词、地域、审级、裁判时间等检索条件及方法。 三、类案检索结果 1. 基本情况概述 写明类案的检索结果，如未查询到类案的，可以注明无检索结果。已检索到类案的需写明类案类型、生效裁判的法院、案号（指导性案例为号数）、裁判文书制作时间、案例刊登时间、摘录裁判要旨（提炼裁判要点）、简要案情、争议问题的裁判方向、法律适用情况；如果类案较多，可列明案件数量，抽取一定数量有代表性的案件，分别说明案件情况。 2. 类案分析 着重比较检索出的类案与待决案件的异同点，以及对本案裁判的参考意义。如检索出的案件裁判方向差异较大，应分别列明，在陈述处理意见时，应说明理由，并在报告附件中附上不同裁判方向（结果）的典型案件。 3. 处理意见 根据上述类案分析的情况，提出类案检索对待决案件的处理意见；最终提出待决案件的裁判意见。 四、参照（参考）情况介绍 载明类案检索结果运用情况，并载明相应理由。如可能创设新的裁判规则，应当充分说明理由。 检索人： 提交时间：　年　月　日

第三部分是类案检索结果及分析。首先载明有无检索到类案。若检索到类案，载明类案案号、摘取类案在基本事实认定、争议焦点归纳、法律适用等一方面或几方面的裁判要旨，并对与待决案件识别比对情况进行简要分析说明，总结类案的不同裁判观点及相关案例，各观点应先介绍主流观点或倾向性观点，并以案例解释相关观点。

第四部分是参照（参考）情况介绍。合议庭评议后或经专业（主审）法官会议、审判委员会讨论后拟采用何种裁判意见，并说明理由。如可能创设新的裁判规则，应当充分说明理由。（这部分根据案件审理的不同阶段提交类案检索报告时进行相应完善，整个案件审理结束后形成完整的检索报告存入案卷材料归档）

第二种为表格式检索报告。表格式检索报告一般包含待决案件基本事实、争议焦点、法律适用争议、检索情况（检索主体、检索时间、检索平台、检索方法、检索结果）、类案情况（类案来源、类案案号、裁判要旨、基本事实、争议焦点、裁判理由、裁判结果、适用法律）、参照分析、拟作出处理结果、结果运用情况等。表格式检索报告的样式见表3－5。

表3－5　表格式检索报告样式

<table>
<tr><td colspan="6">××案类案检索情况报告（建议模板）</td></tr>
<tr><td rowspan="4">待决案件概况</td><td>案号</td><td colspan="2"></td><td>案由</td><td></td></tr>
<tr><td>基本事实</td><td colspan="4"></td></tr>
<tr><td>争议焦点</td><td colspan="4"></td></tr>
<tr><td>法律适用争议</td><td colspan="4">此处写明有无法律适用争议，有争议的话，写明是法律条文之间的争议，还是对法律条文理解的争议。</td></tr>
<tr><td rowspan="2">检索情况</td><td>检索主体</td><td>检索时间</td><td>检索方法</td><td>检索平台</td><td>检索结果</td></tr>
<tr><td></td><td></td><td></td><td></td><td></td></tr>
<tr><td rowspan="8">类案情况</td><td>类案来源</td><td colspan="4"></td></tr>
<tr><td>类案案号</td><td colspan="4"></td></tr>
<tr><td>裁判要点</td><td colspan="4"></td></tr>
<tr><td>争议焦点</td><td colspan="4"></td></tr>
<tr><td>基本事实</td><td colspan="4"></td></tr>
<tr><td>裁判理由</td><td colspan="4"></td></tr>
<tr><td>裁判结果</td><td colspan="4"></td></tr>
<tr><td>适用法律</td><td colspan="4"></td></tr>
</table>

续表

类案参考分析	
处理意见	此处应至少包括三方面情况,一是否具有参照(参考)性;二是待决案件拟作出的判决结果;三是是否需要提交专业(主审)法官会议、审判委员会讨论。
结果运用情况	□参照;□参考;□排除参考;□新规则
备注	

第三种为备注式检索报告。

备注式检索报告一般包含待决案件概述、检索方式、检索结果(载明类案案号、类案来源)、处理意见、案例原文链接等基本信息即可。备注式检索报告的样式,见表3-6。

表3-6　备注式类案检索报告样式

关于××案的类案检索情况报告
(建议稿)

(××)湘1023民终××号

1. 待决案件概述
2. 检索方式
3. 检索平台
4. 检索时间
5. 检索结果:□无;
　　□有,类案案号:

类案来源:
裁判要点:

6. 裁判尺度:□一致;
　　□有差异,尺度类型①:……尺度类型②……;
7. 处理意见
8. 案例原文链接
9. 其他情况记载

检索人:
提交时间:　年　月　日

二、检索结果的运用

类案检索结果的运用，是待决案件参照（参考）适用类案的裁判规则作出裁判的过程。类案检索结果的运用过程需要遵循一定的原则、步骤、规则，才能让类案检索结果发挥有效作用，促进案件办理实现“三个效果”的统一。

（一）类案检索结果运用原则

在大多数时候，即使案件事实和法律争议都类似，检索到的类案裁判结果也可能并不完全一致，甚至互相冲突，主要原因之一是类案裁判依据的法律、行政法规、司法解释可能存在冲突，作出案件裁判时的背景、政策等发生变化等原因。为此，在选择参考适用类案时，需要遵循一定的原则。

1. 优先参照（参考）效力层级更高的类案

效力优先原则，是指对于检索到的类案为指导性案例的，人民法院应当参照作出裁判，参考非指导性案例时应优先选择效力层级更高的已生效裁判。需要注意的是，只有指导性案例是参照适用，而指导性案例之外的类案（已生效裁判）均是参考适用。即公报案例检索的优先级应仅次于指导性案例，最高人民法院公布的典型案例及作出的生效裁判在参照效力上依次递减。除上述四类案例之外，最高人民法院和省（自治区、直辖市）高级人民法院经常选编具有典型性的案例发布于其主办（主管）刊物，如最高人民法院主管主办的《法律适用》《人民司法》《中国审判》等均会发布相应案例，湖南省高级人民法院主办的《湖南审判研究》，其中的案例有的虽未以典型案例的形式发布，但都是经过严格筛选，其参考性一般应高于其他已生效裁判。

2. 优先参考时间更近的类案

时间就近原则，是指除指导性案例以外的其他案例，在参考适用时要参考距离待决案件时间更近的类案。因为，类案的作出是依托在一定的时空背景下的。随着时间的推移，现在的时空背景与当时相比发生了变化，时间间隔太久的类案不一定适用于当前的现实情况。如最高人民法院《类案检索指导意见》规定“除指导性案例以外，优先检索近三年的案例或者案件”即出于此考虑。如果检索到的近三年类案仍然存在冲突，在同一检索层级上，就类案所依据的法律规范，应按照上位法优于下位法、新法优于旧法、特别法优于普通法的三大原则来确定类案参考的优先级。需要注意的是,司法政策对裁判的影响也不能忽略,新的司法政策使既往裁判倾向明显变化的,应以该政策实施后作出的类案(已生效裁判)为参考。如最高人民法院、最高人民检察院、公安部、司法部联合发布《关于办理“套路贷”刑事案件若干问题的意见》后,给法官办理涉借贷的案件的裁判思路带来明显的变化。

3. 坚持司法民主原则

当检索到的类案不止一件,且数件案件之间的裁判观点和裁判规则不一致时,若能形成多数裁判观点的,通常参照(参考)多数裁判观点或者按照主流裁判观点(符合社会主流价值观)的类案作出裁判。未能形成多数裁判观点或者合议庭认为类案比对有难度、类案裁判标准差异较大,或者案件类型新颖、需要明确新的裁判规则时,承办法官应当列明合议庭的初步处理意见,提交专业(主审)法官会议、审判委员会讨论决定,充分发挥司法民主的体制机制作用,统一法律适用标准。在没有检索到类案的情况下,应当选取与类案最相似的案件,并将类案检索结果提交专业(主审)法官会议进行讨论,必要时提交审判委员会讨论决定。最后,独任法官或者合议庭结合专业(主审)法官会议的讨论意见进行复议或者依照审判委员会的决定,作出最终的裁判。

(二)适用情形分类

1. 参照适用

对检索到的已生效案件,经识别、比对为实质类案的,且类案为最高人民法院发布的指导性案例的,应当参照适用。

2. 参考适用

对检索到的案件,经识别、比对为实质类案,但类案为非指导性案例的,即指导性案例以外的其他已生效裁判,待决案件的审理者可以依照法律、司法解释的规定,决定是否参考。对检索到的多个实质类案之间不一致的,可以斟酌类案案情、法院层级、裁判要点、裁判时间等因素,依照法律、司法解释的规定,综合判断决定是否参考。

3. 排除适用

经过识别比对后,虽然指导性案例被确定为类案,但该指导性案例被最高人民法院公开宣布废止,指导性案例与新的法律、司法解释相冲突或者被新的指导性案例所取代而失去指导价值的,应当排除适用。同时,如果发现援引参照指导性案例或者非指导性案例的类案会导致利益失衡，或与法治发展、社会公序良俗、社会主义核心价值观、国家公共政策等相违背，则应排除适用。

（三）参照（参考）的具体规则

在司法实践中，参照指导性案例、参考其他已生效裁判时，需要遵守以下八项规则：

规则 1：指导性案例优于其他上级法院的直系案例，上级法院的直系案例优于目标法院的案例，目标法院的案例优于旁系案例，旁系案例优于系外案例。

规则 2：没有指导性案例，但多个上级法院有直系案例的，距目标法院最近的上级法院的直系案例优先。

规则 3：距目标法院最近的上级法院有多个直系案例的，公开发布的参考性案例优于审判委员会讨论决定的其他案例，审判委员会讨论决定的其他案例优于普通案例。

规则 4：同一上级法院公开发布的参考性案例、审判委员会讨论决定的其他案例或普通案例有多个的，与待决案件审判组织所属审判专业部门相同的审判专业部门裁判的案例优先，该情形有多个案例的，裁判时间在后的案例优先。

规则 5：在直系案例中，多个上级法院的直系案例不一致的，原则上裁判时间在后的案例优先。

规则 6：上级法院没有直系案例的，公开发布的参考性案例优于审判委员会讨论决定的其他案例，审判委员会讨论决定的其他案例优于普通案例；同一类型的案例有多个的，同一审判组织裁判的其他案例优于同一审判业务部门其他审判组织裁判的案例，同一审判业务部门的其他审判组织裁判的案例优于其他审判业务部门裁判的案例；同一审判组织裁决的其他案例、同一审判业务部门其他审判组织裁判的案例、其他审判业务部门裁判的其他案例有多个的，裁判时间在后的案例优先。

规则 7：目标法院及其上级法院没有直系案例，与目标法院同归一个上一级法院管辖的其他同级法院的旁系案例优先，该种情形没有旁系案例的，与距目标法院最近的上级法院同属一个辖区的其他同级法院的旁系案例优先；多个同级法院有旁系案例的，与共同上一级法院所在地相同的同级法院的案例优先，该法院没有旁系案例的，裁判时间在后的同级法院的旁系案例优先；同一个法院有多个旁系案例的，参照规则 4 确定优先适用的案例。

规则 8:没有直系案例和旁系案例,关联的系外案例(与待决案一方或双方当事人相同且案件标的相同或相似的系外案例)优于关联法院(通过联合发布规范性文件统一法律适用的法院或属同一文化圈的法院)的系外案例,关联法院的系外案例优于其他法院的系外案例;同一类型的系外案例有多个的,层级最高的法院的案例优先;同一级别的法院有多个系外案例的,裁判时间在后的案例优先;同一个法院有多个系外案例的,参照规则 4 确定优先适用的案例。

(四)检索结果运用步骤

类案检索的最终目的,是要通过类案检索形成"同类同判""类案同判",进而统一法律适用。在已经最终确定所要参照适用的类案后,需要做的就是将检索到的已生效案件中的裁判规则涵摄到待决案件中去,让待决案件参照(参考)其裁判规则形成最终的裁判结论,进而实现类似情况类似处理。这里需要经过两个步骤。

第一步,抽取类案裁判规则。

就指导性案例而言,其"裁判要点"是最高人民法院规定"应当参照"的适用场域,无须再另行抽取裁判规则。除已提炼出裁判要点、裁判理由的指导性案例外,其他具有参考意义的已生效裁判的援引工作就需要先提炼裁判规则。抽取已生效案件裁判规则需要考察该案件对要件事实的查明、争议焦点的说理过程。争议焦点、裁判理由和裁判结果构成已生效案件的"个案规则",也可表述为"法律规则 = 事实构成 + 法律结果"。① 对裁判规则的提炼应遵循审慎原则、个案分析原则。正如拉伦茨所言,"裁判要旨与案件事实密切相关,在很大程度上本身也需要解释"②,故须尽可能谨慎地提取裁判规则,对裁判理由包含的法理、公共政策选择和价值权衡进行个案分析、取舍。

第二步,形成类判。

在前面已经抽取出类案裁判规则的基础上,法官通过"抽象—具体"的演绎推理过程,用已生效案件的裁判规则涵摄待决案件,并最终作出与已生效案件相同或相似的裁判结论。对于如何运用已生效案件的裁判规则涵摄待决案件得出最终裁判结论,在后面的章节中会有专门阐释。

---

① 参见郑永流:《法律方法阶梯》,北京大学出版社 2015 年版,第 46 页。

② [德]拉伦茨:《法学方法论》,陈爱娥译,商务印书馆 2003 年版,第 233 页。

需要注意的是，根据最高人民法院《类案检索指导意见》的规定，合议庭评议后，拟作出的最终裁判结论与检索所得的实质类案的多数裁判观点一致的，除按规定要提交专业（主审）法官会议、审判委员会讨论的案件以外，可以直接按照合议庭评议结果作出最终裁判。若合议庭评议后，拟作出的最终裁判结论存在因经济社会情况发生重大变化、司法政策或者理念发生变化等情形，致使实质类案多数裁判观点无法适用的，采纳实质类案少数裁判观点或者形成新的裁判标准等四类情形的，应当提交专业（主审）法官会议讨论或者审判委员会讨论后再依法依规处理。

三、检索结果的留存

对于类案检索材料，应当根据不同载体及不同提交主体，由书记员分别归入案卷卷宗的正卷或副卷，并同步生成电子卷宗。法官形成的类案检索报告或者检索材料一般情况下归入副卷，当事人提交的类案检索报告或者类案检索材料归入正卷。

建议在正副卷宗的目录中，增加一栏"类案检索信息"用于归档案件办理过程中的类案检索资料。同时在电子卷宗中也同步增设相应栏目。

第八节　类案参照诉求回应

最高人民法院《类案检索指导意见》第10条规定："公诉机关、案件当事人及其辩护人、诉讼代理人等提交指导性案例作为控（诉）辩理由的，人民法院应当在裁判文书说理中回应是否参照并说明理由；提交其他类案作为控（诉）辩理由的，人民法院可以通过释明等方式予以回应。"因此，对于当事人参照援引指导性案例的具体诉求进行回应是履行审判职责应尽的义务。为此，笔者在本节中主要就法院（法官）如何切实履行好上述"回应"义务作细致阐述。

一、提交类案检索报告

要落实上述"回应"义务，首当其冲的一个问题就是如何保障诉讼参与人能够向人民法院提交有质量的类案检索报告。

（一）权利告知

首先是人民法院要依托网上诉讼服务中心、集中送达中心等平台向案件诉讼当事人、辩护人、委托诉讼代理人等诉讼参与人发送《诉讼参与人进行类案检索情况登记表》等，告知其诉讼权利，并加强释明引导、宣传推介，并为案件当事人、律师等进行类案检索提供便利。同时，通过《诉讼告知书》《传票》《书面审通知书》《举证通知书》等提示当事人享有向人民法院提交类案的诉讼权利。下面通过《传票》（见表 3－7）、《通知书》（见表 3－8）进行举例说明。

表 3－7　含有类案及关联案件检索权利告知的《传票》（建议稿）样式

中华人民共和国×××人民法院 传　票（建议稿）	
被传人	
工作单位或住址	
被传事由	
案号	
应到时间	
应到地点	
发票时间	
发票人	
合议庭成员	
备注	
被传人须知 一、被传人应按时持此票并携带有关证件到庭。被传人无正当理由拒不到庭的，应承担相应的法律后果。 二、自然人出庭须携带身份证件原件，并提交身份证件复印件；法定代表人出庭须提交法定代表人身份证明书并提交身份证件复印件；代理人出庭须提交授权委托材料；其他人员出庭须提交符合法律规定的身份证明材料。 三、被传人可以在收到本传票之日起××日内以书面方式向本院提交与本案有关联的案件信息及国内各级人民法院已生效的同类案件判例。 *重要提示：根据最高人民法院《关于人民法院在互联网公布裁判文书的规定》第四条、第五条的规定，生效裁判文书涉及国家秘密、个人隐私、未成年人犯罪、调解方式结案以及其他不宜在互联网上公布的以外，应当在互联网公布。	

表3-8　含有类案及关联案件检索权利告知的《通知书》(建议稿)样式

中华人民共和国×××人民法院 通知书(建议稿) (××)湘1023刑终×××号 ___________: 本院受理你与_______________纠纷一案,决定由审判员_________________组成合议庭进行书面审理,由审判员_________担任审判长,审判员_________主审,法官助理为_____,书记员为_____。如果你(单位)认为合议庭组成人员存在《中华人民共和国民事诉讼法》第四十七条规定的情形,可能影响本案公正审理的,可依照《中华人民共和国民事诉讼法》第四十八条的规定,于收到本通知之日起七日内向本院提出书面回避申请。你(单位)如有补充上诉意见、答辩意见、授权委托材料、关联案件信息或国内各级人民法院已生效的同类判例信息,可以于收到本通知之日起××日内以书面形式通过中国邮政EMS向本院提交。 本院地址: 邮政编码: 联系人: 联系电话: 特此通知。 (盖章) 年　月　日

(二)提交类案检索报告

1. 书面说明的事项

律师等诉讼参与人向人民法院提交案例作为诉辩意见的类案的,应当就下列事项作出书面说明。

一是检索时间、检索方法、检索来源;二是案号、生效裁判法院;三是发生法律效力裁判文书的制作时间;四是是否为指导性案例,及指导性案例的发布时间、批次及其编号;五是提出作为类案参照或参考适用的裁判要旨及适用的法律依据;六是与待决案件或某一争议焦点的相类性及理由;七是其他需要说明的情况。

前述规定的书面说明,律师等诉讼参与人进行类案检索的情况可以形成报告。报告可以是表格式,如《诉讼参与人类案检索情况登记表》(样式见表3-9),

也可以作为代理词、辩护词的一项内容，还可以是单独的检索报告。检索报告的样式可以参照本文中的样式。

其中，将类案检索情况作为代理词、辩护词其中一项内容的，除了概括类案检索情况外，主要应着重说明分析拟提请法庭参照(参考)已生效裁判与待决案件之间的相似性以及理由。

表3-9 诉讼参与人类案检索情况登记表(建议样式)

诉讼参与人类案检索情况登记表(建议样式)	
检索时间	
检索来源	
生效裁判法院、案号	1. 2.
裁判文书制作时间	1. 2.
类案类型	
裁判要旨	
适用法律	
待决案件或一争议点与类案的相似性分析	
备注	

2. 检索报告提交的时间

诉讼参与人提交类案检索报告或者检索到的案例支持自己诉辩主张的，应当在案件审理终结前提交。若是将检索到的类案作为证据使用的，应当按照三大诉讼法关于举证的相关规定进行。

二、核验类案检索结果

当事人及其委托诉讼代理人(辩护人)、检察机关公诉人提交检索的案件作为诉辩意见的,应当对检索的案件来源、案件真实性以及是否发生法律效力作出书面说明。当事人及其委托诉讼代理人(辩护人)、检察机关公诉人作出说明后,独任法官、合议庭应当依托中国裁判文书网、法信等类案检索平台对诉讼参与人提供的类案生效裁判或者类案检索报告进行"复盘"检索。对诉辩双方提交的案件来源、案件真实性以及是否发生法律效力等情况进行核实。核实的结果,应当在庭审时一并说明。经核实,发现存在不真实情况,或者无法"复盘"的,应当在向当事人释明后,作出不予参照(参考)的处理,并在庭审笔录中进行记录,放入卷宗留存、备查。

三、庭审释明回应、辩论、质证

(一)庭审释明

根据最高人民法院《类案检索指导意见》的规定,诉讼参与人提交指导性案例以外的其他类案作为控(诉)辩理由的,人民法院可以通过释明等方式予以回应。庭审释明主要起到辨法析理或者判后答疑的作用,避免当事人对裁判的公正性产生怀疑。在进行释明时,应当重点对是否属于类案、是否具有参照(参考)性进行阐明。法官在进行庭审释明时,应当留痕备查,故应当对该释明情况进行庭审记录,并入卷留存、备查。

(二)庭审辩论质证

对于当事人提交的类案材料,当前学界普遍认为不属于诉讼法规定的证据的范畴,而是法院审理过程中的参考资料。当事人提交的诉讼材料,作为诉辩理由的,独任法官、合议庭可以自行识别、比对;也可以视案件办理需要,组织诉辩双方交换类案检索结果,要求诉辩双方在指定期限内就提交案件与待决案件的识别、比对、参照(参考)适用以书面形式发表辩论意见。也可在庭前会议、开庭审理、询问、听证时要求诉辩双方发表辩论意见,由独任法官、合议庭依照法律规定,对诉辩双方就类案的识别、比对和参照(参考)适用发表的辩论意见进行审查。诉辩双方在庭前会议、开庭审理、询问、听证时就类案的辩论情况应当记入笔录,入卷备查。

若当事人明确将类案的材料作为证据提交，法官应当予以释明，同时询问当事人该材料是否符合证据真实性、关联性及合法性的要求。如符合证据标准的，应当向对方当事人出示，由对方当事人发表质证意见。

四、合议庭评议决定采信、回应事项

对于诉讼参与人提交类案作为诉辩意见的，在合议庭评议案件时，应当就类案的识别、比对、参照（参考）适用的辩论意见进行评议，提出是否采信的意见及其理由，并记入合议笔录。同时将律师等诉讼参与人作为诉辩意见提交的类案材料归入案件卷宗的正卷。

针对当事人提交的类案材料，合议庭评议决定是否在裁判文书中予以回应。若评议决定无须在裁判文书中回应的，可作为评议内容在合议时记录在案，并载明是否公开回应的理由。

五、文书明确回应是否参照并进行针对性论证说理

（一）明确回应是否参照

从现行司法文件对指导性案例参照援引的规定来看，在裁判文书明确回应是否参照指导性案例是硬性规定。具体到实践中，法官对当事人参照诉求作出回应，除了对指导性案例参照或不予参照明确回应外，还需要在说明理由时适当参考当事人对援引指导性案例的分析，这样才能更好地回应当事人的诉求与关切。因为当法官决定参照特定指导性案例时，这类当事人提供的关于参照特定指导性案例的比对分析，可以成为法官论证指导性案例与待决案件之间具有相似性的参考思路。当法官决定对特定指导性案例不予参照适用时，为了说服当事人接受其决定，就需要围绕当事人主张援引指导性案例的论证分析，进行有针对性的解析、反驳，从而有利于其接受法官作出的不予参照指导性案例结果及后续的裁定结论。①

（二）进行针对性论证说理

在已经明确是否参照的基础上，要对参照与否进行针对性的说理，以增强待

---

① 参见孙光宁等：《指导性案例如何参照：历史经验与现实应用》，知识产权出版社 2020 年版，第 218～219 页。

决案件裁判文书的说服力。当决定不予参照(参考)时,要着重论证说明检索到的指导性案例或其他生效裁判与待决案件的不同点,即结合前述的类案识别比对方法对两者之间不构成类案进行说理论证;当决定予以参照(参考)时,要着重论证说明检索到的指导性案例或其他已生效裁判与待决案件的相似性,即结合前述的类案识别比对方法对两者之间系实质类案进行说理论证。下面举例说明。

【案例 14】 在中国人民财产保险股份有限公司无锡市分公司(以下简称无锡分公司)与陈某英、陆某平等机动车交通事故责任纠纷案[①]中,上诉人无锡分公司提出,伤残和精神损害抚慰金应按该 45% 的参与度来赔偿。二审法院认为,关于陈某英个人体质损伤参与度问题。指导性案例 24 号指出:交通事故的受害人没有过错,其体质状况对损害后果的影响不属于可以减轻侵权人责任的法定情形。参照该指导性案例的裁判要点,本案中受害人陈某英在交通事故中无责,故不应因其个人体质状况对交通事故导致的损害后果有一定影响而自负相应责任,一审判决相关损失由无锡分公司在保险责任范围内承担全部赔偿责任,并无不当。无锡分公司就该问题的上诉意见不能成立,法院不予支持。

解析:二审法院针对当事人的诉求中涉及"个人体质损伤参与度"的问题,主动援引指导性案例进行了回应,并且进行了有针对性的论证说理。

六、待决案件援引类案的规范性表达形式

规范待决案件援引指导性案例的引述形式,对于规范适用指导性案例具有重要的现实意义,既有利于发挥指导性案例在裁判文书中的说理论证作用,也有利于相关主体迅速把握论证重点、明确论证思路,促进司法裁判被更好地接受和实现。根据现有司法文件的规定,目前只明确规定对检索出的指导性案例进行参照适用,故笔者在本章本节中主要介绍参照指导性案例时的规范性引述形式。在司法实践中,如需要参考指导性案例以外的其他已生效裁判,可以参考本部分内容。

(一)基本形式规范

最高人民法院《类案检索指导意见》第 9 条规定,检索到的类案为指导性案例的,人民法院应当参照作出裁判。最高人民法院《〈关于案例指导工作的规定〉实

---

① 参见无锡市中级人民法院民事判决书,(2020)苏 02 民终 2243 号。

施细则》第 11 条第 1 款规定，在裁判文书中引述相关指导性案例的，应在裁判理由部分引述指导性案例的编号和裁判要点。因此，在裁判文书中明确援引指导性案例编号和裁判要点是待决案件援引指导性案例的基本形式规范。下面以司法实践中的典型案例为例对几种援引技术进行展示。

情形一：援引指导性案例的裁判观点对待决案件法律上的因果关系进行阐述

【案例 15】　在禹某某诉王某某健康权纠纷抗诉再审案①中，辽宁省检察院抗诉称，丹东市中级人民法院(2016)辽 06 民终 1650 号民事判决依照损伤参与度比例(指导性案例 24 号)来确定禹某某的赔偿数额属于适用法律错误。指导性案例 24 号的裁判要点明确指出，交通事故的受害人没有过错，其体质状况对损害后果的影响不属于可以减轻侵权人责任的法定情形。本案与指导性案例 24 号存在相似之处。本案禹某某对损害的发生没有过错，禹某某致残的前提是受到王某某的伤害，否则即使自身存在疾病损伤，仍不能构成伤残。虽然禹某某既往患有左膝关节退行性变，对损害后果的发生具有一定影响，但这并非《侵权责任法》等法律规定的过错，禹某某自身体质状况仅是客观因素，与损害后果并无法律上的因果关系。据此，二审法院应当参照指导性案例 24 号审理本案，而不应依据本案中损伤参与度作出判决。

辽宁省高级人民法院再审则认为，本案中王某某撞伤禹某某，没有证据证明禹某某对事故的发生存在过错，本案主要争议焦点问题是：本案是否应参照指导性案例 24 号的裁判要点进行裁判。而本案禹某某在事故发生时既患有"左膝关节退行性变"，事故损伤是在原有疾病的基础上发生的损伤，为次要或轻微作用，只起到加重作用，此与指导性案例 24 号的情况不同，故本案原审未参照指导性案例 24 号的裁判要点处理并无不当。

【案例 16】　在马某奎与杨某亮、张某成生命权、健康权、身体权纠纷案②中，二审法院在裁判理由中主动援引指导性案例，认为，指导性案例 24 号裁判要点确认："交通事故的受害人没有过错，其体质状况对损害后果的影响不属于可以减轻侵权人责任的法定情形。"本案虽然不是机动车交通事故责任纠纷，但同属人身损害赔偿，受害人杨某亮没有过错，其体质状况对损害后果的影响是否属于可以减

---

①　详见辽宁省丹东市元宝区人民法院民事判决书，(2016)辽 0602 民初 153 号；辽宁省丹东市中级人民法院民事判决书，(2016)辽 06 民终 1650 号；辽宁省高级人民法院民事判决书，(2019)辽民再 31 号。

②　详见内蒙古自治区和林格尔县人民法院民事判决书，(2016)内 0123 民初 305 号；内蒙古自治区呼和浩特市中级人民法院民事判决书，(2016)内 01 民终 3268 号。

轻侵权人责任的法定情形，与指导性案例24号类似，根据最高人民法院《关于案例指导工作的规定》，审判该案时应当参照第24号指导性案例。因此认为，对于受害人符合法律规定的赔偿项目和标准的损失，根据“造成伤害的参与度”确定损害赔偿责任没有法律依据。二审法院据此作出了判决。

情形二：直接引述指导性案例的裁判要点进行待决案件裁判说理

【案例17】 在财产保险河北分公司诉李某朝等机动车交通事故责任纠纷案①的二审判决书中，内蒙古自治区乌兰察布市中级人民法院认为：“依据指导性案例24号，交通事故中的受害人没有过错，其体质状况对损害后果的影响不属于可以减轻侵权人责任的法定情形。本案中，扎某某为乘车人，在交通事故中无责任，虽然鉴定报告中显示扎某某右踝关节伤残是与本次外伤及其既往右胫腓骨陈旧性骨折共同作用所致，依据上述指导性案例，不可以减轻侵权人责任。”

【案例18】 在金融街惠州惠阳置业有限公司、惠州市惠阳区鸿裕实业发展有限公司申请破产清算破案②中，二审法院认为，关于否认公司法人人格是否必须经过独立的民事诉讼程序，我国公司法、破产法均无关于公司人格混同的法律规定。通说认为，《公司法》第20条第3款关于“公司股东滥用公司法人独立地位和股东有限责任，逃避债务，严重损害公司债权人利益的，应当对公司债务承担连带责任”的规定，是否认公司人格独立的法律依据。参照指导性案例15号，认定公司人格混同，主要从公司人员、业务、财物是否达到高度混同的标准来判断。我国法律和司法解释亦无确认公司人格混同的具体程序规定，前述指导性案例也是在审理买卖合同纠纷当中确认公司人格混同，由混同公司对债务承担连带责任。因此，金融街惠阳公司申请复议主张否认公司法人人格必须经过独立的民事诉讼程序，没有法律依据，法院不予支持。原审法院在审理破产案件过程中，作出民事裁定认定公司法人人格混同，并不违反法律规定或指导性案例确定的裁判规则、裁判方法。

上述主要展示了在援引指导性案例时的基本形式规范的两种实践做法，供办案法官参考借鉴。下面介绍另外两种经典展示更深层次的论证说理方式。

---

① 详见内蒙古自治区乌兰察布市中级人民法院民事判决书，(2019)内09民终135号。

② 详见广东省高级人民法院民事裁定书，(2018)粤破终39号。

(二)完整呈现全面表述基本事实比对过程的规范形式

1. 基本要求

“我国指导性案例的裁判要点相当于普通法系国家中的裁决理由或者大陆法系中的裁判要旨,为案件事实提供了类型化的路径。在裁判要点指陈事实范围内的案件事实是待决案件必须具备的,否则裁判要点将不能作为案件的裁判理由具体适用。因而,在指导性案例的适用过程中,当下案件中的事实与指导性案例中的事实必须同时符合裁判要点中的事实类型。”①具体到指导性案例适用中,当指导性案例与待决案件之间就基本事实比对以相似性为主时,指导性案例中的裁判规则即可以适用于待决案件;而当指导性案例与待决案件之间基本事实比对存在差异性,差异性大于相似性时,就可能需要作出差异性判决,此时就需要运用“区别技术”来判断应作出何种差异性判决。

因此,当法官准备参照指导性案例时,在裁判文书说理中主要呈现的是指导性案例与待决案件之间基本事实比对的相似性;当法官决定对指导性案例不予参照时,其在裁判文书说理中主要呈现的是指导性案例与待决案件之间基本事实比对中存在的差异性。

2. 实例解析

【案例19】 在鸿天国际(香港)发展有限公司(以下简称鸿天国际)诉深圳市港驰电子科技有限公司(以下简称港驰公司)、深圳市秉祥科技有限公司(以下简称秉祥公司)买卖合同纠纷②一案中,关于“秉祥公司与港驰公司是否构成人格混同,本案是否应当参照适用指导性案例15号”的问题,通过比对指导性案例15号的基本事实与本案的基本事实,该院认为:(1)在人员混同方面,指导性案例中三个关联公司的经理、财务负责人、出纳会计、工商手续经办人均相同,其他管理人员也存在交叉任职的情形。而本案中两关联公司的控制人相同,业务人员存在同时在两个公司工作的情形。虽然有一定差别,但本质上均存在人员混同。(2)在公司业务方面,指导性案例中关联公司经营中均涉及工程机械相关业务,经销过程中存在共用销售手册,经销协议的情形,对外宣传时信息混同。而本案中,关联公司均涉及电子产品业务,对外采购过程中存在共用采购订单的情形。(3)在公

① 雷磊、牛利冉:《指导性案例适用技术的国际比较》,载《治理研究》2018年第1期。

② 参见广东省深圳前海合作区人民法院民事判决书,(2016)粤0391民初927号。

司财务方面，指导性案例中三个关联公司使用共同账户，三个公司与债权人的债权债务、业绩、账务及返利均计算在成都川交工贸有限责任公司名下。而本案可以认定二者账务构成混同。(4)在债务承担方面，指导性案例中，成都川交工贸有限责任公司承担所有关联公司债务却无力清偿，其他关联公司逃避债务，严重损害债权人利益。而本案中，二被告未经清算即下落不明逃避债务，严重损害了债权人利益。通过识别比对，本案的案情细节虽然与指导性案例存在一定差异，但案件的基本事实具有较高的相似性，应当参照指导性案例处理。由此，这段说理为后续待决案件参照指导性案例15号裁判规则作出的最终裁判奠定了基础。

解析：上述案例19的裁判文书在说理论证中首先展示了指导性案例15号的基本事实，梳理总结了待决案件的基本事实，并从人员混同方面、公司业务方面、公司财务方面、债务承担方面对指导性案例和待决案例的基本事实进行了相似性比对，得出两个案件在"基本事实上具有较高相似度，应当参照指导性案例处理"的比对结论，进而认定指导性案例15号与鸿天国际诉港驰公司、秉祥公司买卖合同纠纷案为实质类案。因此，该裁判文书在说理论证中主要呈现的是指导性案例与待决案件之间基本事实的相似性比对过程。

【案例20】 在衡某诉杭州市西湖区再心食品商行网络购物合同纠纷一案①中，关于购物人衡某能否获得十倍赔偿的问题，法院认为，指导性案例23号基本事实之一，是孙某某因购买到超过保质期的食品而索赔，也即食品存在与安全有关的质量问题，上述裁判要点成立的逻辑前提是所购食品存在与安全有关的质量问题。就本案而言，衡某仅主张购买了不符合食品安全标准的食品，未主张该食品存在与安全有关的质量问题；根据衡某的举证，无法证明存在与安全有关的质量问题。由此，本案基本事实与指导性案例23号有着本质区别，不可参照指导性案例23号的裁判要点裁判，仍应以衡某是否具有"消费者"身份作为判定其能否获得惩罚性赔偿的基础。同时，结合查明的事实和当事人陈述，可以认定衡某购买涉案食品系"职业打假"行为，"职业打假人"的动机为自身牟利，与指导性案例23号裁判要点中要求购物人应为"为生活消费需要"的购买消费者截然不同；"职业打假人"善于运用法律手段进行索赔，在交易中较为强势，与消费关系中处于弱势地位的消费者有着本质区别。因此，衡某在本案中不具有"消费者"身份，其无权得到惩罚性赔偿。因此，就指导性案例与待决案例之间就基本事实比对来看，

① 参见福建省宁德市中级人民法院民事判决书，(2020)闽09民终148号。

显然差异性大于相似性,因此排除了对指导性案例23号的参照适用。

解析:上述案例20的裁判文书在说理论证中首先展示了指导性案例23号中"所购食品存在与安全有关的质量问题"和"购物者系消费者"两个基本事实的基础上,梳理总结了待决案件中"所购食品不存在与安全有关的质量问题"和"购物者系'职业打假人'而非通常意义的消费者"两个基本事实,并对指导性案例和待决案例的基本事实的差异性进行了比对,得出两个案件在"从基本事实上看差异性大于相似性,应排除指导性案例23号的参照适用"的比对结论,认定指导性案例23号与"衡某诉再心食品网络购物合同纠纷案"之间不能定为类案。裁判文书从指导性案例23号与待决案件之间基本事实差异角度进行了论述,因此主要呈现了指导性案例与待决案件之间基本事实的差异性比对过程。

(三)完整呈现指导性案例辅助法律规制涵摄待决案件过程的规范形式

1. 基本要求

指导性案例适用的主要价值在于沟通抽象法律规则与具体案件事实,在裁判文书中充分说理论证,以此规制法官自由裁量权、说服相关法律主体接受最终裁判结论。参照指导性案例说理论证的关键在于辅助相关法律条文、指导性案例裁判要点、具体案件事实之间实现有效衔接,构建针对待决案件的裁判规则;在此基础上,最终通过演绎推理将裁判规则适用于待决案件从而形成裁判结论。① 在对制定法规范与指导性案例中裁判要点进行有机融合后构成裁判规则过程的逻辑基础上,还需要呈现裁判规则涵摄待决案件所得出结论的演绎过程,如此才能完整展示指导性案例在裁判文书中参照的说理论证过程,才能更好地说服当事人及其主体接受参照指导性案例作出裁判结论。② 因此,从论证说理角度来说,在参照指导性案例背景下,用裁判规则涵摄待决案件得出最终裁判结论是裁判文书参照指导性案例方式的又一重要内容,此部分必须具有规范的表述形式。

2. 实例解析

【案例21】　在邓某某、晏某成机动车交通事故责任纠纷案③中,再审法院根

① 参见孙光宁:《指导性案例如何参照:历史经验与现实应用》,知识产权出版社2020年版,第227页。

② 参见孙光宁:《指导性案例如何参照:历史经验与现实应用》,知识产权出版社2020年版,第226页。

③ 参见四川省高级人民法院再审民事判决书,(2020)川民再442号。

据双方的诉辩意见，并经征得双方同意，确定了再审的争议焦点为“二审判决适用法律是否错误”和“第24号指导性案例是否适用于本案”两个焦点问题。对于“二审判决适用法律是否错误的问题”，法院认为，本案系机动车交通事故责任纠纷，根据已查明案件事实，晏某成因交通事故受伤住院后死亡。根据《侵权责任法》第26条关于“被侵权人对损害的发生也有过错的，可以减轻侵权人的责任”的规定及《道路交通安全法》第76条第1款第2项关于“机动车与非机动车驾驶人、行人之间发生交通事故，非机动车驾驶人、行人没有过错的，由机动车一方承担赔偿责任；有证据证明非机动车驾驶人、行人有过错的，根据过错程度适当减轻机动车一方的赔偿责任；机动车一方没有过错的，承担不超过百分之十的赔偿责任”的规定，本案司法鉴定书虽然认为：“1. 被鉴定人晏某成系长期卧床导致严重肺部感染继发肺脓肿而死亡；2. 被鉴定人晏某成所受外伤为辅助作用，其损伤参与度为10%。”但《道路交通事故认定书》认定，吴某负事故的全部责任，晏某成无责任。因此，晏某成作为交通事故的受害人不存在过错，其体质状况对损害后果的影响依法不属于减轻侵权人吴某责任的法定情形。二审法院依鉴定结论参照“参与度”减轻肇事司机的损害赔偿责任，判决晏某成因交通事故对其死亡造成的损害赔偿以损伤参与度划分比例承担责任于法无据，属于适用法律错误。

对于“指导性案例24号是否适用于本案”焦点问题，再审法院认为，指导性案例24号裁判要点指出，交通事故的受害人没有过错，其体质状况对损害后果的影响不属于可以减轻侵权人责任的法定情形。如前所述，受害人晏某成对于损害事实的发生没有过错，该情形与指导性案例24号中受害人在路口人行道横线行走，因而对于损害事故的发生不存在任何过错的情形完全相同，显然对本案的审理具有指导和借鉴意义，本案应参照该案例。基于上述结论，法院认为，对生命权的任何侵犯应视为最严重的侵权行为，侵权人必须承担侵权责任。鉴于此，再审判决撤销了四川省南充市中级人民法院(2019)川13民终2441号民事判决及四川省营山县人民法院(2019)川1322民初264号民事判决，对案件进行了改判。

解析：在上述21号案例中，首先，裁判文书将《侵权责任法》第26条关于“被侵权人对损害的发生也有过错的，可以减轻侵权人的责任”的规定及《道路交通安全法》第76条第1款第2项关于“机动车与非机动车驾驶人、行人之间发生交通事故，非机动车驾驶人、行人没有过错的，由机动车一方承担赔偿责任；有证据证明非机动车驾驶人、行人有过错的，根据过错程度适当减轻机动车一方的赔偿责任；机动车一方没有过错的，承担不超过百分之十的赔偿责任”的规定进行融贯，明确“在机动车交通事故中受害人只有存在过错才能减轻肇事司机的一方的赔偿责任”。在此基础上，与指导性案例24号裁判要点有机融合，形成了针对待决案件的裁判规则。因此，晏某成作为交通事故的受害人不存在过错，其体质状况对损害后果的影响依法不属于减轻侵权人吴某责任的法定情形。其次，裁判文书以形成裁判规则为推理大前提，以待决案件具体事实“交通事故认定书已明确认定晏某成在此次事故中无责任，吴某负全责”为推理小前提，用裁判规则涵摄待决案件具体事实推理演绎出裁判结论“二审法院依鉴定结论参照‘参与度’减轻肇事司机的损害赔偿责任，判决晏某成因交通事故对其死亡造成的损害赔偿以损伤参与度划分比例承担责任于法无据，属于适用法律错误”。由此，再审裁判立足外部证成，通过制定法律规范与裁判要点有机融合首先构建起裁判案件的裁判规则。在此基础上，从内部证成出发，用裁判规则涵摄待决案件，最终参照指导性案例24号得出依据鉴定结论确定的损伤“参与度”减轻肇事司机的损害赔偿责任进而划分比例承担责任，于法无据，属于适用法律错误的裁判结论。

解析：在上述案例21中，针对第二个焦点问题，裁判文书在将本案与指导性案例24号进行基本事实比对的基础上，得出了待决案例与之“完全相似”的比对结论，并在后续裁判理由中明确援引指导性案例24号的裁判要点进行论证说明，对一审、二审法院未参照适用24号指导性案件的做法进行了否决，最终援引24号指导性案例的精神对案件进了改判。

同时，在该部分，法官采用了两种援引方式。首先，在采用呈现全面表述基本事实比对过程的基础上，进行了相似性（差异性）的比对，得出了案例21号与指导性案例24号是实质类案的结论；其次，再采用完整呈现指导性案例辅助法律规制涵摄待决案件过程的援引技术，明确援引指导性案例24号的裁判要点进行论证说明，用指导性案例蕴含的裁判规则涵摄待决案件，最终形成与指导性案例24号的类似裁判；最后，从审判监督程序的角度对参照适用指导性案例的做法进行了否决，且援引指导性案例精神对一审、二审进行改判。可谓是教科书式地展示类案参照技术规范，用实实在在的裁判文书说理切实回应了当事人对指导性案例的参照诉求。

第九节　类案法律适用分歧处理

最高人民法院《类案检索指导意见》规定，检索到的类案存在法律适用不一致或者在审案件作出的裁判结果可能与上级人民法院及本院生效裁判确定的法律适用原则或者标准发生分歧的，应当依照最高人民法院《关于建立法律适用分歧解决机制的实施办法》（以下简称《法律适用分歧解决办法》）等规定，通过法律适用分歧解决机制予以解决。下面从“已生效裁判之间的法律适用分歧处理”和“待决案件与类案法律适用分歧处理”两部分对该问题进行阐述。

一、已生效裁判之间的法律适用分歧处理

检索出的已生效裁判的裁判尺度之间存在冲突（实际上是已生效裁判的法律适用不一致），涉及法律适用分歧解决的问题。《法律适用分歧解决办法》对解决最高人民法院生效裁判之间业已存在的法律适用分歧问题提出了解决办法，[①]也为地方各级人民法院解决法律适用分歧问题提供了很好的示范指导作用。[②] 最高人民法院《类案检索指导意见》第 11 条的规定：“检索到的类案存在法律适用不一致的，人民法院可以综合法院层级、裁判时间、是否经审判委员会讨论等因素，依照《最高人民法院关于建立法律适用分歧解决机制的实施办法》等规定，通过法律适用分歧解决机制予以解决。”上述规定为解决类案检索实践中如何解决“已生效裁判之间的法律适用冲突问题”提供了指引。根据上述规定，并结合司法实践，笔者认为，在检索类案的过程中，发现已生效裁判存在法律适用不一致的情形时，可以通过以下程序和方法解决。

（一）法律适用分歧解决的提出

各业务部门及其办案法官在案件审理与案件执行过程中，发现本院生效裁判之间，上级法院生效裁判之间，下级法院生效裁判与上级法院生效裁判之间，不同地区、层级的法院生效裁判之间存在法律适用分歧的，应当向本院审判管理部门或者按规定层报有管理权限的审判管理部门提出法律适用分歧解决申请。提出法律适用分歧解决申请时，应当同时提交法律适用分歧解决申请书，在申请材料中含有在审案件的，应当隐去当事人及其他可能影响案件公正审理的信息。申请书样式详见表 3－10。

---

① 参见曹士兵、韩煦：《〈关于建立法律适用分歧解决机制的实施办法〉的理解与适用》，载《人民司法》2020 年第 1 期。

② 参见刘树德、胡继先：《〈关于统一法律适用加强类案检索的指导意见（试行）〉的理解与适用》，载《人民司法》2020 年第 25 期。

表3－10　关于提请解决生效裁判法律适用分歧的申请书

×××人民法院(部门)
关于提请解决生效裁判法律适用分歧的申请书
(建议模板)

×××审判管理办公室：

根据最高人民法院印发的《关于统一法律适用加强类案检索的指导意见(试行)》和《关于建立法律适用分歧解决机制的实施办法》等相关规定,我院(部门)在案件审理(案件执行)过程中(接下级人民法院报告)发现＿＿＿＿＿＿与＿＿＿＿＿＿生效裁判之间的法律适用存在分歧。情况如下：

一、存在法律适用分歧生效裁判的基本情况

此部分应包含生效裁判文书的案号、裁判文书制作时间等内容。

二、存在法律适用分歧的问题具体情况

此部分要具体阐明存在法律适用分歧的具体问题,并简明扼要摘录具体生效裁判的法律适用理由。

三、其他需要说明的情况

四、附件

此处附上存在法律适用分歧的生效裁判原文。

上述法律适用分歧该如何解决,请回复指示。

特此申请。

此致

×××人民法院(部门)
年　月　日

附件：
1.
2.

(二)接收申请、审查立项

审判管理办公室接到法律适用分歧解决申请后,应当及时进行审查。经审查,存在法律适用分歧的生效裁判均系本院所作出的,且符合立项条件的,应当立项并将有关材料送交法律适用问题研究部门,如最高人民法院研究室、中国应用法学研究所(最高人民法院直属机构)、地方法院的研究室等。

经审查,若存在法律适用分歧的生效裁判系由不同地区、不同层级法院作出的,应当按照管理权限的相关规定,将申请层报上级人民法院审判管理部门。层报流程为,基层人民法院层报对口中级人民法院,由中级人民法院研究后再层报高级人民法院,然后由高级人民法院决定提交最高人民法院审管办。

(三)形成初审意见、复审意见

研究室(法研所)收到审判管理办公室送交的材料后,应当在规定时间内对申请书中涉及的法律适用分歧问题进行研究,形成初审意见后送交审判管理办公室。

审判管理办公室收到研究室(法研所)送交的初审意见后,应当按照审判执行工作职能分工,将初审意见送交相应业务部门进行复审。

法院相应业务部门收到上述材料后,应当及时组织研究,形成复审意见后送交审判管理办公室。司法实践中,有必要时可以组织专家进行论证。

(四)提交审判委员会讨论、决定并及时反馈

审判管理办公室收到业务部门的复审意见后,应当及时报请院领导提请审判委员会就法律适用分歧问题进行讨论。审判委员会对法律适用分歧问题进行讨论,并作出决定。审判委员会形成决定后,审判管理办公室应当及时将决定反馈给法律适用分歧解决申请报送单位。对于法律适用分歧问题按照该法律适用分歧问题及决定的性质提出发布形式与发布范围的意见,报经批准后予以落实。

发布范围应当根据法律分歧涉及范围,分别在本院、本地区、本省辖区、全国范围内进行发布。在发布方式上,对于本院的法律适用分歧,宜通过内部渠道进行公开发布,对于涉及本地区、专门法院、全省辖区、全国范围的法律适用分歧,应当面向社会公开发布。

(五)法律适用分歧决定的执行

审判委员会关于法律适用分歧作出的决定,本院相关业务部门在审判执行工作中应当参照执行。上级人民法院关于法律适用分歧作出的决定,下级人民法院应当遵照执行。

(六)流程演示

为了便于实践中操作,笔者设计了如下已生效裁判法律适用分歧解决流程图(见图3-41)。

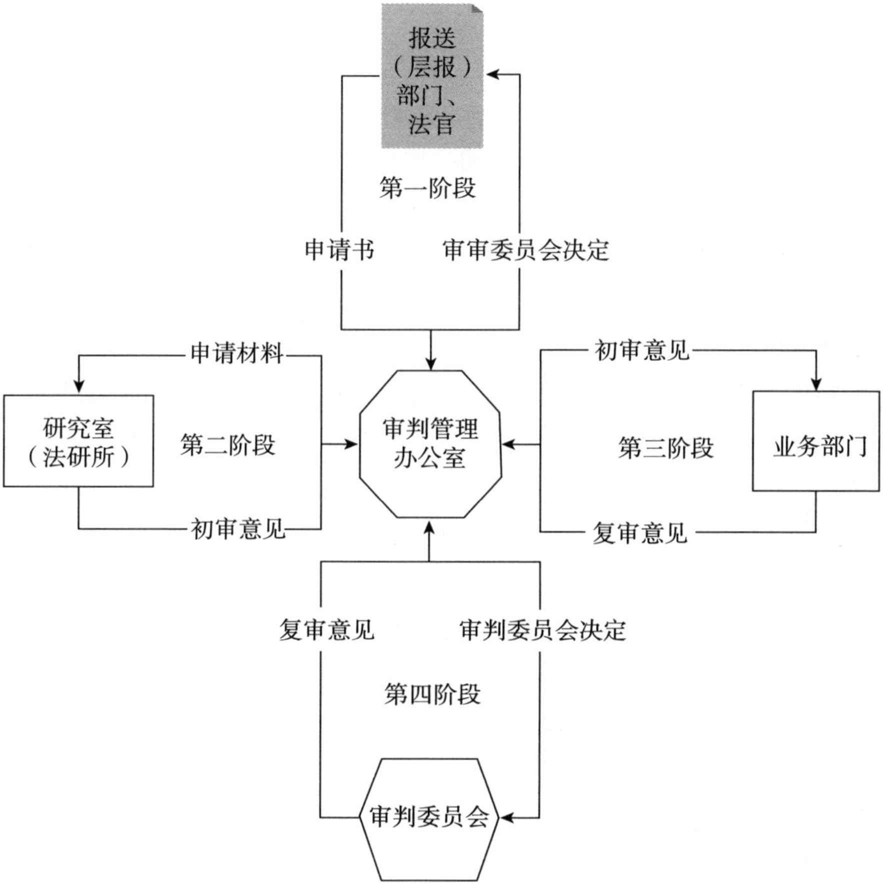

图 3 -41　已生效裁判法律适用分歧解决流程

二、待决案件与类案法律适用分歧处理

司法实践中,发现待决案件拟作出的裁判结果与类案裁判尺度存在冲突的,按下列程序、方法进行处理。

(一)具体处理方式

1. 裁判尺度一致的处理方式

在拟作出的裁判结果与检索到的类案裁判尺度一致的情况下,要分两种情况进行处理。

第一种情况,拟作出的裁判结果与检索到的类案裁判尺度一致,且案件不属于监督案件的，独任法官、合议庭作出说明后即可按规定制作、签署裁判文书，独任法官、合议庭也可以对意见分歧较大的案件提请专业（主审）法官会议讨论。

第二种情况，拟作出的裁判结果与检索到的类案裁判尺度一致，但案件属于监督案件的，承办法官、合议庭作出说明后按规定将案件报请院庭长监督。

2. 形成新裁判尺度的处理方式

在办理新类型案件中，拟作出的裁判结果将形成新的裁判尺度的，应当将案件报请院庭长监督，由院庭长决定或建议提交专业（主审）法官会议讨论及审判委员会讨论。

3. 裁判尺度存在重大差异的处理方式

当拟作出的裁判结果与检索到的类案裁判尺度存在重大差异的，应当将案件报请院庭长监督，由院庭长提交专业（主审）法官会议讨论后，再决定是否要提交审判委员会讨论。

4. 改变本院同类生效裁判尺度的处理方式

当拟作出的裁判结果将改变本院同类生效案件裁判尺度的，应当报请庭长召集专业（主审）法官会议研究，就相关法律适用问题进行梳理后，呈报院长提交审判委员会讨论。

5. 发现本院同类生效裁判尺度存在重大差异的处理方式

在案件办理实践中，法官发现本院同类生效案件裁判尺度存在重大差异的，报请庭长研究后通报审判管理办公室。由审判管理办公室配合相关审判业务庭室对法律适用问题进行梳理后，呈报院长提交审判委员会讨论。此种情形系本节第一部分中“已生效裁判之间存在法律适用分歧”中的一种形态。具体的法律适用分歧解决办法前文已阐述，在此不再赘述。

（二）需要注意的几个问题

在具体的实践中，要妥善解决好待决案件与类案之间的法律适用分歧，实现法律适用统一，还需要注意以下几个问题：

第一，在案件经专业（主审）法官会议讨论后，独任法官、合议庭应当独立决定是否采纳专业（主审）法官会议讨论形成的意见，并对案件最终处理结果负责。

第二，在案件经专业（主审）法官会议讨论后，院庭长可以按照审判监督管理权限要求独任法官、合议庭根据专业（主审）法官会议讨论的意见对案件进行复议。经复议未采纳专业（主审）法官会议形成的多数意见的，院庭长应当按照规定将案件提交审判委员会讨论决定。

第三，待决案件所涉裁判尺度统一疑难问题经本院审判委员会研究后，可以按照相关规定向上级法院逐级报送个案法律适用请示。对于发现的裁判尺度不统一问题经研究无法达成一致意见的，应按相关规定逐级报送上级法院，由上级法院按相关规定对裁判尺度统一问题进行指导，独任法官、合议庭再根据上级法院的指导意见，依法作出案件裁判结果。

（三）流程演示

为了便于实践中操作，笔者设计了如下在待决案件与类案法律适用分歧解决流程图（见图3－42）。

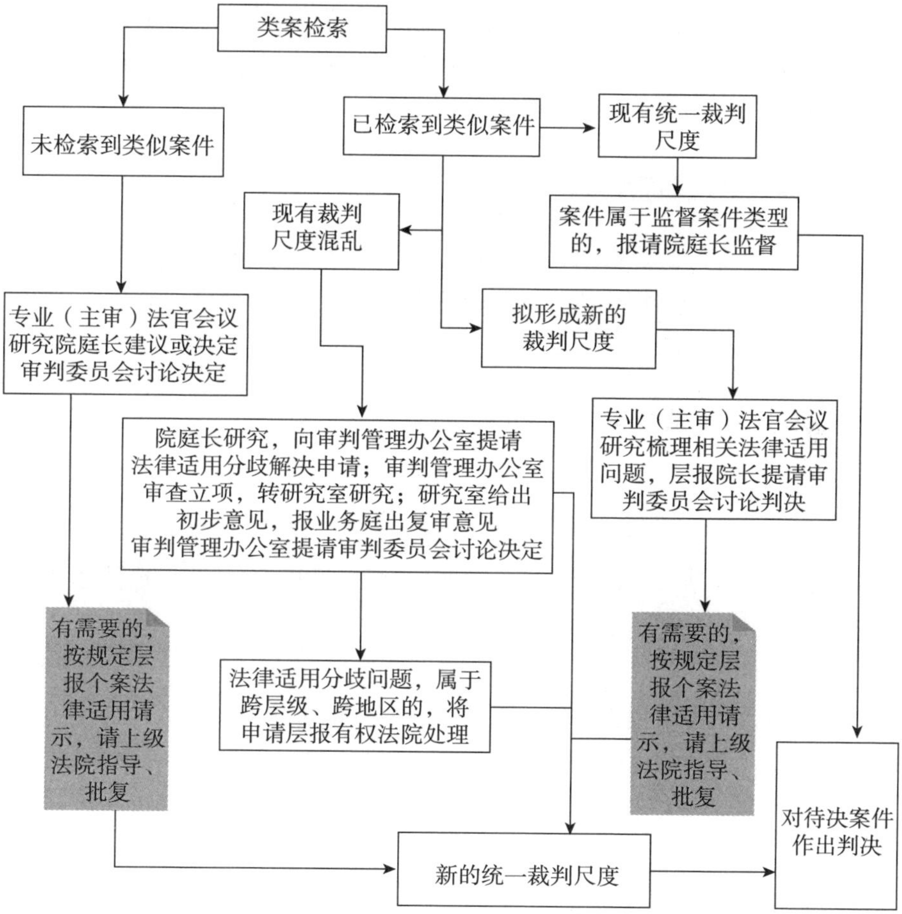

图3－42 待决案件与类案法律适用分歧解决流程

第十节 类案检索的监管与保障

类案检索是统一法律适用、提升裁判公正性和可预期性的一项重要工作制度,是全面落实司法责任制改革的重要举措。① 落实好类案检索制度具有重要价值和重要意义。司法实践中,类案检索中不全面、选择性适用类案、故意隐瞒检索到类案的情形不同程度存在,这不但影响类案强制检索制度的落实,更妨碍法律适用统一,还容易滋生司法腐败、损害司法公信力。为此,类案检索制度要落地见效,还需要有相应的监督管理和配套保障措施,让类案检索的监管与保障"不缺位"。通过强化对类案检索工作的监督管理,让类案检索制度真正为司法公正保驾护航。②

一、类案检索的监管体系

关于类案检索的监督机制,笔者认为,可以建立落实承办法官报告制度、院庭长监督制度、案件质量倒查制度、责任追究制度,通过将四个方面有机结合,构建起类案检索的监管体系。

(一)承办法官报告制度

1. 全面汇报

承办法官向合议庭、院庭长、专业(主审)法官会议、审判委员会汇报案件时,应当全面汇报检索结果和识别、比对、参照(参考)、适用情况,不得选择性、倾向性地只汇报支持其主张的类案。

2. 纳入案件评议

合议庭应当将类案识别、比对、参照(参考)适用等情况纳入案件评议内容,合议庭在评议案件时必须要对类案检索的情况进行评议。

---

① 参见刘树德、胡继先:《〈关于统一法律适用加强类案检索的指导意见(试行)〉的理解与适用》,载《人民司法》2020 年第 25 期。

② 参见王雨田、何伦波:《提升类案检索能力 确保法律适用统一》,载《人民法院报》2021 年 5 月 21 日,第 2 版。

3. 主动报请监督

经过案件检索后，合议庭评议后认为，拟作出的判决与检索到的类似案例在裁判尺度存在重大差异、将形成新的裁判尺度、将改变本院同类生效案件裁判尺度等三种情形下，合议庭应当向庭长报告，由庭长决定是否报请院长提请审判委员会研究决定作出判决，还是按照相关规定层报上级法院请示个案法律适用问题，以形成对法官所办理的待决案件裁判的监督。

（二）院庭长监督制度

《湖南高院类案检索意见》第3条规定："案件属于院庭长审判监督管理范围的，院庭长可以根据审判监督管理权限要求合议庭检索类案，院庭长也可以自行检索类案，提示承办人、合议庭注意。"为此，院庭长作为监督者在履行监督职责时，应当对独任法官、合议庭先前的类案检索报告进行核查或者自己进行补充检索、延伸检索，以监督先前检索报告的真实性、完整性。基于此，我们提出院庭长是类案检索的监督主体。对类案检索负有审判监督职责，应当对独任法官、合议庭检索的类案是否全面，类案与待决案件的识别、比对、参照（参考）适用是否准确等方面进行监督。主要有以下几项监督职责：

1. 审查类案检索报告

专业（主审）法官会议参加人员、审判委员会委员在讨论案件过程中，发现应当检索类案但未检索的，或者未能全面检索类案的，应当要求独任法官、合议庭对相关问题补充完善后再提交会议讨论。

独任法官、合议庭已全面检索类案的，专业（主审）法官会议参加人员、审判委员会委员应当对类案的识别、比对、参照（参考）适用等方面进行审查把关。

2. 按程序监督纠错

为了确保裁判尺度统一，院庭长在监督案件过程中，发现独任法官、合议庭在类案的检索、识别、比对、参照（参考）适用等方面明显存在问题，应当依照程序采取召集专业（主审）法官会议、建议或者决定将案件提交审判委员会讨论等措施，但不得采取"直接改变合议庭的意见、利用监督职权干预、过问案件"等"管理越位"①的方式来开展监督。

① 王雨田、何伦波：《完善审判权运行制约监督机制》，载《人民法院报》2021年5月11日，第2版。

（三）案件质量倒查

为了确保最高人民法院的类案检索制度的落实落地，需要加强对类案检索报告的制作和运用的情况进行有效监督。为此，有必要将类案检索及报告制作情况纳入案件质量评查内容，并作为一项重要的考评指标。基于此，我们认为，履行案件质量评查职责的案件评查员是类案检索的评查主体。其主要是落实案件质量评查责任，对案件质量进行倒查。

1. 类案检索情况纳入案件质量评查

在我国，除了指导性案例外，其他生效裁判中的裁判规则和裁判方法虽不具有强制参照适用的效力，但并不是可有可无的"参考资料"。特别是当诉讼参与人明确提出类案参考诉求的时候，法官应当在案件庭审中进行释明，或者应当在裁判文书中进行说理论证。

因此，应当建立健全案件质量评查制度，将类案检索情况及结果运用情况纳入案件质量评查内容体系，由类案检索评查主体进行评查。评查结果作为审判质量事后评价的重要参考依据，以此实现对类案检索报告的制作和运用情况的有效监督。

2. 重点评查案件

在开展案件质量评查中，应当重点评查以下两类案件：第一类是因类案裁判标准不统一引发舆情、造成负面影响的案件；第二类是二审法院因一审法院裁判标准不统一而改判、发回的案件。

3. 重点评查内容

在案件质量评查中，应当根据类案检索的规定，重点评查应当开展类案检索未开展类案检索、类案检索报告是否归入卷宗、偏离类案裁判规则作出裁判的报告义务履行情况等内容。在开展案件评查过程中，应当对下列几类具体情形进行重点评查。

第一类情形，针对应当强制进行类案检索的案件，评查办案法官在办案过程中是否进行了类案检索工作。

第二类情形，评查办案法官进行类案检索工作后，是否根据类案检索结果进行了分类处理，是否在参照过程中出现了错误。如发现案件裁判偏离裁判规则和裁判方法而无充分理由，也未向院庭长、专业（主审）法官会议或审判委员会说明情况的，应当认定案件质量存在问题，对其进行负面评价。

第三类情形，当事人及其委托诉讼代理人、辩护人、检察机关提交检索的类案作为诉(抗)辩理由的，是否被作为诉辩意见的一部分按照有关程序和规定进行处理。

第四类情形，独任法官、合议庭是否对诉辩双方提交的类案来源、类案真实性以及是否发生法律效力进行核实。

第五类情形，独任法官、合议庭对当事人及其委托诉讼代理人、辩护人、检察机关公诉人提交指导性案例作为诉辩意见的，是否在裁判文书说理部分予以回应是否参照并说明理由；对提交其他类案作为诉辩意见的，是否通过释明等方式予以回应。

第六类情形，独任法官、合议庭对于“关于法律适用分歧的决定”意见是否在待决案件中予以遵照执行。

需要注意的是，案件评查工作重点在于强化类案检索机制运行的监督，强调的是法院对于法官办案模式的管理。因此，在法官不存在故意违反法律法规办理案件或者因重大过失导致裁判结果错误并造成严重后果等情形时，不宜仅以该项评查结果作为对法官进行追责的依据。

(四)责任追究制度

针对违反类案审判特别是案例指导制度的行为，应坚决落实错案追究责任制度，强化办案人员责任，对相关责任人员给予相应的惩处措施。对于情节较轻的应在业绩考评中给予负面评价，对于造成冤假错案的要依照法定程序追究违法审判责任，以此提高类案适用监督的效率和质量，着力破解审判中“监督不力，责任不实”的难题。具体而言，独任法官、合议庭因“应检未检”，或者类案检索、应用错误，造成不合格案件或者错案的以及引发负面舆情、造成严重不良影响的，依照程序追究相应的审判责任。院庭长履行类案检索监督职责不力，导致类案检索、应用错误，造成案件不合格或者案件错误以及引发负面舆情、造成严重不良影响的，依照程序追究相应的审判责任。主要包括以下九种情形：

第一种情形为独任法官、合议庭“应检未检”或检索不全面，导致案件被评定为不合格案件或者错案的。

第二种情形为独任法官、合议庭“应检未检”或者检索不全面，导致裁判尺度不统一，引发负面舆情、造成严重不良影响的。

第三种情形为独任法官、合议庭在向院庭长汇报，在专业(主审)法官委员会、审判委员会讨论过程中选择性、倾向性地只汇报支持自己主张的类案，造成案件不合格或者案件错误以及引发负面舆情、造成严重不良影响的。

第四种情形为独任法官、合议庭对依职权检索的类案检索结果应用错误，造成案件不合格或者案件错误以及引发负面舆情、造成严重不良影响的。如经过检索，若是存在类案特别是存在相关的指导性案例却没参考，导致判决错误，严重损害当事人合法权益的。

第五种情形为独任法官、合议庭对诉讼参与人提交的类案检索报告（类案检索结果）在识别、比对、参照（参考）适用中履职不到位造成案件不合格或者案件错误以及引发负面舆情、造成严重不良影响的。

第六种情形为独任法官、合议庭对诉辩双方就类案的识别、比对和参照（参考）适用发表的辩论意见的审查存在问题导致造成案件不合格或者案件错误以及引发负面舆情、造成严重不良影响的。

第七种情形为负有审判监督职责的院庭长应当对承办法官、合议庭检索的类案是否全面，类案与待决案件的识别、比对、参照（参考）适用等方面审查把关不严、监督不力，导致类案检索、应用错误，造成案件不合格或者案件错误以及引发负面舆情、造成严重不良影响的。

第八种情形为对于未按照本院或者上级法院"关于某法律适用分歧解决问题的决定"意见作出判决，造成案件不合格或者案件错误以及引发负面舆情、造成严重不良影响的。

第九种情形为在保证司法人员独立行使审判职权的同时，对于案件审判结果公正，仅仅是未注意援引指导性案例的，可以由上级或本级法院的审判委员会予以提示和警示。

同时，还应当配套建立监督容错和责任豁免机制，切实解除监督者履行审判监督管理职责的后顾之忧。[①] 下文将有详细论述。

二、类案检索的配套保障

为了更好地发挥类案检索机制作用，除了有监督管理机制之外，还应建立相应的配套机制，共同构建起类案检索的监督保障机制。除了要求有高质量的案例

① 参见王雨田、何伦波：《完善审判权运行制约监督机制》，载《人民法院报》2021年5月11日，第2版。

供给和精准便捷的类案检索平台外,下面这些配套保障机制也不容忽视。

(一)检索报告重复利用机制

类案检索报告是法官对类型案件事实认定及法律适用方面进行全面分析后形成的报告,对于案件的办理具有一定的指引作用。要实现类案检索报告的重复利用,助推类案检索机制的良性运转以及有效推进,应当充分利用司法数据资源和信息技术手段,大力加强类案数据库建设。这就需要由最高人民法院统筹,在现有的裁判文书数据库基础上,搭建全国法院系统内部使用的类案专项数据库或者类案检索平台,并要求各级人民法院的审判管理部门定期归纳整理本院法官提交的类案检索报告上传至类案专项数据(类案检索平台)。同时,倡导办案法官在结案时将类案检索报告一并上传至类案专项数据库,供其他法官办案时参考适用。同时,也便于院庭长监督及其他法官在类案检索中"复盘"类案裁判规则的确立过程。通过建立检索报告重复利用机制提高类案检索报告的重复利用性,节约司法资源。

(二)检索报告激励机制

1. 实行案例汇编稿费奖励机制

类案检索报告是法官知识经验汇聚的成果,在一定程度上增加了法官的工作负担。为提高法官开展类案检索的积极性,可以实行优秀案例汇编稿费奖励机制。对撰写优秀类案检索报告的法官、法官助理提供奖励,激励其检索积极性。

2. 开展精品检索报告评选活动

组织开展"做精品法官、办精品案件、创精品法院"①专项活动,积极开展精品检索报告评选活动,对优秀检索报告进行表彰,发挥优秀检索报告的示范、引领和带动作用。同时,将类案检索工作纳入业绩考评体系,设立"本土化"指标,提高精品检索报告在业绩考核中所占分值,充分调动法官及辅助人员积极性,提升类案检索报告质量。

(三)建立检索能力成长机制

类案检索平台检索到的类案或者类案检索平台智能推送的类案为法官检索

---

① 王雨田:《2020 年郴州市中级人民法院工作报告》,载郴州市中级人民法院网 2021 年 1 月 21 日,http://czzy.chinacourt.gov.cn/article/detail/2021/01/id/5773772.shtml。

类案提供了便利,但就目前而言通过智能化手段检索到的类案,仍需依赖法官运用类比推理方法进行人工识别。随着类案检索制度的深入推行,类案检索已成为法官办案的必备技能。[①] 法官需要对检索到的初步类案与待决案件在争议焦点、基本事实、法律适用问题等方面进行识别比对。这就必须依赖法官类案检索能力的提升。法官检索能力的提升需要从两方面来推进。

1. 通过专项培训提升能力

在实践中,可以通过开展类案检索平台使用、个案识别比对、法律推理等为内容的类案检索专项技能培训,帮助法官及法官助理掌握类案检索及检索报告制作的基本技能,进而促进类案检索机制能够得到有效运行,切实发挥作用。

2. 通过考核倒逼能力提升

由于专项培训受条件限制,因此要不断提升类案检索能力,还需要积极发挥法官及法官助理的主观能动性,不断在实践中主动提升类案检索能力。通过考核机制倒逼能力提升不失为一种有效方法。为此,可以通过将检索能力作为法官、司法辅助人员司法能力评价的一项重要内容,作为法官、司法辅助人员评先评优、晋职晋级的重要参考指标,作为法官助理遴选员额法官时作为加分项目,以此倒逼法官或法官助理提升类案检索能力。

(四)建立检索差错和结论偏离责任豁免制度

经检索发现的类案未必就是政治效果、法律效果、社会效果最佳的裁决方案,且案例数据不完整、检索方法不当、法官认识偏差等客观因素均有可能导致检索出现差错甚至使待决案件裁判尺度偏离。如果对法官参照类案或者偏离类案所作出的裁决在未引发严重后果的情况下,不当进行追责,是否将会严重挫伤法官的积极性。因此,应当建立检索差错和检索结论偏离责任豁免制度,对法官及法官助理等司法辅助人员非因故意或者重大过失出现检索差错或者检索结论偏离且未造成严重后果的,免予追究责任。

(五)类案检索报告公开机制

为了更好地回应诉讼参与人和社会群众的类案参照诉求关切,也为了使指导

---

① 参见王雨田、何伦波:《提升类案检索能力 确保法律适用统一》,载《人民法院报》2021 年 5 月 21 日,第 2 版。

性案例适用制度与类案检索能够更好地接受社会监督，类案检索报告应当在一定程度上对社会进行公开。需要注意的是，进行社会公开要把握好一定限度，即对于那些涉及国家机密、商业秘密、个人隐私等不宜公开的检索报告不予公开。但也应当在做好相关保密工作的同时，允许案件当事人或其代理律师申请查阅。

类案检索工作是最高人民法院部署的全国性重要司法改革工作，正在全国各地法院稳妥推进。作为一项新的改革制度，正如文件起草者所言，还需要“进一步细化完善类案强制检索情形、类案检索范围、相似性识别和比对、检索说明或报告、技术研发应用等措施，不断探索实践，认真总结经验”①。本书中类案检索部分的内容，是笔者根据上级法院相关司法文件，立足郴州市中级人民法院的实践探索，并结合自己的思考和设想撰写而成，有不妥之处还请批评指正。特别要指出的是，为了方便读者理解五步法中类案检索及运行机制，本书进行了较为详细的阐述。在实际操作中，类案检索者应当根据实际需要，删繁就简进行运用。让我们共同推进我国的类案检索制度，进而促进中国特色法律适用制度的不断完善，确保实现法律统一适用和司法公平公正，努力让人民群众在每一个司法案件中感受到公平正义。

① 刘树德、胡继先：《〈关于统一法律适用加强类案检索的指导意见（试行）〉的理解与适用》，载《人民司法》2020 年第 25 期。

第四章　第三步——关联案件检索、监管及评查

马克思主义唯物辩证法认为“世界是普遍联系的”，相互之间存在一定的联系而相互影响。在司法审判中，案件与案件之间往往也存在当事人、事实或法律关系的相互关联，我们称为关联案件。努力让人民群众在每一个司法案件中感受到公平正义，我们就必须做到关联案件之间裁判尺度相统一，这是人民群众对于司法公正的朴素追求，也是“法律面前人人平等”在司法中的直观体现。[①] 做好关联案件检索、监管及评查，进而统一裁判尺度，规范法官自由裁量权，是破解“关联案件不同判”难题，提升司法公信力和切实维护社会公平正义的重要途径，也是深入贯彻落实习近平法治思想的客观现实需要。

第一节　关联案件的定义与识别

一、关联案件检索必要性

司法案件的裁判结果不仅是一个国家法治水平的现实体现，也是国家在司法层面对人民群众关切的权威回应。“同等情况相同对待”是古老的法律格言，也是现代法治的基本原则。从司法实践层面来说，就是要实现“类案同判”。当前，“类案同判”已成为中国司法改革的重要目标和司法公正的代名词，成为不可动摇的诉求。[②] 在关联案件之间实现“类案同判”，是现代法治社会应当恪守的一项基本

① 参见王雨田：《强化关联案件检索　促进裁判尺度统一》，载《人民法院报》2021 年 5 月 30 日，第 2 版。

② 参见雷磊：《同案同判：司法裁判中的衍生性义务与表征性价值》，载《法律科学（西北政法大学学报）》2021 年第 4 期。

原则，也是国家治理体系和治理能力现代化在司法审判领域的具体体现。

由于社会关系的广泛性和利益关系的复杂性，在案件的审理过程中，案件相互关联和相互交叉的现象已屡见不鲜。个案的事实认定与法律适用会经常与关联案件相互交织，致使案件审理较为复杂，案件处理难度加大，考验着法官的审判智慧。在司法实践中，一些待决案件因关联信息交流不畅、查明滞后或被人为忽略，使待决案件的事实呈现碎片化、片段化的认定及主观臆断。在此基础上作出的裁判则不可避免地会出现偏颇，或是被恶意利用，以至出现法官滥用自由裁量权、虚假诉讼、民刑或行刑裁判相互冲突、关联案件不同判等损害司法公正和司法公信的问题。

【案例1】　河南法官姚某刚枉法裁判案①

2018年2月，河南确山县法院员额法官姚某刚在审理原告孟某安诉被告陶某、第三人潘某宽合伙协议纠纷一案时，审查立案材料显示，原告孟某安因涉嫌犯受贿罪被羁押于驻马店市看守所，且庭审中查明该案主要证据《共同出资合同书》原件在平舆县法院正在审理的孟某安涉嫌犯受贿罪一案的刑事卷宗中。姚某刚作为该合伙协议纠纷一案主审法官，在明知该案基本事实与孟某安涉嫌犯受贿罪一案的事实具有关联性，却故意对该案件的关联性事实隐瞒。对案件的处理应适用《民事诉讼法》第150条②第1款第5项之规定裁定中止诉讼，但姚某刚未将该民事案件中止审理，并于2018年2月8日作出(2018)豫1725民初132号民事判决，支持了原告孟某安的诉讼请求，严重干扰了孟某安涉嫌受贿一案的正常审理。2018年7月2日，确山县法院作出(2018)豫1725民监字2号民事裁定，认定(2018)豫1725民初132号民事判决违反法律适用规则，确有错误，裁定再审。姚某刚因故意违背事实和法律作枉法裁判，于2018年10月31日被河南省上蔡县法院以民事、行政枉法裁判罪判处有期徒刑四年。姚某刚不服一审判决，提出上诉，后被河南省驻马店市中级人民法院二审驳回。

【案例2】　郴州蓝天公司申请撤销网拍案③

2019年6月，某民间借贷案件中的债权人雷某、雷某某、刘某、朱某四人分别向郴州市某区法院申请强制执行债务人蓝天（化名）公司的财产。蓝天公司在郴

---

① 详见河南省驻马店市中级人民法院刑事判决书，(2018)豫17刑终583号；河南省上蔡县人民法院刑事判决书，(2018)豫1722刑初580号。

② 2021年《民事诉讼法》修改，该条现为第153条。

③ 详见湖南省郴州市中级人民法院执行裁定书，(2020)湘10执复148号。

州市南岭大道拥有工业用地土地使用权及地上建筑物等资产。2013 年 12 月 31 日,某区法院所在地的区政府作出对蓝天公司的上述资产进行了征收。2014 年 10 月 8 日,区政府作出房屋征收补偿决定,但蓝天公司不服该房屋征收补偿决定,向郴州市人民政府申请复议。2015 年 3 月 9 日,郴州市人民政府作出郴政行复决字(2015)8 号行政复议决定,维持区政府作出房屋征收补偿决定。蓝天公司仍不服,遂向法院提起行政诉讼。二审法院作出行政终审判决,责令区政府在与蓝天公司达不成协议的情况下,重新作出房屋征收补偿决定。某区法院在上述四件执行案件执行过程中,于 2020 年 1 月 6 日委托某房地产土地评估公司对蓝天公司名下的上述不动产进行评估并作出拍卖裁定。2020 年 2 月 21 日,在竞买人摘牌成交后该区法院作出了上述拍卖物产权变更的执行裁定书。而后,蓝天公司以该区法院拍卖已被政府征收资产及拍卖价格过低等为由提出请求撤销拍卖的执行异议申请,后被该区法院以"征收主体利害关系人某区政府对法院上述网拍行为未提出执行异议且区政府仍然未重新作出房屋征收补偿决定"等理由驳回了申请人的执行异议。蓝天公司不服上述异议裁定,向郴州市中级人民法院申请复议。

郴州市中级人民法院经审查认为,根据《物权法》第 28 条规定,因人民政府的征收决定导致物权变动的,自征收决定生效时发生效力。蓝天公司虽不服房屋征收补偿决定并进行行政诉讼,但并未对征收决定提出异议,征收决定早已发生法律效力,案涉土地的相关物权已转归国家所有,征收补偿正在进行。加之在拍卖过程中剥夺了蓝天公司对评估报告提出异议的权利,使当事人无法使用救济权,属于程序重大瑕疵,因此,拍卖行为应当被撤销。

案例 1 中的案件承办法官因隐瞒与该案相关联的职务犯罪事实枉法裁判而身陷囹圄,案例 2 中某区法院基于对已被政府征收的涉案财产权利归属这一关联事实定性错误作出的执行裁定而被上级法院撤销。这些在案件审理过程中暴露出来的问题应当引起高度重视。

事实上,司法实践中的上述问题也引起了最高人民法院的关注和重视。最高人民法院于 2017 年 8 月印发了最高人民法院《司法责任制实施意见(试行)》,在该文件中新创设了关联案件检索机制,明确承办法官在审理案件时,应当进行关联案件的检索,旨在进一步完善审判权运行机制,规范法官自由裁量权行使,统一关联案件之间的裁判尺度,提升案件质效进而提升司法公信力。为推进关联案件检索工作,最高人民法院于 2019 年 2 月印发的《关于深化人民法院司法体制综合配套改革的意见——人民法院第五个五年改革纲要(2019—2023)》则要求进一步完善关联案件的强制检索报告工作机制。

二、关联案件的定义及具体类型

（一）关联案件定义

关于关联案件定义，目前未见有全国性法律文件进行明确定义。最高人民法院《司法责任制实施意见（试行）》对关联案件未做进一步描述。就地方法院文件来看，深圳市中级人民法院正式文件则认为："关联案件是指当事人相同、基本相同或存在关联关系，争议焦点问题相同或相近，裁判结果依照常理应当保持一致的正在审理案件和已结案件的总和。"①湖南省高级人民法院文件认为："关联案件是指待决案件与本院的其他案件、其他法院的案件在当事人、案件事实等关键要素方面存在关联关系的案件。"②就学者研究来看，武汉大学罗昆教授认为，"关联案件是指当事人一方或双方相同或部分相同，或者案件事实部分相同或前后相关，在案件事实认定或处理上具有牵连性的案件"③。综上所述，对于何为关联案件也存在不同的表述。为规范关联案件检索工作，结合湖南省高级人民法院的文件规定，笔者在本书中将关联案件定义为待决案件与本院的其他案件、其他法院的案件在当事人、案件事实等关键要素方面存在关联关系，并通过一个或者数个"关联点"联系起来的案件。④

---

① 详见深圳市中级人民法院速裁庭《关于类案、关联案件检索的工作意见（试行）》。

② 详见湖南省高级人民法院在2020年8月出台的《关于规范法官裁量权行使　保障裁判尺度统一的实施意见（试行）》（湘高法发〔2020〕18号）文件第4条规定。该条规定："关联案件包括但不限于下列情形：（一）其他案件当事人与待决案件所涉事实或所涉法律关系有密切联系的案件；（二）待决案件处理结果对其他案件当事人的利益有直接影响的案件；（三）本案必须以其他案件审理结果为依据的案件；（四）其他存在关联关系，需要统一裁判尺度的案件。"

③ 此处关于关联案件的定义是武汉大学法学院罗昆教授带领的课题组受最高人民法院审管办的委托起草"最高人民法院关于统一法律适用加强类案检索的指导意见"的《专家建议稿》中的内容。该意见第一条认为，符合以下情形之一的，属于关联案件：（1）集团诉讼案件；（2）涉及同一当事人或同一案件事实的刑民交叉案件；（3）属于同一纠纷但以不同理由在两个以上法院分别进行诉讼的案件；（4）案件事实部分相同或前后相关，在事实查明、行为定性等问题上需要互为参照或保持一致的案件；（5）其他应当合并审理、参照审理的案件。罗昆教授团队：《成果推送丨〈类案及关联案件检索运用（建议稿）〉》，载微信公众号"类案研究"（武汉大学司法案例研究中心官方公众号）2021年5月28日，https://mp.weixin.qq.com/s/7K9Sldjf7cZg8pFx0n4YwA。

④ 参见王雨田：《强化关联案件检索　促进裁判尺度统一》，载《人民法院报》2021年5月30日，第2版。

（二）关联案件的具体类型

司法实践中，关联案件包括但不限于下列情形：

1. 其他案件当事人与待决案件所涉事实或所涉法律关系有密切联系的案件；

2. 待决案件处理结果对其他案件当事人的利益有直接影响的案件；

3. 本案必须以其他案件审理结果为依据的案件；

4. 其他存在关联关系，需要统一裁判尺度的案件。

三、关联案件与类案的区分

司法实践中，因未注意到或者未检索到待决案件存在关联案件，而导致裁判尺度不一致的情形时有发生，引发了人民群众对“关联案件不同判”的热议，损害了司法公信力。相比类案检索而言，关联案件的检索往往容易被忽视，没有引起应有的重视。其中，一个重要原因就是没有准确把握关联案件检索的特点，正确理解类案与关联案件之间的联系与区别，进而有针对性地开展关联案件检索。[①]因此，在进行关联案件检索时，要注意区分关联案件与类案，再进行检索。

关联，指互相贯连，语出《尉缭子·将理》：“如此关联良民，皆囚之情也。”意思是事物相互之间发生牵连和影响。因而，关联案件与待决案件之间在当事人、案件事实等关键要素方面存在牵连和影响。

类案是指与待决案件在基本事实、争议焦点、法律适用问题等方面具有相似性，且已经人民法院裁判生效的案件。也可从广义和狭义两方面对类案作出理解。

1. 广义的类案

类案，即指“类型化案件”。此时的“类”字强调“类型”。例如，职业放贷类案件、知假买假索赔类案件、劳动争议类案件、交通事故侵权类案件、醉驾类案件、毒品犯罪类案件等。此时使用“类案”的概念指的往往是同一种案件类型或同一案由的案件，有时会在案由相同的基础上再进行分案，再层层细分，直到细化至某一具体类型的案件。从广义角度而言，关联案件可在一定程度上归类为大类案的范畴。

2. 狭义的类案

类案，是指与待决案件具有相关类似性的生效案件，强调的是一种彼此之间

---

① 参见王雨田：《强化关联案件检索　促进裁判尺度统一》，载《人民法院报》2021年5月30日，第2版。

相类似的关系。此时的"类"字强调"类似"。从最高人民法院《司法责任制实施意见(试行)》规定的表述上看,要求法官在裁断案件时对"类案和关联案件进行全面检索,制作类案和关联案件检索报告",此时,将"类案"与"关联案件"并列起来,是采取了类案概念的狭义含义,也即要求法官在审理案件时对与之相类似的先前案例进行检索和比对。① 因此,司法实践中的类案检索,仅指狭义的类案检索,而不包括关联案件的检索。

对比关联案件与类案,两者最明显的区分是:

关联案件彼此通过"关联点"产生密切联系。"关联点"存在于当事人和相关法律事实之中,已决案件与待决案件通过"关联点"联系起来,构成一个关联案件系统。按照五步法系统思维的要求,必须把待决案件放在关联案件系统中审视,并依法处理。关联案件在当事人、案件事实等彼此之间产生密切的内在联系,或直接影响待决案件审理的结果,或与待决案件的审理互相作为前提。关联案件与待决案件联系异常紧密,彼此相互制约,关联案件有可能也处于待审状态或者是正在进行审理。

类案与待决案件只是存在基本事实、争议焦点、法律适用问题等方面的相似,两者关系较为松散,明显表现了案件的类型及性质相似,而且类案必须是已经审理完毕且生效的案件。

简言之,类案为案件事实、争议焦点、法律适用等方面具有相似性的案件;而关联案件则为当事人、案件事实及法律适用等关键要素方面存在关联的案件。关联案件体现的是案件之间存在微观、具体的"关联点",类案体现的则是较为宏观、抽象的类型化案件。

四、关联案件的识别

识别关联案件,是司法实践中法官的必备技能。依据案件之间的关联因素,笔者对关联案件作出了以下分类。

(一)按案件主体关联分类

按照案件主体关联进行分类,关联案件可以分为原被告或原告(被告)相关

---

① 参见高尚:《司法类案的判断标准及其运用》,载《法律科学(西北政法大学学报)》2020 年第 1 期。

联、第三人相关联、其他当事人相关联。

1. 原告和被告之间相关联

待决案件一方或双方当事人与其他已决或待决案件中的一方或双方当事人相同且诉讼请求基本相同,则应归为关联案件。下面结合司法实践,进行详细阐释。

在职业打假人维权案件中,同一职业打假人以购买商品、药品存在质量问题为由,依照《食品安全法》《消费者权益保护法》相关规定及最高人民法院《关于审理食品药品纠纷案件适用法律若干问题的规定》第3条、第15条之规定,[①]在不同时间不同区域内向不同生产者、销售者主张支付价款十倍赔偿金的系列诉讼案,属于原告相关联的案件。例如,山东职业打假人韩某坤维权系列案中,韩某坤先后以消费者的身份在多地多批次购买进口红酒,后以酒瓶未粘贴中文标签,不符合《食品安全法》第97条规定,属于禁止进口的产品,销售者明知其不符合我国食品安全标准仍然向其出售,以侵害了其合法权益为由向法院提起的系列诉讼,该系列诉讼案件应归为关联案件。[②]

以民间借贷纠纷为例。同一出借人或者关联出借人(实际出借人)在一定期限内向一定行政区划内的法院针对同一借款人或不同借款人提起的民间借贷纠纷诉讼超过一定数量并主张利息、服务费、咨询费、管理费、违约金等费用的,因出借人或者关联出借人相同,该类案件应视为关联案件。在待决案件审理时则应结合关联案件的检索,重点审查该借贷行为是否属于同一职业放贷人的职业放贷行为。[③] 对于职业放贷人的判断,不仅存在同一放贷人向不同借款人借款放贷的情形,也存在同一放贷人向同一借款人放贷的情形。例如,在南京市中级人民法院

---

① 最高人民法院《关于审理食品药品纠纷案件适用法律若干问题的规定》(2020年修正)第13条规定:因食品、药品质量问题发生纠纷,购买者向生产者、销售者主张权利,生产者、销售者以购买者明知食品、药品存在质量问题而仍然购买为由进行抗辩的,人民法院不予支持。第15条规定:生产不符合安全标准的食品或者销售明知是不符合安全标准的食品,消费者除要求赔偿损失外,依据食品安全法等法律规定向生产者、销售者主张赔偿金的,人民法院应予支持。生产假药、劣药或者明知是假药、劣药仍然销售、使用的,受害人或者其近亲属除请求赔偿损失外,依据药品管理法等法律规定向生产者、销售者主张赔偿金的,人民法院应予支持。

② 山东韩某坤红酒打假系列案。参见山东省高级人民法院民事判决书,(2020)鲁民再386号;广东省珠海市斗门区人民法院民事判决书,(2016)粤0403民初2701号;广东省珠海市斗门区人民法院民事判决书,(2016)粤0403民初2695号;广东省珠海市中级人民法院民事判决书,(2017)粤04民终1728号等裁判文书。

③ 参见天津市高级人民法院《关于印发〈天津法院民间借贷案件审理指南(试行)〉的通知》(津高法〔2020〕22号)。

认定“职业放贷人”第一案[①]中，二审法官在审理本诉借贷案件上诉案件时，还发现与本诉案件相关联的事实：原、被告双方在本诉发生之前的半年内共发生了四次借贷，均存在借款时间短、出借利息高、出借人是名义出借人、借款合同高度格式化等特征。二审法官遂把上述四次借贷视为本诉的关联事实，认定出借人符合职业放贷人之特征。

以商品房销售中逾期交房、逾期办证纠纷为例。同一物业小区的多户业主向同一房地产开发商主张逾期交房、逾期办证损失而提起的系列诉讼案件，因诉讼的被告和诉讼的目的相同，应纳入关联案件范畴。同时，也存在基于业主起诉开发商主张逾期交房、逾期办证损失，房地产开发商则另行起诉业主要求业主承担逾期缴纳购房款违约责任的案件，因案件诉讼的原被告相同，相关案件也应纳入关联案件的范围。又以房屋“一房多卖”的合同纠纷为例，同一涉诉房屋的不同购买者向房屋出卖者提起的主张逾期交房、逾期办证损失，或主张其他购房者合同无效的诉讼案件，属于被告相同和涉案标的相同的关联案件。

2. 原被告与第三人相关联

待决案件所涉法律事实与案外人（第三人）存在一定的牵连关系，称为与第三人相关联案件。此类案件主要集中在民行交叉领域。

以典型的因建设工程规划许可引发的相邻关系纠纷为例。一方民事主体是否侵害另一方民事主体相邻权益，必定涉及一方民事主体建筑房屋行为是否遵循行政规划管理部门的建设规划要求，以及该行政规划部门的建设规划许可是否合法合规和遵循相关技术标准等问题，因而不可避免地与行政规划管理部门这个“第三人”产生关联。

【案例3】　李某诉某房地产公司相邻权纠纷

某房地产开发公司经行政规划管理部门许可后建设了一栋房屋，但相邻的居民李某以该栋房屋影响其采光权为由对该公司提起了要求排除妨碍的民事诉讼。该公司在民事诉讼中以房屋建设工程是经规划部门许可，建筑距离、建筑高度等都符合标准为由提出抗辩。后经法院释明，李某撤诉，遂向法院另行提起行政诉讼要求规划管理部门撤销规划许可。

在案例3中，要判断某房地产公司的建筑物是否妨害了李某的采光权，其判

① 参见张羽馨：《南京法院2020年度十大典型十大优秀案件揭晓》，载《江苏法制报》2021年1月7日，第1版。

断的基础首先在于房地产公司建筑物建造是否符合建设规划许可的问题，即合法性问题。在解决上述建筑物合法性问题的前提下，则会涉及行政规划管理部门作出的建设规划许可行为是否遵循相应的技术标准或规范的问题。此时，李某提起的行政诉讼就与行政规划管理部门这个"第三人"相关联。

3. 原被告与其他当事人相关联

在刑事司法实践中往往存在一个案件的共犯(主从犯)分案或另案处理情况，[①]这些案件因被告人之间在犯罪中所起的作用大小与对各被告人的定罪量刑存在很强的关联性，分案或另案处理的案件则应纳入关联案件范围。

以同宗毒品上下家犯罪案件分案审理为例，该类案件可能因被告人之间属于共同犯罪而发生关联。在上下游犯罪之间，分案审理情况下就如何分别对共犯或上下家进行量刑(特别是如何适用死刑的问题)，是案件承办法官之间必须考量的一个重要方面。依据最高人民法院印发的《全国法院毒品犯罪审判工作座谈会纪要》(法〔2015〕129 号)的精神，在对各关联被告人(上家或者下家)在决定是否判处死刑时，应当具体问题具体分析。上下家有时候是相对的，这个交易环节中的下家在下一个交易环节同样处于上家的地位，关键要看上下家哪一方在毒品交易的发起环节更为积极主动，哪一方对毒品交易的达成起到更为关键的作用，哪一方的贩卖毒品行为造成的现实危害更大，并结合各关联被告方具有的法定、酌定量刑情节综合决定，并不是一律"杀上家不杀下家"。如上下家均积极主动、对促成交易所发挥的作用相当，均属于罪行极其严重，且所具有的从重处罚情节也基本相当的，可以同时对上下家适用死刑。[②]

(二)按案件事实关联分类

按照案件的事实关联进行分类，可以分为基本事实关联和非基本事实关联。

1. 基本事实关联

基本事实关联，是指案件与案件之间因同一基本事实而产生关联。即因其他已决或待决案件基本事实与待决本案所涉基本事实有着密切联系的，并对待决本案预决效力产生影响的案件，属于基本事实相关联案件。

---

① 据统计，2011 年全国各级检察机关受理的公安机关提请批准逮捕、移送审查起诉的案件中，另案处理分别占到案件总数的 19.21% 和 18.68%。参见刘仁文、陈妍茹：《"另案处理"不能变成"另案不理"》，载《南方周末》官网"法治栏目"2020 年 6 月 12 日，http://www.infzm.com/contents/185632。

② 参见聂昭伟：《贩卖毒品案件中上下家的罪责区分及死刑适用》，载《人民司法》2016 年第 17 期。

以民间借贷与非法吸收公众存款犯罪交叉案件为例。借款人因向不特定对象融资借款而被司法机关以非法吸收公众存款犯罪追究刑事责任或正被司法机关启动刑事诉讼程序，而出借人则以向借款人出借资金的事实提起民间借贷诉讼，此时民间借贷诉讼案件中的资金出借事实与先前的非法吸收公众存款犯罪案件中借款人非法吸收公众存款事实属于基本事实的关联，因而这类案件应纳入关联案件范围。对此类民刑相关联的案件原则上应按照“先刑后民”的原则进行处理。

以交通肇事致人死亡的行刑交叉案件为例。交警部门作出的事故责任认定书认定肇事者负有主要责任，公安机关据此以肇事者涉嫌交通肇事罪为由进行立案侦查。此时，交通肇事者对该事故责任认定书不服提起复议后又提起行政诉讼，要求法院撤销行政机关作出的于己不利的行政行为，从而引发行刑诉讼案件的交叉。[①] 此时，交通肇事刑事案件中的交通肇事事实与交通事故责任认定行政诉讼中的交通肇事事实存在密切关联性，属于基本事实的关联。又如，在多人受伤交通事故或连环交通事故分案审理的诉讼案件中，因涉案的基本事实、法律关系和交通事故责任划分依据相同，此类案件属于基本事实相关联的案件。

2. 非基本事实关联

因其他已决或待决案件事实与待决本案所涉事实存在一定联系，但对待决案件预决效力不产生影响的案件，属于非基本事实相关联案件。

以民间借贷担保纠纷与非法吸收公众存款犯罪交叉案件为例。借款人因向不特定对象融资借款而被司法机关以非法吸收公众存款犯罪追究刑事责任或正被司法机关启动刑事诉讼程序，后出借人则以担保人向借款人提供担保之事实提起担保责任诉讼，此时的担保责任纠纷案件中的担保事实与先前的非法吸收公众存款犯罪案件中借款人非法吸收公众存款事实（借款事实）存在一定的联系，担保事实是基于借款事实而发生，此类事实关联属于非基本事实的关联，前案中的非法吸收公众存款之事实并不能当然地对后案中担保事实的效力产生预决效力。

以商业贿赂犯罪与民事合同效力认定案件交叉为例。商业贿赂犯罪行为在一定程度上可能会促成民事合同的成立，在一方民事主体涉嫌或构成商业贿赂犯罪的情形下，商业贿赂的事实与民事合同是否有效成立的事实存在一定的联系，

---

① 参见田宏杰：《行刑诉讼交叉案件的裁处机制——以行政权与刑罚权的双重法律关系为视角》，载《法学评论》2020 年第 1 期。

并非同一事实,这种联系属于非基本事实的关联。在此情形下要判断民事合同是否具有法律效力,应当结合民事合同的签订和履行是否损害了一方的合法利益、社会公共利益、国家利益等事实,合同的回报是否明显超出了正常商业交易利润范围的事实,并依据《民法典》的法律规定进行判断。在这种关联情况下,商业贿赂之事实并不能当然地对民事合同的效力产生预决效力。①

以伪造公司印章罪和民事合同效力认定案件交叉为例。行为人伪造公司印章和以伪造公章与第三人签订民事交易合同在事实上存在一定的关联,但伪造公司印章的事实与借伪造公章签订的合同是否具有法律效力的事实并非同一事实。在此情形下要判断民事交易合同效力时,不仅要结合签订民事交易合同时所加盖的公司印章这一事实,还要结合签约人在加盖伪造的公司印章时是否具有代表权或者代理权限,签约相对方在签约时是否尽到了一般性的谨慎审查义务,签约后合同履行情况等事实进行综合认定。在这种关联情况下,伪造公司印章之事实并不能当然地对民事合同的效力产生预决效力。②

(三)按关联方向进行分类

按照关联方向分类,关联案件可以分为纵向关联和横向关联。

1. 纵向关联

案件的纵向关联,是指案件之间呈现纵向性、递进性的联系。案件的纵向关联在刑事上下游犯罪案件中表现较为明显。例如,盗窃犯罪及其他侵财犯罪和掩饰、隐瞒犯罪所得、犯罪所得收益罪,走私、贩卖、运输、制造毒品罪和窝藏、转移、隐瞒毒品、毒赃罪,侵犯公民个人信息犯罪和电信诈骗犯罪,受贿罪与行贿罪等属于典型的上下游犯罪关系,属于纵向关联性案件。正确认识上下游犯罪的这种纵

---

① 在郴州某房产公司与郴州一中、郴州三中、郴州教育局、郴州北湖区政府委托代建合同纠纷一案中,湖南省高级人民法院审理认为,在存在贿赂情节下签订的合同是否有效,应当严格依照《合同法》第52条的规定进行审查。由于没有证据证实涉案合同的签订和履行损害了发包方的具体利益,更没有证据证实该合同本身损害了国家利益。也没有提供证据证实委托代建合同约定的回报明显超出了正常的范围。因此,虽然在合同签订过程中存在商业贿赂情形,但没有证据证实合同存在无效的具体情形,因此,认定《投资建设合同书》为有效合同。参见湖南省高级人民法院民事判决书,(2018)湘民终608号。

② 最高人民法院第二巡回法庭法官会议纪要认为,即使未在合同上加盖公司公章抑或合同订立者擅自加盖虚假公章的,只要是法定代表人或者有权代理人代表公司而为的职务行为,并且其在合同书上的签章为真实的,仍应当视作公司行为,所产生的法律后果由公司承担。参见《最高人民法院法官权威解答:公司法定代表人伪造公章,对外签订的合同有效吗?》,载《最高人民法院第二巡回法庭法官会议纪要》(第一辑),人民法院出版社2019年版,第200页。

向关联关系，有助于我们正确理解上下游犯罪的构成，从而更好地把握这些犯罪的本质特征，正确评判各刑事被告人在上下游犯罪中的地位、作用等因素，综合判断犯罪行为的社会危害性，确保罪责刑相适应。

【案例4】　张某、陈某鑫盗窃和陈某勇掩饰、隐瞒犯罪所得案①

2015 年 9 月 15 日至 10 月 15 日，被告人张某、陈某鑫在江苏常州某公司回收废纸板过程中，先后 21 次至废品回收区对面车间，窃得漆包线共计价值人民币 6880 元。被告人陈某勇明知上述漆包线是犯罪所得，仍 20 次予以收购，价值共计人民币 6000 元。2015 年 10 月 15 日，被告人张某、陈某鑫至被告人陈某勇经营的收购站销售当日窃得漆包线时，被公安机关当场抓获。案发后，被告人张某、陈某鑫、陈某勇共同赔偿被害单位经济损失 6880 元并取得谅解。另公安机关从被告人陈某鑫处扣押人民币 1650 元。

一审法院以盗窃罪分别判处被告人张某、陈某鑫有期徒刑 6 个月，并处罚金人民币 6000 元；以掩饰、隐瞒犯罪所得罪判处被告人陈某勇有期徒刑 3 年 6 个月，并处罚金人民币 1 万元。被告人陈某勇以一审判决认定事实错误，判决量刑过重为由提出上诉。二审法院以掩饰、隐瞒犯罪所得罪判决陈某勇有期徒刑 6 个月，并处罚金人民币 6000 元。

本案中的主要争议焦点是，上下游犯罪被告人之间量刑如何平衡的问题。这关系到对于最高人民法院《关于审理掩饰、隐瞒犯罪所得、犯罪所得收益刑事案件适用法律若干问题的解释》中规定的"情节严重"的理解问题，也关系到刑法总则规定与司法解释在个案法律适用中的协调问题。因此，理清张某、陈某鑫盗窃案与陈某勇掩饰、隐瞒犯罪所得案之间的纵向关联关系，对如何评判该案三名被告人的量刑至关重要。在司法实践中，对掩饰、隐瞒犯罪所得、犯罪所得收益罪的"情节严重"的适用标准存在很大争议。本案系上、下游犯罪，盗窃罪是上游犯罪，掩饰、隐瞒犯罪所得罪是下游犯罪。对此类上下游犯罪，一般而言，下游犯罪的社会危害性小于上游犯罪。虽然本案中陈某勇犯罪次数较多，但其收购的物品本身是废铜线，价值又较低，刚刚达到入罪标准，其行为的社会危害性不大，且陈某勇

① 详见江苏省常州市新北区人民法院刑事判决书，(2016)苏 0411 刑初 432 号；江苏省常州市中级人民法院刑事判决书，(2016)苏 04 刑终 264 号。参见潘安民、朱文箭等：《上下游犯罪被告人之间的量刑平衡——江苏常州中院判决张某、陈某鑫盗窃、陈某勇掩饰、隐瞒犯罪所得案》，载《人民法院报》2017 年 4 月 13 日，第 6 版。

是经工商部门登记的废品收购人，以收废品为主业，并非专门收购赃物的职业收赃人，不符合上述司法解释中“情节严重”的情形，故不认定情节严重为妥。

2. 横向关联

案件的横向关联，是指各个案件因案件的事实相互平行交织而形成的相互影响，或出现某些案件基本法律事实之认定对其他案件的法律事实认定产生有先决性影响的情形。[①] 例如，在具有相同法律关系的系列诉讼案件审理或共同犯罪案件中同案犯分案、另案审理时，因各个案件的事实基本一致，也就是因为案件事实基本一致，因此在对各案诉讼主体诉求进行评判或对各被告人定罪量刑时，必须考虑到先决案件与待决案件之间基本事实之间的密切关联。

例如，在审理民间借贷案件时，原被告虽然就借款事实存在纠纷，但也有可能原被告基于借款而产生抵押担保、让与担保、债权转让、债权代位追偿等一系列相关联的事实，此类事实产生的纠纷与借贷纠纷之间属于横向关联案件。特别是在当前虚假诉讼处于高发阶段，又主要集中于民间借贷等涉财型纠纷案件的背景下，民间借贷纠纷等涉财型纠纷案件的审理者，应对案件中原、被告双方之间涉及其配偶、亲友或关联企业、上下级单位等有密切关系的，双方表面对立的离婚析产、其他民间借贷、以物抵债、抵押担保、合同违约等纠纷的横向关联性高度重视。要认真识别相关联的纠纷之间是否存在相互串通、伪造证据、虚假陈述等情节，从源头上杜绝和防范虚假诉讼的发生。

又如，在不动产权属、土地承包经营权流转、集体土地征地补偿等民事纠纷中也往往存在民事行为与行政部门对不动产权属的行政许可、土地承包经营权流转审批、农村集体经济组织成员身份确认[②]等职能行为之间的交叠，引发民行案件之交叉，此类案件的关联也属于横向关联。

---

① 参见《民事诉讼法》第 155 条第 1 款第 5 项、《行政诉讼法》第 61 条第 2 款、《全国法院民商事审判工作会议纪要》第 130 条等规定。

② 行政机关对集体经济组织成员身份的认定资格，应当从我国集体经济组织所具有的自然共同体特征出发，以成员权理论为基础，以是否依法登记所在地常住户口作为形式要件，以是否实际在本集体经济组织生产生活为实质要件，考虑是否需要本集体经济组织土地作为生存保障及是否在其他组织享有集体经济组织成员权益等因素，一并进行综合判断。行政相对人已纳入城镇社保体系，无须农村集体土地作为其生产生活来源，行政机关认为，行政相对人不具有集体经济组织成员资格，不属于征地补偿或安置对象，未对其进行补偿或安置并无不当。详见湖南省高级人民法院行政判决书，(2020)湘行终 508 号。

第二节　关联案件检索的基本要求及操作方法

司法大数据和人工智能的迅速发展，为关联案件实现"类案同判"提供了技术支撑。但要做好关联案件检索工作，还需要法官等检索主体熟练掌握好检索平台的操作方法，掌握一定的检索技巧，才能实现关联案件检索的精准和高效。①

一、关联案件的检索主体

对于关联案件的检索主体，根据现行司法文件的规定，笔者认为，应当分为责任主体、监管主体和非责任主体三类。

（一）责任主体

根据现行司法文件的要求，法官在办理案件中要对关联案件进行检索，故称为责任主体。关联案件检索的责任主体主要是指案件办理中的独任法官、合议庭。

进行关联案件检索，是有效规范法官自由裁量权，促进法律适用统一，在具体微观层面解决相互关联案件之间"类案不同判"的痛点、堵点、焦点问题的有效路径。因而待决案件的独任法官、合议庭则应是关联案件的检索责任主体，即关联案件检索工作是待决案件独任法官、合议庭的一项强制性工作。② 通过关联案件检索，可以帮助案件独任法官、合议庭对疑难复杂案件形成充足的内心确信，帮助其对案件事实认定及相关法律形成更全面的理解，避免因案件信息不对称、遗漏形成不当裁判。

---

① 王雨田：《强化关联案件检索　促进裁判尺度统一》，载《人民法院报》2021 年 5 月 30 日，第 2 版。

② 最高人民法院印发的《司法责任制实施意见（试行）》第 39 条规定：承办法官在审理案件时，均应依托办案平台、档案系统、中国裁判文书网、法信、智审等，对本院已审结或正在审理的类案和关联案件进行全面检索，制作类案与关联案件检索报告。同时，笔者认为，在案件办理中，实行独任制审判时，承办法官是独任法官，故检索的责任主体是独任法官无歧义。而在进行合议制审判时，可以由承办人为主进行检索，但不能只由承办人一人进行检索，其他合议庭成员也应当进行独立补充检索，进行独立判断，才能对案件事实认定负责。此外，对外而言，案件的事实认定，是由整个合议庭负责，而不只是由承办人负责。因此，在实行合议制审理时，关联案件的检索主体应当是整个合议庭为宜。

（二）监管主体

此处所指的监管主体，是指履行监管职责的院庭长及审判管理部门的人员。案件属于院庭长审判监督管理范围的，院庭长可以根据审判监督管理权限要求合议庭检索关联案件。院庭长也可以依据审判监督管理权限对应监管的待决案件中独任法官、合议庭是否履行关联案件检索义务进行监管。对可能存在应检索而未检索或检索出现遗漏的情况，院庭长可自行或委托审判管理部门进行关联案件的检索，提示独任法官、合议庭注意。同时，审判管理部门的工作人员，在履行审判管理职责时，也要涉及进行关联案件检索的事宜，因此该类人员也是关联案件检索的监管主体。

（三）非责任主体

此处的非责任主体是与前述的责任主体相对的概念。责任主体是基于履行职责而进行检索，是一种义务性的检索。而非责任主体指的是不具有检索义务、监管职责的人员自发进行的一种检索。该类人群主要包括公诉人、当事人、律师及其他诉讼参与人。

在案件审理的过程中，独任法官、合议庭应当及时告知检察机关公诉人、当事人、律师及其他诉讼参与人可以进行关联案件检索，并把关联案件检索情况作为诉辩意见向法庭提出。① 独任法官、合议庭应当依托数字法院业务应用系统、法院档案管理系统、中国裁判文书网、法信网等平台对诉辩双方提交的案件来源、案件真实性以及是否发生法律效力进行核实。从实践效果上看，检察机关公诉人、当事人、律师及其他诉讼参与人提交关联案件检索结果，既有利于检察机关、当事人对案件裁判结果有一个合理的预期，也对法官公正裁判起到了一定的监督和促进作用。

需要说明的是，在本章中关联案件的检索主体主要是突出案件独任法官、合议庭这个责任主体，并对其如何进行规范检索作出明确要求。监管主体在开展补充检索、延伸检索以及非责任主体在进行自行检索时，可以参照责任主体的要求进行规范。

---

① 参见湖南省高级人民法院会同湖南省司法厅、湖南省律师协会联合印发《关于协同推进类案强制检索机制共同维护司法公平正义的意见（试行）》（湘高法发［2021］1 号）第 7 条的规定。

二、关联案件的检索原则

关联案件检索为法官对待决案件的裁判提供了“在先经验”。为避免法官对关联案件检索工作的随意性，作为关联案件检索的责任主体的法官或者合议庭对承办的案件必须本着“应检尽检”和“全面检索”的原则，依托数字法院业务运用系统、法院档案系统、中国裁判文书网、法信、智审、仲裁网、政府信息公开网等平台对关联事实或关联信息进行全面检索，并制作检索记录留痕登记。

三、关联案件的检索范围

在办案件具有下列情形之一，应当全面进行关联案件检索：

一是拟提交专业（主审）法官会议或者审判委员会讨论的；

二是缺乏明确裁判规则、尚未形成统一裁判规则或合议庭对于法律适用问题存在重大分歧的；

三是案件当事人及其辩护人、诉讼代理人或者公诉机关提交的与待决案件存在牵连关系且已生效的裁判案件；

四是有线索表明待决案件事实是公安、检察、监察机关已纳入侦查范围的；

五是院庭长根据审判监督管理权限要求进行关联案件检索的；

六是其他需要进行关联案件检索的。

在坚持全面检索的基础上，主要是对上级法院、本院已审结和正在审理的关联案件进行重点检索。确有必要的，可再利用检索平台，通过提取案件当事人名称、案件的特殊信息等作为关键词进行关联案件的检索。

四、检索平台及操作方法

就目前而言，暂未有专门关于关联案件的检索平台。对关联案件进行检索可依托类案检索平台中的相关功能，采用针对性的检索方法来实现。

（一）关联案件检索平台

就关联案件检索现有可利用的检索平台而言，主要分为内部检索平台和外部检索平台。内部检索平台，主要是内部办案系统，如数字法院业务应用系统、法院档案管理系统等平台。外部检索平台，又分为官方的和非官方两种：官方检索平台有中国裁判文书网、法信网平台以及其他智审系统等平台，非官方的商业检索平台有 Alpha 案例库、威科先行、北大法宝等检索平台。下面选取几个常见的检索平台进行介绍。

1. 法信平台

关于法信平台功能介绍，在前面第三章中有专门的介绍，在此不再赘述。下面主要介绍如何在法信中进行关联案件的检索。在法信平台进行关联案件检索时，平台会自动对该案的“历审案件”进行自动推送，点击案号就能查看历审案件的情况（见图 4－1）。

图 4－1 法信网平台

2. 中国裁判文书网

关于中国裁判文书网功能介绍，在前面第三章中有专门的介绍，在此不再赘述。下面主要介绍如何在中国裁判文书网中进行关联案件的检索。

在中国裁判文书网的裁判文书列表中，除展现符合检索条件的裁判文书外，还有关联文书的显示。关联文书通过文书案号，将一审、二审文书关联在一起显示，客观、完整的展现案件的最终结果。关联文书会显示文书的审理程序、审理法院、案号、裁判日期、结案方式五项信息。在裁判文书网全文页，除展示裁判文书的具体内容，还有裁判文书关联文书展示。全文页的关联文书展示与列表页关联文书相同的内容（见图 4－2）。

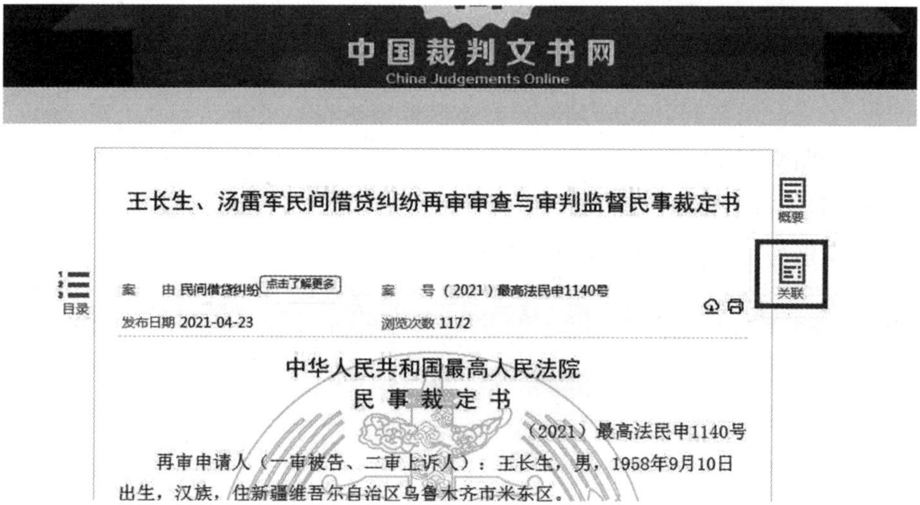

图 4－2　中国裁判文书网平台

3. 北大法宝平台

关于北大法宝功能介绍，在前面第三章中有专门的介绍，在此不再赘述。下面主要介绍如何在北大法宝中进行关联案件的检索。在北大法宝的司法案例功能栏目中，点入具体的案例后，有一个“关联案件与文书”的下拉菜单，点开后会显示该案关联的案件与文书。除了有“关联案件与文书”的下拉菜单外，还可以通过“历审文书”查看该案相关联的案例（见图 4－3）。

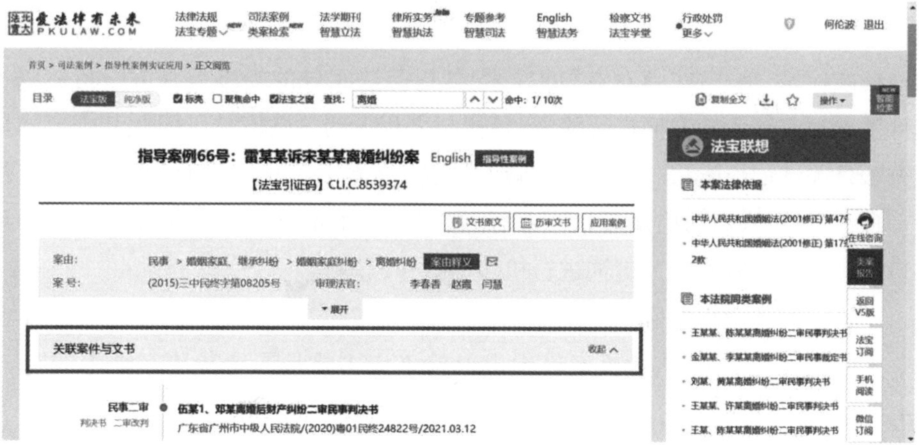

图 4－3　北大法宝平台

4. 威科先行法律信息库

在威科先行法律信息库检索平台的案例检索栏目中，点击具体案例，即会自动推荐“本案相关案例”（关联案件）与“本院同案由相关案例”（广义类案，涵盖关联案件）（见图4-4）。

在威科先行平台中，除了可以检索案例外，还可以检索到检察文书和行政处罚文书，这能为关联案件的办理提供重要参考信息。

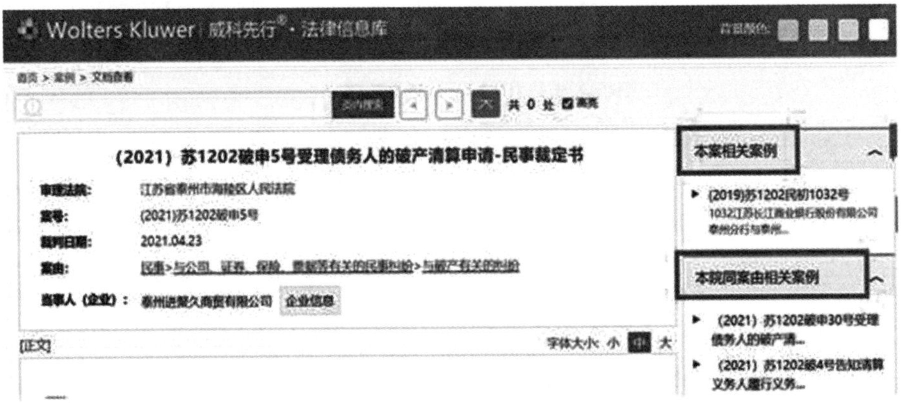

图4-4　威科先行法律信息库

（二）关联案件检索方法

关联案件检索与类案检索相比更加具体、更加精细，其是基于个案的检索，是一种精准检索，是一种“点对点”的检索，如以待决案件的当事人等诉讼主体以及案件基本事实等为检索词进行检索，寻找与之相关的关联案件。因此其主要的检索方法是关键词检索法。对于关键词检索法，在本书第三章中有详细的介绍，作为一种一般性、常用的检索方法，在此不再赘述。本部分主要介绍在进行关联案件检索中如何提取检索关键词进行检索的操作问题。

1. 检索关键词的提取

关联案件检索中，从待决案件中提取检索词主要是围绕待决案件中的“人”“事”“物”进行提取关键词。

（1）以待决案件中的“人”提取检索词。此处所指的“人”，是指用待决案件中的案件当事人、第三人、与案件密切相关的案外人（如受害人）的姓名（名称）作为检索词，进行关联案件检索。

例如，在一起涉消费维权案件中，我们可以用原告的姓名“李想”和原告的户籍地“四川省成都市新都区”作为检索词在法信网平台进行关联案件检索，检视其是否系“职业打假人”以及其他法院对其提起的诉讼是如何处理的。按照上述方法，经过检索后，发现与名叫“李想”当事人相关联的案件有132件(见图4－5)。

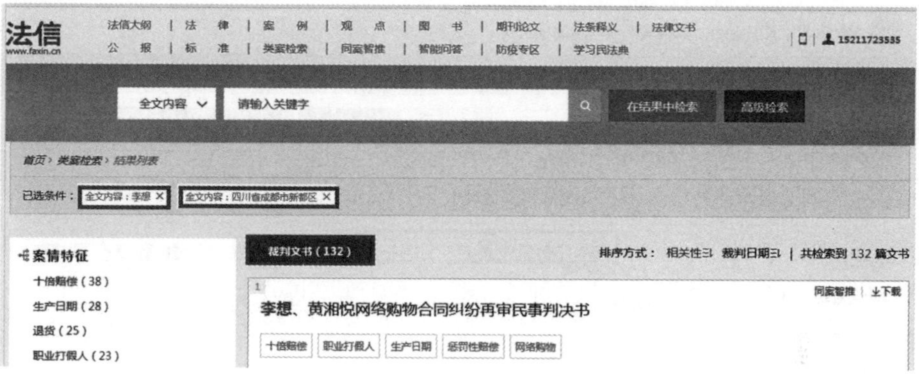

图4－5　法信平台对“人”的关联检索结果

又如，在受理一起以“大德公司”为被告的待决案件后，要查询关联案件，就可以以“大德公司”为检索词在前述检索平台中进行关联案件检索(见图4－6)。

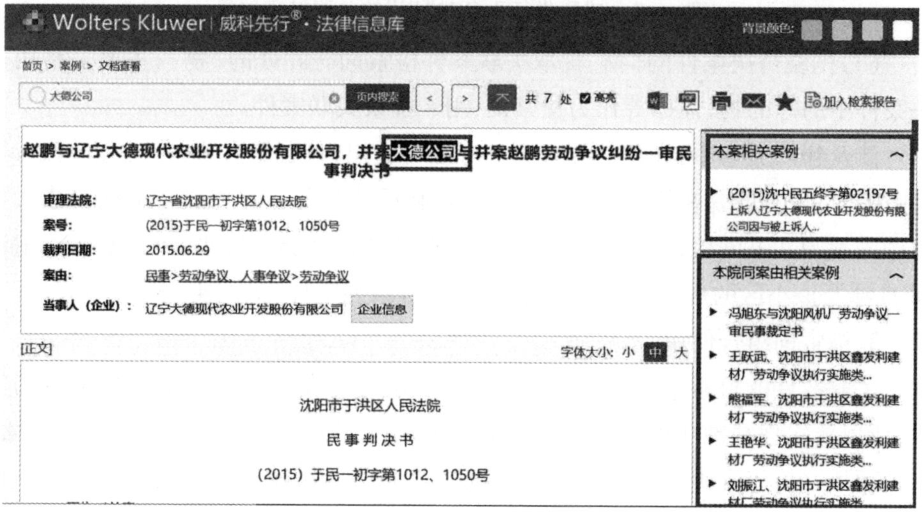

图4－6　威科先行平台对“人”的关联检索结果

(2)以待决案件的“事”提取检索词。此处的“事”主要是指用待决案件中的基本事实、关键性事实作为检索词，用于检索关联案件。

例如，在威科先行法律信息检索库的检索框中输入“玩具小木枪外观专利设计”后，经过检索会发现，能检索到20件名叫“歹广辉”的原告提起的侵害外观设计专利权纠纷案件（见图4-7）。这为后续再审理涉及“玩具小木枪”侵害外观设计专利纠纷关联案件时提供了参照的案例。

图4-7 威科先行平台对“事”的关联检索结果

（3）围绕待决案件的“物”提取关联案件检索词。此处的“物”，主要是指用待决案件中的标的物、证据等作为检索词，用于检索关联案件。

涉及物的关联中，在执行异议案件中更为突出，特别是在查封、处置涉执行案件财产时，还有就是在执行异议之诉时，必须要对涉案标的物进行关联检索。如在中国裁判文书网检索框中输入“木兰镇尊荣华府小区”关键词时，就会检索到38件涉及该小区的房屋拆迁安置、执行异议等系列案件（见图4-8）。

2. 检索词组合使用

关联案件的检索是一种精准检索，其任务是要检索与待决案件相关联的案件，所以要实现精准化检索。按照前文所述，用检索词的组合能够实现精准检索。主要要用好检索词中关于案件中涉及“人”“事”“物”的检索词的组合。第一种是“案件当事人+案件事实”的组合检索方式；第二种是“案件当事人+涉案物”的组合检索方式；第三种是“案件事实+涉案物”的组合检索方式；第四种是“案件当事人+案件事实+涉案物”检索词的多元组合。对于具体操作方法，参照前章。

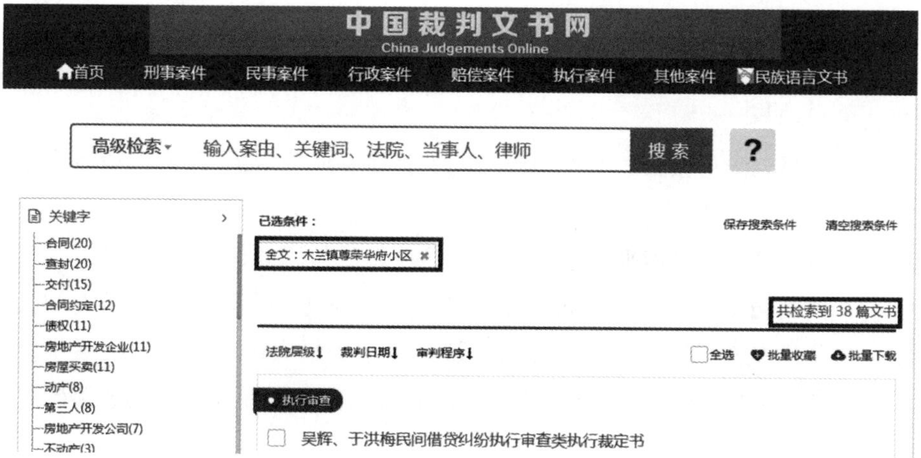

图 4-8　中国裁判文书网对“物”的关联检索结果

第三节　关联案件检索报告规范及制作

落实好关联案件检索制度，有赖于关联案件检索报告制作和运用机制的完善。[①] 以郴州法院司法实践为例，结合各地关联检索报告的模板为基础，参考类案检索报告，笔者从检索报告的基本要素、基本要求、表现形式、撰写规范等方面对关联案件的检索报告规范及制作进行阐述，以供司法实务中相关人员参考。

一、检索报告基本要素

关联案件检索报告在构成形式上需要清晰地展现关联案件检索过程，突出显示检索结果。一个标准的关联案件检索报告其构成要素应分为形式要素和实质要素。[②]

（一）检索报告形式要素

所谓形式要素就是指关联案件检索报告主要构成项目。通常包括检索目的、

① 齐晓丹等：《类案检索报告制作和运用中的四个重要问题》，载大众网，http://www.dzwww.com/xinwen/jishixinwen/202005/t20200506_19620245.htm。

② 北京市三中院课题组：《类案检索报告制作和运用机制研究》，载《法律适用》2020 年第 12 期。

检索平台、检索条件、检索备考、检索分析、检索结论等主要构成项目。

1. 检索目的。制作关联案件检索报告，首先应当明确进行本次检索、制作检索报告的目的。

2. 检索平台。检索报告制作中应当注明关联案件检索的平台，以便后续检索者能“按图索骥”，减少检索工作量。

3. 检索条件。在检索平台输入关联案件检索的信息要体现出先后序位：与待决案件相同的当事人—与待决案件相同的案由—与待决案件相同或相近的法律事实—与待决案件相同或相近的法律争议焦点。为最大限度地实现关联案件之间的比对，检索过程中应当提炼出待决案件的关键信息浓缩成关键词或语句进行检索，以达到事半功倍的效果。

4. 检索备考。在备考栏目中应备明以下内容：被检索案件审理法院、案件审级、案件是否生效等。

5. 检索分析。在完成上述检索流程后，法官应对检索的关联案件裁判结论进行分析，结论尽可能做到言简意赅。

6. 检索结论。检索结论是对检索结果的分析梳理，对待决案件裁判具有重要指引意义的结论性表述。

（二）检索报告实质要素

形式要素构成了关联案件检索报告的外观要件，而对于形式要件中的关键要素进行内涵界定，则是关联案件检索报告的实质要素。

1. 关联案件要素的识别

适用关联案件裁判规则的前提是，检索出来的案件与待决案件属于关联案件，并且其裁判规则对待决案件具有紧密的关联关系。笔者认为，应当将诉讼当事人、核心事实、争议法律问题及法律关系作为关联案件的基本识别要素，同时结合当事人的举证情况、法院审理案件所处的诉讼程序等因素，综合判断在先生效判决与待决案件是否属于关联案件以及在裁判规则适用上是否具有可参考性或可否统一裁判尺度。关联案件要素识别的具体操作可参考前章中的类案要素识别的相关操作，在此不再赘述。

2. 矛盾关联案件的处理

关联案件不同判是关联案件检索机制所要解决的最重要问题。对此，笔者认为，关联案件检索的要义就是在多个裁判尺度不统一的生效关联案件中，需要筛选并甄别出其中最恰当的关联案件并参照其中的裁判规则对待决案件作出处理，即“检索结论择一适用”的问题。与此同时，随着法律适用的社会背景的变化、价值取向的调整，已有生效关联案件的裁判规则可能不适宜用于待决案件，抑或既定的关联案件裁判尺度需要改变，即“检索结论排除适用”的问题。

二、检索报告基本要求

目前，最高人民法院就关联案件检索报告的制作尚未有专门性的规则指引文件，而各地法院对关联案件检索报告制作的要求也不尽一致。结合各地法院的实践经验，笔者认为，一份标准的关联案件检索报告应满足三个基本要求。

1. 检索程序要科学规范

检索程序、流程的科学规范是保证关联案件检索结果尽可能完备的前提条件。因此，在关联案件检索报告中必须充分准确记载法官进行关联案件检索的时间（检索基准日）、使用的数据库、使用的检索方法（指当事人关联检索、事实关联检索、法律关系关联检索等）以及使用的关键词，进而充分论证关联案件检索结果的客观性、全面性和准确性。

2. 检索内容要客观全面

在关联案件中应本着“应检尽检”的原则，对关联案件进行全面检索，并对已决关联案件中与待决案件相同或相似的法律争议焦点、判决结果进行客观全面而不烦琐的记载，以便合议庭、专业（主审）法官会议或审判委员会参考和作出合理判断。

3. 检索结论要具有明确导向性

法官在对关联案件进行全面检索后，要作出对待决案件裁判具有重要指引意义的结论性表述，该结论性表述必须要有明确的导向性，不能模棱两可、含糊其词。

三、检索报告表现形式

在司法实践中，关联案件检索报告主要有文字式和图表式两种类型。下面分别就两种表现形式进行详细阐述。

（一）文字式

文字式的关联案件检索报告在内容上采用关联案件精析的模式，报告主要内容系针对案件争议焦点，从法律规定以及关联案件裁判观点等方面进行全面检索分析，列明关于争议问题的不同观点，分析得出对于待决案件的处理意见。该类型的检索报告的特点在于，可以全面展现并深入分析针对争议问题的不同学术观点以及裁判观点。具体的样式见《关于××案的关联案件检索情况报告》（见表4－1）。

表4－1　关联案件检索报告文字式样本

关于××案的关联案件检索情况报告 （建议稿） （××）湘××民初××号 一、待决案件基本情况 1. 待决案件基本事实； 2. 待决案件法律事实梳理/所涉法律法规归纳； 3. 待决案件的争议焦点。 二、关联案件检索过程概述 1. 检索主体、时间、平台及范围； （写明关联案件检索主体、时间、使用的平台和检索范围，平台如有不同栏目的应注明栏目） 2. 检索的具体方法、条件。 （列明检索的关键词、地域、审级、裁判时间等检索条件及方法） 三、关联案件检索结果（如果无关联案件，请注明无） （一）关联案件一（案号1）： 1. 关联因素：与本案当事人关联 /与本案法律事实关联/ 与本案法律关系关联/ 其他相关联； 2. 关联案件所在法院或部门：本院/其他法院（注明具体法院）及审级（一审、二审或再审）/其他部门（注明具体部门）； 3. 关联案件在法院的情况：已生效/已判决未生效/正在审理/已立案未审理； 4. 关联案件在其他部门的情况：纪检监察部门正在立案审查或已经移送检察部门/仲裁机构作出生效仲裁或仲裁机构已经受理但未作出结果/政府作出征收决定或政府拟作出征收决定/其他部门已作出行政决定、处罚等。 5. 关联案件是否作为案例推荐： （1）最高人民法院指导性案例/最高人民法院公报案例/典型案例/最高人民法院或最高人民法院各审判庭主办的审判指导刊物刊载的案例； （2）所在地高级人民法院发布的参考性案例/高级人民法院主办的案例指导类刊物刊载的案例； （3）所在法院的上一级人民法院发布的参考性案例/上一级法院主办的案例指导类刊物刊载的案例； （4）没有作为案例推荐使用。 6. 关联案件适用的法律： 7. 关联案件裁判要旨： （简要归纳和提炼具有指导意义的重要裁判规则、理念、方法，能够一目了然地反映出案件所涉及的主要法律问题及主要裁判观点）

续表

（二）关联案件二（案号 2）： …… （三）关联案件三（案号 3）： …… （四）关联案件四（案号 4）： …… 四、关联案件检索结果分析 （共检索到与本案关联的案件××个，与本案基本事实和争议焦点具有高度关联性的案件××个，分别涉及最高人民法院、XX 省高级人民法院、XX 中级人民法院及 XX 基层法院、本院。其中，××个案件的裁判判决观点是……判决的基本理由是……××个案件的裁判观点是……判决的基本理由是……） 五、关联案件检索结果运用 待决案件拟判意见情况： （一）与关联案件检索结果中的某些关联案件判决意见基本相同（该类关联案件的裁判意见是占多数），理由是…… （二）与关联案件检索结果中的某些关联案件判决意见基本相同（该类关联案件的裁判意见是占少数），理由是……建议提请专业（主审）法官会议或审判委员会讨论； （三）与关联案件检索结果中的某些关联案件判决意见基本相同（该类关联案件是最高人民法院或本省高级人民法院作出的裁判且已经纳入指导性案例或最高人民法院公报案例或其他案例，但与本院上一级法院的多数关联案件裁判意见不同），理由是……建议提请审判委员会讨论后向上一级法院请示； （四）与上述检索的所有关联案件裁判意见不一致，理由是……建议提请审判委员会讨论后向上一级法院作出请示。 六、附件：关联案件裁判文书 七、检索人： 提交时间： 年 月 日

（二）表格式

表格式的检索报告在格式上突破了传统报告的形式，采用纯表格的形式进行。内容上以多个关联案件对比为基础，将其与待决案件进行要素上的分项比对，通过表格的形式将比对过程具体呈现，并着重采用类比推理方式阐述待决案件处理是否参照关联案件的裁判标准。该类型检索报告的特点在于可以清晰显示待决案件与在先生效关联案件在要素上的异同点，并可以直观地呈现关联案件比对过程以及关联案件的裁判规则的变化（见表 4－2）。

表 4－2　关联案件检索报告表格式样本

<table>
<tr><td colspan="11">××案的关联案件检索情况报告
（建议稿）
（××）湘××民初××号</td></tr>
<tr><td colspan="11">一、待决案件基本情况</td></tr>
<tr><td colspan="2">案号</td><td colspan="2"></td><td>案由</td><td colspan="2"></td><td colspan="2">检索主体</td><td colspan="2"></td></tr>
<tr><td colspan="2">基本事实</td><td colspan="9"></td></tr>
<tr><td colspan="2">争议焦点</td><td colspan="9"></td></tr>
<tr><td colspan="2">法律适用争议</td><td colspan="9"></td></tr>
<tr><td colspan="11">二、关联案件检索具体情况</td></tr>
<tr><td rowspan="2">序号</td><td rowspan="2">案号</td><td rowspan="2">关联因素</td><td rowspan="2">基本法律事实</td><td rowspan="2">争议焦点</td><td rowspan="2">裁判要旨</td><td colspan="5">备注</td></tr>
<tr><td>审理法院</td><td>是否生效</td><td>关联等级</td><td>检索平台</td><td>是否推荐为案例用</td></tr>
<tr><td></td><td></td><td></td><td></td><td></td><td></td><td></td><td></td><td></td><td></td><td></td></tr>
<tr><td></td><td></td><td></td><td></td><td></td><td></td><td></td><td></td><td></td><td></td><td></td></tr>
<tr><td colspan="11">三、关联案件检索结果分析</td></tr>
<tr><td colspan="11">检索结果简要分析：</td></tr>
<tr><td colspan="11">四、待决案件的拟判意见说明</td></tr>
<tr><td colspan="6">普通程序</td><td colspan="5">简易程序</td></tr>
<tr><td colspan="3">合议庭多数意见：</td><td colspan="3">合议庭少数意见：</td><td colspan="5">基本意见：</td></tr>
<tr><td colspan="11">五、待决案件是否提交专业（主审）法官会议或审判委员会讨论</td></tr>
<tr><td colspan="3">提交讨论及理由</td><td colspan="3">不提交讨论及理由</td><td colspan="5">其他需要说明的问题</td></tr>
<tr><td colspan="3"></td><td colspan="3"></td><td colspan="5"></td></tr>
<tr><td colspan="11">六、待决案件最终基本意见</td></tr>
<tr><td colspan="11">待决案件最终意见简要说明：</td></tr>
</table>

四、关联案件裁判要旨撰写与规范

对关联案件裁判观点进行简要归纳后形成裁判要旨是关联案件检索的一个重要关键环节。裁判要旨一般体现为对该案件司法裁判规则的提炼和归纳。对关联案件裁判规则之归纳是对法律适用、裁判方法、司法理念等方面问题的判断，这种判断必须客观反映出该案件裁判者的司法理念和司法价值追求，观点鲜明而不含糊，不仅有利于检索者自身在检索过程通过对关联案件理性分析后得出对待决案件明确的处理意见，而且也有利于专业（主审）法官会议成员或审判委员会成员对关联案件检索结论进行综合评判并形成内心确认。

在提炼和归纳关联案件裁判要旨时，应注意以下三个方面：

（一）裁判要旨应与案件争议焦点对应

裁判规则主要表现为对案件争议焦点和涉及的法律问题进行评析后形成的裁判要旨。关联案件的裁判要旨集中体现了关联案件检索的核心内容。因此，其裁判要旨生成应当与案件争议焦点问题基本相对应，并作出合理合法的回应，这样有助于各类法律群体准确理解关联案件裁判要旨之要义。

【案例5】　远大公司与中轻公司进出口代理合同纠纷①

2008年7月，远大公司与中轻公司就进口棕榈油一事签订《委托代理进口协议》（以下简称《代理协议》），约定：远大公司委托中轻公司对外签订进口合同，办理对外结算、支付、报关、商检等履行进口合同所必需的进口手续；总金额为3,433,127.50美元。远大公司亦与中轻公司、华南公司签订《油脂接卸储存三方协议》，主要约定：上述棕榈油的所有权始终归远大公司所有，每次放货前，远大公司应给华南公司发出书面传真指示，华南公司凭此放货。其他公司于2008年代中轻公司向远大公司支付《代理协议》项下款项共计1376万元，其中开立信用证保证金为7,034,993.22元，棕榈油税款为5,479,338.03元，货款为1,245,668.75元。远大公司依约向中国银行股份有限公司申请开立了信用证。《代理协议》项下2749.825吨棕榈油于2008年7月31日已经全部进入华南公司油罐。远大公司于2008年8月4日向华南公司出具了一份棕榈油300吨的《货物放行通知

① 参见最高人民法院民事裁定书，（2017）最高法民申1914号。

单》,其后赵某征据此伪造了一份棕榈油 2430 吨的《货物放行通知单》,并以中轻公司的名义出具了《出库通知单》,指示华南公司将上述棕榈油移交给其他公司。远大公司开展涉案棕榈油代理业务时,主要与时任中轻公司贸易二部经理赵某征接洽,中轻公司贸易二部开展棕榈油进口代理业务,主要由赵某征负责,上述代理协议也由赵某征代表中轻公司与远大公司签订,协议上加盖了中轻公司 6 号合同专用章。远大公司在办理涉案棕榈油进出口许可证时,使用的是中轻公司电子密钥。

(2010)京一中刑初字第 1278 号生效刑事判决认定:赵某征等人私自以中轻公司名义与远大公司等公司签订委托代理进口棕榈油合同,并采取伪造远大公司提货单据的手段,使其他公司在没有支付相应货款的情况下,骗取远大公司上述合同项下的棕榈油 2392 吨,造成该公司损失 1476 万元。赵某征因犯合同诈骗罪、国有企业人员滥用职权罪被法院判处有期徒刑,并判决继续追缴赵远征等人的犯罪所得,按比例发还被害单位。截至该案庭审时,远大公司仅于 2011 年 12 月 28 日收到刑事判决执行法院发还案款 109.8 万元。为此,远大公司依据代理协议向法院起诉中轻公司,要求中轻公司赔偿远大公司代理协议项下的违约损失。该案争议的焦点问题是:在赵某征涉及诈骗罪被判刑且判决追赃的情况下,原审法院判令中轻公司向远大公司承担《代理协议》项下的违约责任,是否属于认定基本事实缺乏证据证明、适用法律错误。

最高人民法院再审时认为,即使赵某征涉及诈骗罪被判刑,但赵某征在与远大公司签订《代理协议》时具有代理中轻公司签订该协议的身份和权限,其以中轻公司的名义与远大公司签订《代理协议》构成表见代理。远大公司以《代理协议》有效且已完全履行《代理合同》项下的义务、中轻公司构成违约为由,诉求中轻公司承担违约责任并无不当,也符合最高人民法院《关于在审理经济纠纷案件中涉及经济犯罪嫌疑若干问题的规定》(法释〔1998〕7 号)第 3 条关于"单位直接负责的主管人员和其他直接责任人员,以该单位的名义对外签订经济合同,将取得的财物部分或全部占为己有构成犯罪的,除依法追究行为人的刑事责任外,该单位对行为人因签订、履行该经济合同造成的后果,依法应当承担民事责任"的规定之情形。

为了让案例查阅者能准确理解该案裁判思想精髓,最高人民法院的案件承办法官把案例 5 的裁判要旨精炼地归纳为:

民刑交叉案件,当事人之间存在民事法律关系,具备民事诉讼法规定的起诉条件，对于当事人的起诉人民法院应予受理。刑事责任和民事责任在保护法益、证明标准、归责原则、履责形式等方面均存在不同。刑事判决认定的事实在民商事领域的法律效力应根据民商事法律规定进行认定。刑事上构成合同诈骗罪，一般而言，在民事上属于以欺诈手段订立合同，在不存在无效事由的情形下，应认定合同为可撤销合同。被欺诈方不行使撤销权的，应认定合同有效。追赃是否影响民事案件的受理，应根据"一事不再理"原则进行判定。刑事被害人对刑事被告人之外的民事主体提起民事诉讼，人民法院受理该案件不受刑事案件追赃的影响，但应避免民事权利人双重受偿。①

解析：该裁判要旨对表见代理人通过单位名义签订合同构成犯罪且进行追赃不全的情况下，被表见代理单位是否承担违约责任、违约责任承担范围等争议焦点问题作出了清晰的回应，便于阅览者准确理解该案件的裁判规则。

（二）裁判要旨应恰当明确地解释法律

对于阐释法律类型的裁判要旨，要尽可能指明所要阐释的法律，对法律解释的内容要层次清晰、含义确定，文字表述要全面准确精练；要尽量使用法律法规、司法解释中通用的概念、用语和表述，用语要做到严谨、规范、精当。特别是在涉及行政责任与刑事责任相互交织的关联案件中，简练表述关联案件的裁判要旨则更有利于阅览者准确理解案件的裁判精髓。下面进行举例说明。

【案例6】　某检察院诉某县农委不履行法定职责公益诉讼案②

2016年1月至3月，仲某于沭阳县七处地点盗伐林木444棵，累计122余立方米。其中在沭阳县林地保护利用规划范围内盗伐杨树合计253棵。2017年3月7日，沭阳县人民法院在(2016)苏1302刑初913号刑事判决书中以盗伐林木罪判处仲某有期徒刑7年6个月，并处罚金3万元，追缴违法所得2.43万元。2017年9月29日，江苏省宿迁市宿城区人民检察院向某县农委发送检察建议，督促某县农委对仲某盗伐林木行为依法处理，确保受侵害林业生态得以恢复。某县农委于2017年10月16日、12月15日两次电话反映其无权对仲某履行行政职责，未就仲某盗伐林木行为进行行政处理，案涉地点林地生态环境未得到恢复。

---

① 参见张雪楳：《以单位名义签订合同构成犯罪后的民事责任承担》，载《人民司法》2018年第20期。

② 参见江苏省宿迁市宿城区人民法院行政判决书，(2017)苏1302行初348号。注：该判决书被评为第二届全国法院"百篇优秀裁判文书"。

2018年3月27日，某县农委仅在盗伐地点补植白蜡树苗180棵。后某检察院提起本案行政公益诉讼，请求判决确认被告某县农委怠于履行林业保护监管职责违法，判令其履行《森林法》第39条所规定的法定职责。

某县农委辩称：第三人仲某因盗伐林木行为被追究刑事责任后再对其处以责令补种树木等行政处罚与现行行政处罚法以及两法衔接制度相违背，亦违反"一事不再罚"原则，因而某检察院的诉求无事实根据。

本案最关键的争议焦点是：该案第三人仲某在承担刑事责任后，某县农委若还根据《森林法》第39条①的规定，责令第三人仲某补种盗伐株数10倍的树木，或在违法者拒不补种树木或者补种不符合国家有关规定时由林业主管部门代为补种后，再向违法者追缴相关费用的行政决定，是否违反"一事不再罚"原则。

法院对该争议焦点评判如下：判处罚金的法律效果与行政罚款的法律效果相同，追缴违法所得的法律效果与没收违法者盗伐的林木或者变卖所得的法律效果相同，因刑事责任是最严厉的制裁措施且刑事责任已先行承担，故刑事责任中罚金和追缴违法所得应吸收行政责任中罚款和没收违法者盗伐的林木或者变卖所得，因此某县农委不应再对第三人仲某盗伐林木行为作出没收违法所得和罚款的行政处罚决定。但对于责令违法者补种盗伐株数10倍的树木，且在违法者拒不补种树木或者补种不符合国家有关规定时，林业主管部门代为补种后，再向违法者追缴费用这两项行政责任，不能为本案刑事责任所包含和吸收。责令补种盗伐株数10倍树木这种行政处理方式，更侧重于恢复性和教育性而非制裁与惩罚，其目的是要求违法者消除不良后果、修复被破坏的生态环境和资源，该行政行为的属性是行政命令而非行政处罚。某县农委和第三人将其理解为财产性行政处罚缺乏法律和理论依据，对其主张不予采信。

在案例6中，为了让阅读者能准确理解法院判令某县农委根据《森林法》第39条规定继续履行其林业监管法定职责是否违背了"一事不再罚"原则，案例编写者把该案的裁判要旨精炼地归纳为：

刑事责任和行政责任均是公法上的责任，但其性质不同，现行法律法规均未

---

① 《森林法》(2009年施行，已被修订)第39条第1款、第3款规定，盗伐森林或者其他林木的，依法赔偿损失，由林业主管部门责令补种盗伐株数10倍的树木，没收盗伐的林木或者变卖所得，并处盗伐林木价值3倍以上10倍以下的罚款。拒不补种树木或者补种不符合国家有关规定的，由林业主管部门代为补种，所需费用由违法者支付。

规定对于同一违反行政法上义务的违法行为在追究刑事责任后，不得再承担行政责任。对于此种情形下行政责任与刑事责任的具体适用，应当区别对待，即当行政责任内容与刑事责任内容具有相同的法效果时，因刑事责任是最严厉的制裁措施，如行政责任已先行承担，则在刑事责任中应予以折抵；如刑事责任已先行承担，则刑事责任吸收行政责任。当行政责任内容的法效果与刑事责任内容的法效果不同时，行政责任与刑事责任应分别适用。

解析：该裁判要旨简明扼要阐释了“一事不再罚”的法律原则及精神，通过体系化方式解释《森林法》第39条规定的法律要义，认定某县农委在收到某检察院检察建议书后，未在检察建议书要求的一个月内书面回复，也未在《关于检察公益诉讼案件适用法律若干问题的解释》规定的两个月内书面回复，且未责令因盗伐林木被判刑的第三人仲某补种树木，存在不履行林业监督管理法定职责的违法行为，应依法对第三人仲某作出责令补种盗伐253棵杨树10倍树木的行政处理决定。

（三）裁判要旨应提炼为可以反复适用的抽象裁判规则

在归纳案件裁判要旨时应合理地将关键性争议事实以一种一般性抽象程度命题形式表现出来，凝练出一个具有法律规则形式的规范，该规范应融合法律事实争议点及法律解决方案于一体。下面以两个民刑交叉案例进行阐述。

1. 关于借款主合同中借款人涉嫌刑事犯罪的，债权人起诉担保合同（从合同）的担保人要其承担民事责任是否受理的问题。

【案例7】　某银行黄河路支行诉远东公司最高额抵押合同案①

2014年12月17日，长波物流公司与某银行黄河路支行签订《委托贷款借款合同》，约定：长波物流公司向某银行黄河路支行申请借款人民币3.2亿元，借款期限为36个月，借款利率为年利率9%，按季结息，分期还款。远东公司与某银行黄河路支行签订《最高额抵押合同》，约定为长波物流公司的债务提供抵押担保，并办理抵押登记。某银行黄河路支行依约向长波物流公司发放全部借款本金3.2亿元。长波物流公司偿还部分借款后，未按约定履行剩余还款义务，某银行黄河路支行于2019年2月向辽宁省高级人民法院起诉，请求判决：(1)借款人长波物流公司按照借款合同的约定，偿还借款本金、利息和罚息；(2)远东公司承担抵押担保责任。

2019年8月16日，大连市人民检察院作出大检公诉刑诉〔2019〕69号起诉

---

①　详见最高人民法院民事裁定书，(2020)最高法民终531号。

书，查明长波物流公司涉嫌以采购汽车轮胎、汽车配件及燃油为由，通过向银行提供虚假的公司财务报表和购销合同等方式，骗取某银行黄河路支行委托贷款3.2亿元的犯罪事实。

辽宁省高级人民法院一审审理认为，长波物流公司因涉嫌骗取贷款等犯罪已由大连市公安局立案侦查，并由大连市人民检察院提起公诉。根据最高人民法院《关于在审理经济纠纷案件中涉及经济犯罪嫌疑若干问题的规定》第 11 条关于"人民法院作为经济纠纷受理的案件，经审理认为不属经济纠纷案件而有经济犯罪嫌疑的，应当裁定驳回起诉，将有关材料移送公安机关或检察机关"的规定，由于本案中借款人长波物流公司的相关行为已涉嫌经济犯罪，且本案所涉的纠纷在该刑事案件的侦查处理范围之内，刑事诉讼程序对本案民事权益争议的影响有待进一步确定，故本案暂不宜作为民事纠纷处理，依法应驳回起诉，待该刑事案件有定论后，某银行黄河路支行可依据相关事实依法向有管辖权的人民法院提起诉讼主张权利。综上，一审法院裁定驳回某银行黄河路支行的起诉。

最高人民法院二审认为，大连市人民检察院起诉书查明的长波物流公司涉嫌犯罪的事实与本案金融借款合同纠纷系基于同一法律关系，一审法院依照最高人民法院《关于在审理经济纠纷案件中涉及经济犯罪嫌疑若干问题的规定》第 11 条的规定，裁定驳回某银行黄河路支行对借款人长波物流公司的起诉并无不当。

同时，最高人民法院也认为，从现有证据来看，远东公司作为担保人，并未涉嫌刑事犯罪，参照《民间借贷司法解释》第 8 条关于"借款人涉嫌犯罪或者生效判决认定其有罪，出借人起诉请求担保人承担民事责任的，人民法院应予受理"的规定，对于借款人长波物流公司涉嫌刑事犯罪情形下，某银行黄河路支行请求借款担保人远东公司承担民事责任的，刑事案件与民事案件应当分别审理，一审法院裁定驳回某银行黄河路支行对远东公司的起诉错误。最高人民法院终审裁定撤销一审裁定，驳回某银行黄河路支行对长波物流公司的起诉，指令辽宁省高级人民法院审理某银行黄河路支行对远东公司的起诉。

在案例 7 中，为了让阅读者能准确理解最高人民法院在对待民刑交叉的案件中"主合同借款人涉嫌刑事犯罪而债权人起诉担保人要其承担民事责任诉请是否受理问题"的态度，案例编写者则把该案的裁判要旨精炼地归纳为[①]：

---

① 莒县司法局：《最高院二巡 2020 年民商事典型案例裁判要旨汇编（16 例）》，载百家号"莒县司法局"2021 年 1 月 12 日，https://baijiahao. baidu. com/s? id = 1688675408772756885&wfr = spider&for = pc。

《民间借贷司法解释》第8条规定，借款人涉嫌犯罪或者生效判决认定其有罪，出借人起诉请求担保人承担民事责任的，人民法院应予受理。借款人涉嫌刑事犯罪情形下，债权人请求担保人承担民事责任的，人民法院应当以民事案件予以受理。

解析：该裁判要旨清晰回应了目前司法实践中关于借贷行为与基于借贷而产生的担保行为是否属于“同一事实”的争议问题。从行为实施主体的角度看，“同一事实”指的是同一主体实施的行为，不同主体实施的行为不属于同一事实；从要件事实的角度看，只有民事案件争议的事实，同时也是构成刑事犯罪的要件事实的情况下，才属于“同一事实”。本案例中，借款人长波物流公司向某银行黄河路支行贷款的事实与借款人通过向银行提供虚假的公司财务报表和购销合同等方式骗取贷款的事实属于“同一事实”，一审和二审法院依据最高人民法院《关于在审理经济纠纷案件中涉及经济犯罪嫌疑若干问题的规定》第11条规定驳回原告对贷款人的诉请是正确的。

而本案例中刑事案件的犯罪嫌疑人或罪犯的民间借贷行为与担保人向出借人承担担保责任行为不属于“同一事实”，其民事责任主体与刑事案件的责任主体并不一致。因此，借款人涉嫌或构成刑事犯罪时，出借人起诉担保人的，应适用“民刑分离”的原则，对债权人请求担保人承担民事责任的民事案件应当予以受理。

2. 关于借款主合同中借款人借贷行为涉嫌犯罪的，如涉嫌非法集资罪、非法吸收公众存款罪、合同诈骗罪等情况下，借款主合同、担保从合同是否有效及担保责任是否承担的问题。

【案例8】　杨某诉延安某地产公司、赵某担保责任案①

2015年1月5日，杨某与八宝岭公墓公司法定代表人梁某签订《借款合同》一份，约定杨某向梁某出借款项1000万元用于生产经营，借期1年，月利率15‰，延安某地产公司、赵某自愿为上述借款承担连带保证责任。合同签订后，杨某依约出借款项，但梁某在偿还利息77,500元之后再未还款。杨某遂起诉至法院请求延安某地产公司、赵某承担连带担保责任。

在本案起诉前，梁某因涉嫌非法吸收公众存款罪被刑事立案侦查，杨某出借的1000万元包含在梁某涉嫌非法吸收公众存款罪一案的涉案金额中。在一审和

---

① 详见最高人民法院民事裁定书，(2018)最高法民申6141号。

二审审理中，担保人延安某地产公司、赵某辩称：案涉民间借贷构成刑事犯罪，将导致案涉《借款合同》无效，本案担保合同亦无效，担保人不应承担担保责任。

最高人民法院认为：本案系基于借款而产生的担保合同纠纷，延安某地产公司、赵某认为案涉民间借贷行为涉嫌非法集资犯罪，故应依据《民间借贷司法解释》第5条第1款规定认定借贷行为无效，从合同担保合同亦应无效。根据《民间借贷司法解释》第13条第1款规定："借款人或者出借人的借贷行为涉嫌犯罪，或者已经生效的判决认定构成犯罪，当事人提起民事诉讼的，民间借贷合同并不当然无效。人民法院应当根据合同法第五十二条、本规定第十四条之规定，认定民间借贷合同的效力。"该司法解释第14条规定，具有下列情形之一，人民法院应当认定民间借贷合同无效：(1)套取金融机构信贷资金又高利转贷给借款人，且借款人事先知道或者应当知道的；(2)以向其他企业借贷或者向本单位职工集资取得的资金又转贷给借款人牟利，且借款人事先知道或者应当知道的；(3)出借人事先知道或者应当知道借款人借款用于违法犯罪活动仍然提供借款的；(4)违背社会公序良俗的；(5)其他违反法律、行政法规效力性强制性规定的。由于案涉借款合同并不存在违反《合同法》第52条及《民间借贷司法解释》第14条规定的情形，应为有效合同，延安某地产公司、赵某关于主合同无效，担保合同亦属无效的诉讼主张不能成立，不予支持。

在案例8中，为了让阅读者能准确理解最高人民法院在对待民刑交叉的案件中"借款主合同中借款人借贷行为涉嫌犯罪的情况下，借款主合同、担保从合同是否有效及担保责任是否承担问题"的态度，案例编写者把该案的裁判要旨精炼地归纳为①：

出借人起诉担保人承担担保责任，担保人主张民间借贷合同因涉及刑事犯罪而无效、从合同也无效的，法院不予支持。借贷行为涉嫌刑事犯罪的并不必然导致合同无效，应根据合同法和相关司法解释判断合同效力。

解析：该裁判要旨清晰地表明，在判定合同的效力时，不能仅因合同当事人一方实施了涉嫌犯罪的行为，而当然认定合同无效。此时，仍应根据《合同法》等法律及相关行政法规的规定对合同的效力进行审查判断，以保护合同中无过错一方当事人的合法权益，维护交易安全和交易秩序。上述案例中，借款合同中一方当

① 民事审判参考：《民间借贷纠纷涉民刑交叉案件中，法院如何认定相关担保责任?》，载搜狐网"民事审判参考"2020年5月23日，https://www.sohu.com/a/397123964_169411。

事人构成非法吸收公众存款,其是合同一方所实施的行为;借贷合同是双方当事人意思表示一致的情况下共同实施的行为。非法吸收公众存款罪的构成是多个行为叠加从量变到质变的结果。非法吸收公众存款罪中单一的每个借贷行为均是在当事人自愿的情形下发生的,并没有损害国家、集体、公共利益或者第三人利益,也没有以"合法形式掩盖非法目的",都应当是合法有效的;而将所有借贷行为聚合为一个整体,因其达到刑法规范制裁程度,作为整体上的非法吸收公众存款行为才构成犯罪,两者并行不悖。在借款主合同有效的情况下,借款担保合同在无违反法律、行政法规的情况下,担保合同也属有效。出借人起诉担保人承担担保责任的,法院应予以支持。

即使最高人民法院在2020年12月对《民间借贷司法解释》进行了修正,[①]但上述案例的裁判要旨亦可给审理此类民刑交叉案件提供有益借鉴和参考。

(四)裁判要旨难以概括时的变通处理方法

针对一些案件裁判要旨难以简要归纳时,可以采取对案情进行简要的全程描述并给出法律上认定结论的变通写法——"描述式"归纳。以"毒品共同犯罪中如何适用死刑问题"为例,案例编写者把重庆市高级人民法院(2015)渝高法刑终字第00102号刑事判决书裁判要旨归纳为:

> 毒品共同犯罪、上下家犯罪交叉的案件,涉案毒品数量刚超过实际掌握的死刑数量标准的,一般只能判处其中一人死刑。可先按照共同犯罪理论,尽量区分毒品上下家中各犯罪人的罪责大小,确定上下家中各自罪责最大的主犯,再从犯罪的主动性及对促成交易所发挥的作用等因素进行综合考量,确定系上家还是下家对促成交易作用更大,进而对促成交易作用更大的上家或下家中罪责最大的主犯适用死刑。[②]

这种裁判要旨的归纳虽未提炼为可以反复适用的抽象裁判规则,但对涉毒案件如何适用死刑的问题提供了有益的审判思路和方法借鉴。

此外,也可使用否定排除法对案件裁判要旨进行归纳,即在熟练掌握全案案

---

① 最高人民法院于2020年12月29日颁布的《民间借贷司法解释》(法释〔2020〕17号)第12条第1款规定:"借款人或者出借人的借贷行为涉嫌犯罪,或者已经生效的裁判认定构成犯罪,当事人提起民事诉讼的,民间借贷合同并不当然无效。人民法院应当依据民法典第一百四十四条、第一百四十六条、第一百五十三条、第一百五十四条以及本规定第十三条之规定,认定民间借贷合同的效力。"

② 参见刘桂华、吴仕春:《毒品共同犯罪中的死刑适用》,载《人民司法》2016年第14期。

情即案件裁判之中心思想的基础上可以采取否定排除法进行表述——“否定式”归纳。[①] 例如，在涉工伤待遇给付的民行相关联的案件中，民事诉讼程序中申请工伤待遇给付的原则是以启动工伤认定行政程序为前提，即“先行后民”的处理规则。但如果用人单位和工伤职工均未在法定时限内提出工伤认定申请，工伤职工能否主张工伤待遇？湖南省郴州市中级人民法院（2014）郴民一终字第563号民事判决书对此给出了明确的答案。

【案例9】 嘉禾某煤矿诉雷某生工伤待遇纠纷案[②]

2006年前，雷某生便在嘉禾县某煤矿（以下简称嘉禾某煤矿）处从事井下采掘作业。2006年10月，雷某生经诊断患有壹期尘肺病。2007年10月嘉禾某煤矿为雷某生购买了工伤保险。在此期间，嘉禾某煤矿、雷某生均未申请工伤认定。2008年9月，煤矿认为其与雷某生不存在劳动关系，但从人道主义出发同意补偿雷某生18,000元，双方签订了一次性补偿协议。雷某生领取了补偿款后，被安排离矿回家。2012年11月，雷某生经复查诊断为煤工尘肺叁期。2013年4月，雷某生遂向相关行政部门申请工伤认定，但因超过申请时效被驳回。2013年8月，雷某生申请劳动仲裁，仲裁委员会裁决嘉禾某煤矿支付雷某生各项工伤待遇共计416,196元。嘉禾某煤矿对仲裁裁决不服，遂向法院提起诉讼。

嘉禾某煤矿诉称：雷某生超过法定期限申请工伤认定而被不予受理，其应承担不利后果。认定工伤是享受工伤保险待遇的前提条件，没有工伤认定，便不能支持工伤待遇。而且，双方于2008年达成了一次性补偿协议，该协议应合法有效，雷某生不能以同一事实和理由再次要求原告补偿或者赔偿。

一审法院审理认为，在工伤行政主管部门未作工伤认定，用人单位亦不认可工伤的情形下，如直接超越工伤认定程序，支持雷某生的主张，将造成未超过工伤认定申请时效的，按正常工伤认定程序办理后才能享有工伤待遇，超过申请时效被不予受理的反而无须经过工伤认定程序，便直接享有工伤保险待遇的不公平结果，会侵害到工伤认定行政职权的行使，剥夺用人单位在工伤认定程序中享有的抗辩权，也会促使职工怠于申请工伤认定，进而架空工伤认定这一程序设置。因雷某生本人在法定期限内没有申报工伤，属于放弃了工伤认定申请的权利，超过

---

① 参见林振通：《案例裁判要旨的价值功能与归纳提炼》，载《人民法院报》2014年8月20日，第8版。

② 详见湖南省郴州市中级人民法院民事判决书，（2014）郴民一终字第563号。

工伤认定申请时效的责任不能归结于煤矿，雷某生应自行承担不利后果。遂判决嘉禾某煤矿不承担雷某生工伤保险待遇责任。雷某生对一审判决不服，遂上诉。

郴州市中级人民法院二审审理认为，享受工伤待遇是工伤职工的法定利益，职工受伤只要确认系因工受伤，即可享受工伤待遇。雷某生作为煤矿的职工，其在工作中被诊断患有职业病，完全符合《工伤保险条例》第14条的规定，显属工伤范围，依法应当享受工伤待遇。根据《工伤保险条例》第17条第1款、第2款的规定，申请工伤认定，对受伤职工来说是权利；对用人单位来说是权利，更是义务。如果用人单位在其职工受伤后不积极履行这项义务，最终导致申请工伤认定超过时限，那么由此引发的后果和责任只能由用人单位承担。工伤待遇的支付途径有两种：一种情形是在用人单位参加工伤保险统筹为其职工缴纳工伤保险费的情况下，由工伤保险经办机构支付；另一种情形是由用人单位自己支付。由工伤保险经办机构支付工伤待遇的前提，是必须经法定的行政程序认定为工伤。用人单位和工伤职工均未在法定时限内申请工伤认定，此与进行行政程序工伤认定的不同后果是，即使用人单位参加了工伤保险统筹为该受伤职工缴纳了工伤保险费，但由于未经法定程序认定为工伤，使本来可由工伤保险经办机构从工伤保险基金中支付该受伤职工工伤待遇的途径和程序丧失。但这并不意味着该受伤职工工伤待遇权益的绝对丧失，劳动者享受劳动保护和因工受伤享受工伤待遇是宪法及劳动法律法规规定的基本权利，是受法律绝对保护的。在工伤职工主张工伤待遇的诉讼请求下，最终只能由用人单位另行赔付受伤职工应当享受工伤待遇的各项费用。因此，享受工伤待遇不以行政程序工伤认定为必然前提。上诉人雷某生的上诉理由成立，其大部分诉讼请求依法应予支持，二审法院最终撤销了一审法院判决，并判令当事人双方终止劳动关系，由嘉禾某煤矿支付雷某生各项工伤待遇398,196元。

在案例9中，案例编写者则立足于“劳动者享受劳动保护和因工受伤享受工伤待遇是宪法及劳动法律法规规定的基本权利，是受法律绝对保护”的司法价值追求，通过否定式的方法把该案的裁判要旨归纳为：

享受工伤待遇不以行政程序工伤认定为必然前提。用人单位和工伤职工均未在法定时限内提出工伤认定申请，只是不再适用工伤认定的行政程序，但并不能因此剥夺工伤职工应当依法享有的工伤待遇。

解析：该裁判要旨明确回应了当前在普遍存在“劳资双方未在法定期限内申

请工伤认定”情况下,“超过工伤认定时限能否享受工伤保险待遇”和“超过工伤认定时限主张工伤待遇,是依照劳动关系理论还是参照雇员受损的民事侵权理论进行审理”备受争议的问题。该裁判要旨被最高人民法院作为“工伤保险待遇纠纷裁判规则9条”①之一予以确认,具有很强的审判借鉴和参考意义。

需要注意的是,上述“描述式”归纳法和“否定式”归纳法必须要以所检索关联案件的判决内容为基础,不得超越案件判决所追求的价值导向任意发挥。

第四节 关联案件检索结论运用

检索关联案件后,需要对检索结果善加利用,才能统一关联案件之间的裁判尺度,真正实现关联案件裁判尺度统一。② 统一关联案件裁判尺度,就是聚焦关联案件“检索难”问题,通过建立协同检索机制,精准检索出待决案件的关联案件,坚持独立判断、主流价值观理念、体系化分析思维、法秩序统一性等原则,根据待决案件与关联案件的具体情形,通过发扬司法民主和法律适用分歧解决机制,统一裁判尺度,规范法官自由裁量权,让人民群众在关联案件处理中感到公平正义。③

一、检索结论运用的基本原则

要运用好关联案件检索结果,关键是要注意坚持好“独立判断”“主流价值观理念”“体系化分析思维”“法秩序统一性”四项原则。

(一)坚持独立判断的原则

对待决案件进行关联案件检索并不是要否定法官的独立思考和判断。司法权的本质是判断权,是针对真与假、是与非、曲与直等问题,根据特定的证据(事实)与既定的规则(法律),通过一定的程序进行认识的过程。从司法权的本质看,必然要求法官在面对案件时应做到客观公正地独立判断。马克思说:“法官除

① 参见法信:《最高人民法院:工伤保险待遇纠纷裁判规则9条》,载澎湃号“天津二中院”2019年9月10日,https://www.thepaper.cn/newsDetail_forward_4388056。

② 参见王雨田:《强化关联案件检索 促进裁判尺度统一》,载《人民法院报》2021年5月30日,第2版。

③ 参见王雨田:《强化关联案件检索 促进裁判尺度统一》,载《人民法院报》2021年5月30日,第2版。

了法律没有别的上司,法官的责任是当法律运用到个别场合时,根据他对法律的诚挚理解来解释法律……独立的法官既不属于我,也不属于政府。"[①]"审判活动是一种认识活动,谁也无法代替法官理解和解释法律,谁也不能取代法官行使司法权力。"[②]当前社会经济关系日趋复杂,反映在诉讼案件上的权利义务关系纷繁交织,对法官辨析、判断案件事实的能力提出了更高要求。法官应根据在案证据,在准确甄别案件中起决定性作用的事实问题或法律问题后,根据对立法精神的理解和对案情整体性把握而作出独立公正的判断。下面通过一个实例进行阐释。

【案例10】　湖南某公司与罗某等人申请撤销仲裁裁决案

2018年9月14日,某市仲裁委员会作出××仲裁字(2018)第60号裁决书,裁决湖南某公司、曾某等共同偿还罗某等人借款本金150万元及约定的利息。湖南某公司不服,向某中级人民法院申请撤销上述裁决。

湖南某公司申请撤销上述仲裁裁决的主要理由之一是罗某是职业放贷人,上述借款合同应无效。在庭审中,该公司向法院提交了2019年10月24日该中级人民法院作出(2019)×民终1383号民事判决书和该省高级人民法院(2020)×民申47号民事再审裁定书用于佐证。该院经查实,该中级人民法院(2019)×民终1383号民事判决书认定,罗某向陕西某公司出借资金的行为系职业放贷行为,并判决罗某与陕西某公司签订的《借款合同》无效。该省高级人民法院(2020)×民申47号民事裁定书裁定罗某向陕西某公司出借资金的行为构成职业放贷,最终驳回了罗某的再审申请。同时另查明,该案的共同借贷人曾某从事工程建筑,出借人罗某从事建筑材料供应,曾某与罗某认识多年,罗某向曾某等人提供借款。

该案的争议焦点之一是,罗某在其他民间借贷案件中被法院认定为职业放贷人,那在该案中是否可以认定为职业放贷人?

某中级人民法院审理认为,"职业借贷人"的认定须根据每个案件具体情况进行综合认定,罗某虽有借贷行为被法院生效裁判认定为"职业放贷人",但并不能当然认定罗某每一次借贷行为均符合"职业放贷人"特征。该案中,曾某从事工程建筑,罗某从事建筑材料供应,两人认识多年,罗某向曾某等人提供借款,不属于"向社会不特定对象提供借款";且涉案出借资金既非套取金融机构信贷资金,亦非向其他营利法人借贷、本单位职工集资或者向公众非法吸收存款取得。综上,

① 参见丁国强:《法官的独立品格》,载《人民法院报》2016年5月24日,第2版。

② 参见丁国强:《法官的独立品格》,载《人民法院报》2016年5月24日,第2版。

该中级人民法院认为，罗某的借款行为不属于职业放贷。

本文在此不对案例10裁判结果是否正确作出评论。但在当前深入推进民间借贷协同治理，从严规制诉讼行为的背景下，法官如何根据在案的证据认定民间借贷行为是否构成职业放贷行为，是值得认真思考的问题。“以事实为根据，以法律为准绳”是法官判案的法定基本原则。这也就要求法官在面对生效的关联案件时，要坚持独立判断的原则，在对关联案件裁判结论进行审慎思考的同时，更应依据待决案件的在案证据和事实独立作出科学合理的判断。以此案作延伸，假如笔者是待决案件的承办法官，按照五步法的要求，笔者应对生效关联案件中罗某出借行为被认定为职业放贷行为的判定理由独立地进行认真思考，仔细比对待决案件中罗某出借行为与生效关联案件中在出借资金这一事实情节上是否相似，认真审查罗某出借资金来源、出借对象是否特定、出借金额是否较大、借款合同或借款担保合同是否格式化、在同一年度同一辖区内出借次数及利率计算标准等事实情节，并结合2019年最高人民法院印发的《全国法院民商事审判工作会议纪要》（以下简称《九民纪要》）第53条关于“未依法取得放贷资格的以民间借贷为业的法人，以及以民间借贷为业的非法人组织或者自然人从事的民间借贷行为，应当依法认定无效。同一出借人在一定期间内多次反复从事有偿民间借贷行为的，一般可以认定为是职业放贷人”之规定的精神，对罗某是否是职业放贷人作出合理判定。

（二）坚持主流价值观的理念

司法裁判本身不仅要求依据法律规则裁判，更要实现个案中的公平正义。但通过法律规则所获得的结果和公平正义所要求的结果之间有时（尤其是在疑难案件中）并不一致。[①] 面对检索出来多个关联案件且结论有异或完全相冲突的情况，待决案件的承办法官该如何适从？法官审判案件并不是机械地适用三段论完成法律推理。法官作出司法判决的过程中总是存在价值判断，而且这种作为司法判决依据的价值判断往往与判断的逻辑说明同时或先于逻辑进行说明，二者在现实中相互交错、相互影响。[②]

以金融借贷纠纷案件中利率上限是否应参照民间借贷利率上限4倍贷款市场报价利率（Loan Prime Rate，LPR）的问题为例，各地法院对此问题看法不一。这

---

① 参见陈辉：《后果主义在司法裁判中的价值和定位》，载《法学家》2018年第4期。

② 参见张顺：《后果主义审判：源流、思维特征与理论定位》，载《北方法学》2019年第2期。

就有可能导致同一借款人在不同地区向金融机构借款产生的利息会有明显不同的现象，甚至出现金融借贷“高利率化”的问题。[①] 2017年之前，在“中国人民银行管金融借款”和“最高人民法院管民间借贷”的双轨制度下，法院原则上不干预金融借贷利率的意见占了主流。但最高人民法院于2017年8月发布《关于进一步加强金融审判工作的若干意见》（以下简称《金融意见》）作出调控金融借贷利率和有效降低实体经济的融资成本的规定，这意味着最高人民法院正式以成文规则的方式介入金融借款的利率规则。随后，最高人民法院于2019年11月发布的《九民纪要》第51条规定[②]也与《金融意见》的态度保持了一致，这进一步表明最高人民法院认为金融机构应更好地为实体经济服务，绝非放任其牟取高利的价值取向。[③] 司法实践中，一些法院，如郴州市中级人民法院，依据《金融意见》以及《民法典》第680条第1款“禁止高利放贷，借款的利率不得违反国家有关规定”之精神，参照《民间借贷司法解释》（法释〔2020〕17号）第25条的规定对金融借贷利率上限依照民间借贷利率上限4倍LPR进行调整，体现了法院在维护实体经济发展中的角色当担。[④]

在刑事审判思维尤其是情理型疑难案件的裁判进路中，将以主流的价值判断引入实质论证，将其作为形式论证的补充和矫正，是增强裁判说服力、实现裁判正当化的必然要求。其基本思维过程分为五步：查明案件事实—衡量社会危害—证成裁判结果—补强逻辑结论—强化判决说理（见图4-9）。[⑤]

---

① 一些法院根据《民间借贷司法解释》中关于金融借贷不适用民间借贷的规定及《商业银行法》第38条关于“商业银行应当按照中国人民银行规定的贷款利率的上下限，确定贷款利率”的相关规定，认为金融借贷利率不应参照民间借贷利率上限4倍LPR计算，金融借贷之利率、复利、罚息、逾期违约金应依照双方借贷合同约定计算。参见辛继召：《争辩借贷最高保护利率：4倍LPR上限不适用贷款，但“类金融”判决仍模糊》，载新浪财经（百家号）2020年11月13日，https://baijiahao.baidu.com/s?id=1683251165808283452&wfr=spider&for=pc。

② 《九民纪要》第51条规定：“金融借款合同纠纷中，借款人认为金融机构以服务费、咨询费、顾问费、管理费等为名变相收取利息，金融机构或者由其指定的人收取的相关费用不合理的，人民法院可以根据提供服务的实际情况确定借款人应否支付或者酌减相关费用。”

③ 参见李有、程金华：《行政、司法与金融规制冲突——对金融借款利率上限的实证研究》，载《交大法学》2020年第3期。

④ 参见2021年3月郴州市中级人民法院印发的《关于在全市法院贯彻实施民法典中法律适用问题参考意见（一）》第4条规定。

⑤ 参见马凤岗：《主流价值观融入刑事裁判思维的路径——以情理型疑难刑事案件为研究对象》，载《山东法官培训学院学报》2019年第5期。

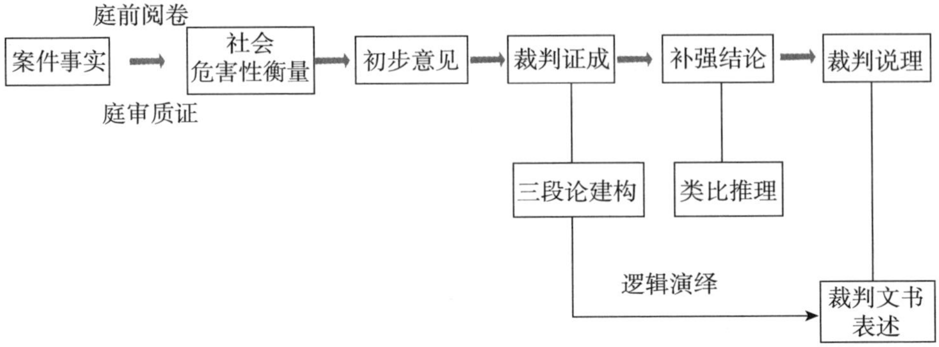

图4－9 形式论证与实质论证融合下的刑事裁判思维

【案例11】 汤某、庄某盗窃、朱某掩饰、隐瞒犯罪所得案①

2009年11月至2010年4月14日，被告人汤某、庄某单独或结伙，在多个小区盗窃28次，窃得电动车、电瓶等物品。其中，汤某参与盗窃23起，窃得财物价值共计人民币31,509元；庄某参与盗窃17起，窃得财物价值共计人民币15,289元。被告人朱某在明知是汤某、庄某盗窃所得的情况下，先后22次收购电动车12辆、电瓶11组，财物价值共计人民币24,642元。汤某、庄某以盗窃罪分别被一审法院判处有期徒刑6年6个月、4年6个月并分别被处罚金。朱某犯掩饰、隐瞒犯罪所得罪，属于“情节严重”，被判处有期徒刑6年，并处罚金。一审宣判后，被告人朱某提起上诉，辩称其掩饰、隐瞒犯罪所得的行为不属于“情节严重”，原审对其判处有期徒刑6年，量刑过重，请求二审法院改判。

二审法院在审理中认为，本案的主要问题是掩饰、隐瞒犯罪所得、犯罪所得收益罪中的“情节严重”如何认定，以及如何与上游犯罪的量刑做到平衡。

二审法院认为，认定掩饰、隐瞒犯罪所得罪的“情节严重”不能唯数额论。虽然被告人朱某掩饰、隐瞒犯罪所得的数额只有2万余元，但是其行为次数达22次之多，其作为上游犯罪人汤某、庄某的固定下线，对上游犯罪起到了持续、稳定的支持和帮助作用，甚至对汤某、庄某盗窃犯意的进一步扩大都具有刺激和鼓励作用。朱某的行为构成掩饰、隐瞒犯罪所得罪，应依法认定为“情节严重”。但是掩饰、隐瞒犯罪所得、犯罪所得收益罪毕竟属于上游犯罪的事后帮助犯，整体上具有“罪小刑轻”的特点。对本罪的量刑不仅要符合刑法及相关司法解释的规定，同时

① 参见汤雨华、庄瑞军盗窃，朱端银掩饰、隐瞒犯罪所得案［第1098号］，载《刑事审判参考》总第104集(2016年9月)。

当然要受到上游犯罪量刑情况的约束。这是因为，一方面，本罪对上游犯罪有依附性，没有上游犯罪非法取得的财物，就没有下游犯罪可言；另一方面，本罪惩罚的重点在于妨害司法秩序，即妨碍了公安、检察、审判等司法机关以犯罪所得为线索查处和破获上游犯罪的活动。就给被害人造成的财产损失而言，下游行为人在实施掩饰、隐瞒行为时，并没有增加或扩大这种损失。与事先参与犯罪共谋的情形相比，本罪的社会危害性当然要小得多。因此，在掌握本罪与上游犯罪的量刑时，应当统筹把握。一审对朱某处刑与同案处理的汤某、庄某明显失衡，应予改判。最后二审法院对朱某量刑由有期徒刑6年调整为3年，并减少了罚金数额。

案例11在二审时，最高人民法院《关于审理掩饰、隐瞒犯罪所得、犯罪所得收益刑事案件适用法律若干问题的解释》并未出台，但二审法官对上下游犯罪的社会危害性作了比对并详以述之，对下游犯罪中“情节严重”的认定和对下游犯罪的量刑调整完全契合了上述司法解释的原则和精神。

综观近年来一些备受社会争议的有较大影响力的案件，裁判者往往缺乏对裁判结论可能引发不良社会后果的提前预防和判断衡量意识，未将主流价值观提前介入裁判结论的利益权衡和推理论证，导致裁判结论不符合社会主流价值共识，引发广泛质疑。[①] 因而，个案情境下的价值判断仍然是法官裁决案件必不可少的步骤。

（三）坚持体系化分析思维

根据《宪法》和《人民法院组织法》的规定，基于法律上的监督关系，可把我国法院的构成体系分成三类[②]：直系关系体系、旁系关系体系和系外关系体系（见图4－10）。例如，在图4－10中“最高人民法院——A省高级人民法院——X1市中级人民法院——Y1县人民法院”这一类存在层层垂直监督关系的为直系关系；在同属A省高级人民法院监督辖区的“X1市中级人民法院”与“X2市中级人民法院”，及同属X1市中级人民法院监督辖区内的“Y1县人民法院”与“Y2县人民法院”之间的关系为旁系关系；在A省不同属同一中级人民法院管辖的“Y1县人民法院”与“Y3县人民法院”，以及A省高级人民法院监督辖区的“X1市中级人民法院”

① “郑州电梯劝烟案”和“于欢案”的一审判决的公正性备受社会质疑，而上述两案的二审判决将“情理法”融于一体，使司法裁判最大限度符合普通民众的善恶观念，促成判决的正当性与可接受性。参见王智锋：《情理法交融让司法更有温度》，载《人民法院报》2019年5月9日，第2版。

② 参见张健：《案例检索的近因原则》，载搜狐号“法律那些事儿”2019年6月27日，https://www.sohu.com/a/323442597_657048。

与 B 省高级人民法院监督辖区的“N1 市中级人民法院”之间的关系为系外关系。

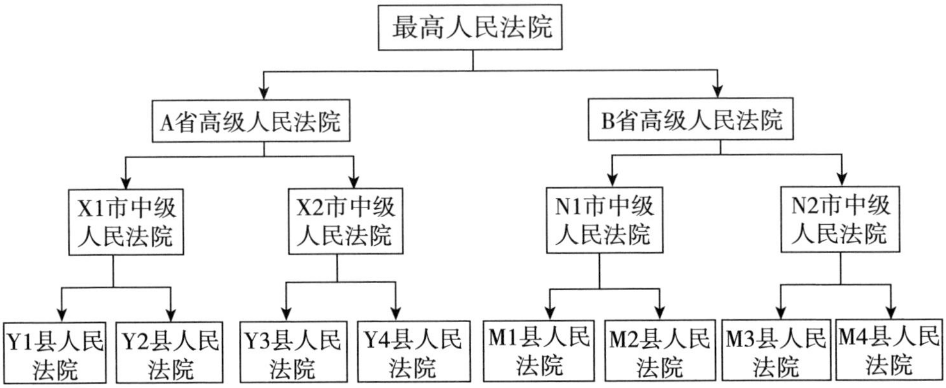

图 4－10 各级法院法律监督关系

正基于这种体系分类，我们在进行关联案件检索时也可把所检索出来的关联案件分为三类：直系关联案件、旁系关联案件和系外关联案件（见图 4－11）。

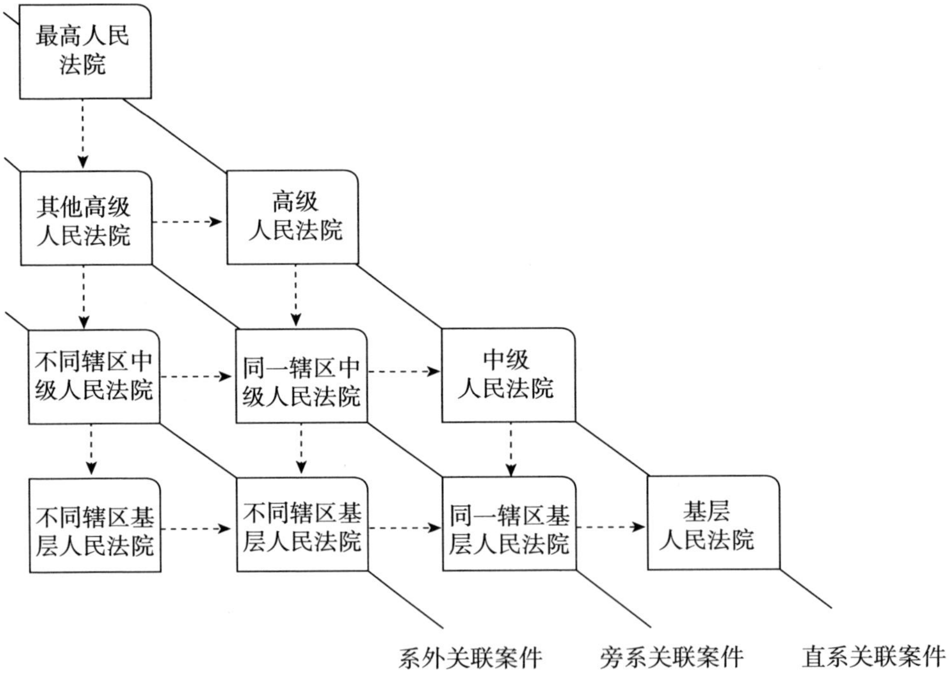

图 4－11 关联案件体系分类结构

在法院的多重体系关系中，隶属直系关系又可分为直接直系关系和间接直系关系。如图 4－12 所示，C 省高级人民法院与 C 省 B 市中级人民法院属于直接直系关系，而 C 省高级人民法院与 C 省 B 市 A 县人民法院之间则为间接直系关系。

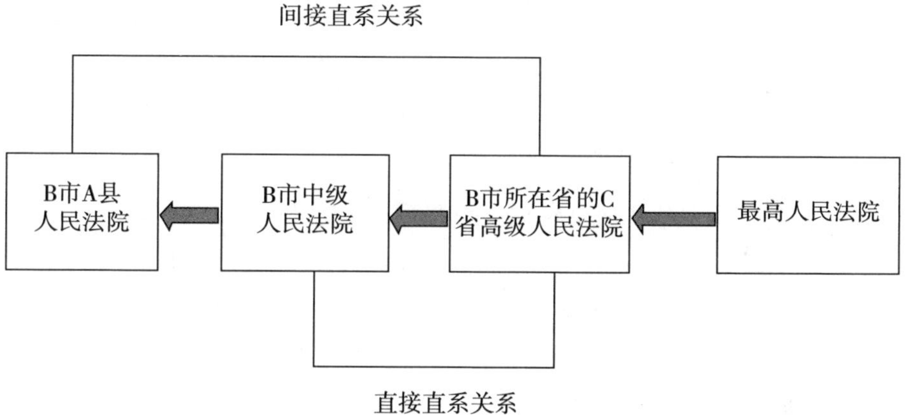

图 4－12　法院直接直系和间接直系关系

在直接直系关系中，上一级法院的生效关联案件对下一级法院待决案件的承办法官裁判思维影响较大，而不是更高级法院或者最高人民法院。因为案件裁判规则之权威是基于法律监督关系，由上一级向下一级法院层层传递，上一级法院通过上诉审和再审程序实现对其下一级法院的审判监督，上一级法院掌握着受理法院裁决的评价和判断的标准，可以直接改变下一级受理法院对案件的裁判结果，如果不遵守和服从上一级法院的裁判规则，就必然面临因被改判或发回重审而被法院内部或纪检监察委追责的风险。① 因此，通过坚持检索生效关联案件体系分类原则，层层发现和传导上一级法院司法裁判规则精神，并融入所属辖区的特点和实际，确保法律价值、精神得到准确理解、贯彻，在一定程度上能较好实现上下级法院之间的“类案同判”。

（四）坚持法秩序统一性原则

法秩序的统一性是指由宪法、刑法、民法等多个法领域构成的法秩序之间互不矛盾，这些个别的法领域之间不应作出相互矛盾、冲突的解释。诚如陈兴良教授所言，“各个部门法在合法化事由上具有统一的根据。在一个部门法中合法的

---

①　参见张健：《案例检索的近因原则》，载搜狐号“法律那些事儿”2019 年 6 月 27 日，https://www.sohu.com/a/323442597_657048。

行为,不得在另一个部门法中认定为违法。否则,就会造成法秩序内部的逻辑混乱"①。法秩序统一性原则是处理不同部门法之间的矛盾时应遵守的基本原则,具有不可动摇的性质,所有部门法的执行都应当贯彻该原则。在司法实践中处理刑民相关联案件时,必定绕不开法秩序统一性原则:在民商法上合法的行为,不可能成为刑法上的犯罪。反过来说,唯有民商法所要反对的行为,才有可能构成犯罪行为。在刑法与民法规范的保护目的相一致的场合下,刑法应当绝对从属于民法,这是法秩序统一性的当然要求。② 刑行、民行等相关联案件的处理也应如此。

【案例12】 某县级人民法院刑事判决否定某高级人民法院民事判决案③

2005年,王某与某矿产公司股东郝某因股权归属问题发生争议,遂向法院提起民事诉讼确认股权归属。2007年6月14日、2009年6月11日,某中级人民法院和某高级人民法院两级法院在民事诉讼中均判决争议股权归郝某所有。在上述民事裁判生效的情况下,2009年12月21日,某县级人民法院一审以职务侵占罪判处郝某有期徒刑7年。该院判决称郝某利用购股代理人身份,故意隐瞒出资真相,擅自到工商部门变更登记,侵害了王某等人出资928万元对价收购的股权。在刑事案件受害人王某未对某高级人民法院生效判决提出申诉及某高级人民法院生效判决未被改判的情况下,该县级人民法院以截然相反的刑事判决否定了其上级法院,即某中级人民法院和某高级人民法院两级法院均判决此股权归郝某所有的判决,引起国内诸多法学专家的关注和质疑。④

在此,我们同样不对案例12中的刑事判决是否正确作出评论。但从该案例中可以看出,刑事判决与在先生效的民事判决明显存在冲突,并引起了社会的普遍质疑。法院作出民事与刑事裁判,不仅要考虑实体法与程序法的依据,还要考虑司法制度上的正当性与适当性。裁判统一是法秩序统一性的必然要求,也是司法公信的重要支撑。虽然裁判统一并不排斥因诉讼性质不同而出现裁判差异,但不应允许对同一事实的判定自相矛盾。如前述案件的情况,在先生效民事判决承

---

① 陈兴良等:《刑民交叉案件:争议难点与司法处理》,载《检察日报》2019年8月19日,第3版。

② 参见周光权:《"刑民交叉"案件的判断逻辑》,载《中国刑事法杂志》2020年第3期。

③ 参见新京报:《内蒙县级法院否定高院判决》,载凤凰网(资讯栏目)2010年2月8日,https://news.ifeng.com/c/7fYa51JUp7w。

④ 卞建林教授认为,虽然并没有法律规定下级的刑事判决必须以上级的民事判决为依据,但就同一事件的判决结果,刑事和民事不应该出现严重对立和冲突,损害法制的统一和司法判决的价值。详见陈俊杰:《内蒙古县级法院否定上级判决 重审克隆原判内容》,载新浪网(新闻中心栏目),http://news.sina.com.cn/c/2010-11-11/175821455848.shtml。

认郝某持股合法有效,但因新发现的证据而认定其构成职务侵占,就出现对同一事实的两种认定与评价,彼此相互矛盾。对同一行为的两种事实认定以及相互冲突的合法性判断不能并存。① 若该案例中出现了新证据指向郝某构成职务侵占的,某县级法院在刑事裁判之前,应由王某向高级人民法院提供新的证据申请启动再审,并依据再审结果再决定是否作出有罪判决。基于犯罪的"二次违法"的性质和法秩序统一性原则,对某一案件事实的民事(行政)不法评价,应当成为刑事违法评价的前提和基础。若不存在上述前提而追究行为人刑事责任就缺少前置法的依据,将会导致民刑关系冲突和整体法秩序的不协调,有碍自由与秩序的价值平衡,同时亦损害法治权威和司法公信力。

法官在处理民刑交叉案件时,应当充分贯彻民法典的基本精神,基于"民刑协同"的理念,即治理方向的协同、违法评价的协同、裁判思路的协同、救济手段的协同,通过民事法律和刑事法律的协调综合运用,推动此类关联案件的依法妥善处理。②

二、检索结论运用之基本规则

在运用关联案件检索结果时,除了要坚持上述原则外,还需要根据不同情形分门别类作出处理。③

(一)关联案件结论均趋同情形下之运用规则

1. 关联案件是直系生效案件

检索出的关联案件是本院的上级法院生效案件而无本院生效关联案件的,当待决案件拟判结果与生效关联案件裁判尺度基本相近时,法官、合议庭在作出说明后即可制作、签署裁判文书。待决案件属于"四类案件"④监管范围的,法官、合议庭在作出说明后按规定将案件报请院庭长监督。当待决案件拟判结果与该类

---

① 参见龙宗智:《刑民交叉案件中的事实认定与证据使用》,载《法学研究》2018 年第 6 期。

② 参见杨志国:《民法典时代:从"民刑交叉"到"民刑协同"》,载《检察日报》2020 年 12 月 3 日,第 3 版。

③ 参见王雨田:《强化关联案件检索 促进裁判尺度统一》,载《人民法院报》2021 年 5 月 30 日,第 2 版。

④ 最高人民法院印发的《关于完善人民法院司法责任制的若干意见》(法发〔2015〕13 号)第 24 条指出,"四类案件"是指:(1)涉及群体性纠纷,可能影响社会稳定的;(2)疑难、复杂且在社会上有重大影响的;(3)与本院或者上级法院的类案判决可能发生冲突的;(4)有关单位或者个人反映法官有违法审判行为的。

关联案件裁判结果均相冲突时，应当将案件报请院庭长监督，由院庭长提交专业(主审)法官会议讨论。专业(主审)法官会议讨论形成多数意见且与法官、合议庭意见不一致时，法官、合议庭必须再行合议(评议)一次；法官、合议庭合议后仍然坚持原来意见的，提交审判委员会讨论。[1]

2. 关联案件是非直系关系法院的生效案件

若检索出的关联案件是与本院无审判监督关系的法院的生效案件，当待决案件拟判结果与该类关联案件裁判结果基本相同时，法官、合议庭在作出说明后即可制作、签署裁判文书。若待决案件拟判结果与该类关联案件裁判结果相冲突，应当将案件报请院庭长监督，由院庭长提交专业(主审)法官会议讨论。专业(主审)法官会议讨论形成多数意见的，法官、合议庭原则上可参考专业(主审)法官会议多数意见作出判决，但法官、合议庭仍然坚持原来意见的，应在作出说明后即可制作、签署裁判文书；待决案件属于“四类案件”监管范围的，法官、合议庭在作出说明后按规定将案件报请院庭长监督，提交审判委员会讨论决定。

3. 关联案件只为本院生效案件

在所检索出关联案件结论基本一致，且关联案件均是本院已生效案件的情况下，若待决案件不属于“四类案件”监管范围，适用的法律及司法解释没有重大修改变化，待决案件拟作出的裁判结果与关联生效案件裁判尺度一致，承办法官、合议庭在作出说明后即可制作、签署裁判文书。若待决案件属于“四类案件”监管范围，承办法官、合议庭在作出说明后按规定将案件报请院庭长监督。如果待决案件的裁判尺度与关联生效案件裁判尺度不一致，应当启动院庭长监管程序。

(二)关联案件检索结论相异情形下之运用规则

1. 关联案件只为本院的生效案件

经检索关联案件发现只存在本院已生效的关联案件而无上级法院的生效关联案件，若待决案件拟判结果与关联案件在认定事实上不一致或者将改变本院已生效关联案件裁判尺度，应当报请庭长提请专业(主审)法官会议讨论，就相关法律适用问题进行梳理后，呈报院长提交审判委员会讨论决定。

---

① 参见贺小荣：《法律适用分歧的解决方式与制度安排》，载《人民司法》2019年第31期。

2. 关联案件属有直接直系关系法院的生效案件

【案例13】　李某诉曹某民间保底委托理财合同纠纷案

李某与曹某签订《投资代理合同》一份，约定：李某自愿将35万元委托曹某投资理财，曹某协助李某开户、入金，但李某不能自行操作账户。曹某保障李某资金安全，确保年盈利15%，若未达到则补足。账户亏损30%即停止操作，曹某必须在7日内补足本金，逾期不补足视为违约。合同签订后，李某向账户存入35万元。但之后，李某发现资金全部亏损，账户余额为零，遂向H省A县人民法院起诉要求确认《投资代理合同》有效，并要求曹某按照合同的约定立即补足账户本金并赔偿利息损失。

H省A县人民法院在审理上述案例13这一案（以下简称A1案）时进行关联案件检索，发现被告曹某在该A县人民法院存在A2生效关联案件，以及该院上一级法院B市中级人民法院生效的直接直系关联案件B1，而无A县人民法院所在省的H省高级人民法院间接直系生效关联案件（见表4－3）。

表4－3　A1案的关联案件检索结果

法院	案号	案件关联因素	裁判要旨	合同效力	审级
A县人民法院	A2案（2020）X民初XXX号	被告人相同，案件事实、法律争议焦点基本相似	保底委托理财合同是双方当事人真实意思表示，不违反法律、行政法规规定和公平原则	有效	一审生效
B市中级人民法院	B1案（2019）Y民终YYY号	被告人相同，案件事实、法律争议焦点基本相似	保底委托理财合同违反了《证券法》《信托法》的相关禁止性规定	无效	二审生效
H省高级人民法院	—	—	—	—	—

在上述待决案例中，所检索出的生效关联案件中B市中级人民法院的B1案裁判结果与A县人民法院A2案裁判结果相反，不同级别法院的生效判决存在重大差异，且不存在更高一级法院关联案件，此种情形下，该待决案件如何处理？

待决案件拟裁判结论与本院已生效的关联案件结论相同而与上一级法院的关联案件裁判结论不同的，应向本院审判管理办公室报告，就相关法律适用问题进行梳理后，呈报院长提交审判委员会讨论。如果审判委员会讨论结果初步意见与待决案件拟裁判意见相同，则应向上一级法院审判管理办公室报告。上一级法院审判管理办公室在收到报告后，应及时按照该级法院审判工作职能分工，将该报告送交相应业务部门进行复审，并把复核参考意见及时告知下级法院。如果上级法院相关业务部门复核参考意见拟赞成下级法院审判委员会意见，则法官、合议庭应依照本级审判委员会讨论决定作出判决。

在上述案例中，如果A县人民法院审判委员会对A1案的拟判意见与本院的关联案件A2案意见相同而与B1案意见不同，当A县人民法院就待决案件A1案如何处理向B市中级人民法院汇报后，B市中级人民法院回复的参考意见赞同A县人民法院处理意见时，法官、合议庭应按A县人民法院审判委员会的决定对A1案作出判决。如果上一级法院复核参考意见不赞同下一级法院审判委员会意见，该级法院审判委员会若仍坚持审判委员会当初的讨论决定，在正式作出讨论决定前则必须要求承办法官、合议庭或审判管理办公室对待决案件进行类案检索。如本院的上一级法院以上的更高级别法院作出的类案且类案多数意见或指导性案例与待决案件拟判意见相近或相同，本院审判委员会可以审判委员会初始的讨论决定要求法官、合议庭作出裁判，并将类案检索报告附卷。若存在更高级别法院作出的类案且类案多数意见或指导性案例与本院审判委员会初始讨论意见相异，笔者认为本院审判委员会应再次进行讨论，承办法官、合议庭应按本院审判委员会再次讨论形成的多数意见作出判决。

需要说明的是，如果待决案件承办法院所在省的省高级人民法院对该待决案件拟判意见通过个案请示的方式向最高人民法院进行请示，最高人民法院明确作出办理答复意见的，待决案件必须按照最高人民法院的答复意见进行裁判。

3. 关联案件属有间接直系关系法院的生效案件

【案例14】 杨某某诉刘某某案外人执行异议之诉纠纷案

2011年7月杨某某与吴某某登记结婚，双方于2012年12月购买一套位于繁华地段的某家园精装修复式楼并登记在吴某某名下。2015年5月杨某某与吴某某登记离婚并签订《离婚协议》，该离婚协议约定登记在吴某某名下的精装修复式楼归杨某某所有，但该房屋产权至今未过户到杨某某名下，杨某某与其两个未成年子女也一直在该房屋居住生活。2020年4月，吴某某因民间借贷纷被刘某某诉至法院，法院判决吴某某承担还本付息责任。因吴某某未履行法院判决致其名下的某家园复式楼而被法院查封。房屋查封后，杨某某以《离婚协议》约定房屋归其所有为由向法院提出异议被驳回，遂提起案外人执行异议之诉。

S省C县人民法院在审理案例14这一案件（以下简称C1案）时通过关联案件检索发现存在2件生效关联案件，分别为C县人民法院生效的C2案件[①]以及该省高级人民法院再审生效案件S案[②]，而无C县人民法院上一级属直接直系关系D市中级人民法院的生效关联案件（见图4－13）。

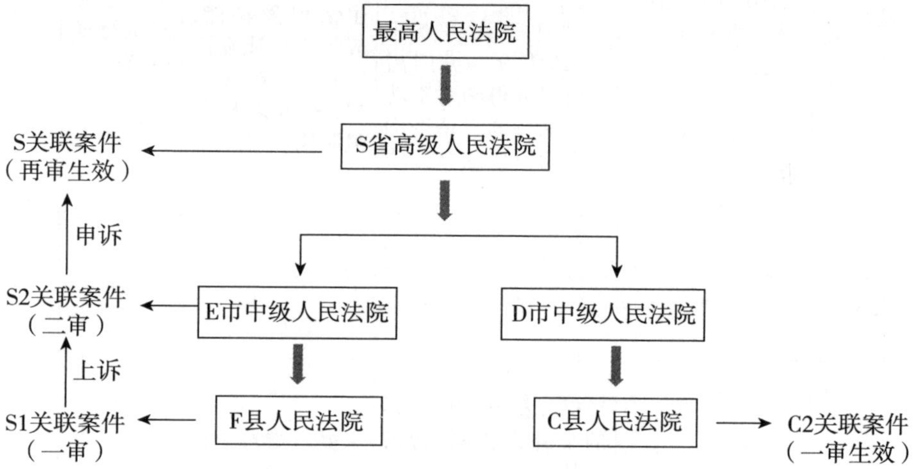

图4－13　C1案的关联案件的法院层级关系

在上述案例中，所检索出的关联案件分属有间接直系关系法院作出，不同级别法院的生效关联判决存在重大差异（见表4－4），此种情形下，该待决案件如何处理？

① 吴某某于2016年4月向程某某借款后不还被诉至法院，最终法院判决吴某某分别向程某某还本付息，因吴某某未履行法院判决被C县人民法院查封其名下复式楼，李某某提起执行异议被驳回后提起执行异议之诉。

② 吴某某于2017年1月向黄某某借款后不还被诉至法院，最终法院判决吴某某还本付息，因吴某某未履行法院判决被该省E市的F县人民法院查封其名下复式楼，李某某提起执行异议被驳回后提起执行异议之诉，并经再审。

表 4－4　C1 案的关联案件检索结果

法院	案号	案件关联因素	裁判要旨	裁判结果	审级
C 县人民法院	C2 案 (2017)X 民初 XXX 号	1. 提起执行异议之诉的案外人相同，为杨某某； 2. 提起异议之诉理由相同，即《离婚协议》约定房屋归杨某某所有； 3. 法律争议焦点相同，即夫妻一方因离婚协议取得的对不动产的期待物权是否优于在后形成的金钱债权	《离婚协议》中约定夫妻所有房屋归一方所有，虽未完成过户登记，但约定具有生活保障功能，应优于形成在后的一般金钱债权，故可以排除强制执行	支持案外人排除涉案房屋强制执行的申请	一审生效
D 市中级人民法院	—	—	—	—	—
S 省高级人民法院	S 案 (2020)X 民再 XXX 号	1. 提起执行异议之诉的案外人相同，为杨某某； 2. 提起异议之诉理由相同，即《离婚协议》约定房屋归杨某某所有； 3. 法律争议焦点相同，即夫妻一方因离婚协议取得的对不动产的期待物权是否优于在后形成的金钱债权	夫妻离婚对于房屋所有权的约定，未办理物权登记亦不具有物权变动的效力。而且，物权具有公示公信力，当事人之间的内部约定也不具有对外效力，不应对抗外部的当事人	驳回案外人排除涉案房屋强制执行的申请	再审生效

以上述关联案件检索结果为例，当待决案件拟裁判结论与本院已生效的关联案件结论相同而与上级法院的关联案件裁判结论不同时，C 县人民法院待决案件的承办法官、合议庭应向本院审判管理办公室报告，就相关法律适用问题进行梳理后，呈报院长提交审判委员会讨论。若 C 县人民法院审判委员会讨论意见与 S 省高级人民法院的生效案件 S 案件结论相异，则应向上一级法院 D 市

中级人民法院审判管理办公室报告。D市中级人民法院审判管理办公室在收到报告后，应及时报告送交相应业务部门进行复审，并提交专业（主审）法官会议讨论。如D市中级人民法院专业（主审）法官会议讨论多数意见不赞同C县人民法院审判委员会初步讨论意见，则应及时将复核参考意见告知C县人民法院。C县人民法院在接到D市中级人民法院复核意见后，C县人民法院审判委员会应再次进行讨论，法官、合议庭应按本院审判委员会再次讨论形成的多数意见作出判决。

如D市中级人民法院专业（主审）法官会议讨论的多数意见赞同C县人民法院审判委员会意见，则应呈报D市中级人民法院院长批准召开审判委员会讨论。D市中级人民法院则应将本院审判委员会讨论意见向S省高级人民法院审判管理办公室报告，提请S省高级人民法院相应业务部门进行复审并及时提出复审参考意见。如S省高级人民法院复审意见同意D市中级人民法院意见，C县人民法院应按S省高级人民法院复审参考意见作出判决；若S省高级人民法院复审参考意见不同意D市中级人民法院意见，C县人民法院审判委员会应再次进行讨论，承办法官、合议庭应按本院审判委员会再次讨论形成的多数意见作出判决。

需要说明的是，如果待决案件承办法院所在地的高级人民法院对该待决案件拟判意见通过个案请示的方式向最高人民法院进行请示，最高人民法院明确作出了个案答复意见，待决案件必须按照最高人民法院的答复意见办理。

4. 关联案件分属为非直系关系法院的生效案件

【案例15】　郑某某知假买假10倍索赔案

2020年5月10日上午10时，郑某某与某酒业公司的打假员袁某一同在H省Y县一家酒业公司销售量贩店购买53%vol的500ml装某品牌酒12瓶（2箱），价款合计4.8万元整，并通过微信支付购酒款。在完成付款后，郑某某并未离开该量贩店，而是立即拨打公证处电话请公证员和消费者协会工作人员到场见证，经某酒业公司的打假员鉴定，该店销售给郑某某的某品牌酒均为假酒。郑某某遂向Y县人民法院起诉请求判令某酒业公司销售量贩店返还其购物款4.8万元，并10倍赔偿郑某某48万元。

H省Y县人民法院在审理该案（以下简称Y1案）时进行关联案件检索发现存在2件生效关联案件，该2件关联案件均是因郑某某与某酒业公司的打假员在

2 个不同地区以"知假买假"方式购买假某品牌酒而索赔 10 倍赔偿款引发的诉讼案件,生效判决分属于不同体系相关法院作出（见图 4－14）。

在上述案例中,所检索出的关联案件分属无直系关系法院作出,对于是否支持购买者"索赔 10 倍赔偿款"的诉请,不同层级法院的生效关联判决存在重大差异的情形下,该待决案件如何处理?

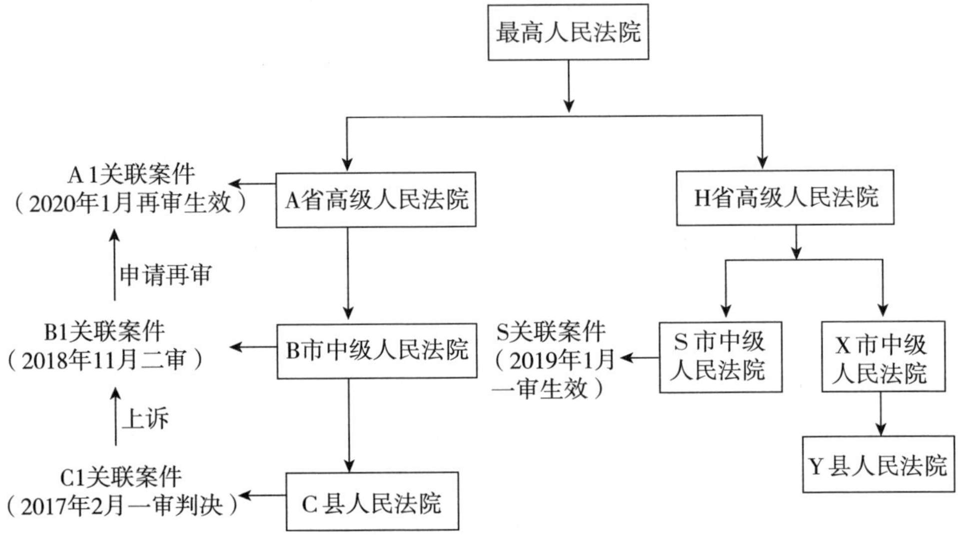

图 4－14　Y1 案的关联案件法院层级关系

在生效关联案件裁判结果如表 4－5 所示的前提下:

当待决案件 Y1 的拟判结论与外省 A 省高级人民法院生效关联案件 A1 案裁判结论相同,但与本省其他市的 S 市中级人民法院生效关联案件 S 案裁判结论不同时,承办法官、合议庭应将案件提请院庭长监督,并提交专业(主审)法官会议进行讨论,承办法官、合议庭应参考专业(主审)法官会议的讨论决定,慎重作出裁判。

若当待决案件 Y1 的拟判结论与本省其他市的 S 市中级人民法院生效关联案件 S 案裁判结论相同,但与外省 A 省高级人民法院生效关联案件 A1 案裁判结论不同,承办法官、合议庭应在作出说明后制作、签署裁判文书。

表 4－5　Y1 案的关联案件检索结果

法院	案号	案件关联因素	裁判要旨	裁判结果	审级
S 市中级人民法院	S 案(2019)X 民初 XXX 号	郑某某与某酒业公司的打假员在 S 市以“知假买假”方式购买某品牌假酒而索赔 10 倍赔偿款	法律并没有对消费者的主观购买动机作出限制性规定，判断消费者的标准，不是以购买主体的主观状态，而是以标的物的性质为标准，其合法权益应当受到消费者权益保护法、食品安全法的保护	支持购买者 10 倍赔偿的请求	一审生效
A 省高级人民法院	A1 案(2020)X 民再 XXX 号	郑某某与某酒业公司的打假员在 C 县以“知假买假”方式购买某品牌假酒而索赔 10 倍赔偿款	购买者整个购买行为与正常的消费者购买商品的行为明显不同，存在以索赔为目的，其行为具有营利性，不应认定为消费者，要求 10 倍赔偿的请求不符合法律规定	驳回购买者 10 倍赔偿的请求	再审生效

（三）关联案件尚未作出定论情形下之运用规则

1. 关联案件是本级法院承办的

若关联案件是本院其他法官、合议庭承办的，且尚未作出定论，待决案件的承办法官、合议庭应将此情况向所在业务部门庭长和业务分管副院长报告，并同时向审判管理办公室通报。审判管理办公室在接到报告后应及时召集待决本案与未决关联案件的承办法官、合议庭及所在业务部门的庭长、业务分管副院长共同商讨。当商讨后，待决本案与待决关联案件的拟判意见基本相同或裁判思路一致的，承办法官在作出说明后即可制作、签署裁判文书。待决本案与待决关联案件属于“四类案件”监管范围的，待决本案与待决关联案件的承办法官、合议庭在作出说明后分别按规定将案件报请院庭长监督。

若商讨后待决本案与待决关联案件的拟判意见相冲突或裁判思路相矛盾，审判管理办公室应将商讨结果及时向院长汇报，并建议相关业务分管副院长召开专业（主审）法官会议进行讨论。专业（主审）法官会议讨论形成多数意见的，待决本案与待决关联案件的承办法官、合议庭应参考上述讨论意见作出判决。专业(主审)法官会议讨论未形成多数意见的,审判管理办公室应将上述结果呈报院长,在经院长批准同意后召开审判委员会讨论。待决本案与未决关联案件承办法官、合议庭应按审判委员会讨论决定作出判决。

2. 关联案件是存在直系关系法院承办的

若未决关联案件是待决本案上级法院承办的,待决本案的承办法官、合议庭应将此情况向本院审判管理办公室汇报。待决本案法院的审判管理办公室在提请本院院长批准后,将本案的拟判意见形成书面报告及时层层向上级法院的审判管理办公室报告。上级法院审判管理办公室在收到报告后,应及时按照该级法院审判工作职能分工,将该报告送交未决关联案件承办业务部门进行商讨,并把商讨参考意见及时告知下级法院。待决本案与未决关联案件的承办法官、合议庭应参考上述讨论意见作出判决。如待决本案与未决关联案件属于"四类案件"监管范围的,待决本案与未决关联案件的承办法官、合议庭在作出说明后分别按规定将案件报请各自法院的院庭长监督。

3. 关联案件是非直系关系法院承办的

若关联案件是本省其他辖区其他法院或外省不同辖区法院法官、合议庭承办的,待决本案的承办法官、合议庭应将此情况向所在业务部门庭长报告并同时向审判管理办公室汇报。待决本案的审判管理办公室应及时与未决关联案件所在法院的审判管理办公室进行沟通。若沟通后待决本案与未决关联案件拟判意见或裁判思路一致,待决本案的承办法官、合议庭应参考上述沟通意见作出判决。若沟通后待决本案与未决关联案件拟判意见或裁判思路相冲突,待决本案的承办法官、合议庭应将案件报请院庭长监督,提交专业(主审)法官会议进行讨论。待决案件的承办法官、合议庭应参考专业(主审)法官会议讨论意见慎重作出裁判。

第五节　关联案件检索的监管与保障

"谁裁判谁负责""用权受监督",这不仅符合司法权力运行规则,而且也是"让审理者裁判""谁审理谁裁判"的自然延伸和逻辑发展。[①] 关联案件检索是法

---

① 参见王韶华:《让审理者裁判　由裁判者负责》,载《人民法院报》2014年7月28日,第2版。

官行使司法权的一个方面，既是权力也是义务，如不对关联案件检索责任主体进行监管，就有可能出现关联案件"应检不检""应检漏检"等问题，进而可能影响司法案件的公正判决。因此，我们必须建立对关联案件检索责任主体的监管体系，在关联案件上实现"让监督者监督"。这是全面落实司法责任制的必然要求。

一、关联案件检索的主要监管内容

对关联案件检索的监管内容主要为以下几方面：

1. 待决案件在作出裁判前是否进行过全面的关联案件检索，是否撰写过完整的检索报告；

2. 检索出来的关联案件结论是否背离关联案件原本的裁判精神；

3. 关联案件检索结论是否写进审理报告提请专业（主审）法官会议、审判委员会进行讨论，检索报告是否及时归入案件卷宗之中；

4. 待决案件的裁判规则是否偏离审判委员会决定采纳作为裁判参考关联案件的裁判规则。

二、关联案件检索监管机制

为了让关联案件检索能够更好发挥作用，促进裁判尺度统一，笔者认为应当建立主动报告、案件质量评查、院庭长监管、反向监督等机制。

（一）主动报告机制

承办法官、合议庭应本着勤勉和忠实的原则对待决案件进行关联案件检索，不得存在"应检不检""故意漏检"的情形。承办法官、合议庭在进行关联案件检索后，应依据审判监管限权主动且全面地向所属庭室的庭长、业务分管院长汇报待决案件的关联案件检索情况。承办法官、合议庭对待决案件通过内部办案系统和外部官方检索平台检索后发现关联案件不存在或较少的，应予以如实说明。承办法官、合议庭认为待决案件属于涉及群体性、疑难复杂、新类型等案件且确实需要进一步检索关联案件，但因本人或合议庭存在检索上的技术困难的，可向所在庭室的庭长、业务分管副院长汇报并与分管审判管理部门、司法技术部门的副院长会商同意后，可请求审判管理部门、司法技术部门共同协助进行关联案件检索。

（二）案件质量评查机制

对关联案件检索工作的监督可通过常规评查、重点评查与专项评查相结合的方式进行。

1. 常规评查。由各审判业务部门对本部门已办结案件的关联案件检索工作开展定期评查，并形成本部门常规评查报告，提交审判管理办公室备案。常规评查原则上每季度开展一次，随机抽查比例一般不低于同期结案数的 10%，全年应当覆盖各审判业务部门全体员额法官，具体可以采取承办法官、合议庭交叉评查等方式进行。

2. 重点评查。由审判管理部门组织牵头，在本院抽调相关人员，或者邀请熟悉关联案件检索工作的其他法院的法官、审判管理人员、司法技术人员及法学专家等人员组成关联案件检索质量评查小组，对上级法院发回重审案件、改判案件、信访案件以及曾纳入长期未结、久押不决被督办等案件开展关联案件检索工作重点评查。

3. 专项评查。由审判管理部门负责定期对某一类案件的关联案件检索质量或检索环节进行专门检查评定，一般采取部门间交叉或指定特定人员评查的方式进行。

审判管理部门对上述三项评查结果应在全院进行公示，案件承办法官、合议庭对评查结果不服的，可以书面说明情况进行申辩，经所在庭室分管副院长审批后，提请审判委员会研究决定最终评查结果。

审判管理部门应将关联案件检索工作开展情况的评查结果作为法官业绩考核的重要内容，归入个人业绩档案，并结合案件评查结果，总结、推广关联案件检索经验，分析检索工作不足的具体原因，及时进行整改，完善工作机制，提升审判工作质效。审判管理部门在评查工作中发现法官违法审判线索以及其他违法违纪线索的，应当将线索及时移送本院的监察部门。

（三）院庭长监管机制

对案件特别是“四类案件”负有审判监督职责的院庭长，应当对承办法官、合议庭的关联案件检索工作进行全面监督。院庭长在监督案件过程中，发现承办法官、合议庭在关联检索和运用关联案件检索结论时明显存在问题，可以依照监督权限召集专业（主审）法官会议进行讨论，以及建议、提请或者决定将案件提交审判委员会进行讨论。专业（主审）法官会议、审判委员会认为待决案件的承办法官、合议庭存在“应检未检”关联案件的可能并对专业（主审）法官会议、审判委员会讨论案件有重要影响的，可指派相关人员进行关联案件的检索，并及时向专业

(主审)法官会议、审判委员会通报检索结果。专业(主审)法官会议、审判委员会在讨论待决案件时发现法官违法审判线索以及其他违法违纪线索的,在经院长批准后应当将线索及时移送本院的监察部门。

(四)反向监督机制

人民法院可以鼓励检察官、当事人、律师、其他诉讼代理人在诉讼中参与关联案件的检索活动,并向法官提交相应的检索报告。如果检察官、当事人、律师、其他诉讼代理人提出法官在审判过程中对其提交的关联案件视而不见,进而影响案件的裁判结果,审判管理部门应当重点审查承办法官是否存在故意不参照关联案件导致裁判尺度发生偏离的情况,并及时纠正,从而形成对法官的反向制约。对承办法官、合议庭没有正当理由拒收关联案件检索报告的,可向承办法官、合议庭所在庭室庭长、业务分管副院长、法院督察部门进行举报投诉。

三、关联案件检索责任机制

对违反关联案件检索规则或检索工作要求的,应对相关责任人员进行相应司法惩戒,这也是落实司法责任制的必然要求。具体而言,可对以下六种情形进行司法问责:

第一,承办法官、合议庭应当检索关联案件而未检索,或者关联案件检索、应用错误,导致案件被上级法院发回重审或者改判,造成不合格案件或者错案的以及引发负面舆情、造成严重不良影响的,依照程序追究承办法官、合议庭的责任。

第二,承办法官、合议庭在提请院庭长监督或在专业(主审)法官会议、审判委员会讨论案件过程中选择性、倾向性地汇报支持其观点的关联案件,而故意隐瞒与其观点相反的关联案件,导致案件被上级法院发回重审或者改判的,造成不合格案件或者错案的以及引发负面舆情、造成严重不良影响的,依照程序追究承办法官、合议庭的责任。

第三,承办法官、合议庭对诉讼参与人提交的关联案件检索报告没有正当理由拒收或未进行回应进而影响案件的裁判结果,导致案件被上级法院发回重审或者改判的,造成不合格案件或者错案以及引发负面舆情、造成严重不良影响的,依照程序追究承办法官、合议庭的责任。

第四,承办法官、合议庭对诉讼参与人提交的关联检索报告在识别、比照、参照适用中履职不到位,导致案件被上级法院发回重审或者改判的,造成不合格案件或者错案的以及引发负面舆情、造成严重不良影响的，依照程序追究承办法官、合议庭的责任。

第五，院庭长应当对承办法官、合议庭“四类案件”的关联案件检索工作进行监督，因监督不力，导致关联案件检索不力、结果运用错误，致使案件被上级法院发回重审或者改判的，造成不合格案件或者错案的以及引发负面舆情、造成严重不良影响的，依照程序追究其相应的责任。

第六，审判管理部门应对关联案件检索进行评查，因未进行评查和监督，导致关联案件检索不力、结果运用错误，导致案件被上级法院发回重审或者改判的，造成不合格案件或者错案的以及引发负面舆情、造成严重不良影响的，依照程序追究其相应人员的责任。

需要说明的是，在对关联案件检索之评查与监督中，发现本院已经生效的关联案件即使裁判尺度与审判委员会后来就法律适用分歧作出的决定不一致，这些案件也不是错案。因此，当事人不得以审判委员会讨论决定的法律适用分歧解决结果为依据，就此前已经生效的判决、裁定申请再审。[①]

四、关联案件检索保障与豁免机制

关联案件检索工作是对法官的法律功底、知识储备、检索工具使用和解构能力的全面综合检验。为顺利推进关联案件检索工作，应建立保障和豁免机制，促使关联案件检索工作成为法官的行动自觉。

（一）建立高效快捷的检索平台

“工欲善其事，必先利其器。”目前，关联案件的内部检索平台和外部检索平台尚不具备精准检索及智能推送功能，平台检索的便捷化、智能化有待提升。因此，开展关联案件检索工作的首要任务是积极推进检索平台及信息化建设。笔者认为，一方面，最高人民法院应注重建立全国统一的关联案件检索平台与数据库，探索与全国各级人民法院的审判执行工作应用系统相连接的数据库，提高关联案件检索的智能化；另一方面，各级法院要加强技术研发和应用培训，提升关联案件推送的智能化、精准化水平，各高级人民法院要建立各辖区内省（自治区、直辖市）、

---

① 参见曹士兵、韩煦：《〈关于建立法律适用分歧解决机制的实施办法〉的理解与适用》，载《人民司法》2020 年第 1 期。

市、县(区)三级法院的审判执行案例数据库,为建设全国统一、权威的审判案例数据库奠定基础。

(二)建立检索报告重复利用机制

关联案件检索报告是法官对关联案件事实认定及法律适用方面进行全面分析后形成的报告,因此也具有一定的指引作用,体现了法官的司法智慧和司法成果。为避免重复检索,整合检索资源,应建立检索报告数据库,形成检索报告集中归档制度。承办法官在案件审结后应及时将该案件对应的检索报告、检索表归档,并在归档时注明检索人、检索时间,以及检索结论的使用情况。同时,为促进检索结论的系统化运用,应当开发具有关联案件检索报告交互评价功能的平台,使关联案件的检索报告能不断地修正及补充,达到裁判尺度趋向全面、统一目标,也有利于提升报告的利用效能和节约司法资源。

(三)建立案件检索能力培训机制

建立高效快捷的检索平台在一定程度上为法官检索关联案件提供了便利,但系统智能推送或人工检索到的关联案件是否属于法律上的"关联案件",仍然需要法官运用类比推理方法进行理性判断。此时,需要法官对其他案件与待决案件在人、事、物及法律关系等方面是否真正关联进行比对。因此需加大对法官、法官助理等群体对关联案件检索的专项培训工作力度,帮助他们掌握关联案件检索及报告制作的基本技能,同时也应将关联案件检索能力、检索工作成效等情况纳入法官、法官助理岗位目标考核之中,进而促进关联案件检索工作机制的有效运行。

(四)建立检索差错责任豁免机制

在对法官关联案件检索进行监管和问责的同时,也应建立检索差错责任豁免机制,这也是司法改革中"健全司法人员职业保障"的重要内容之一。目前检索平台智能化不足、检索方法不当、法官认识偏差等因素在客观上有可能会导致关联案件检索中出现遗漏或不全面,甚至会使待决案件裁判尺度发生偏离。在检索中,如检索责任主体非因故意或者重大过失导致出现检索差错或者检索结论偏离,但未造成严重后果的,应免除检索责任主体的检索不当责任,这样方能激励法官以更加负责任的态度积极推进关联案件检索工作,使负重前行的中国法官真正进入"弘扬正义良知"的美善境界,以善良之心、公平之度公正处理每一个案件。

(五)建立关联案件协调检索机制①

司法实践中,关联案件"检索难",除了主观上不够重视之外,还存在客观方面的原因。关联案件相比类案而言,具有一定隐蔽性,通常涉及跨案件类型、跨地域范围、跨区域跨层级法院之间的案件,加上当前专门的关联案件检索平台比较欠缺、关联案件智能推送技术不够成熟,这给关联案件的检索带来了时空上、技术上的现实困难,导致在关联案件检索中出现"有心无力"的现象,呈现"想检索而不能"的局面。就目前而言,比较好的方法是构建一个关联案件协同检索机制。

1. 办案法官要熟练掌握关联案件检索技巧,在现有条件下对待决案件的关联案件做到"应检尽检"

第一,法官要熟练掌握数字法院业务应用系统、法院档案管理系统、中国裁判文书网、法信、威科先行、北大法宝等内外部检索平台的使用方法。

第二,法官要熟练掌握检索关键词提取、组合使用等检索方法、技巧。

2. 法院相关部门要配合办案法官进行关联案件检索发现

第一,要对关联案件的识别标准、识别方式进行明确,让立案信访、执行局等部门能够在工作中实现精准发现、及时告知。

第二,关联案件发现要贯穿立案到结案全过程,自收案开始,立案部门、其他审执部门、审判管理部门人员及院庭长等监督者要根据标准进行关联案件检索发现、标注并及时告知、推送给办案法官。

3. 积极发动诉讼参与人向人民法院提交关联案件

诉讼参与人往往对待决案件的关联情况掌握比较全面,法院需要出台相应机制引导他们积极向法庭提交关联案件材料、信息。

第一,要与检察机关建立协同机制,明确公诉人在移送刑事案件时,全面移送涉诉被告人的关联案件信息。

第二,要与司法行政部门、律师协会等建立协同机制,积极引导案件的辩护人、代理律师等将检索到的关联案件、信息、线索提供给法庭。

第三,要健全、完善诉讼权利告知、释明机制,积极引导案件当事人开展关联案件检索,并将掌握的关联案件、信息、线索提供给法庭。

---

① 该部分内容系笔者之前发表于《人民法院报》中的文章的摘录,此处有所改动。参见王雨田:《强化关联案件检索　促进裁判尺度统一》,载《人民法院报》2021 年 5 月 30 日,第 2 版。

关联案件检索机制在司法责任制改革中有着重要意义，对遵循司法规律、促进专业化审判、明晰法官职责具有积极的作用。培根在《论司法》中说："我们知道法律体现着正义，但这也要人能正确地运用它。"对于法官来说，关联案件强制检索意味着法官司法自由裁量空间的进一步压缩，相互制约监督机制的进一步增强，因此必须以更加审慎负责的态度行使法律赋予的司法权力，尽职尽责做好关联案件检索，忠实于法律，运用好检索结果，努力实现"类案同判"，努力让人民群众在每一个司法案件中感受到公平正义。

第五章　第四步——证据规则运用、监管及评查

法官审理案件应当“以事实为根据，以法律为准绳”。在司法实务中，审理案件以查明事实为基础，而按照证据裁判原则的要求，事实认定必须以证据裁判为依据，“无证据则无事实”。案件事实的认定过程，必须坚持证据裁判原则，必须严格依法适用证据规则，为公正裁判奠定坚实的事实基础。按照五步法的要求，证据规则的规范运用应当贯穿于证据规则的运用、监管与评查全环节、全过程，确保在认定事实上证据运用的标准及判断“一把尺子量到底”。

第一节　证据规则运用概述

证据是诉讼的“脊梁”，是法官认定案件事实的基础，审查证据的能力是法官裁判纠纷的“基本功”、破解难案的“金刚钻”。一个关键证据的认定偏差就有可能导致截然不同的裁判结果。证据审查与公平正义紧密相关。然而，长期以来，证据审查的规则与认证方法以一种类似司法经验的方式存在于审判活动当中，依赖于法官在司法实践中摸索而习得。这一方面是因为国内证据法学的理论体系、理论基础、知识体系、具体框架结构没有形成比较成熟的体系，[①]在传统法学教育中，证据法学仍然处于边缘地位。另一方面在于我国证据规则体系尚处在不断丰富完善的过程之中，证据的综合认证方法还需要进一步探索，证据规则改革有待进一步深化。从实现人民法院高质量发展的角度来看，提升法官的证据审查能力，全面贯彻证据裁判原则，事关审判的质量和效果，是新时期人民法院不断满足人民群众司法需求与公正期待的必然要求。

---

① 参见李勇：《证据法学研究的思路与方法》，载《人民检察》2016 年第 1 期。

提升法官审查证据能力,全面贯彻证据裁判原则,要以规范证据规则适用作为基础条件。近年来,随着三大诉讼法的多次修改以及相关司法解释的陆续出台,国内证据规则体系逐步完善,证据制度已经基本确立,坚持证据裁判原则的司法理念获得普遍认同。证据裁判原则要求法官依据相关证据规则作出事实认定,并在此基础上公正裁判。坚持证据裁判原则是依法治国的基本要求,是当代司法文明的集中体现。规范证据规则的适用要求法官合理分配诉讼双方的举证责任,引导双方积极举证,充分对抗。从证据的认证方法上看,证明的程度必须达到法定证明标准,且最终认定的事实要符合经验法则和逻辑法则。从逻辑层次上来看,规范证据规则适用有三个递进关系:首先,裁判的形成必须以证据为依据,因此,在事实前提和判决结论之间一定要有确证关系;其次,裁判所依据的证据是具有相关性和可采性的证据;最后,据以作出裁判的证据必须达到法律规定的相应要求,只有经过质证程序而被法官采纳的证据,才能作为定案的证据。

提升法官审查证据能力,全面贯彻证据裁判原则,要以加强裁判文书证据说理作为主要途径。裁判文书是对审判过程和案件结果的客观记载,证据的审查与认定是裁判文书的重要内容。证据经过举证—质证—认证的法定程序后,通过逻辑推理、综合认证形成案件事实,证据的认定过程应当具有可验证性。当前裁判文书普遍存在重证据认定结果而轻证据采信过程的问题,未能全面、客观地反映证据的取舍及综合认证的裁判过程。法官必须将证据的取舍及综合认证的过程在裁判文书说理中公开,尤其对双方存在较大分歧的证据,更加需要审判人员详细阐明是否采信的理由,接受当事人和社会公众的监督和评判。在裁判文书中强化证据说理,可以有效制约司法的恣意和专断,有助于提升社会公众对司法的认同感。同时,全面贯彻证据裁判原则,规范证据的举证、质证程序和认证规则,能给诉讼当事人提供对案件事实认定的合理预期,不因法官司法经验的个体差异而导致案件事实认定的不同。

提升法官审查证据能力,全面贯彻证据裁判原则,要以维护人民群众合法权益作为价值取向。人民群众是全面依法治国最广泛、最深厚的基础,要把维护人民群众合法权益贯穿到人民法院工作的全过程、各方面,也必然要求把规范证据规则的适用贯穿诉讼的始终。坚持以人民为中心,不仅是习近平法治思想的重要价值追求,也是推进全面依法治国的力量源泉,更是忠诚践行司法为民宗旨的必然要求。由于当前我国社会发展的不平衡不充分,审判实践中仍有不少当事人缺乏必要的证据知识,不知道应该如何举证,这在民事审判领域涉民生案件中尤为突出。人民法院不能让举证能力不足成为人民群众维护合法权益的拦路虎，在证据审查过程中要依法进行释明与引导，在必要的时候依职权调取相关证据，确保当事人的实体权利公正地得以实现。

提升法官审查证据能力，全面贯彻证据裁判原则，要以马克思主义哲学唯物辩证法作为方法指导。一是要坚持普遍联系的观点，直接证据与间接证据相结合，主观证据与客观证据相对比，避免孤立地进行证据审查与认定。例如，2019年最高人民法院、最高人民检察院、公安部、司法部出台司法解释将非法放贷行为纳入非法经营罪进行惩治，这就要求法官在审理相关民间借贷案件中，不能单纯仅审查借条的真实性与合法性，还应当通过关联案件的检索来判断是否构成非法放贷行为，从而作出公正的裁判。二是要坚持全面系统的观点，抓住事物的主要矛盾和矛盾的主要方面，在证据审查中不能因为细枝末节而影响了对事物性质的整体判断。三是要坚持运动发展的观点，人们对客观事物的正确认识需要一个过程并且有其历史局限性，因而要正确处理好法律真实与客观真实的关系，在证据规则的指引下力求让法律真实尽可能地接近客观真实。法院审理案件的证明标准采取法律真实模式，并不苛求一定达到客观真实，刑事诉讼中坚持疑罪从无原则就是哲学上运动发展观点的体现。

提升法官审查证据能力，全面贯彻证据裁判原则，要以疑难复杂案件审理作为综合检验。疑难复杂案件的审理尤其考验法官运用证据规则认定案件事实的能力，这类案件的证据审查与认定往往成为案件审理的重点和难点。首先，这类案件的证据不仅数量较多，而且部分证据还可能存在瑕疵，证据与证据之间还会不同程度存在矛盾；其次，在某些疑难复杂刑事案件中，因为被告人的翻供、证人的翻证，打破了原有证据体系的组合状态，使案件陷入了“认之无据、否之无理”的尴尬境地；最后，这类案件往往直接证据匮乏，主要依据间接证据定案。在疑难复杂案件审理中，如何运用证据规则在一大堆证据中抽丝剥茧、去伪存真地认定案件事实，从而准确适用法律，这都考验着法官的证据审查能力。

提升法官审查证据能力，全面贯彻证据裁判原则，要以案件经受监督评查作为重要维度。从以往的冤假错案和枉法裁判案件的教训来看，其中绝大多数案件脱离了证据裁判原则，在证据规则的适用方面出现了偏差，最终影响了事实认定与裁判的公正性。在深化司法责任制改革的背景之下，“让审理者裁判，由裁判者负责”得到基本落实，但也不同程度地出现了审判监督弱化的情况。为了确保在新的审判权运行模式下“放权不放任”“用权不任性”，证据的审查与认定将成为审判监督与案件评查的重点对象，是评判案件质量的重要维度。证据规则的规范适用将贯穿于案件的审判、监督与评查，确保“一把尺子量到底”，切实检验办案质量。①

本章节关于证据规则的理解与运用，将始终坚持应用法学研究定位，以解决审判实务中证据规则运用的突出问题为根本导向，不追求面面俱到，以司法实务主流观点为视野，力求廓清审判实践中法官对于证据规则运用的认识误区与盲区。由于刑事诉讼、民事诉讼、行政诉讼具有各自的诉讼程序特点，相应的证据规则也存在较大差异，因而本书将结合相关案例分别展开论述，以期对法官审查与认定证据能够有所启发与帮助。

第二节　刑事证据规则的运用

党的十八届四中全会通过的中共中央《关于全面推进依法治国若干重大问题的决定》提出：“推进以审判为中心的诉讼制度改革，确保侦查、审查起诉的案件事实证据经得起法律的检验。”推动形成“诉讼以审判为中心、审判以庭审为中心、庭审以证据为中心”的刑事诉讼格局，强化证据的审查、判断与运用，已成为推进以审判为中心的刑事诉讼制度改革的重要着力点和落脚点。因而要进一步革新司法理念，摒弃传统的“重打击、轻保护”“重实体、轻程序”“重口供、轻证据”等思想观念，全面贯彻证据裁判原则，建立健全事实认定符合客观真相、办案过程符合程序公正、办案结果符合实体公正的刑事证据审查制度。新时代的司法改革不断向纵深推进，诉讼证据出示在法庭、案件事实查明在法庭、控辩意见发表在法庭、裁判结果形成在法庭，已逐渐成为刑事审判新常态。在这一轮司法体制改革推动下，以纠正“聂树斌案”、“王书金案”等为标志，证据裁判、以审判为中心等现代司法理念得到充分贯彻，全社会进一步建立起对司法公正更强的信心和期待。②

目前我国尚未制定统一的证据法典，亦没有单独的刑事证据法，刑事证据规则由刑事诉讼法相关条文和相关司法解释共同构成。具体而言，《刑事诉讼法》涉及证据规则条文共计 34 条，最高人民法院《关于适用〈中华人民共和国刑事诉讼

---

① 参见王雨田、周明：《提升证据审查能力　贯彻证据裁判原则》，载《人民法院报》2021 年 3 月 24 日，第 2 版。

② 参见王丽丽：《有错必纠，让公平正义永不缺席》，载《人民法院报》2021 年 6 月 10 日，第 1 版。

法〉的解释》(以下简称《刑事诉讼法解释》)涉及证据规则条文共计92条,最高人民法院、最高人民检察院、公安部、国家安全部、司法部《关于办理死刑案件审查判断证据若干问题的规定》(以下简称《办理死刑案件证据规定》)有证据规则40条,最高人民法院、最高人民检察院、公安部、国家安全部、司法部《关于办理刑事案件排除非法证据若干问题的规定》有证据规则15条,最高人民法院、最高人民检察院、公安部、国家安全部、司法部《关于办理刑事案件严格排除非法证据若干问题的规定》(以下简称《非法证据排除规定》)有证据规则42条。[①] 同时,最高人民法院关于证据审查与认定问题的相关批复文件同样具有司法解释的效力,具体可参见《刑事诉讼法规范总整理》的证据章节。[②] 此外,2016年10月1日起施行的最高人民法院、最高人民检察院、公安部《关于办理刑事案件收集提取和审查判断电子数据若干问题的规定》(法发〔2016〕22号)与2018年1月1日起施行的最高人民法院《人民法院办理刑事案件排除非法证据规程(试行)》(法发〔2017〕31号),虽然并不属于司法解释的范畴,但普遍认为它们属于司法解释性质的规范性文件,法官在相关证据的审查认定中应当遵照执行。

一、刑事证据审查与认定的基本原则

从确保案件质量、实现司法公正的角度来看,刑事审判必须抓住证据审查与认定这一核心问题,实现庭审实质化。一般认为,庭审实质化涉及"证明""控辩""裁判"三个方面的实质化,其支撑点仍在于对证据问题的严格把握和准确裁量。最高人民法院2017年印发了《关于全面推进以审判为中心的刑事诉讼制度改革的实施意见》,该文件的首条内容便是规定"证据裁判原则"。

审判是刑事诉讼的最后一道关口,是维护公平正义的最后一道防线。法官对于刑事证据的审查认定,事关被告人行为的罪与非罪、罪轻与罪重,必须严格适用证据规则,从而作出罪刑相适应的裁判。刑事证据的审查与认定必须遵循以下基本原则:

一是坚持证据裁判原则,认定案件事实,必须以证据为根据。重证据,重调查研究,不轻信口供,没有证据不得认定案件事实。

---

① 参见沈德咏主编:《人民法院诉讼证据规定适用指南》,中国政法大学出版社2020年版,第13~14页。

② 参见刘志伟编:《刑事诉讼法规范总整理(第四版)》,北京大学出版社2019年版,第500~553页。

二是坚持非法证据排除原则，不得强迫任何人证实自己有罪。经审查认定的非法证据，应当依法予以排除，不得作为定案的根据。

三是坚持疑罪从无原则，认定被告人有罪，必须达到犯罪事实清楚，证据确实、充分的证明标准。不得因舆论炒作、上访闹访等压力作出违反法律的裁判。

四是坚持程序公正原则，通过法庭审判的程序公正实现案件裁判的实体公正。发挥庭审在查明事实、认定证据、保护诉权、公正裁判中的决定性作用，确保诉讼证据出示在法庭、案件事实查明在法庭、诉辩意见发表在法庭、裁判结果形成在法庭。

二、刑事证据的审查过程

一个案件从立案受理到作出裁判，证据的审查贯穿始终，一个案件能否得到公开、公正的审理，其关键在于法官对证据规则的运用及其所具备的证据审查能力。法庭调查作为整个刑事庭审活动的中心环节，其核心内容是举证、质证和认证，这是法官查明案件事实真相、作出公正裁判的基础和前提。[①] 在举证、质证和认证这三个环节，每个证据审查环节需要把握不同的重点，从而提升证据审查的质量和效率。

（一）举证：充分有效出示证据

举证是证据审查的首要环节，充分有效的举证是确保顺利进行质证和认证的前提和基础。我国刑事诉讼采取控方举证规则，即刑事诉讼中的举证责任始终由控方承担，这是刑事诉讼中任何人不能强迫被告人作不利于自己的证言或强迫承认犯罪的必然要求。但“有原则必有例外”，控方承担举证责任并非绝对，在某些情况下，依据法律规定，举证责任由被告方承担，即举证责任的倒置，如《刑法》规定的巨额财产来源不明罪、非法持有类犯罪等。[②]

控方完成举证责任后，如果被告人不能用反驳证据否定控方的指控证据，则被告人面临着被定罪的可能性。被告人为了使自己免受刑事追究，会积极提出抗辩，也有权利提供反驳的证据。从某种角度说，这是举证责任的转移，但并不是说刑事案件的证明责任转移给被告人，而是行为意义的举证责任转移。同时，需要

---

① 参见沈志先主编：《驾驭庭审》（第3版），法律出版社2017年版，第105页。

② 参见沈志先主编：《驾驭庭审》（第3版），法律出版社2017年版，第107页。

注意的是，并非被告人对自己的所有辩护主张都要承担举证责任。被告方如果只是消极地否定公诉方的事实主张，比如说声称自己没有杀人，则对该事实主张不承担举证责任。当被告方提出具有积极辩护意义的具体事实主张时，举证责任转移到被告方。例如，被告人不仅说自己没有杀人，而且声称是第三人所为，则此时被告方对这个具体的事实主张要承担举证责任。

明确举证责任后，推进庭审实质化的关键在于尽最大可能“让证据说话”。让证据说话，前提是要做好举证工作，至少应满足两点要求：第一，保证所有的证据都要向法庭出示，既包括定罪与量刑的证据，也包括罪轻与罪重的证据。公诉机关要依法全面收集并向法庭出示能够证明被告人有罪或无罪、罪重或罪轻的各种证据，这是刑事诉讼法对案件办理的明确要求。第二，采取便于双方质证、裁判认证的举证形式。法官必须重视庭审举证工作，要主动做好指引，要避免不分情况地进行“捆绑出证”“打包出证”，导致举证走过场，这将为证据的准确审查与认定埋下隐患。

（二）质证：围绕争议关键问题展开

我国刑事诉讼中的质证，是指在刑事庭审法庭调查过程中，控辩双方在审判长的主持下，围绕所举证据的本身属性进行质疑、辩驳、对质，以达到否定证据的部分或全部效力的法定程序。① 质证是认证的前提和基础，对庭审中出示的每一个证据，法庭都要组织控辩双方进行质证，未经质证不得认证是证据裁判的基本要求。从审判实际来看，有些案件的证据信息量大，法庭在组织质证的时候往往难以面面俱到，但要避免质证的形式化，其关键在于做到：

1. 要突出重点。要善于归纳控辩意见，引导双方围绕争议和存疑的问题展开质证。要保证质证活动的控辩对抗性，针对任何一方提出的质证意见，相对方都应有答辩和回应意见。要采取有效措施，确保关键证人、鉴定人出庭作证，并积极探索运用交叉询问机制，更好地发挥其事实查明功能。

2. 质证要充分。要坚持“一事一证一质”的规则，法官要引导控辩双方有序质证，避免遗漏，对于双方有争议的证据要充分发表质证意见。要把法庭调查的重心放在证据的审查上，推动控辩重点由“法律适用”转移到“证据质证”与“法律适用”并重。这也是提升办案质量、防范冤假错案的关键。

---

① 参见沈志先主编：《驾驭庭审》（第3版），法律出版社2017年版，第107页。

3. 质证要有效。“有效”意味着既要注重效率，避免重复，又要注重效果，切实解决问题，通过质证明确案件证据上的问题，尽可能地把不良的、无关的、多余的证据排除出去。开庭审理的最主要功能是审查证据、查明案情并据此正确地适用法律，就是为了解决实际问题而召开庭审，要力争把案件的证据问题暴露和解决在庭审中。

(三)认证：全面有效审查证据

全面裁量证据是进行证据裁判的基本立场。如果公诉机关严格依法全面收集证据，通常一个特定案件容易出现有利于被告人的证据和不利于被告人的证据共存的局面。客观、公正地进行证据裁判，必然要求对被告人有利与不利的两方面证据都要充分考虑，不能顾此失彼、厚此薄彼。在办案过程中，要重点审查证据的合法性、真实性和关联性，并贯彻全面审查原则。①

1. 合法性审查

证据合法性，是指证据的收集和提供必须符合法定程序，不为法律所禁止。概括地讲，它包括取证主体合法、证据形成符合法定程序、证据形式符合法定要求、证据取得内容符合法定要求和证据运用符合法律规定。从域外的规定看，大陆法系、英美法系国家和地区的证据理论和立法均对证据资格问题进行了规定，即确立了非法证据排除规则。在具体审查证据合法性过程中，不仅要注意审查证据形式和来源合法，也要注意审查证据形成过程中的主客观条件和各种可能影响证据真实合法的因素，还要注意审查固定、保管证据的方法、过程是否科学合法。只有对证据合法性尽可能进行全面细致的审查，才会提高审查质量，完成证据合法性认证过程。证据形成符合法定程序一般是指证据的收集、提供等来源合法，主要是证据收集手段和方式是否符合法定程序。证据收集不符合法定程序的情形很多，比如采取刑讯逼供、非法强行搜查等手段和方式取得的证据都属于非法证据，不能作为证据使用。证据形式合法是指证据类型及其形式要符合法律规定。从司法实践看，非法取证是刑事案件办理中的“重大隐患”。近年来纠正的刑事冤错案件中，大多数不同程度地存在非法取证行为。甚至可以说，刑讯逼供、非法取证是导致冤假错案发生的主要原因。所以，必须把证据的合法性审查放在更为突出的位置，切实通过审判环节强化对“证据合法”的要求，引导和督促侦查机

---

① 参见于同志：《刑事证据裁判思路与方法》，载《人民法院报》2017 年 5 月 3 日，第 6 版。

关“合法取证”,从而全面提升刑事审判的质量。

实践中容易混淆非法证据排除程序与证据的合法性审查。非法证据排除程序是一个特殊的证据审查程序,适用对象和具体程序法定。从立法看,它的启动仅适用于五类证据:采用刑讯逼供等非法方法收集的犯罪嫌疑人、被告人供述,采用暴力、威胁等非法方法收集的证人证言、被害人陈述,以及收集取证不符合法定程序,可能严重影响司法公正且不能补正或者作出合理解释的物证、书证。我国确立了非法言词证据绝对排除、非法物证裁量排除的规则(详见下文“非法证据排除规则的适用”)。[①] 任何证据的收集过程损害证据的可信性或者有适用其他证据规则的情形的,都可能被排除而不作为定案的根据。但其排除并不是、没有必要且也不可能都通过非法证据排除程序来完成。除了非法证据排除程序外,还有更为灵活、简便的质证或庭审程序,经查证后决定采用与否即可。所以,法官可以也应当对任何一个据以定案的证据在庭审中进行合法性审查,但启动非法证据排除程序只能针对五类法定对象。当前,法官既要克服不敢启动和运用非法证据排除程序的情况,也要避免非法证据排除程序的滥用。

证据的合法性审查要区分非法证据与瑕疵证据。如前所述,非法证据的内涵和范围特定,一般指向严重违法和严重损害司法公正的取证行为。现实中,除了非法证据之外,更多的是瑕疵证据。对于瑕疵证据的审查,可不用启动非法证据排除程序,按照通常的法庭调查程序即可完成。并且瑕疵证据也不是必然地排除适用,如果能够予以补正或作出合理解释,相当多的瑕疵证据还是可以采用。与关注证据可靠性问题的瑕疵证据排除规则相比,非法证据排除规则关注的主要是证据的合法性问题,实践中不能将两者混为一谈。

2. 真实性审查

证据的真实性,也称为证据的客观性,是指证据材料所反映的案件事实是否与客观事实一致。证据材料必须查证属实并能够反映案件事实,才能作为定案的根据,不具有真实性的证据材料,不得作为定案的根据。真实的证据之所以能再现案件事实,是因为其和案件事实都具有客观性,而且这种客观性不以人的意志为转移,并能被人的意识所认知。由于证据认证是法官依职权通过证据对案件事实进行事后再现的过程,因此,证据是否能客观地再现案件发生时的情况就有一个对证据真实性进行审查的问题。诉讼证明活动中的证明材料因来源不同,提供

---

① 参见张军主编:《刑事证据规则理解与适用》,法律出版社 2010 年版,第 341 页。

者的动机不同，以及受其他因素影响，有些可以客观地反映案件事实，有些可能不是对案件客观事实的客观反映，有些甚至是对案件客观事实的歪曲。因此，对单一证据进行真实性审查认定是综合认定证据的基础。一般情况下，证据形成的原因和发现证据时的客观环境，以及证据的内容等是影响证据真实性的主要因素。证据的真实性包括两个基本方面：一是在形式上证据表现为客观存在的实体，无论其具体形式是人证还是物证，都是客观存在的物；二是证据的内容是对案件有关事实的客观记载和反映，是客观存在的事实，而不是主观想象、猜测的事实。

刑事证据的真实性审查是刑事证据审查运用的关键性环节。刑事诉讼是一种以解决被告人刑事责任为目的的诉讼活动，实行国家追诉原则，强调对犯罪的追诉和处罚应由国家司法机关依据法律统一进行，不受被害人意思表示的影响和左右。与民事诉讼的当事人处分主义相对应的是形式真实原则，而与刑事诉讼中国家追诉原则相对应的则是实质真实原则。[①] 从司法实际看，有以下四个方面需要重点关注：

第一，慎用主观推测。主观推测是在一定事实基础上根据经验、情理推测和判断另一个事实，如被告人与被害人有矛盾，推测其可能有作案动机；被告人案发前与被害人在一起，推测其可能有作案机会；被告人案发后清洗衣物，推测其可能在清洗衣物上的血迹等。应当认识到，主观推测不同于证据分析，依靠主观认识推测出的“可能性”只是线索，或者尚需进一步证明的合理怀疑（针对合理的主观推测而言），不能直接视为案件事实本身。以往冤假错案的教训表明，脱离了客观证据的主观推测会将法官带入歧途，要时刻谨记“靠证据说话”。

第二，谨慎对待被告人供述。对被告人的供述要采取较为慎重的态度，即便被告人自愿认罪，法院仍然不能仅仅以此为由作出有罪的判决。法院认定案件事实所依据的是全案的证据，而不仅仅是被告人对其犯罪事实的承认。对于那些仅有被告人供述而没有其他证据的案件，不能认定被告人有罪和处以刑罚。相反，即使没有被告人供述，但案件的证据确实充分的，依然应当认定被告人构成犯罪。

第三，坚持综合分析认定。综合分析是法官对全案证据进行综合性的分析判断，这个分析判断的过程就是逐步确立内心确信的过程，最终为待证事实的认定提出终结性的意见。对证据的综合分析实际上是一种思维活动，离不开经验法则、逻辑思维、法律素养等。分析某一个证据是否客观真实，要把它放在整个证据

---

① 参见陈瑞华：《刑事证据法》（第3版），北京大学出版社2018年版，第54页。

体系，放到与其他证据的比较中去判断，只有这样才能够看清证据的本质、问题的实质。

第四，注意区分“先证后供”与“先供后证”。对于先供后证的案件，由于被告人供述在先，根据其供述、指认进一步取得其他物证、书证、证人证言等，有的还提取到隐蔽性强的客观性证据，由此既能建立被告人与这些证据之间的关联性，又能印证被告人的供述具有可靠性，所以先供后证所形成的供证一致体系，往往具有较强的证明力。但先证后供则不同。被告人归案前，侦查人员在侦破案件过程中已经掌握了相关证据情况，除非能够确保被告人供述的自愿性和合法性，否则很难确定其供述的真实性。故在此情形下，即便被告人的供述与在案其他证据形成印证关系，其证明价值也相对较小。

从实践看，在先证后供的案件中，由于侦查人员根据相关证据或线索事先已经锁定了嫌疑人，一旦其归案拒不供认，个别侦查人员为突破口供，有可能采取指供、诱供甚至逼供等非法手段。所以，仅凭被告人的供述与现场勘验、检查、指认等笔录、尸体检验情况一致就认定被告人作案，往往并不可靠。如果案件同时缺乏客观证据，供证一致又不能完全排除指供、逼供、诱供可能，在认定被告人有罪时务必慎之又慎，以避免酿成错案。

当然，先证后供对认定案件事实的价值低，并没有否定此类案件据此认定的可能性。对于先证后供的案件，只要证据确实充分，形成完整的证据锁链，仍然可以定案，特别是在有目击证人或者提取到了直接客观性证据的案件中，如现场遗留有被告人的血迹、指纹、足迹、精液等，以及抓获被告人时从其身上或住所查获的被害人的手机、银行卡、首饰等物品，由于在案证据充足，即使是先证后供，也不影响定案。

3. 关联性审查

第一，关联性是证据的根本属性。从证据裁判的要求看，证据要与待证事实之间有“关联性”，如果缺乏关联性，则不是适格的证据，不得作为定案依据。关联性是证据“三性”中最重要的属性，证据只有具备关联性，才能在法庭上进一步审查其合法性、真实性及其证明效力。无论证据的真实性与合法性如何，缺乏关联性的证据必须予以剔除，否则将影响案件事实的认定。法庭对证据关联性的审查贯穿于对证据审查的全过程。无论是在庭审前、庭审中还是庭审后，法庭只要发现证据不具有关联性，随时都可以终止对该证据其他属性的进一步审查。我国现行立法对证据的关联性关注不够，有关证据规则较为粗疏、简单，远远没有证据合法性、真实性方面的规则发达。由此也带来了实践中对证据关联性重视不够的问题。审判实践中发现一些与案件关联性不大甚至没有关联性的材料被作为证据在庭审中出示或在裁判文中列举。

【案例1】 在尹某、刘某受贿案中，生效判决书列举的作为认定事实依据的证据，有两被告人所在单位出具的“请求减轻处罚的函”，用以证明“某市房产管理局请求法院对二被告人减轻处罚”。该做法引起法学界的热烈讨论与质疑，认为请求减轻处罚的函件不是用来证明案件事实的证据，没有必要提交法庭、列入判决书。该案暴露的问题所指向的就是证据的关联性。被告人单位出具的“请求减轻处罚的函”，应属于品格证据范畴。品格证据之所以被限制使用，在于其与案件事实的关联性普遍不够，使用容易引发争议、影响案件公正处理。

第二，证据的关联性具有客观性。从实际看，关联性所体现的某项证据与特定案件待证事实之间的联系，可以是因果联系和时空联系，可以是必然联系和偶然联系，可以是肯定联系和否定联系，可以是直接联系和间接联系等，呈现的外在形态是多姿多彩的，但其在本质上应有自身特定的“边界”，不能随意扩大理解关联性。其一，关联性是以哲学意义上的普遍联系为基础，但不等同于哲学意义上的普遍联系。“案件事实不是普遍的、抽象的概念，而是特殊的、具体的概念。”① 所以，不能把证据与待证事实之间的关联性等同于哲学意义上的普遍联系，它应是一种逻辑或者经验法则意义上的特殊联系。其二，关联性并不仅仅是证据之间的关联。从整体上而言，证据关联性指的是证据与待证事实之间的关联。就单个证据而言，证据与证据之间的关联，即通常所说的间接证据定案形成的“完整证据锁链”。但不宜将一般意义上的“关联”当作“证据的关联性”，否则会产生很多负面效应，使关联性规则的理解和适用难度增大。其三，证据关联性本身具有客观性。关联性反映的是证据与案件待证事实之间存在的联系，这种联系本身是客观的，通常不以人的意志为转移。所以，判断一个材料是否与特定案件有关，能否作为定案的证据使用，虽然有个体认识的差异性，但绝不能脱离在案证据去臆测，应当始终坚持从实质意义对关联性作出客观的评判。

第三，重视审查“破案经过”“抓获经过”等证据材料。从实际看，“破案经过”“抓获经过”等证据材料可直接用于确定犯罪嫌疑人、被告人与案件的关联性，它

---

① 龙宗智：《“大证据学”的建构及其学理》，载《法学研究》2006年第5期。

是刑事案件侦破过程中侦查机关第一时间收集到的证据材料，也是所有证据中最为直接并相对更为客观的第一手材料，规范、客观、全面、细致的抓获经过，不仅直接关乎定案，而且对案件来源、立案时间、强制措施的运用等程序性事实，以及自首、坦白、悔罪等量刑情节都能起到重要证明作用。所以，在办案中应当重视对“破案经过”“抓获经过”等证据材料的制作、审查与运用。

三、全面准确理解证明标准

刑事证明标准问题是刑事证据制度的核心问题。刑事证明标准是指刑事诉讼中承担证明责任的人提供证据对案件事实加以证明所要达到的程度，它是衡量刑事诉讼证明结果正确与否的准则。[①] 根据证据裁判原则和无罪推定原则的要求，控方对案件事实的证明必须达到法定的证明标准，法官必须严守证明标准的底线，对经审理后发现事实不清、证据不足的，依法应当宣告被告人无罪。[②]《刑事诉讼法》第 55 条第 2 款规定：“证据确实、充分，应当符合以下条件：（一）定罪量刑的事实都有证据证明；（二）据以定案的证据均经法定程序查证属实；（三）综合全案证据，对所认定事实已排除合理怀疑。”这是法定的证明标准，对其正确把握需要注意几个方面：

（一）“排除合理怀疑”标准的运用

2010 年《办理死刑案件证据规定》首次使用“排除一切合理怀疑”这一说法，相对原有的“事实清楚，证据确实、充分”的表述，“排除合理怀疑”标准的确立，意味着我国刑事诉讼法引入了一种带有主观色彩的证明标准。[③] 对此，最高人民法院的权威解释认为，这里所说的“排除合理怀疑”就等于结论的唯一性，“只能得出被告人为实施某犯罪行为的犯罪人，完全排除了他人作案的可能性”。[④] 在诉讼实践中，“事实清楚，证据确实、充分”都是主观对于客观的一种判断，但在客观方面设定的证明标准与主观上相信的程度是对应的，客观上“事实清楚，证据确实、充分”在主观认识程度上所对应的应当是“确信无疑”，即“排除合理怀疑”。

实践中通过对一系列刑事案件的判决，表述了对“事实不清、证据不足”的认

---

① 参见李勇：《刑事证据审查三步法则》，法律出版社 2017 年版，第 303～304 页。
② 参见南英、高憬宏主编：《刑事审判方法》，法律出版社 2013 年版，第 294 页。
③ 参见陈瑞华：《刑事证据法》（第 3 版），北京大学出版社 2018 年版，第 467 页。
④ 参见张军主编：《刑事证据规定理解与适用》，法律出版社 2010 年版，第 254 页。

识,间接地就"合理怀疑"的含义进行了解释,从而对"排除合理怀疑"这一主观证明标准的解释赋予了客观化的理解。无法排除"合理怀疑"的情况也被解读为"事实不清、证据不足"的情形,这些情形主要有以下几个方面:一是证据之间以及证据与案件事实之间存在矛盾,或者无法排除合理怀疑;二是根据全案证据无法得出唯一的结论,或者无法排除其他可能性;三是在被告人作出有罪供述的情况下,所供述的犯罪事实无法得到其他证据的印证;四是在案件没有直接证据的情况下,全案间接证据无法相互印证,难以形成完整的证明体系或证据锁链。实践中对于无法"排除合理怀疑"的"疑罪"案件处理,既不能在正面证真上做到内心确信,也不能在反面证伪上排除合理怀疑、得出唯一结论,要坚持"疑罪从无"原则。即使被告人笼统认罪,但如其有罪供述的真实性缺乏保障,在案证据未能达到确实、充分标准,也不能认定被告人有罪。

【案例2】 在张某、张某平强奸罪再审案件中,检察机关认为,本案没有证明原审被告人张某、张某平强奸杀人的客观性直接证据,间接证据极其不完整,缺乏对主要案件事实的同一证明力,没有形成有效的证据链。《法医学DNA检验报告》不能排除勾某某作案的可能。公安机关在侦查阶段存在程序不合法,不能排除公安机关在侦查过程中有以非法方法获取证据的一些情形。本案定案的主要证据是原审两被告人的有罪供述,依法不能作为定案的依据。应宣告原审两被告人无罪。再审法院经审理,采纳了检察机关的上述意见,依法宣告原审被告人张某、原审被告人张某平无罪。

(二)定罪证据瑕疵和定罪证据存疑

定罪证据存在瑕疵,可以要求补侦补查或给予解释与说明,但一旦存疑,则要慎重对待,可能导致无罪。在实际办案中,要注意区分证据何种情况是"瑕疵",何种情况是"存疑",不可将二者混同,否则会引发严重问题。

【案例3】 在一起强奸案件中,作为定案关键证据的被害人孙某内裤的收集、复制、保管工作均不符合相关法律规定,导致该内裤来源存疑,且有关办案人员无法补正或者作出合理解释。而被害人孙某的内裤又是生物物证鉴定意见和DNA鉴定意见能够作为证据的基础。检材来源不明,则相关鉴定意见自然难以被采用。而被害人的内裤及其鉴定意见又是关键性证据,如果将其排除,案件就达不到证据确实充分的程度,这种情况显然已不再属于证据瑕疵的范畴了,应当属于“证据存疑”。法院经审理认为指控事实不清、证据不足,不能认定该起强奸犯罪事实。

(三)客观证据关联性存疑

客观证据包括实物证据与鉴定意见、勘验检查笔录等证据,多数属于间接证据,要重点审查证据与被告人的关联性,存疑则要务必慎重。比如从开放性场所取得的物证,如果没有其他证据加以佐证,则要慎重使用。

【案例4】 在几起卖淫女在出租房被杀案件中,从被害卖淫女出租房提取的生物证据包括指纹、脚印、精斑等。指控被告人犯罪的关键证据就是从房间现场收集到的被告人的上述生物证据。被告人到案后多数是不供述,侦查机关经审讯拿到了其少数几次有罪供述。但案件一旦到了审查起诉、法庭审理阶段,被告人立马翻供,辩称案发前到被害人处嫖娼了,因此留下指纹、脚印、精斑等。这些证据如果不是从开放性场所收集的,其证明力通常是比较高的,有的甚至可以作为定案的直接证据。但因为此类案件的现场是开放性的,被告人倘若嫖娼留下生物证据,实为正常。由此,这些证据在案件中的证明力就会大打折扣,如果没有取得其他的有力证据,定案必须慎之又慎。

(四)准确把握间接证据的定案标准

从实际看,用间接证据认定的案件往往是被告人不供述的案件,也没有其他目击证人的证言等直接证据,司法认定上相对复杂。依靠间接证据定案的标准要达到间接证据之间相互印证,形成完整的证据锁链,排除合理怀疑。《刑事诉讼法解释》第140条规定:“没有直接证据,但间接证据同时符合下列条件的,可以认定被告人有罪:(一)证据已经查证属实;(二)证据之间相互印证,不存在无法排除的矛盾和无法解释的疑问;(三)全案证据形成完整的证据链;(四)根据证据认定案件事实足以排除合理怀疑,结论具有唯一性;(五)运用证据进行的推理符合逻辑和经验。”

间接证据的证明标准要从以下两个方面掌握:(1)正面证真,即形成内心确信,其要求是确保“所有的证据都指向被告人”;(2)反面证伪,即排除合理怀疑,其要求是做到“没有证据或线索指向其他人(证据没有疑点或疑点得以排除)”。如果一个案件的证据体系能够满足这两点,基本上可认为是“事实清楚,证据确实、充分”。从纠正的冤错案件看,除个别案件外,大都能满足第一个要件,做到了“正面证真”,所有的在案证据都指向了被告人,但是普遍没有做到“反面证伪”,案件的证据体系存在疑点或者疑点未能得到完全排除,证据链上未能形成“闭合”。换言之,证据没有达到法定的证明标准,一旦作出有罪认定,则风险与隐患巨大,对此应引为警醒。

四、非法证据排除规则的运用

“历史的经验告诉我们,几乎在每一起刑事错案的成因中都存在着证据的作用。”[①]此处的证据往往是非法证据,因而非法证据排除规则在刑事审判中的重要性无须赘言,它承载着规范侦查行为,防范冤假错案的价值期许。关于非法证据排除规则的运用,在诸多刑事案件中成为控辩双方的争议焦点,正确运用非法证据排除规则对于促进司法公正发挥着十分重要的作用。

(一)非法证据有特定的含义与范围

我国刑事诉讼法并未界定非法证据的概念,而是直接规定了非法证据的表现形式:采用刑讯逼供等非法方法收集的犯罪嫌疑人、被告人供述和采用暴力、威胁等非法方法收集的证人证言、被害人陈述,以及通过不符合法定程序且可能严重影响司法公正的方式收集的物证、书证。刑事诉讼法所规定的“非法证据”具有特定的含义,即只有通过违反法定程序并且严重侵犯基本人权(或者严重影响司法公正)的非法方法(方式)收集的证据,才属于非法证据。需要明确的是,非法证据排除规则解决的是证据能力的问题,而不是解决证明力的问题。[②] 基于对非法证据含义的上述界定,实践中要严格区分非法证据与瑕疵证据。

非法证据排除规则有特定的适用范围,不能将证据排除规则等同于非法证据排除规则,前者的外延要远远大于后者。《办理死刑案件证据规定》中确立的排除规则,有些是针对证据的合法性问题,有些则是针对证据的证明力问题。例如,《办理死刑案件证据规定》第 12 条第 1 款规定,以暴力、威胁等非法手段取得的证人证言,不能作为定案的根据。该款规定的排除规则属于非法证据排除规则的范畴。相比而言,该条第 2 款规定,处于明显醉酒、麻醉品中毒或者精神药物麻醉状

---

① 何家弘:《证据的审查与认定原理论纲》,载《法学家》2008 年第 3 期。

② 参见南英、高憬宏主编:《刑事审判方法》,法律出版社 2013 年版,第 248 页。

态，以至不能正确表达的证人所提供的证言，不能作为定案的根据。第 3 款规定，证人的猜测性、评论性、推断性的证言，不能作为证据使用，但根据一般生活经验判断符合事实的除外。这两款规定的排除规则显然并不是非法证据排除规则，而是有关作证资格、意见证据的一般证据排除规则。[①] 非法证据有具体的范围，刑事诉讼法将非法言词证据和非法实物证据一并纳入非法证据的范畴，但立足司法实际确立了“对非法言词证据实行绝对排除，对非法实物证据实行裁量排除”的基本原则，可见，现阶段重点关注的仍然是非法言词证据。实践中应当准确理解和把握以下问题：

1. 关于非法言词证据

所谓非法言词证据，是指“采用刑讯逼供等非法方法收集的犯罪嫌疑人、被告人供述和采用暴力、威胁等非法方法收集的证人证言、被害人陈述”。[②]《刑事诉讼法解释》第 123 条明确规定：“采用下列非法方法收集的被告人供述，应当予以排除：(一)采用殴打、违法使用戒具等暴力方法或者变相肉刑的恶劣手段，使被告人遭受难以忍受的痛苦而违背意愿作出的供述；(二)采用以暴力或者严重损害本人及其近亲属合法权益等相威胁的方法，使被告人遭受难以忍受的痛苦而违背意愿作出的供述；(三)采用非法拘禁等非法限制人身自由的方法收集的被告人供述。”对于“使被告人遭受难以忍受的痛苦”的非法方法的理解，需要把握以下几点：

第一，关于第 123 条第 1 项中“等暴力方法”和“恶劣手段”，实践中主要是指最高人民检察院《关于渎职侵权犯罪案件立案标准的规定》关于刑讯逼供立案标准的规定[③]中对非法手段进行的列举。

第二，关于第 123 条第 2 项中“等相威胁的方法”，实践中主要表现为对被告人进行精神折磨，或者给被告人服用药物，或者通过严重损害本人及近亲属利益作为威胁手段进行精神胁迫。由于有些非法讯问方法并不直接折磨被告人的肉体，因此将精神层面的刑讯逼供与肉体层面的刑讯逼供并列加以规定，更加有助于对被告人的人权保障。这种精神层面的刑讯逼供难以直接表现出来，因此实践

---

① 参见南英、高憬宏主编：《刑事审判方法》，法律出版社 2013 年版，第 249 页。

② 《中华人民共和国刑事诉讼法》第 54 条，载最高人民法院官网 2015 年 1 月 21 日，http://www.court.gov.cn/fuwu-xiangqing-13089.html。

③ 详见最高人民检察院《关于渎职侵权犯罪案件立案标准的规定》，该文件规定，涉嫌下列情形之一的，应予立案：(1)以殴打、捆绑、违法使用械具等恶劣手段逼取口供的；(2)以较长时间冻、饿、晒、烤等手段逼取口供，严重损害犯罪嫌疑人、被告人身体健康的……

中比较难以认定，需要结合讯问对象、讯问方式、讯问时间、讯问地点以及讯问记录等情况综合判断。

此外，采用引诱、欺骗方法收集的证据也应当进行严格把握。《刑事诉讼法》除了禁止刑讯逼供和暴力、威胁等取证方法外，还禁止以引诱、欺骗方法收集证据。但《刑事诉讼法》并未将采用引诱、欺骗方法收集的证据纳入非法证据排除规则的范畴。这主要是考虑到司法实践中引诱、欺骗的含义及标准不好界定，由于采用引诱、欺骗方法收集的证据极有可能是虚假的，因此，如果法庭通过审查讯问记录等证据材料能够认定侦查人员采用引诱、欺骗方法获取被告人供述，且该供述不能与在案证据相印证，也可以从证明力的角度，因该供述具有虚假性而依法予以排除。

同时对于非法言词证据，在司法实践中还需要注意一个特殊的问题，即被告人在侦查阶段作出多次认罪供述，其中第一次认罪供述被认定为通过刑讯逼供方法取得，依法予以排除，那么，后续取得的被告人重复性供述是否都应当依法予以排除？对该问题不能一概而论。如果被告人及其辩护人主张，没有第一次遭受刑讯逼供的影响，被告人不会作出后续的重复性认罪供述，因此申请法院排除所有的认罪供述，人民检察院就需要提供证据证明，第一次刑讯逼供对被告人所造成的影响在此后的各次讯问中已经消除，否则就将影响到所有认罪供述的可采性。例如，被告人是在甲地被抓获，甲地公安机关在当地对被告人进行第一次讯问，其间存在刑讯逼供等非法取证行为，导致被告人作出认罪供述；但随后被告人就被押解回乙地羁押，乙地公安机关从未对被告人有刑讯逼供等非法取证行为，被告人仍然作出多次认罪供述。此种情形下，被告人在乙地公安机关接受讯问时，最初影响其自愿供述的因素已经不复存在或者不再有控制作用，因此，其在乙地公安机关作出的认罪供述具有可采性。相反，如果始终由同一侦查主体对被告人进行讯问，那么，最初的认罪供述一旦被认定为通过刑讯逼供方法取得，由于刑讯逼供对被告人的心理影响始终存在，对被告人后续作出的多次重复性认罪供述是否采用就要相当慎重。

2. 关于非法实物证据

我国司法解释最初所确立的非法证据排除规则主要针对的是非法言词证据，《非法证据排除规定》和 2012 年《刑事诉讼法》将非法言词证据与非法实物证据一并纳入非法证据排除规则的范畴，是刑事法治的一大进步。根据《刑事诉讼法》的规定，“收集物证、书证不符合法定程序，可能严重影响司法公正的，应当予以补正或者作出合理解释;不能补正或者作出合理解释的,对该证据应当予以排除"。此处所谓"非法",主要是指取证手段违反了法律规定,比如采用刑讯逼供等非法手段获得被告人口供,采用暴力、威胁手段获得证人证言、被害人陈述。侦查人员收集证据违反法定程序的(技术性违法),可以参照《办理死刑案件证据规定》决定其能否作为定案的根据。对于非法实物证据的理解,需要把握以下几点:

第一,"毒树之果"是否应当排除。非法证据排除规则所要排除的是上述非法言词证据和实物证据,而不包括它们的派生证据,即所谓的"毒树之果"。"毒树"是指非法逮捕、非法搜查或者非法讯问行为,以非法行为获取的信息为线索,进一步得到的证据就是"毒树之果"(fruit of the poisonous tree)。在司法实践中,这种由最初的非法行为派生出的证据本身不涉及程序性违法问题,对程序公正的破坏不严重,但是其对案件事实的查明具有重要作用。对于"毒树之果"是否应当排除,最高人民法院的权威解释认为,非法取证必然损害证据的合法性,却不必然影响证据的客观真实性,并且,证据的客观真实性受到严重损害的,当然不能作为定案的根据,这属于法官认定证据证明力的范畴,无须单独作出规定进行排除。[①]

第二,关于"收集物证、书证不符合法定程序"。刑事诉讼法对侦查机关收集物证、书证的程序作了明确规定,诸如搜查、扣押以及技术侦查等措施都有具体的程序规范。一旦侦查取证活动违反了法律规定的程序,就将导致证据的合法性面临争议。

第三,关于"可能严重影响司法公正"。司法解释对此规定:"应当综合考虑收集物证、书证违反法定程序以及所造成后果的严重程度等情况作出认定。"由于物证、书证的客观性较强,通常是定案的重要证据,因此,实践中对物证、书证的排除要持慎重的态度。一般认为,非法证据排除规则所关注的对象是基本人权,如果收集实物证据的行为故意违反法定程序,并且侵犯了宪法规定的公民隐私权、财产权、通信自由权和通信秘密权等基本人权,就可以被视为严重影响司法公正。

需要指出的是,实践中对于非法实物证据的排除,也要考虑被告人罪行的严重性,注意维持国家利益、社会公共利益与人权保障之间的适度平衡。对于恐怖活动犯罪、黑社会性质组织犯罪以及杀人犯罪、绑架犯罪等危害国家安全和社会稳定的严重刑事犯罪,侦查机关可能基于维护国家安全和社会公共安全的必要,在特定情况下违反法定程序收集实物证据,但实践中不能一概以"严重影响司法

---

① 参见张军主编:《刑事证据规则理解与适用》,法律出版社 2010 年版,第 346 ~ 347 页。

公正”为由对此类非法实物证据予以排除。

第四，关于“补正或者作出合理解释”。对于非法实物证据，法律并未实行绝对排除，而是允许进行补正或者作出合理解释。实践中，需要区分不同情况作出处理。对于普通刑事案件，侦查人员在非紧急情况下故意违反法定程序收集实物证据，严重侵犯公民的财产权和隐私权等基本人权，非法取得的实物证据应当依法予以排除。如果侦查人员是在紧急情况下违反法定程序收集实物证据，例如紧急情况下的无证搜查，就需要对相应的情况作出合理的解释；如果不能作出合理的解释，违法收集的实物证据应当依法予以排除。①

（二）申请排除非法证据的初步举证责任

非法证据排除程序一旦启动，必将耗费司法资源。为了督促被告人及其辩护人依法提出申请，避免滥用诉讼权利，《刑事诉讼法》专门规定：“申请排除以非法方法收集的证据的，应当提供相关线索或者材料。”

1. 规定初步举证责任的主要考虑

之所以规定被告人及其辩护人承担初步举证责任，主要是基于以下考虑：第一，如果侦查人员确有非法取证情形，那么被告人通常亲历整个过程，有接触证据、提供证据的便利；第二，要求被告人及其辩护人提供侦查人员非法取证的相关线索或者材料，可以有效地防止被告人及其辩护人在没有任何根据的情况下轻易向法庭提出排除非法证据申请，同时避免法庭轻易启动对证据收集合法性的调查程序，从而确保庭审的质量和效率；第三，要求被告人及其辩护人提供侦查人员非法取证的相关线索或者材料，可以确保检察机关的举证和法庭的调查更具有针对性，保障诉讼活动的顺利进行。

2. “线索或者材料”的范围

根据《刑事诉讼法解释》第127条的规定，被告人及其辩护人应当提供的线索或材料主要是指“涉嫌非法取证的人员、时间、地点、方式、内容等相关线索或者材料”。对于此处的“相关线索或者材料”，要有具体的指向性，有据可查。如果被告人仅仅泛泛地辩称自己遭到刑讯逼供，而无法提出涉嫌对其刑讯的人员、时间、地点、方式等细节信息，就未能完成初步的举证责任。

所谓相关线索，主要是指被告人及其辩护人提供的涉嫌刑讯的人员、时间、地

---

① 参见南英、高憬宏主编：《刑事审判方法》，法律出版社2013年版，第251～252页。

点、方式等细节信息。例如被告人明确指出某讯问人员于特定的时间在看守所以外的特定场所对其实施刑讯，以及被告人及其辩护人提供的能够证明非法取证情形的同监羁押人员和其他在场人员信息等。

所谓相关材料，主要是指被告人及其辩护人提供的反映被告人因刑讯致伤的医院病历、看守所体检证明、被告人体表损伤及衣物损坏情况；反映被告人遭受刑讯的看守所看管人员及被告人同监羁押人员的书面证言；反映讯问程序违反法律规定的笔录和录音录像，例如讯问笔录反映被告人被连续 12 小时以上讯问且未给予必要休息和饮食时间，讯问录像反映讯问过程中存在刑讯行为等。

（三）法庭启动调查程序的条件和处理原则

对于被告人及其辩护人在庭审期间提出的排除非法证据申请，法庭应当首先进行审查，并非一律启动法庭调查程序。《刑事诉讼法解释》第 132 条规定："当事人及其辩护人、诉讼代理人在开庭审理前未申请排除非法证据，在庭审过程中提出申请的，应当说明理由。人民法院经审查，对证据收集的合法性有疑问的，应当进行调查；没有疑问的，驳回申请。驳回排除非法证据的申请后，当事人及其辩护人、诉讼代理人没有新的线索或者材料，以相同理由再次提出申请的，人民法院不再审查。"可见，在证据合法性调查程序的启动环节，法庭要依法履行审查职责，只有经审查后对证据收集的合法性存在疑问的，才有必要启动调查程序，否则不能轻易启动该程序。

法庭对排除非法证据申请进行审查后，决定启动专门调查程序的，应当达到相应的证据要求。根据司法解释的规定，实践中，只要法庭基于被告人及其辩护人提供的相关线索或者材料对证据收集的合法性产生合理疑问，就应当启动专门的调查程序。

如果被告人及其辩护人向法庭提出排除非法证据申请后，仅仅提出一些初步的线索，法庭经审查后发现，这些线索没有指明涉嫌非法取证的人员、时间、地点、方式、内容，根本无法查实，无法促使法庭对证据收集的合法性产生疑问，法庭就没有必要启动专门的调查程序。实践中，被告人及其辩护人可能针对几乎所有的证据提出排除非法证据的申请，此时法庭就应当对申请进行审查，如果对全部证据收集的合法性都没有疑问，应当当庭说明情况和理由，继续法庭审理；如果对其中某些证据收集的合法性有疑问，对其他证据收集的合法性没有疑问，应当当庭说明情况和理由，对没有疑问的证据不再进行调查，仅对有疑问的证据进行调查。

被告人及其辩护人提出的排除非法证据申请被法庭驳回后，可能不服法庭的处理结果，再次提出排除非法证据申请。对此，如果被告人及其辩护人提出了新的线索或者材料，促使法庭对证据收集的合法性产生疑问的，应当进行调查；如果被告人及其辩护人以相同理由再次申请排除非法证据的，根据司法解释的规定，法庭不再进行审查。

对排除非法证据申请原则上应先行当庭调查。刑事诉讼法规定法庭可以对证据收集的合法性进行法庭调查，但并未规定具体的调查程序。根据《非法证据排除规定》的有关规定，被告人及其辩护人在开庭审理前或者庭审中，提出被告人审判前供述是非法取得的，法庭在公诉人宣读起诉书之后，应当先行当庭调查。

对于排除非法证据的申请先行当庭调查，符合法律的基本精神。首先，如果被告人及其辩护人在庭前或者庭审中提出排除非法证据的申请，就意味着对证据收集的合法性存在异议。基于对当事人诉权的尊重，只有先解决这一争议，才能继续进行庭审。其次，非法证据排除涉及的是证据资格问题，只有当庭率先解决该问题，才能确定能否将之作为诉讼证据使用，进而对其进行法庭调查。如果经过审查认定特定的证据材料是非法证据，就应当依法予以排除，无须对该证据材料进行正式的法庭调查。

特殊情况下可以在法庭调查结束前一并处理。基于审判效率和法庭秩序等方面的考虑，对于先行当庭调查原则，必要时也要设定一些例外情形。换言之，对非法证据排除的申请并非一律先行当庭调查。针对该问题，《刑事诉讼法解释》在第132条中规定“当事人及其辩护人、诉讼代理人在开庭审理前未申请排除非法证据，在庭审过程中提出申请的，应当说明理由”。

实践中，上述规定主要适用于多被告人提出非法证据排除申请的案件。此类案件，如果严格执行先行调查的原则，可能无法确保庭审的顺利进行，影响庭审的质量和效率。因此，有必要在法庭调查结束前一并对各被告人提出的申请进行审查、调查。这种折中处理做法既能够确保庭审的集中审理，也能够兼顾被告人的诉讼权利保护，符合司法实践的需要。

（四）证据收集合法性的证明责任和证明方式

人民检察院承担证据收集合法性的证明责任。我国此前虽然通过司法解释确立了非法言词证据排除规则，但该规则在实践中未能得到有效的适用，一个重要原因就是没有明确证据收集合法性的证明责任，导致控辩双方在法庭上各持己见，法庭难以作出有效的裁断。[1]《刑事诉讼法解释》第 135 条第 3 款明确规定："公诉人提交的取证过程合法的说明材料，应当经有关调查人员、侦查人员签名，并加盖单位印章。未经签名或者盖章的，不得作为证据使用。上述说明材料不能单独作为证明取证过程合法的根据。"

明确由人民检察院承担证据收集合法性的证明责任，能够避免实践中要求被告人方承担证明责任的不当做法。如果被告人及其辩护人提出排除非法证据申请，并提供了相关的线索或者材料，法庭经审查后决定启动调查程序的，一旦人民检察院不能证明证据收集的合法性，相关证据就应当依法予以排除。

对证据收集合法性的证明，必须要基于相应的证据材料。过去侦查机关通常提交一份书面说明，表明侦查人员在讯问过程中没有刑讯逼供等非法取证行为，以此证明取证过程具有合法性。《刑事诉讼法解释》第 135 条第 3 款明确规定："公诉人提交的取证过程合法的说明材料，应当经有关调查人员、侦查人员签名，并加盖单位印章。未经签名或者盖章的，不得作为证据使用。上述说明材料不能单独作为证明取证过程合法的根据。"因此，书面说明必须有侦查人员签名并加盖公章，才能作为证据使用。

证据收集合法性的证明方式。人民检察院对证据收集合法性的证明，可以通过多种方式进行《刑事诉讼法解释》第 135 条第 1 款明确规定："法庭决定对证据收集的合法性进行调查的，由公诉人通过宣读调查、侦查讯问笔录、出示提讯登记、体检记录、对讯问合法性的核查材料等证据材料，有针对性地播放讯问录音录像，提请法庭通知有关调查人员、侦查人员或者其他人员出庭说明情况等方式，证明证据收集的合法性。"

实践中，上述证明方式并非并列适用，而是具有一定的层次性。首先，公诉人应当全面、系统地出示、宣读讯问笔录或者其他证据。为了客观地反映讯问过程的整体状况，所有的讯问笔录都必须移送给法庭，不能仅仅选择被告人认罪时的讯问笔录。同时，根据最高人民法院、最高人民检察院、公安部、国家安全部、司法部、全国人大常委会法制工作委员会《关于实施刑事诉讼法若干问题的规定》第 19 条规定，侦查人员对讯问过程进行录音或者录像的，应当在讯问笔录中注明。其次，如果被告人及其辩护人对讯问笔录提出有效的质疑，证据收集的合法性未能得到证明，公诉人就需要根据被告人提出的线索，有针对性地播放讯问过程的

---

① 参见南英、高憬宏主编：《刑事审判方法》，法律出版社 2013 年版，第 257 页。

录音录像。对于讯问过程的录音录像,需要把握以下几点:

1. 关于"应当对讯问过程进行录音或者录像"的案件范围。《刑事诉讼法》第123条第1款规定:"对于可能判处无期徒刑、死刑的案件或者其他重大犯罪案件,应当对讯问过程进行录音或者录像。"实践中,侦查机关在判断哪些案件可能判处无期徒刑、死刑或者属于重大犯罪案件时可能出现偏差,同时,基于侦查成本的考虑,通常不愿扩大讯问过程录音或者录像的案件范围。因此,即使有些案件中侦查机关未能对讯问过程进行录音或者录像,如果侦查机关能够对此作出合理的解释,法院也不宜以审判阶段案件可能判处的刑罚来评估侦查机关最初的做法是否合法。不过,对于命案等严重刑事犯罪,侦查机关能够对可能判处的刑罚作出合理的判断,应当对讯问过程进行全程录音录像。

2. 关于讯问过程录音录像的制作要求。《刑事诉讼法》第123条第2款规定:"录音或者录像应当全程进行,保持完整性。"原则上,只要被告人离开羁押场所接受讯问,就应当立即进行全程、同步的录音或者录像。尽管现阶段很难达到这一要求,但是讯问笔录的起止时间应当与讯问过程录音或者录像的起止时间吻合,且讯问笔录的内容应当与讯问录音或者录像所反映的内容相符。两者存在矛盾的,应当以讯问录音或者录像所反映的内容为准。例如一起私分国有资产案件,讯问笔录显示被告人供称"这些国有资产等等再分",但被告人坚称自己未曾作出上述供述。经播放讯问过程录音录像,发现录音录像中被告人供述的是"这些国有资产等等再说",虽然仅是一字之差,但对案件的定性却有重大影响。上述情形中对于讯问笔录与讯问录音录像中所反映内容的差异,显然要以客观性更强的录音录像为准。

3. 当庭播放讯问过程录音录像的具体要求。许多案件中的讯问录音录像时间较长,如果全部在法庭上播放,将严重影响庭审的效率。因此,基于庭审效率的考虑,公诉人请求播放讯问过程的录音录像,法庭可以根据被告人及其辩护人申请排除的证据及所提供的线索或者材料,有针对性地进行播放。例如,被告人明确提出其于某年某月某日某时接受讯问时遭到刑讯逼供,公诉人就可以当庭直接播放该时段的讯问录音录像。如果播放以上内容后仍不能排除其他时间内存在刑讯逼供可能,则应完整地播放录音录像的内容。

再次,如果案件中没有讯问录音录像或者录音录像不完整,被告人及其辩护人提出合理的质疑,证据的合法性仍然未能得到证明,就需要提请讯问时在场的其他人员出庭说明情况。例如,被告人归案后,带领侦查人员指认现场和相关的物证，并且在此过程中作出认罪供述，其间有当地村委会代表和相关见证人在场。如果此后被告人申请排除该次认罪供述，就可以提请当时在场的村委会代表和相关见证人出庭说明证据收集的合法性。

最后，如果穷尽上述手段仍然不能证明证据收集的合法性，就需要提请讯问人员出庭说明情况。实践中考虑到侦查人员肩负着繁重的侦查任务，通常只有当其他证据材料无法证明证据收集的合法性时，才有必要通知侦查人员出庭说明情况。当然，根据《刑事诉讼法》的规定，有关侦查人员或者其他人员可以要求出庭说明情况。对于侦查人员主动要求出庭的，法庭应当准许。

侦查人员出庭说明情况，不能简单参照证人出庭的规定，具体应当遵守以下要求：第一，侦查人员拒绝出庭说明情况的，不能强制出庭；第二，公诉人可以首先向侦查人员说明情况，要求侦查人员说明取证过程和证据收集的合法性；第三，经审判长许可，申请人可以就其掌握的相关线索或者材料要求侦查人员说明情况；第四，公诉人或者辩护方对侦查人员的发问不当或者内容与本案无关的，审判长应予制止；第五，法庭在必要时，可以要求侦查人员针对证据收集的合法性问题说明相关情况；第六，侦查人员应当分别出庭说明情况，不得旁听对本案的审理。

需要指出的是，侦查人员经通知后不出庭说明情况将导致何种后果，《刑事诉讼法》并未作出明确的规定。基于证据收集合法性的证明责任，如果因侦查人员不能按照法律规定出庭说明情况，最终不能证明证据收集的合法性，法庭就应当依法排除相关的证据。

（五）法庭启动调查程序后的最终处理

1. 关于证据收集合法性的证明标准

人民检察院证明证据收集的合法性，需要达到证据确实、充分的证明标准，否则，根据《刑事诉讼法》第 60 条规定："对于经过法庭审理，确认或者不能排除存在本法第五十六条规定的以非法方法收集证据情形的，对有关证据应当予以排除"。

需要指出的是，证据收集合法性的证明标准与刑事案件的定罪标准在本质上是一致的。在被告人及其辩护人向法庭申请排除非法证据的情况下，人民检察院应当提供确实、充分的证据证明相关证据收集的合法性，否则，法庭应当依法排除特定的证据。理由如下：基于证据裁判原则，认定被告人有罪应当以证据为根据。如果据以定罪的证据在合法性方面存在争议，确认或者不能排除以非法方法收集证据的情形，那么，以之为基础指控的犯罪事实显然也达不到证据确实、充分的证明标准。简言之,从证据与犯罪事实的逻辑关系上看,法庭对定罪证据的合法性存在合理怀疑的,必将导致对指控的犯罪事实存在合理的怀疑。

实践中,法庭对非法证据的认定,主要分为两种情形:

(1)关于"确认以非法方法收集证据的情形"。如果被告人及其辩护人提出排除非法证据的申请后,提供了明确的证据材料,能够证明侦查人员对其实施了刑讯逼供行为,例如,被告人提供了遭受刑讯逼供后的血衣,并且体表存在明显的身体损伤,此时就能够确认侦查人员是以非法方法收集证据。实践中如果侦查人员因对被告人刑讯逼供被追究刑事责任,就能据此确认以非法方法收集证据的情形。

(2)关于"不能排除以非法方法收集证据的情形"。如果被告人及其辩护人向人民法院提出排除非法证据的申请,法院经审查后启动了专门的调查程序,人民检察院无法提供确实、充分的证据证明取证的合法性,例如,对于法律明确要求对讯问工作进行全程录音录像的案件,如果侦查机关在讯问时没有遵守法律的规定,未进行全程同步录音录像,讯问又并未按照法律规定在看守所内进行,且没有其他在场人员能够证明讯问的合法性,此种情况就属于"不能排除以非法方法收集证据情形"。①

需要指出的是,法庭对于"不能排除以非法方法收集证据情形"的认定,要结合讯问笔录、讯问过程录音录像和被告人的辩解等证据综合判断。

2. 对证据合法性设定较高证明标准的重要意义

首先,强化证据合法性的证明有助于保障基本人权。面对刑讯逼供和暴力取证等非法取证行为时有发生的现状,只有依法排除通过上述非法方法收集的证据材料,在诉讼程序内为被告人提供充分的法律救济,才能真正体现对被告人基本人权的法律保障,切实落实不得强迫自证其罪原则。其次,强化证据合法性的证明有助于避免错案发生。证据是认定犯罪事实的基础,如果证据不合法,尤其是通过非法方法收集的言词证据,虚假的可能性大,如果将此类证据作为定案的根据,既可能冤枉无辜者,也可能会放纵真正的犯罪人。关键证据的来源存疑,以之为根据认定的犯罪事实当然也不能排除合理怀疑。强化证据合法性的证明能够体现存疑有利于被告人的原则。在法官对证据收集的合法性存在疑问的情况下,如果人民检察院未能提供确实、充分的证据证明证据收集的合法性,就应当按照

---

① 参见南英、高憬宏主编:《刑事审判方法》,法律出版社 2013 年版,第 259 页。

存疑有利于被告人的原则，认定相关证据是非法证据。[①]

3. 法庭依法排除非法证据后对案件的处理

实践中，一些法官之所以对非法证据排除规则有畏难情绪，主要是担心排除关键的定案证据后，导致案件事实无法认定。而在当前的司法环境下，人民法院又面临着无罪判决难问题。非法证据排除规则既是为了保障人权，也是为了避免错案发生。实践证明，通过刑讯逼供等非法方法收集的被告人供述，是导致错案的主要原因之一。如果法庭对被告人供述的合法性存在合理怀疑，同时也必将对其真实性产生合理怀疑，以之为基础认定案件事实，就违背了证明标准的内在要求，案件也因此存在严重的质量隐患。因此，只有依法排除非法证据，才能避免冤错案件发生。严格依法适用非法证据排除规则，是确保实体公正和程序公正的根本保障。人民法院依法排除相关证据后，如果其他证据达到确实、充分的定罪标准，仍然可以依法认定被告人有罪；如果其他证据达不到确实、充分的定罪标准，依法不能认定被告人有罪，这是证据裁判的必然要求。

第三节　民事证据规则的运用

自 2002 年 4 月 1 日起施行的最高人民法院《关于民事诉讼证据的若干规定》（以下简称《证据规定》）是我国第一部关于证据规则的司法文件，具有里程碑的意义。它结束了民事诉讼中证据的收集、提供、质证、审核、采信的混沌无序状态，有效地规范了民事诉讼秩序，推动了民事诉讼主体证据意识的形成和深化，奠定了理性诉讼的基础，促进了人民法院以庭审为中心的民事案件审理模式的建立和发展。[②] 2012 年修订《民事诉讼法》过程中，在不断总结审判实践经验的基础之上，不少较为成熟的证据规则被吸收进去，成为重要的组成部分。随后出台的最高人民法院《关于适用〈中华人民共和国民事诉讼法〉解释》进一步细化了相关证据规则，增强了对审判实践的指导。随着审判实践的不断发展，《证据规定》已经不能适应审判需求，在广泛调研征求意见和总结审判实践经验的基础上，2019 年 12 月 25 日最高人民法院《关于民事诉讼证据的若干规定》（以下简称新《民事证

---

① 南英、高憬宏主编：《刑事审判方法》，法律出版社 2013 年版，第 260 页。

② 参见潘华明：《民事诉讼证据新规实战指南：规则综述与经验提炼》，人民法院出版社 2020 年版，第 1 页。

据规定》)公布,并确定自 2020 年 5 月 1 日起施行。新《民事证据规定》的正式施行进一步完善了我国的民事证据规则体系,回应了审判实务中的疑惑。但不容否认的是,当前审判实务中对民事证据规则的理解与适用仍然存在不少问题,一些民事证据的原则与规则空悬而束之高阁,证明标准不统一与对举证责任的混乱认识在一定程度上进一步加剧了民众与司法裁判的隔阂,有必要尽快统一认识。

对民事证据的审查与认定,需要法官结合待证案件事实,依法分配举证责任,然后运用证据规则来进行综合审查与认定。证据审查需要从微观到宏观进行把握,需要考察证据的三性、证据资格、证明力、证明责任和证明标准等问题。在证据对待证事实的证明程度上,需要考量单一证据的证明力到全案证据的综合认定的证明价值,还需要从否定角度来考察证据的资格问题,如是否适用了排除规则等。

一、民事证据审查与认定的基本原则

民事证据审查与认定的基本原则,是法官运用证据规则认定案件事实过程中所必须遵循的准则,它集中体现了民事诉讼证据规则适用的本质特征和精神实质,并贯穿于民事诉讼证据规则适用的始终。①

1. 全面客观原则。《民事诉讼法》第 67 条第 3 款规定:"人民法院应当按照法定程序,全面地、客观地审查核实证据。"但这一原则性规定颇为抽象,《证据规定》第 64 条对此原则做了进一步明确,2015 年最高人民法院《关于适用〈中华人民共和国民事诉讼法〉的解释》(以下简称《民诉司法解释》)第 105 条又对该原则进行了重申,现行的新《民事证据规定》第 85 条第 2 款再次确定了认定证据的基本原则,即审判人员应当依照法定程序,全面、客观地审核证据,依据法律规定,遵循法官职业道德,运用逻辑推理和日常生活经验,对证据有无证明力和证明力大小独立进行判断,并公开判断理由和结论。当然,证据只有和待证事实联系起来才是有意义的,如果某一事实是显而易见的,则不存在证据证明的问题。

2. 直接言词原则。它是直接原则和言词原则的合称。其中,直接原则指的是裁判只能由直接参加法庭调查、听取法庭辩论的审判人员亲自作出。言词原则又称言词审理原则,从诉讼行为角度来说,它是指在案件审理过程中,当事人及法院的诉讼行为特别是质证、辩论、证据调查,都要以言辞的形式进行。直接原则和言

① 参见沈志先主编:《民事证据规则应用》,法律出版社 2013 年版,第 3 页。

词原则对诉讼进行的方式有相同的要求,实质性内涵是一致的,两者互为补充,共同结合,所以理论上将两者合并在一起并称为直接言词原则。

3. 综合审核认证原则。根据我国现行立法规定和司法解释,民事证据的审查与认定应当遵循综合审核认证的基本原则。综合审核认证原则,在学理上对应于现代西方证据制度中的自由心证原则。在现代西方证据制度中,自由心证原则,赋予了裁判者在审查判断证据时的决定权,但这种自由是有限制的,裁判者对证据的决定权并非任意主观,而是要秉持司法良知,运用司法逻辑和司法理性,达到法律规定的内心确信状态。尽管自由心证原则具有一定的借鉴意义,但我国司法制度并不承认自由心证制度。

新《民事证据规定》第 85 条明确规定:"人民法院应当以证据能够证明的案件事实为根据依法作出裁判。审判人员应当依照法定程序,全面、客观地审核证据,依据法律的规定,遵循法官职业道德,运用逻辑推理和日常生活经验,对证据有无证明力和证明力大小独立进行判断,并公开判断的理由和结果。"

按照该条规定,审判人员在审理案件的过程中,应当坚持证据裁判原则,全面、客观审核证据,依法独立进行判断,并公开判断理由和结果。笔者认为,本条具体规定了综合审核认证原则。该条的出台,对法官如何运用证据和如何进行审核判断的自由裁量权进行了规制。这种规制表现在外部和内部两个方面,外部制约表现为证据的审核认定必须遵循法定程序和公开原则,内部制约表现为证据的审核认证必须符合逻辑推理和日常生活经验。(具体内容参见本节"综合审核认证的适用标准")

应当指出的是,民事诉讼证据规则适用的基本原则在很多情况下并不能直接适用。基本原则的各项内容实际上不可避免地体现在各种具体规则之中。因此,法官在证据审查活动中,应当首先寻找具体证据规则,而不应直接援引证据适用的基本原则。若法官直接援引基本原则作为认定依据,势必破坏法律的安定性和可预测性。如果出现法无明文规定的情形,法官首先应运用法律解释、漏洞补充等方法,寻找案件的具体法律依据,其间,法官可以参酌基本原则。因此,民事诉讼证据规则适用的基本原则并不为法官提供具体的行为规则,而只是在维护既有程序价值的前提下对证据程序、规则起着补充的作用。[1]

---

① 参见沈志先主编:《民事证据规则应用》,法律出版社 2013 年版,第 5 页。

二、民事证据的审查过程

证据通常表现为材料，但是并非所有的证据材料都能成为证据，只有那些经受住审查认定程序的材料，才有资格成为认定待证事实的依据。从《民诉司法解释》第104条第1款规定可知，对证据的审查认定是从证据属性出发，从证据的真实性、合法性、关联性来考量证据的证据资格和证明力，我国法律在对证据的审查上并未就证据资格和证明力设置先后审查顺序，而是将证据三性问题一并纳入审查体系中进行认定。

证据证明力的认定需要审查证据与待证事实的实质关联程度和证据的真实可靠性。在对审核证据时，首先需要就单一证据分别进行审查，从证据的关联性、真实性、合法性进行审查，单独分析每一个证据的证据资格和证明力，将那些不符合证据资格的证据排除在证据大门之外，再就那些有证据资格的证据进行比对和综合分析，评断全部证据组合时所形成的证据价值，充分运用矛盾对比、逻辑分析和经验法则，对证据在案件事实的证明价值上给出一个整体性评价。

（一）对于单一证据的审核认定

1. 民事证据的关联性审查

证据的关联性，即证据的相关性，是指证据与待证事实之间存在实质性联系，对案件事实有证明作用。[①] 证据的关联性法则是证据的首要法则，所有的证据如果与待证事实之间没有关联性，则不具有可采性，没有关联性，证据对待证事实就没有贡献证明价值，新《民事证据规定》第87条第2项即规定了“证据与本案事实是否相关”。对关联性的认识，司法实务界与学界的认识逐渐趋于一致，都认为关联性是实质性和证明性的结合。证据证明性的判断，需法官根据日常生活经验等因素，并结合当事人的诉讼请求进行审查。针对当事人诉讼请求的不同，证据的证明性亦有所不同。如原告以被告违约为由，要求被告承担违约责任。原告为证明其与被告存在合同法律关系，向人民法院提供了书面的合同。但该合同经人民法院审查，性质为无效合同。由此，针对原告要求被告违约的诉求，合同内容并无

---

① 参见最高人民法院民事审判第一庭编著：《最高人民法院新民事诉讼证据规定理解与适用（下）》，人民法院出版社2020年版，第760页。

证明性。反之,如合同为有效,则合同内容具有相应的证明性。[①] 判断某项证据是否具有实质性,主要就是考察当事人提出该证据的证明目的,考察该证明目的是否有助于证明本案中的待证事实。如果特定证据的证明目的并非指向本案的待证事实,则该证据不具有实质性,也就没有关联性。[②]

关联性不涉及证据的真假和证明价值,其侧重的是证据与证明对象之间的形式性关系,即证据相对于证明对象是否具有真实性,以及证据对于证明对象是否具有证明性。证据关联性的判断,主要是对证据内容的判断,而非对证据表现形式的判断。[③]

【案例5】 如原告以被告侵犯其专利权为由,要求被告停止侵权并承担赔偿责任,原告为证明其专利权属,向法庭提供了一份实用新型专利证书,如果原告是合法有效的专利权人,则该专利证书在诉讼请求的证明上则具有实质关联。

2. 民事证据的真实性审查

证据的真实性也被称为证据的客观性,是指一切民事诉讼证据都必须是客观存在的真实情况,它是不以人的意志为转移的,任何的想象、揣测和臆造,都不能成为民事诉讼的证据,这是民事诉讼的本质特征。证据的真实性包含形式意义上的真实和实质意义上的真实。形式意义上的真实指的是该证据是客观存在的实体,而实质性意义上的真实是指证据的内容是对案件事实的客观反映,如一些伪造的书面材料,虽然在形式上客观存在,但是其内容是虚假的,那么其自然也不具备证明力。

新《民事证据规定》第 87 条第 1 项规定的单一证据“原件原物提交审核规则”便是对单一证据形式上真实性的要求,而第 87 条第 4 项关于“证据的内容是否真实”即属于对单一证据实质意义真实性的核查。新《民事证据规定》第 87 条第 5 项规定了与当事人有利害关系的证人,因其与当事人的特殊关系,可能使该证言受到外界因素影响,导致其可信度减轻,便是从证据的来源是否可靠、内容是否可信来考量。

从内容要求上看,对单一证据的审核认定则要求证据内容为案件事实的客观

---

① 参见最高人民法院民事审判第一庭编著:《最高人民法院新民事诉讼证据规定理解与适用(下)》,人民法院出版社 2020 年版,第 761 ~ 762 页。

② 参见汤维建、卢正敏:《证据“关联性”的涵义及其判断》,载《法律适用》2005 年第 5 期。

③ 参见最高人民法院民事审判第一庭编著:《最高人民法院新民事诉讼证据规定理解与适用(下)》,人民法院出版社 2020 年版,第 761 页。

记载和反映,而非主观臆断的事实。对证据内容是否真实的审核认定,是较为复杂的工作,需要法官根据逻辑规律、日常生活经验进行判断去考察证据所反映的事实信息是否合理,是否符合逻辑规律、自然规律、定理、定律等,从而判断证据的内容是否存在矛盾、可疑之处。通常而言,对证据的内容审核认定并非单独进行,而是需要结合案件的其他情况综合认定。如当事人借条所载明的借款事实的真实性判断问题。对于借款真实性问题,根据《民间借贷司法解释》第16条的规定,原告应就借贷关系的成立或者借款的发放事实承担举证证明责任。如原告没有证据证明借款关系的成立,则借条所载内容的真实性不能予以认定。而对借贷事实是否发生,需结合借贷金额、款项支付、当事人的经济能力、当地或者当事人之间的交易方式、交易习惯、当事人财产变动情况以及证人证言等事实和因素综合判断。从实践情况看,证人不如实作证的情况较为常见,原因也较为复杂,但通常而言,如证人与当事人之间存在利害关系,则证人证言的真实性程度较低。因此,对证人或者证据提供者与当事人之间的利害关系审查尤为重要。①

3. 民事证据的合法性审查

证据的合法性是指收集和提供证据必须依照法律规定的程序进行,符合法律规定的形式和要求。如果一份证据材料不具备合法性,则其不具有证据资格。按照新《民事证据规定》第87条第3项的规定:"证据的形式、来源是否符合法律规定",对证据合法性的审查判断,可分别从以下几个方面进行审查判断:(1)证据的主体是否合法,如不具备鉴定资格的主体所做的鉴定意见就不具备合法性。(2)审查判断证据的形式的合法性,形式合法性不仅要求证据的内容合法,也要求证据在形式上合法,法律对证据表现形式有具体、明确要求的,证据应符合法律规定的要求。例如按照《民法典》的规定,保证合同的订立需要书面形式。(3)审查判断证据的形成、收集手段和程序是否合法,如根据《民诉司法解释》(2020修正)第97条规定,人民法院调查收集证据,应当由两人以上共同进行。调查材料由调查人、被调查人、记录人签名、捺印或者盖章。由此,对于人民法院调查证据,司法解释规定了相应的要求和条件,如不符合此项要求,则影响证据合法性的认定。再如《民诉司法解释》(2020修正)第106条规定的"以严重侵害他人合法权益、违反法律禁止性规定或者严重违背公序良俗的方法形成或者获取的证据",证据形

① 参见最高人民法院民事审判第一庭编著:《最高人民法院新民事诉讼证据规定理解与适用(下)》,人民法院出版社2020年版,第759~760页。

成方法或者获取的方式违法或者违反公序良俗时，就应当适用“非法证据排除规则”予以排除。(4)最后需要审查证据的程序是否合法，如是否经过质证程序。证据认定合法性要求作为定案依据的证据，需经法律规定的程序进行认定，否则，证据的合法性受到影响。例如《民事诉讼法》第71条规定：“证据应当在法庭上出示，并由当事人互相质证。对涉及国家秘密、商业秘密和个人隐私的证据应当保密，需要在法庭出示的，不得在公开开庭时出示。”《民诉司法解释》(2020修正)第103条第1款规定：“证据应当在法庭上出示，由当事人互相质证。未经当事人质证的证据，不得作为认定案件事实的根据。”由此，根据法律、司法解释的规定，无论证据的性质如何，是否涉及国家秘密、商业秘密和个人隐私，均需在法庭上出示，由当事人质证，否则，证据认定合法性不具备。①

（二）对证据的综合审查认定

新《民事证据规定》第88条对“证据的综合审查认定”进行了规定，在对单一证据的证明价值进行审查后，应就全案证据进行总体分析，从整体分析的过程中，去甄别证据在论证待证事实时是否充分，通过证据之间的比对，发现分析矛盾，从而进一步就案件事实形成内心确认。首先，可以考察各证据与案件事实的关联程度，这种关联程度的深浅也和证据证明力的大小息息相关，通过对各个证据与案件事实关联程度的比较分析，进而判断各个证据证明力问题。其次，要考察各证据之间的联系，某一证据同其他证据在比较分析中，看是否存在矛盾，如存在矛盾，则具体考察矛盾的原因是什么，从而确定哪一证据所证明的事实更可能为真，哪一证据应当依法予以排除。在考察矛盾的同时，也要看证据能否相互印证。

在间接证据的审查中，对间接证据与待证事实之间关联性的审查，应当满足以下四个条件：(1)单个的间接证据必须在数量上形成足够的优势；(2)在一定数量基础上的单个间接证据必须通过逻辑推理的方式，形成有效的证据链，以显示其具有充分的证据力；(3)各个间接证据之间，以及它们与主要待证事实之间不能产生合理因素以外的矛盾性；(4)由各种间接证据所形成的证明体系，在证明优势所具有的高度盖然性上，必须足以排除现有条件下的任何其他可能，并且得出结论应具有唯一性。满足以上条件时，间接证据就可以起到直接的作用，具有相当

① 参见最高人民法院民事审判第一庭编著：《最高人民法院新民事诉讼证据规定理解与适用(下)》，人民法院出版社2020年版，第763～764页。

于直接证据的证明力。

在审查间接证据时，每一个间接证据都必须是真实的，各个间接证据在证明案件事实的某个点时能够形成组合和印证，且间接证据组成的证明体系所形成的结论必须是肯定性的，没有其他可能。间接证据的证明力是通过假设前提和逻辑推演而来，因此必须要保证假设前提的真实性和逻辑形式的正确性。

【案例6】 实际施工人起诉承包人要求支付工程款，实际施工人举出了业主和承包人之间的签证用于证明其增项的工程量和工程款，这样一份证据就是间接证据，因为实际施工人用它来证明他增项施工的工程量和工程款，那么他假设了一个前提，就是“签证里增项的工程就是他干的”。这种假设就是或然真实假设，或然假设为真的可能性大小直接会影响到间接证据证明力的大小，因此，还需要结合其他证据来考察。

（三）审查证据应注意的其他情形

1. 对当事人认可的证据认定

新《民事证据规定》第89条规定，当事人在诉讼过程中认可的证据，人民法院应当予以确认。但法律、司法解释另有规定的除外。当事人对认可的证据反悔的，参照《民诉司法解释》（2020修正）第229条的规定处理。本条针对的是当事人“认可的证据”的规定，其指向的对象是证据，而不是案件事实。证据自认的主体是当事人，这里的当事人包括诉讼代理人。

因质证通常发生在诉讼过程中，因此本条证据的自认是不包括诉讼外的自认，质证又是围绕证据三性展开，在当事人对证据的三性均予认可时，基于禁止反言原则的适用，裁判者可以不再审核该证据，可以直接确认。如当事人要撤回对证据的自认，按照《民诉司法解释》第229条“禁反言”的规定，人民法院应当责令其说明理由，必要时，可以责令其提供相应证据。理由成立的，可以列入争议焦点进行审理。

另外，需要注意法律和司法解释对证据自认的除外规定。如《民诉司法解释》（2020修正）第107条关于“调解、和解不适用自认”的规定；《民诉司法解释》（2020修正）第96条第1款和新《民事证据规定》第8条关于“法院依职权调查收集证据自认限制”的规定；另需注意的是，证据自认不等于事实自认，故而关于事实自认的相关规则并非全部可适用于证据自认，如新《民事证据规定》第4条关于“事实拟制自认”的规则，该条自认针对的对象是事实，而非证据，因此，证据不适用沉默拟制自认;基于直接言词原则的考量,新《民事证据规定》第 3 条第 2 款关于“书面自认”的规定,也不适用证据自认。

2. 瑕疵证据补强规则

新《民事证据规定》第 90 条规定了“瑕疵证据补强规则”,因民事案件高度盖然性的要求,某些证据可能存在证据资格或形式上的瑕疵,必须借助其他证据佐证进行辅助补强,才能确认其在案件事实认定上的价值。需要补强的证据必须已经具备了证据资格,也就是该证据通过了形式关联性和合法性的要求,其受到影响的仅是证明力,要补强的也是证据的证明力。

按照新规,不能单独作为认定案件事实的根据的证据有:(1)当事人的陈述;(2)无民事行为能力人或者限制民事行为能力人所作的与其年龄、智力状况或者精神健康状况不相当的证言;(3)与一方当事人或者其代理人有利害关系的证人陈述的证言;(4)存有疑点的视听资料、电子数据;(5)无法与原件、原物核对的复制件、复制品。

本条较之于《证据规定》第 69 条而言,删除了“无正当理由未出庭作证的证人证言”这一项,因为按照新《民事证据规定》第 68 条第 3 款的规定,无正当理由未出庭的证人以书面等方式提供的证言,不得作为认定案件事实的根据。证人无正当理由不出庭,违反了直接言词原则和辩论原则,这样的证据是不具备证据资格的,既然没有证据资格,自然也不存在证明力的问题。什么样的证据可以用于补强这些证明力薄弱的证据呢?用于补强的证据本身必须具备证据资格,本身证明力薄弱的证据不能作为另一个证据的补强证据,经过补强后的证据只要能让裁判者形成内心确认,则可以认定该证据确认的事实存在。

从新《民事证据规定》第 90 条各项的罗列来看,基本均为质疑此类证据的“真实性”而引发,而真实性又是证据证明力的重要组成部分。补强证据规则一般适用于可变性和主观性较强的言词证据,新《民事证据规定》第 90 条第 1、2、3 项均属于言词证据,言词证据因人主观色彩和认知能力的误差,常常会导致其真实性存疑,《民事诉讼法》在第 78 条也规定了当事人陈述需结合其他证据方可作为认定事实的根据,便是体现。

同时,基于“最佳证据规则”而延伸出的“原物原件提交规则”,均要求书证和物证需提交原件和原物,以核对其真实性。电子证据和视听资料因存在易删改的特性,因此,也需要其他证据的佐证,《民事诉讼法》第 74 条的规定亦有体现。

3. 证明妨碍规则

新《民事证据规定》第 95 条规定了“证明妨碍规则”，本条是由《证据规定》第 75 条发展而来。民事举证责任一般为“谁主张、谁举证”，通常在待证事实真伪不明时，一般由负有举证证明责任的当事人承担相应的不利后果。但是，如果造成待证事实真伪不明的原因，并非负有举证证明责任的当事人未勤勉努力地尽到“搜索努力”义务，而是因为不负举证证明责任的当事人妨碍了该证据的举证，如人民法院以证明责任规则来作出裁判，通常对负有举证证明责任的当事人将产生不公，故此，证明妨碍规则应运而生。

适用该规则要求当事人实施的妨碍行为需致使待证事实真伪不明，如待证事实真伪不明与妨害行为无关的，也不应适用该规则。如不负有举证证明责任的当事人违反该义务，按照本条的规定，一方当事人控制证据无正当理由拒不提交，对待证事实负有举证责任的当事人主张该证据的内容不利于控制人的，人民法院可以认定该主张成立。由于这种事实认定是一种“推定”，因此裁判者应向证据持有方说明，以便于该方充分进行反驳，防止事实认定和裁判的突袭。

三、证明标准的准确把握

证明标准又被称为证明程度、证明要求、证明度，是诉讼主体运用证据证明案件事实所需达到的程度。[①] 证明标准回答的问题是针对特定的待证事实，当事人提供的证据应当达到何种程度方可达到证明目的。由于证明标准关系到待证事实能否成立，因而常常成为当事人关注的焦点。但具体个案中的证据情况不一，因而难有放之四海而皆准的证明标准。归根结底，证明标准需要法官对待证事实能否成立达到内心确信的程度。

（一）一般证明标准

从我国现行法规定看，我国确立的证明标准为高度盖然性证明标准。2015 年最高人民法院在《民诉司法解释》第 108 条第 1 款规定：“对负有举证证明责任的当事人提供的证据，人民法院经审查并结合相关事实，确信待证事实的存在具有高度可能性的，应当认定该事实存在。”从本证的角度而言，我国的法定证明标准采取的是高度盖然性标准。从上述规定可知，高度盖然性标准仍然具有抽象性，

---

① 参见何家弘主编：《证据法学研究》，中国人民大学出版社 2007 年版，第 168 页。

需要法官结合案件相关事实，经过内心确信得出结论，充分尊重了法官的审判主体地位。证明是一个动态的过程，在负有举证责任一方当事人提交证据，经法官内心确信达到高度盖然性标准后，另一方当事人如果不能提交有力的反证，则待证事实成立。对于反证所需要达到的证明程度，2015 年《民诉司法解释》第 108 条第 2 款规定："对一方当事人为反驳负有举证证明责任的当事人所主张事实而提供的证据，人民法院经审查并结合相关事实，认为待证事实真伪不明的，应当认定该事实不存在。"因而反证的证明标准相对本证有所降低，只需达到令法官认为"真伪不明"，动摇法官对本证事实的内心确信即可。同时，对于待证事实的证明标准，也作了灵活性规定，对于特殊的情况可以作不同于一般标准的特别规定，也即对于一些特殊的事实认定，可以规定高于或者低于一般证明标准的规定。①

（二）特殊证明标准

高度盖然性标准是我国民事案件的一般证明标准，而在某些特定类型的案件中，需要采取更高的证明标准。《民诉司法解释》（2020 修正）第 109 条规定："当事人对欺诈、胁迫、恶意串通事实的证明，以及对口头遗嘱或者赠与事实的证明，人民法院确信该待证事实存在的可能性能够排除合理怀疑的，应当认定该事实存在。"对于欺诈、胁迫、恶意串通、口头遗嘱和赠与的事实，本证需要达到"排除合理怀疑"的证明标准。新《民事证据规定》对此内容予以吸收，形成了第 86 条第 1 款的规定。同时，对于几类特殊的情形，反证的证明标准也需要达到"足以推翻"的证明程度。一是部分免证事实，如对"已为人民法院发生法律效力的裁判所确认的基本事实"和"已为有效公证文书所证明的事实"提出反对，根据新《民事证据规定》第 10 条第 2 款的规定，当事人提交的相反证据需要达到"足以推翻"的程度。二是公文书证所载事项，因为法官对公文书证所记载的事项推定为真，根据《民诉司法解释》（2020 修正）第 114 条的规定，国家机关或者其他依法具有社会管理职能的组织，在其职权范围内制作的文书所记载的事项推定为真实，但有相反证据足以推翻的除外。

（三）证明标准的降低

对于某些性质的案件事实的确认，法律规定确立了高于一般证明标准的特殊

---

① 参见最高人民法院民事审判第一庭编著：《最高人民法院新民事诉讼证据规定理解与适用（下）》，人民法院出版社 2020 年版，第 752 页。

证明标准，与此同时，也存在某些性质的案件事实的确认，其证明标准低于一般证明标准的情况，根据案件的性质、影响、证明的困难程度等因素，实行合理的证明标准类型。

从德国、日本的民事诉讼看，对于实体法要件事实的证明，一般采用高度盖然性的证明标准，只有在证据难以获得的一些例外情形中，才允许降低证明标准，将其降低到优势的盖然性，但对于一些程序法事实，则允许采用“疏明”的证明标准。例如，在为保证能够顺利地实施事实认定而为保全的情形中，由于并非对实体权利关系前提事实的认定，因此为保全而采取的相应处分或关于一定程序事项作出裁判而需要证明时，无须达到高度盖然性的确信，只需要达到相当程度的盖然性即可对该事项作出认定，此即为疏明的概念。① 在英美法系国家和地区，英国民事诉讼的证明标准是盖然性占优势，即在坚持盖然性权衡的原则下，根据原告指控的性质和程度的不同，相应的证明标准也有所变化。美国则对证明标准依据等级、比例等因素进行不同程度的量化，使性质不同的案件事实适用不同的盖然性标准。从两大法系国家的立法规定看，尽管对证明标准的层次划分、划分方式存在一定的差异，但在民事诉讼证明标准根据案件性质、证明难度等因素不同而采取不同的标准问题上具有一致性。

从现行规定看，《民诉司法解释》(2020 修正)第 109 条仅规定了提高证明标准的情形，而对于降低证明标准的事实范畴则没有明确。而实务界在处理程序性事项的证明时，实际上已经采取了类似“疏明”的证明标准，事实上降低了证明要求。例如，在处理当事人申请回避的事由、当事人申请延长举证期限的事由时。在借鉴域外的成熟经验和总结实践中的有益做法基础上，新《民事证据规定》第 86 条第 2 款②对降低证明标准的事实范围进行了明确，即关于诉讼保全、回避等程序事项有关的事实，确立了较大可能性的证明标准。对于如何确定事实存在的可能性较大的问题，最高人民法院的权威意见认为，可参照《民诉司法解释》(2020 修正)第 108 条的规定，结合本证、反证的证明标准和要求进行判断，如该事实的证明标准不是陷于真伪不明的状态，即其标准高于真伪不明，但又未达到高度可

---

① 参见张卫平：《外国民事证据制度研究》，清华大学出版社 2003 年版，第 450 页。

② 新《民事证据规定》第 86 条第 2 款：与诉讼保全、回避等程序事项有关的事实，人民法院结合当事人的说明及相关证据，认为有关事实存在的可能性较大的，可以认定该事实存在。

能性的标准时，可认定当事人主张的事实成立，反之，则不成立。①

四、举证责任规则的运用

举证责任的分配不仅意味着提供证据的诉讼义务，在案件事实难以查明的情况下，承担举证责任的一方当事人还将面临败诉的风险。人民法院对举证责任的全面和正确认识经历了一个较长的过程，其中有过片面误读，在立法上也走过弯路，部分错误的认识直至今天也没有得到完全的纠正。

（一）举证责任分配的法定主义

审判实务中，举证责任分配的主观性和随意性问题导致当事人的反映极为强烈，这一问题的出现主要源于对 2001 年《证据规定》第 7 条规定的理解与适用过程中出现的偏差。根据该条规定，当法律没有规定，依《证据规定》及其他司法解释无法确定举证责任承担时，“人民法院可以根据公平原则和诚实信用原则，综合当事人举证能力等因素确定举证责任的承担”。

法官在举证责任分配问题上是适用法律的过程，是通过对实体法规范的分析发现法律确定的举证责任分配规则的过程，而非创造举证责任分配规则。法官在举证责任的分配问题上不应当具有自由裁量权，因为它切实关系到败诉风险的承担，如果可以由法官对此进行自由裁量，必然会引发当事人对裁判结果公正性的极大质疑。针对 2001 年《证据规定》第 7 条带来的问题，2015 年《民诉司法解释》第 91 条及时进行了纠偏，明确了举证责任的法定性和客观性，确立了举证责任分配的两个恒定规则，即（1）主张法律关系存在的当事人，应当对产生该法律关系的基本事实承担举证证明责任；（2）主张法律关系变更、消灭或者权利受到妨害的当事人，应当对该法律关系变更、消灭或者权利受到妨害的基本事实承担举证证明责任。同时，强调了这两个针对不同权利主张当事人举证责任分配原则的恒定性，即只有“法律另有规定的”情况下才能豁免该举证责任分配的适用而直接按照法律的规定确定当事人的举证责任。最高人民法院在举证责任分配问题上的观点十分明确，举证责任的分配具有法定性，即举证责任是由法律分配，而在原则上不能由法官来自由裁量。因此，法官只能根据 2015 年《民诉司法解释》第 91 条的

---

① 参见最高人民法院民事审判第一庭编著：《最高人民法院新民事诉讼证据规定理解与适用（下）》，人民法院出版社 2020 年版，第 755 ~ 756 页。

规定，在对民事实体法规范进行类别分析的基础上，识别权利发生规范、权利消灭规范、权利限制规范和妨碍规范，并以此为基础确定举证责任的负担。[①]

以夫妻共同债务的举证责任分配为例，2018 年出台的最高人民法院《关于审理涉及夫妻债务纠纷案件适用法律有关问题的解释》，摒弃了“共债推定”原则，采用“共签共债”为主，“特别共债”为辅的裁判思路，该司法解释被《民法典》全部吸纳，作为其第 1064 条。首先，债权人对基础的债权债务关系需要尽到举证责任，例如举证《借条》《借款协议》，并且夫妻双方均作为债务人签字，或者虽然在签订《借条》《借款协议》时仅有夫妻一方签字，但事后夫妻另一方通过其他形式追认，例如出具《还款承诺书》等。其次，债权人仅能证明夫妻一方以个人名义负债的，但根据“家事代理制度”，对于日常家事范围内的债务，推定为夫妻共同债务，债权人一般无须举证，对于债务是否属于日常家事范围，应结合夫妻共同生活的状态（如双方的职业、身份、资产、收入、兴趣、家庭人数等）和当地一般社会生活习惯予以认定；非举债配偶方如果反驳主张不属于夫妻共同债务，则需要举证证明举债人所负债务并非用于家庭日常生活。再次，对于超出日常家事范畴的债务，原则上不作为共同债务，债权人主张属于夫妻共同债务的，需要举证证明，例如证明债务用于购置家庭住房等。如果债权人不能证明夫妻一方超出家庭日常生活需要所负的债务用于夫妻共同生活、共同生产经营，则不能认定为夫妻共同债务。新规定与过去的司法政策相比，对司法实践影响最大的变化是将借款用途的举证责任分配给了债权人，但其实在司法实践中，债权人举证债务人的借款用途往往也是比较困难的，新规定之所以把该项举证责任分配给债权人，有利于引导债权人对于大额债权债务实行共债共签，体现从源头控制纠纷、更加注重交易安全的价值取向，符合当下的社会现实和公众期待，也有利于强化公众的市场风险意识。

（二）举证责任的多重含义

举证责任联通着程序法与实体法，应当通过对《民诉司法解释》（2020 修正）中所对应的三个具体且有差异的条款来分类、分层理解，并应当结合具体的语境判断。

---

① 参见沈德咏主编：《最高人民法院民事诉讼法司法解释理解与适用》，人民法院出版社 2015 年版，第 317 页。

1. 作为当事人法定的诉讼义务

根据《民诉司法解释》(2020 修正)第 90 条第 1 款的规定,当事人对自己提出的诉讼请求所依据的事实或者反驳对方诉讼请求所依据的事实,应当提供证据加以证明,但法律另有规定的除外。该条规定从主观的证明责任角度揭示了举证责任的第一重含义,其实质指的是证据的提出责任。主观的证明责任,又称“举证责任”“提供证据的责任”“形式的证明责任”“行为意义上的证明责任”,是指当事人对所主张的有利于自己的案件事实,负有的提出证据进行证明的责任。① 该款规定从积极意义的角度明确了当事人对案件事实具有主动进行证明的责任,是当事人法定的诉讼义务,这也是我国民事诉讼从完全的职权主义向当事人主义为主,职权主义为辅进行转变的必然要求。因此,有必要强调当事人在民事诉讼过程中对其所主张的事实负有举证的法定义务。诉讼的过程中当事人必须积极地履行自己的举证义务,提供全面、充分的证据,在无法提供时及时提出相关的证据线索并申请人民法院依法启动证据保全或者施行证据调查措施,为查明案件事实提供依据。

2. 案件事实真伪不明下的不利后果承担

根据《民诉司法解释》(2020 修正)第 90 条第 2 款的规定,在作出判决前,当事人未能提供证据或者证据不足以证明其事实主张的,由负有举证证明责任的当事人承担不利的后果。该条规定从客观的证明责任角度揭示了举证责任最重要的本质特征,即不在于举证的过程而在于举证不能所引发的法律后果。在经过了当事人充分履行其举证义务和质证权利后,对于案件事实难以查明或者不能举证证明,法官应当如何裁判的问题才是举证责任存在的最大价值。客观证明责任又被称为“判定责任”“实质证明责任”“证明风险”“争议风险或者判定风险”,属于结果意义上的举证责任。② 客观证明责任意义下的举证责任是指在案件调查及辩论结束后,当事人对其所主张的案件事实未能得到有效证明的情况下,将由谁来承担法官对该事实不予认定并由此引发的可能的不利诉讼后果。查明案件事实,还原事实真相,这是民事诉讼的重要价值追求,然而并非任何案件事实都能够查明,很多待证事实,当事人已经穷尽举证,甚至法官已经依申请或者依职权进行了证据调查,但是仍然无法作出事实成立的认定,案件事实处于真伪不明的状态。由于法

① 参见李浩:《民事证明责任本质的再认识——以〈民事诉讼法〉第 112 条为分析对象》,载《法律科学》2018 年第 4 期。

② 参见[德]普维庭:《现代证明责任问题》,吴越译,法律出版社 2006 年版,第 11 页。

官不得拒绝裁判，此时法官根据举证责任来分配承担败诉或者不利的风险。

3. 抽象的举证要求及责任分配

《民诉司法解释》(2020修正)第91条规定规定了举证责任分配的一般规则，该条规定使用了举证证明责任的表述，而不是举证责任或者证明责任，其目的在于强调：一是明确当事人在民事诉讼负有提供证据的行为意义的责任，只要当事人在诉讼中提出于己有利事实主张的，就应当提供证据；二是当事人提供证据的行为意义的举证责任，应当围绕其诉讼请求所依据的事实或者反驳对方诉讼请求所依据的事实展开；三是当事人在诉讼中提供证据，应当达到证明待证事实的程度，如果不能使事实得到证明，则当事人应当承担相应的不利后果。在具体内容上，举证证明责任与举证责任、证明责任内容一致。[①] 该条规定仅从程序法上明确举证责任分配。最高人民法院采用了"规范说"以后才能更好解决民事诉讼法对举证责任概念表述的缺陷，通过建构要件事实，来打通程序法对举证责任负担的设定与实体法在解决民事案件过程中发挥作用的隔阂。我国民事实体法的规范结构与大陆法系国家的实体法规范结构基本相同，各种法律要件相对明确，区分和适用权利发生规范、限制规范、妨碍规范、消灭规范在司法实践中具备条件。在主观证明责任和客观证明责任之间，需要对当事人主张的权利所依据的规范体系进行解剖，提炼出相应的法律适用的条件，而相关条件达成所需的对应事实则被确认为主张权利一方当事人需要向法官证明的真正的待证事实。从这个意义上而言，确定案件待证事实仅仅依靠程序法的举证责任是难以明确和具体化的，还必须追溯当事人权利义务有着适用价值的实体法规范。

（三）举证责任的其他问题

1. 举证责任与反证

对于待证事实的证明是一个动态变化的过程，即当负有举证责任的一方当事人提交的证据，经过法官的认证后形成了初步的心证，则认为当事人主张的某个事实已经成立。此时，如果另一方当事人要推翻该事实，就要举出相反证据动摇法官的初步心证结论，如果不积极举证，一旦经过举证期限，法官就对该待证事实形成了最终的心证结果，待证事实转化为法律事实。这个问题本质上是具体案件

① 参见沈德咏主编：《最高人民法院民事诉讼法司法解释理解与适用》，人民法院出版社2015年版，第312页。

审理中本证与反证相互转化的问题。举证责任的分配具有法定性，反证并不是抽象的诉讼义务负担意义上的举证责任，而是举证责任转移。

2. 举证责任倒置

举证责任倒置是“谁主张，谁举证”的一般举证责任分配的例外情形，即法律直接规定在特定案件中，不由主张权利一方当事人举证，而由另外一方当事人举证的法律制度，主要包含以下情形：

(1)公司案件中的举证责任倒置。《公司法》第63条规定，一人有限责任公司的股东不能证明公司财产独立于股东自己的财产的，应当对公司债务承担连带责任。

(2)消费者权益案件中的举证责任倒置。《消费者权益保护法》第23条第3款规定，经营者提供的机动车、计算机、电视机、电冰箱、空调器、洗衣机等耐用商品或者装饰装修等服务，消费者自接受商品或者服务之日起6个月内发现瑕疵，发生争议的，由经营者承担有关瑕疵的举证责任。需要指出的是，该规则仅适用于机动车等耐用品和装饰装修等服务，且仅限于购买或者接受服务之日起6个月内，超过6个月后，不再适用；其他商品或者服务出现瑕疵，仍然按照“谁主张，谁举证”的规则，由消费者承担举证责任。

(3)劳动法争议中的举证责任倒置。《劳动争议调解仲裁法》第6条规定，发生劳动争议，当事人对自己提出的主张，有责任提供证据。与争议事项有关的证据属于用人单位掌握管理的，用人单位应当提供；用人单位不提供的，应当承担不利后果。《证据规定》第6条规定，在劳动争议纠纷案件中，因用人单位作出开除、除名、辞退、解除劳动合同、减少劳动报酬、计算劳动者工作年限等决定而发生劳动争议的，由用人单位负举证责任。

(4)侵权案件中的举证责任倒置。依据民法理论，一般侵权案件的构成要件有四项，侵权行为、损害结果、因果关系和过错。这四项一般需要原告进行举证证明的，但由于侵权案件的特殊性，某种侵权构成要件事实对权利主张者证明难度比较大，法律规定以下八类案件，由被告承担举证责任。一是专利侵权：专利侵权纠纷涉及新产品制造方法的发明专利的，制造同样产品的单位或者个人应当提供其产品制造方法不同于专利方法的证明；二是高度危险作业：高度危险物的占有人、使用人或管理人就受害人故意造成损害的事实承担举证责任；三是环境污染：污染者就法律规定的免责事由及其行为与损害结果之间不存在因果关系承担举证责任；四是高空坠物：建筑物、构筑物或者其他设施及其搁置物、悬挂物发生脱落、坠落造成他人损害,所有权人和管理人就自己无过错承担举证责任;五是饲养动物致损:动物饲养人或管理人就受害人有过错或者第三人有过错承担举证责任;六是缺陷产品:产品销售者或生产者就法律规定的免责事由承担举证责任;七是共同危险:侵权人就侵权行为与损害结果之间不存在因果关系承担举证责任;八是医疗行为:医疗机构就不存在因果关系及不存在医疗行为过错承担举证责任。

3. 举证责任的例外规则

我国虽然实行证据裁判制度和举证责任制度,但有些事实是相对免证事实,主张这些事实成立的当事人通常就这些事实无须另行举证,主要包含以下三个方面的事实:一是诉讼上的自认;二是相对免证事实;三是“证明妨害”时免除持有人相对方的举证责任(参见本节“证明妨碍规则”所述)。

五、综合审核认证原则的适用标准

在证明活动中,证据的证明力判断和证明程度判断问题,其本质上属于法官自由裁量的内容。证据的综合审核认证,离不开证据规则体系。从实务角度看,证据规则体系是一个逐步建立并不断丰富和完善的过程。但是,证据规则体系是静态的,而证明主体在对所有证据依法审核基础上依法运用证据规则进行的证明活动则是动态的。从立法形式上看,再完善的证据规则体系,也没有办法做到让法官在具体案件中可以直接依据证据就能查明案件事实。在证明活动中,对证据的证明力判断和证明程度的判断,必须赋予法官足够的自由裁量权。证据规则的抽象性与具体案件的复杂性决定了必须由法官根据个案的全部情况,通过在对证据及其证明力进行具体判断的基础上综合认证并形成证明程度的内心确信,从而达到相应的证明标准,进而依法认定相应的案件事实。法官的综合审核认证虽然离不开自由裁量权的行使,但并不是指审判人员可以绝对地、不受任何限制地进行自由判断,而是必须遵循全面、客观标准依法定程序进行,法官在综合审核认证时必须遵循法官职业道德,运用逻辑推理和日常生活经验进行。同时,法官综合审核认证的自由裁量与独立审核证据并不矛盾,独立审核是指法官不受任何外在干扰、在意志自由上独立作出判断。

尽管我国学术界长期以来对西方现代自由心证原则持排斥态度,但是,这并不妨碍司法实务承认法官在证据及其证明力以及证据的综合审核认证上依法享有自由裁量权,并在审判活动中独立进行审查认证。实际上,新《民事证据规定》

第85条第2款的规定借鉴现代自由心证原则的合理因素,并对其进行符合我国国情的改造,以此为基础建立我国法官依法独立审查判断证据的原则。[①]

(一)综合审核认证的原则

1. 综合审核认证的根本原则

法官的综合审核认证,首先必须受到法官职业道德的约束,这是法官自由裁量权行使的根本原则。"其身正,不令而行,其身不正,虽令不行。"法官所有事关裁判的行为必须遵守法官的职业道德,法官职业的特殊性决定了其个人品德与裁判结果的公正性息息相关。法官在证据认证上的自由裁量即便建立在法定程序和全案证据基础之上,但最终其合法正当行使仍应必须是基于秉承法官职业道德而形成。因此,法官的职业道德对自由裁量的正当性而言至关重要,直接关系到当事人对于裁判结果的尊重与司法权威。法官在证据判断上必须接受法官职业道德的束缚,主要强调的是,法官必须坚持公正司法的立场,其审理活动要从维护国家法律权威出发,以保护当事人的合法权益为目的,充分保障当事人举证、质证和辩论的权利。在此基础上法官的自由裁量过程才会合理合法合情,经得起同行监管和社会的监督检验。

2. 综合审核认证的一般原则

综合审核认证的一般原则主要有两个。一是法官认证的自由裁量必须遵照法定程序。证据认证自由裁量权的实质是裁判者对证据审查判断的决定权,它必须依照法定程序进行,而不是任意不受限制的自由。所有认定案件事实的证据都需要经过当事人质证,最后由法官进行认证。二是法官应当对证据认证自由裁量的过程公开。为了让法官基于证据认证自由裁量过程所得出的裁判结果获得当事人的理解和社会公众认同,让公正以看得见的方式实现,必须强化证据认证过程的公开透明。这样,能够便于当事人切换到法官的视角和思维看待司法裁决结果,进而了解和理解法官是如何依法认定证据和作出裁判的,从而切实提升司法公信力。因此,按照司法解释要求,在裁判文书制作中,对于当事人主张可以成立的事实,应当表述相应的采信理由,对于当事人主张但无法成立的事实,也应当在

---

① 参见最高人民法院民事审判第一庭编著:《最高人民法院新民事诉讼证据规定理解与适用(下)》,人民法院出版社2020年版,第739页。

裁判文书中阐述不予采信的理由。[1]

(二)综合审核认证的方法

法官在综合审核证据过程中如何具体理解与适用证据规则,如何针对某类证据设定恰当地认定案件事实的认证标准,如何用比较科学的理念、方法来加工处理证据所体现出现的案件信息,如何用比较规范的修辞与表述方式来组织和阐述案件的事实等诸多问题,是证据综合审核认定方法所要解决的问题。

1. 逻辑推理

逻辑推理,对审判人员判断证据与待证事实之间是否有证明关系,是否可以满足证明条件,具有十分重要的意义。事实上,从全案事实的角度来看,由于绝大多数案件的基本事实需要根据法律要件的设定分解为多个满足条件,因此,对事实的证明,基本都需要厘清主线、分步骤进行证明。对当事人提交的证据,法官需要依靠专业知识和司法经验进行独立判断,并根据已知事实不断推理出新的事实。司法实务中,法官往往需要依靠多个证据来推论出某个待证事实是否成立,并且根据多个待证事实的串联,最终发现并完成整个案件事实构造的证明。一般而言,在事实推论上,主要会用到以下几种逻辑推理的方式:

一是演绎推理。即从一般到特殊的推理方法,这也是形式逻辑的经典代表。大陆法系国家的"司法三段论"是要件分析方法论的逻辑起点与理论基础。一般来讲,根据法律规定推定的事实和根据已知的事实和日常生活经验法则推定出的另一事实,都需要用到演绎推理。

二是归纳推理。即从偶然的、个别的或者特殊的现象、情况到提炼出一般规律的方法。归纳推理也是一种常见的证明方法。例如,对于交易习惯的证明,往往就需要用到归纳推理的方法。如在买卖合同纠纷案件中,如果要证明双方的交易习惯是"先货后款",则主张交易习惯的当事人就需要把双方历史交易的往来款项及时进行举证。法官通过审查,如果发现绝大多数货物在交付后才结算相应的货款,此时当事人主张的该交易习惯就可以成立。

三是类比推理。类比推理是根据两个对象之间已有的某些相似的特点而推出两者可能具有其他一些相似特点的思维过程。例如,最高人民法院在《九民纪

---

① 参见潘华明:《民事诉讼证据新规实战指南:规则综述与经验提炼》,人民法院出版社 2020 年版,第 135～136 页。

要》第52条确立的如何认定“高利转贷”行为的指引就是比较典型的类比推理。根据该会议纪要，人民法院认定“高利转贷”应当注意把握以下几点：“一是要审查出借人的资金来源。借款人能够举证证明在签订借款合同时出借人尚欠银行贷款未还的，一般可以推定为出借人套取信贷资金，但出借人能够举反证予以推翻的除外；二是从宽认定‘高利’转贷行为的标准，只要出借人通过转贷行为牟利的，就可以认定是‘高利’转贷行为；三是对该条规定的‘借款人事先知道或者应当知道的’要件，不宜把握过苛。”并指出：“实践中，只要出借人在签订借款合同同时存在尚欠银行贷款未还事实的，一般可以认为满足了该条规定的‘借款人事先知道或者应当知道’这一要件。”

在证据审查与判断中，逻辑推理的运用主要体现在以下三个方面：一是证据与待证事实之间具有逻辑关系。以民间借贷纠纷为例，为证明双方存在借贷关系，原告向法院举证，出借当时其银行卡里有一部分钱，该证据与待证事实之间不存在逻辑关系。反之，如果被告称原告根本没有钱借给他，此时为反驳被告的抗辩理由，原告举证当时银行卡里有钱足够支出借款，这个证据与待证事实之间就存在紧密的逻辑关系了。二是证据与证据之间具有逻辑关系。不同的证据相互之间不能存在矛盾与冲突，要符合事物发展的规律，符合基本常识。如果证明同一案件事实的不同证据相互之间存在难以自圆其说的矛盾，那相关的待证事实就无法得到有效证明。三是待证事实与待证事实之间具有逻辑关系。当事人的举证、质证以及法官的认证都需要围绕待证事实展开，而待证事实是从当事人主张的权利（法律关系）中提炼出来的审理要素，与案件无关的事实不能成为待证事实，直接排除出法庭审理的范畴。

2. 生活经验

生活经验法则，是法官检验证据提交的合法性，检验证据与待证事实的关联性的重要判断工具，甚至在很大程度上是决定证据能否被采信，并能够在多大程度上证明待证事实成立的关键性因素。经验主义，是人类认识客观世界并形成行为规范的重要高级本能，审判人员运用经验法则通过对历史经验的规律总结，用自己所理解的客观事物之间因常态事理而发生的因果关系规则来判断当事人提供证据的真伪及其与待证事实之间是否存在关联。

生活经验具有主观性。由于经验有着很大的主观性，跟形成经验的主体有着莫大关系，除了社会公知，同样也有独特的行业认知、群体认知、阶层认知和个人认知。这些取决于心证主体的知识结构、生活经历、学习能力、工作履历以及成长环境等因素。因此,不同的法官会有不同的经验体系。

生活经验具有客观性。必须承认,日常生活经验是为普通民众所共有的,形成了社会共识,法官自然也是社会共识的一部分。当生活经验上升为裁判法则的工具时,应当指的是社会一般经验法则,以此突出它的普适性和共识性。法官除了应当具有一定的法律专业素养,同样应当具有一定的生活经验。法官的日常生活经验越丰富,对于法官认定案件事实就越有帮助。例如,未婚的年轻法官在审理离婚纠纷中,对于双方感情是否破裂难以准确判断。而在建设工程施工合同、产品质量纠纷等案件中,如果法官缺乏对相关专业性问题的知识储备,对相关事实的认定将完全依靠司法鉴定,甚至可能会出现"以鉴代审"的现象。①

(三)综合审核认证的公开

审判认证活动公开,是防止法官在行使认证自由裁量权时随意、恣意的重要方式。通过公开法官认证的过程,能够让当事人明白法官是如何依据证据对案件进行事实认定的,使得证据认定具有可验证性,这对于提升裁判结果的可接受性具有十分重要的意义。根据《民事诉讼法》和新《民事证据规定》的要求,法官对于当事人主张的事实和提交的证据是否采信都需要向当事人公开。从法官认定案件事实的程序来看,审判认证的公开主要应当在庭审阶段和裁判文书说理中发挥作用。然而司法实践中不同程度地存在法官不会和不愿公开认证过程,这极大地影响了社会公众对法官裁判结果公正性的认可,与最高人民法院司法解释的要求相悖,应当引起高度重视。

1. 认证公开的阻碍

根据新《民事证据规定》第 85 条第 2 款的规定,审判人员对证据有无证明力和证明力大小独立进行判断,并公开判断的理由和结果。这是对认证公开提出了明确的要求,但是,该司法解释没有进一步明确说明应当具体在哪个诉讼阶段进行认证公开。实践中,绝大多数法官都会选择在裁判文书中对于证据的采信进行说理回应,但是在庭审阶段几乎不会告知当事人证据证明力的问题,原因在于法官的认证公开面临着以下几个方面的阻碍:

一是认证公开可能给法官带来麻烦。案件审理过程中,法官直接公开认证过

① 参见潘华明:《民事诉讼证据新规实战指南:规则综述与经验提炼》,人民法院出版社 2020 年版,第 136~140 页。

程，告诉当事人某个重要的证据不予采信，这对于当事人来说无疑就相当于直接宣布了败诉的判决结果。此种情形之下，如果当事人不能理性地看待败诉结果，很可能将本是当事人之间的矛盾转移到法官身上。如果当事人选择当庭质疑并表示不愿服从，可能使得审判秩序陷入混乱，这对于法官来说无疑是不必要的麻烦。

二是认证公开可能会让当事人质疑裁判结果的公正性。法官在庭审中而不是通过裁判文书的方式告知当事人某个证据是否采信，会给当事人一种法官偏听偏信的错觉。此时案件还没审理完毕，似乎法官也没有深思熟虑，怎么就已经草率作出结论？这或许是大多数听到认证结论对其不利的当事人的真实心声，这也使该方当事人对法官的中立和公正产生怀疑。

三是认证公开在程序上不具备条件。由于需要法官在庭审中进行认证公开的案件往往不是简易案件，而是事实较为复杂的案件，这些案件通常在审理时适用普通程序。普通程序由合议庭负责审理，在合议庭未经合议的情况下，个别法官就证据的采信问题进行认证公开，这不仅不具有法律效力，而且也是对其他合议庭成员的不尊重，这是十分不合适的做法。

四是认证公开对法官的专业素养要求太高。庭审中很多法官对案件的相关事实认定并不太有把握，对有争议的案件事实并没有通盘的考虑，对当事人提交的证据是否达到证明标准、是否应当指引当事人补充证明、如何补充证明等问题拿捏不准。上述问题对于法官的专业素养提出了很高的要求，因而导致部分法官不敢在庭审中和当事人交流证据的认定问题。①

2. 认证公开的要点

虽然法官的认证公开面临上述阻碍，但这都不足以成为法官拒绝认证公开的理由。法官应当不断地提升自身专业素养，掌握认证公开的有利时机与恰当方式，努力创造条件让认证公开成为法官办案的有力工具。在实务中，法官运用认证公开，需要把握好以下几个要点：

一是要时刻注意合理分配和及时调整双方当事人的证明责任。举证责任分配是法定的，无法由法官根据个案情况进行酌情调整，但是，法官有义务及时指引和释明。同时，个案审理中待证事实的证明责任随着当事人的举证及法官的认证

---

① 参见潘华明：《民事诉讼证据新规实战指南：规则综述与经验提炼》，人民法院出版社 2020 年版，第 284 页。

会发生变化。当就某个待证事实的本证已经达到或者初步达到法官原本设定的证明标准时，则反对该事实成立的另一方当事人即负有反证之义务，否则该事实成立。实践中最为困难的是法官如何将琐碎、零散的事实串联成审理案件所需要的完整事实，但完整的案件事实并非与纠纷有关的全部事实，而只是值得成为裁判考虑因素的有效事实。法官在调整当事人证明责任时需要将调整的理由，也即将之前证据的认证意见告知并征求当事人的意见，同时还需就调整后的举证期限及后果予以明确。

二是在审理中或举证期间届满时及时进行庭审小结。庭审小结可以起到将之前经过的诉讼程序及诉讼成果固定的作用，还有不断检验审理效果、及时审视审理思路是否发生偏差的积极作用。需要注意的是，庭审小结需要与当事人一起分享并征求其意见，从而真正达到确认与纠偏的双重作用。一般而言，庭审小结会给当事人及其代理人较大的诉讼压力，特别是举证压力，它将迫使举证不力的一方当事人积极寻求证据或提出切实可行的调解方案，从而促使诉讼活动走向终结。

三是在裁判文书中将认证的过程予以公开展示。具体而言，裁判文书中应当讲究繁略得当，对于双方无异议的证据，直接用叙述性语言将相关案件事实进行表述。对于双方持有异议的证据，则将证明标准、证明责任分配及当事人完成举证的情况进行罗列，并通过认证过程的展示得出法官认证的案件事实。对此，最高人民法院制定的《人民法院民事裁判文书制作规范》中亦有相应的指引性条文，主要集中在第三部分“正文”第 5 项“事实”中，相关规定十分详尽。如该部分第 7 条第 2 款规定：对当事人有争议的证据，应当写明“争议的证据名称及人民法院对争议证据认定的意见和理由；对有争议的事实，应当写明事实认定意见和理由”；第 8 条规定“对逾期提交的证据、非法证据等不予采纳的，应当说明理由”；第 10 条规定“认定的事实，应当重点围绕当事人争议的事实展开”，“按照民事举证责任分配和证明标准，根据审查认定的证据有无证明力、证明力大小，对待证事实存在与否进行认定”，同时，特别指出，“要说明事实认定的结果、认定的理由以及审查判断证据的过程”；对于认定事实的写作要求，第 11 条规定还要求：“应根据案件的具体情况，层次清楚，重点突出，繁简得当，避免遗漏与当事人争议有关的事实”，并提出“一般按时间先后顺序叙述，或者对法律关系或请求权认定相关的事实着重叙述，对其他事实则可归纳、概括叙述”。

3. 认证公开的尺度

庭审阶段的认证公开,有利于快速推进案件审理的进程。法官通过对当事人用以证明案件主要争议事实的相关证据进行分析和释明,可以有效指引当事人对于事实争议有针对性地进行举证,这为案件事实的查明尽可能贴近客观事实提供了可能。同时,通过全面开示法官的认证标准,可以拉近当事人与法官对证明标准的认识差距,让当事人对案件裁判结果有着合理的结果预期。实践中,认证公开要把握好以下几点:

(1)适用的范围。认证公开适用的主要是案件事实较为复杂,当事人对案件事实形成的争议焦点较多。这些案件往往需要法官通过明确争议焦点与排除无关事实及证据来推进案件的审理进程,提升审理效率。法官认证的及时公开,有助于强化庭前准备程序的效果,尽快查明案件事实,从而提升庭审的效果。对于案件事实十分明确的简易案件,法官在裁判文书中就认定案件事实的过程进行心证公开即可,无须在庭审阶段公开认证。

(2)适用的时机。不同的案件应当有不同的认证开示时机。在当事人比较理性、案件事实问题的争议比较大的情况下,一般而言,越早就特定事实确定举证责任,越早就负有举证责任的当事人提供的本证进行评析,案件的审理就越顺畅。以下节点通常是心证开示较为恰当的时机:双方当事人提交证据时、证据交换前后、证据质证时、庭审辩论前。

(3)适用的方式。法官认证得以延续的基础是法官能够凭良心进行这一具有特殊意义的司法活动,向双方当事人公开的方式无疑是表明法官问心无愧的公正立场。公开仅仅只是方式,公开的目的是更好地听取当事人的意见。因此,应当允许甚至鼓励当时就重要的、关键的证据的证明能力、证明力及其大小进行充分辩论,就法官的认证标准、初步认证结论进行辩论,从而及时修正法官对于相关证据的认识,使法官对相关事实形成内心确信的具体尺度会更为精确。

(4)适用的对象。区分诉讼能力,有针对性地调整开示方式。针对诉讼能力不强,未委托专业诉讼代理人的当事人,主要是采用普法性质的法律释明,来引导当事人理解权利主张与举证责任、证明标准等具体诉讼技能的问题,特别是要帮助他们理解不按照法官明确的举证要求举证的不利后果。理解不了的,根据当事人的经济情况、案件标的额的大小,建议其委托律师。针对有专业诉讼代理人的当事人,原则上需要听取他们对举证责任分配、认证的具体标准的意见,减少代理人对认证标准的认识差异。

（5）适用的艺术。如果法官要进行证明标准开示，特别是要对个别的证据进行询问，并就其证明能力、证明力即证明力大小进行分析，要做到形式公正，不能仅点评原告提供的证据，而不点评被告提供的证据；不能仅指出原告证据的弱点，告诉原告应当就某些缺陷问题进行补充证明，但对于被告提供的证据却只字不提。否则容易引起当事人对法官公正性的合理性怀疑，加剧当事人对法官的不信任。①

法官认证的公开最终需要体现在裁判文书中。法官裁判理由、结果的公开，被视为对法官在证据综合审核认定上认证自由裁量权的约束。加强裁判文书说理，并公开裁判理由、结果，是认证公开的直接表现。对当事人的诉讼请求进行判断，并公开判断的理由、结果，是司法走向文明的重要标志。裁判理由、结果的公开，实为法官将其认证形成的过程、结果通过法律文书的形式对外公开。②

第四节　行政证据规则的运用

与刑事诉讼和民事诉讼相比，我国的行政诉讼发展起步最晚、实践最短，理论研究与诉讼实践较之于其他两类诉讼都相对薄弱，尤其是在行政诉讼证据规则领域。2002 年施行的最高人民法院《关于行政诉讼证据若干问题的规定》（以下简称《行政证据规定》）确立了证据规则在行政诉讼活动中的地位和作用，2017 年修订的《行政诉讼法》及其司法解释进一步完善了相关证据规则。

法官在审理行政案件过程中，既要对每一个证据材料进行单个审查，排除虚假证据、无关联证据和非法证据，准确判断每一个证据的证明效力和证明力，又要对全部证据材料进行综合分析、判断，运用逻辑推理和生活经验，对各方提交的证据是否形成证据锁链，进行全面分析判断，准确认定案件争议事实。

一、行政证据审查与认定的基本原则

行政诉讼处理的是行政机关与行政相对人之间的纠纷，审查的主要对象是行

---

① 参见潘华明：《民事诉讼证据新规实战指南：规则综述与经验提炼》，人民法院出版社 2020 年版，第 287～288 页。

② 参见最高人民法院民事审判第一庭编著：《最高人民法院新民事诉讼证据规定理解与适用（下）》，人民法院出版社 2020 年版，第 746 页。

政机关作出的具体行政行为的合法性。虽然随着行政协议进入行政诉讼体系，撤销诉讼、给付诉讼、确认诉讼等行政诉讼类型不断扩展，但行政诉讼中被告的恒定性，规范行政机关依法行政仍然是行政诉讼的重要价值追求。行政诉讼的这一特点让行政证据的审查与认定具有与民事诉讼不同的要求。

首先是证据裁判规则。人民法院裁判行政案件，应当以证据证明的案件事实为依据。过去一般都认为，“以事实为根据”就是要求司法人员在审理案件过程中，必须以客观存在的案件事实为依据。由于案件都是发生在过去的事情，法官通过证据“重建”的案件事实，只能是带有主观色彩的“虚拟”的事实。因此，“客观事实”在诉讼中是不能实现的，诉讼也没有必要达到客观真实。唯有“法律上的事实”是通过诉讼程序最终认定的事实，具有“可接受性”。依照完善的证据立法和科学的证据规则就可以实现法律事实与客观事实在一定程度上的重合。法官的任务就是通过证据去查明和认定法律中规定的“案件事实”。

其次是取得证据规则。取得证据规则是人民法院、行政主体及其相对人和其他利害关系人收集、调取证据所应遵循的程序、方法和应满足的条件。由于目前我国还没有统一的行政程序法，行政程序中的取证缺乏明确一致的规定。司法解释基于司法权力的局限，也不可能对行政程序中调取证据行为作出设定，只能通过对举证要求的规定，实现对取证行为的规范。在行政诉讼中，被告及其诉讼代理人不得自行向原告和证人收集证据。同时，还有取证时限要求，被告在作出行政行为之后自行收集的证据不能作为行政行为合法的依据。因此，被告收集证据，一般应在做出行政行为之前的行政程序中进行，该规则不约束原告、第三人。但最高人民法院《关于适用〈中华人民共和国行政诉讼法〉的解释》第 45 条规定：被告有证据证明其在行政程序中依照法定程序要求原告或者第三人提供证据，原告或者第三人依法应当提供而没有提供，在诉讼程序中提供的证据，人民法院一般不予采纳。

最后是法院调取证据规则。发现和查明案件事实真相是民事诉讼的重要价值取向，因而法院在保持裁判中立性的情况下，为了便于查明案件事实，确有必要的，法官可以主动调查和收集证据。行政诉讼为了保护行政相对人的合法权益，严格限制了法官依职权调取证据的范围。人民法院有以下两种情况可以向公民、法人或者其他组织调取证据：(1)涉及国家公共利益或他人合法权益的事实认定；(2)涉及依职权追加当事人、回避、中止、终结诉讼等程序性事项。需要调取的证据在异地的，可以委托证据所在地法院调取。不能完成委托内容的，应告知委托的法院说明原因。人民法院不得为证明被诉具体行政行为合法性,调取被告在作出行政行为时未收集的证据。

二、行政证据的审查过程

行政证据的关联性、合法性、真实性是证据审查的重点,是证据具有可采性的基本条件。

(一)行政证据的关联性审查

证据的关联性也称为证据的相关性,是指案卷中的证据材料与案件中待证事实之间具有的某种直接的或者间接的关系,即证明案件事实的可能性。它是证据"三性"中最重要的属性。由于行政诉讼是从民事诉讼中脱胎而来的,所以一些法官在审理行政案件时,仍习惯于将诉讼双方当事人争议的事实作为行政案件的事实,并以此确定证据的关联性的条件,由此造成将一些本应作为定案的证据,排除在定案证据之外。

根据我国行政诉讼法的规定,人民法院审理行政案件是审查被诉具体行政行为的合法性问题,而不是仅仅审查诉讼双方当事人所争议的事实。因此,行政诉讼案件的事实与民事诉讼案件的事实不同,它是指与被诉具体行政行为合法性有关的事实。具体来讲,主要由作出被诉具体行政行为的行政机关、被诉具体行政行为认定的事实及所依据的证据材料、被诉具体行政行为所适用的法律规范条文及处理结果、作出被诉具体行政行为的程序、被诉具体行政行为未认定但涉及该行为是否存在滥用职权或不履行法定职责等事实组成。附带行政赔偿或者单独提起的行政赔偿案件事实,还应当包括被诉具体行政行为所造成的损害及损害程度等事实。① 与行政诉讼案件事实之间具有某种联系的证据材料,就具有证据的关联性,反之,则不具有证据的关联性。这种联系可以是直接联系,也可以是间接联系,或是与案件事实发生的原因、后果有联系。它包括能够证明被诉具体行政行为合法的证据材料,同时也包括能够证明被诉具体行政行为违法的证据材料。审判实践中,关于间接证据的关联性问题需要具体情况具体分析。如原告提供的被告对相同情况的其他行政相对人作出的明显不同的处理决定,用以证明具体行

---

① 参见最高人民法院行政审判庭编著:《最高人民法院〈关于行政诉讼证据若干问题的规定〉释义与适用》,人民法院出版社 2015 年版,第 278 页。

政行为滥用职权或者行政处罚显失公正时，法庭对这类间接证据就应认定具有关联性。

行政诉讼证据的关联性体现在不同的诉讼阶段。例如，在起诉阶段，公民、法人或者其他组织应当提供有关行政行为存在、具备法律上的利害关系等证据材料以证明被诉行政行为不仅客观存在而且和自己存在关联性；在审理阶段，被告可以提供证据证明行政行为与原告的权益受损之间不存在关联性等。关联性可以体现因果关系、条件上的联系、实践上的联系、程序上的联系、空间上的联系、必然性的联系、偶然性的联系，也可以体现为肯定事实方面的联系、否定事实方面的联系、直接证明的联系、间接证明的联系等各方面的联系。不管是何种联系，只要证据反映了一定的事实、情节，能够证明行政案件中待证事实的一部分或者全部，该证据便有了关联性。证据的关联性是证明力的基础和根据，没有关联性的证据不具有证明力。①

根据《行政证据规定》第 2 条的规定，原告或者第三人在诉讼过程中，提出了其在被告实施行政行为过程中没有提出的反驳理由或者证据的，被告经人民法院准许可以补充或者收集相关的证据。被告在这种情况下提供的证据，或是在作出被诉具体行政行为之后收集的，或是作出具体行政行为时未作为定案的证据，根据“先取证，后裁决”的原则，这类证据不能直接作为证明被诉具体行政行为合法的根据，只能作为反驳原告或第三人的理由，或者作为证明新的证据违法、不真实的证据使用。因此，被告在这种情况下提供的证据，与原告或者第三人新提出的反驳理由或者新的证据之间不具有内在的联系，亦应认定不具有关联性。②

（二）行政证据的合法性审查

根据《行政证据规定》第 55 条的规定，证据的合法性主要是指证据在形式上和取得方式上要符合法律规定。该条第 1 项规定是指形式上的要求，第 2 项规定是指取得方式上的要求，第 3 项规定是兜底条款，主要是指证据是否经过庭审质证。《行政证据规定》第 57 条第 1 项至第 5 项和第 9 项规定了不具有合法性、不能作为定案根据的证据材料。其中“严重违反法定程序收集的证据材料”是指严重违反法定程序，而不是一般性违反法定程序；取证主体是指包括原告和第三人

---

① 参见江必新、梁凤云：《行政诉讼法理论与实务（上）》，法律出版社 2016 年版，第 711 页。

② 参见最高人民法院行政审判庭编著：《最高人民法院〈关于行政诉讼证据若干问题的规定〉释义与适用》，人民法院出版社 2015 年版，第 281 页。

在内的全体诉讼参加人,而不仅指被告。至于严重程度和一般程度的区分,《行政证据规定》中未明确界定,属于法庭的自由裁量范围。审判实践中,法庭应根据具体案件情况和法律精神作出公正判断。“以利诱、欺诈、胁迫、暴力等不正当手段获取的证据材料”实际上是一种严重违反法定程序的取证行为。无论证据材料是否真实,只要采用了不正当手段的方式,就不能作为定案依据。“当事人无正当事由超出举证期限提供的证据材料”是对当事人违反诉讼程序所应承受的法律后果的规定。“在中华人民共和国领域以外或者在中华人民共和国香港特别行政区、澳门特别行政区和台湾地区形成的未办理法定证明手续的证据材料”是对域外或者我国港、澳、台地区形成的证据材料的合法性规定。“不具备合法性和真实性的其他证据材料”是兜底条款。

适用《行政证据规定》第59条规定时须注意:(1)其中“法定程序”应当是指法律、法规和不与法律、法规规定相抵触的规章规定的程序;(2)被告应履行充分的告知义务,在严格依照法定程序要求原告提供证据时,还应将其拒不提供证据的法律后果告知原告;(3)被告必须举出确凿证据证明其在行政程序中履行了要求原告提供证据的职责;(4)“人民法院一般不予采纳”意味着在特殊情况下,法院可以采纳,赋予了法院一定的自由裁量权。另外,《行政证据规定》第60条、第61条和第62条中的内容也属于对证据合法性的规定,审判实践中应注意理解和适用。①

(三)行政证据的真实性审查

证据的关联性和合法性在审查通过之后,法庭应进一步审查证据的真实性。作为行政诉讼的证据,必须是在争议的行政法律关系发生、变更、终止过程中形成的,必须客观真实地反映或记载案件的事实。对于行政诉讼证据的真实性,最为关键的是保证证据材料源于案件发生之时,对于案件发生之后的证据材料并不能证实案件发生当时的情况,也就不具有客观性。因而,在行政诉讼过程中,被告不得自行向原告和证人收集证据,被告在诉讼中收集的证据已经不能反映案件发生当时的情况,因此不具有客观性。②《行政证据规定》第56条规定了一般情况下审查证据真实性的五个方面内容,确立了“法律真实”的证明要求。为了使行政诉讼

① 参见最高人民法院行政审判庭编著:《最高人民法院〈关于行政诉讼证据若干问题的规定〉释义与适用》,人民法院出版社2015年版,第104～105页。

② 参见江必新、梁凤云:《行政诉讼法理论与实务(上)》,法律出版社2016年版,第709页。

案件中的“法律真实”最大限度地接近“客观真实”,《行政证据规定》在第五部分“证据的审核认定”中为证据真实性的认定设立了一系列的证明规则:

一是排除规则,是指在实践中,根据法官的经验足以判断出此类证据是不真实的,应当排除在定案的证据之外的规则。《行政证据规定》第57条第6项至第9项对不具有真实性的证据材料进行了排除,规定了不能作为定案依据。

二是最佳证据规则,是指选择最佳形式的证据和最有说服力的证据作为认定案件事实的根据所遵循的规则。《行政证据规定》第63条对这一规则作出了规定。

三是自认规则,是自认的提出、审查、采信所应遵循的准则。《行政证据规定》第65条、第66条和第67条均属于对自认行为作出的规定。适用《行政证据规定》第65条规定时,法庭也可不采信当事人的自认而参照相关证据认定案件事实。《行政证据规定》第66条规定的意义在于促成当事人达成调解协议,化解矛盾,平息纠纷。

四是推定规则,是指根据法律规定、依事实或者日常生活经验法则,能够推断出另一个事实存在的一种证明规则。《行政证据规定》第68条、第69条和第70条的规定均可以认为属于推定。

五是补强证据规则,是指证据本身的效力还不足以单独作为定案根据,而必须在其他证据的印证下才能作为定案根据。《行政证据规定》第71条规定的证据即属于补强证据范畴,不能单独作为定案依据,需要有其他证据印证,才能作为定案依据。①

从行政审判的实践来看,主要有以下几个方面可以反映证据材料在真实性上是否存在问题:

一是证据形成的原因。证据的形成原因与该证据的真实性往往具有极其重要的关系。如某行政机关执法人员基于对某个体户举报其索贿,带有报复该个体户的目的去调查取证,在收集证人证言时,就有可能将对该个体户不利的证言记录在卷,对其有利的证言不予记录。基于这种原因收集的证据,在真实性上就容易发生问题。因此,审查清楚证据形成的原因,对判断证据的真实性具有重要的作用。

① 参见最高人民法院行政审判庭编著:《最高人民法院〈关于行政诉讼证据若干问题的规定〉释义与适用》,人民法院出版社2015年版,第302~325页。

二是发现证据时的客观环境。发现证据时的客观环境不同，对证据的真实性也有一定的影响。有些证据由于客观环境发生变化，其所反映的问题并不一定能够证明案件的事实，例如，工商机关在检查某商店时，发现其仓库存放的酱油均是假冒产品，因该批酱油是在该商店仓库中发现的，一般可以认定该商店销售假酱油。但如果在其商店附近发现假酱油，则有可能是其他商店的酱油，必须还要有其他的证据印证，才能认定查获的该批酱油为该商店用于销售的酱油。因此，在一些案件中查清发现证据时的客观环境对正确认定案件事实具有很大的作用。

三是证据是否为原件、原物，复制件、复制品与原件、原物的内容、形式及其他特征是否相符。物证的原物、书证和视频资料的原件，其证据效力优于复制品、复制件。复制品、复制件与原物、原件核对无异的，其效力与原物、原件效力相同。提供的复制品和复制件应当与原物、原件从内容、形式及其他特征进行核对，核对后发现有出入的，一般需要与其他证据结合起来进行综合分析，确定部分或者全部不具有证明效力。

四是提供证据的人或者证人与当事人是否具有利害关系。如果提供证据的人或者证人与当事人具有某种利害关系，在一般情况下，提供证据的人或者证人与当事人或多或少地站在有关当事人的立场上，提供对其有利的证据或者证言，对其不利的证据或者证言一般不会主动提供或者作出。因此，查清提供证据者或者证人是否与当事人具有利害关系，对正确判断证据的真实性是非常必要的。①

综上，证据的三性之间存在内在的逻辑性和统一性，三者相互区别，又相互依存，相互渗透，缺一不可。证据的真实性是指证据事实本身是客观真实的，不是主观臆断的；证据的关联性是指证据事实与待证事实之间具有客观关联性并且具有证明力；证据的合法性是指对于该证据的来源、形式、审查判断等是合法的。真实性反映的是证据的实质内容，关联性反映的是证据的本质属性，合法性反映的则是法律对于证据的容许度和可得性，一个证据只有三性皆备，才能作为定案证据。②

三、行政证据的认定

证据的审查与认定是法院对当事人举证、质证结果的评价和认定。证据审查

---

① 参见最高人民法院行政审判庭编著：《最高人民法院〈关于行政诉讼证据若干问题的规定〉释义与适用》，人民法院出版社 2015 年版，第 327 ~ 328 页。

② 参见江必新、梁凤云：《行政诉讼法理论与实务（上）》，法律出版社 2016 年版，第 712 页。

认定的主体是合议庭的法官，审查认定的内容是对证据是否具有真实性、关联性和合法性作出确认。能够当庭认定的应当当庭认定。不能当庭认定的应当在合议庭合议时认定。《行政诉讼法》第43条第2款规定："人民法院应当按照法定程序，全面、客观地审查核实证据。对未采纳的证据应当在裁判文书中说明理由。"这是行政诉讼认证规则的基本依据。①

"依照法定程序"是指人民法院在认证过程中，应当按照法定程序和规则审查核实证据。主要包括以下九项规则：(1)关联性规则。(2)合法性规则。(3)真实性规则。（以上三项规则不予展开，参见行政证据的"三性"）(4)案卷主义规则。案卷主义规则又称为案卷排他主义原则，是行政诉讼中的特有规则，是指行政机关在行政程序之外形成的证据不能证明被诉行政行为合法或者作为定案的证据。(5)定案证据排除规则。定案证据排除规则是指对于不具有真实性和合法性的证据材料予以排除，并且不能作为定案依据的规则。(6)最佳证据规则。最佳证据规则适用范围限于书证，即对书证内容真实性的最佳方式是原件，副本、抄件、复印件等二手材料并非最佳方式。(7)自认规则。所谓自认是指一方当事人就对方当事人所主张的不利于己的事实作出明确的承认或者某种意思表示从而产生相应的法律后果的行为。(8)司法认知和推定规则。司法认知是指法院在行政诉讼中就众所周知的事实以及属于职务上已经较为显著的事实，无须当事人举证和进行法庭调查，而以宣告形式直接认定某一事实的真实性的审判职务行为。推定是一种法律规则，根据制定法或者判例，根据已知的事实可以认定推定事实的存在，除非有相反的证据推翻这种推论。(9)补强证据规则。是指当某一证据本身在某些方面存在缺陷或者弱点，必须以其他证据合并才能担保其真实性或者证明力的规则。②

1. 不能作为定案依据的证据（没效力）

不能作为定案依据的证据主要有以下几类：(1)严重违反法定程序收集的证据材料。(2)以偷拍、偷录、窃听等手段获取侵害他人合法权益的证据材料。(3)以利诱、欺诈、胁迫、暴力等不正当手段获取的证据材料。(4)当事人无正当事由超出举证期限提供的证据材料。(5)在中华人民共和国领域以外或者在港澳台地区形成的未办理法定证明手续的证据材料。(6)当事人无正当理由拒不提供

① 参见江必新、梁凤云：《行政诉讼法理论与实务（上）》，法律出版社2016年版，第907页。

② 参见梁凤云编著：《新行政诉讼法逐条注释》，中国法制出版社2017年版，第270～271页。

原件、原物，又无其他证据印证，且对方当事人不予认可的证据的复制件或者复制品。(7)被当事人或者他人进行技术处理而无法辨明真伪的证据材料。(8)不能正确表达意志的证人提供的证言。(9)以违反法律禁止性规定或者侵犯他人合法权益的方法取得的证据，不能作为认定案件事实的依据。(10)不具备合法性和真实性的其他证据材料。

2. 不能作为认定被诉行政行为合法的依据

不能作为认定被诉行政行为合法的证据主要有以下几类：(1)被告及其诉讼代理人在作出具体行政行为后或者在诉讼程序中自行收集的证据。(2)被告在行政程序中非法剥夺公民、法人或者其他组织依法享有的陈述、申辩或者听证权利所采用的证据。(3)原告或者第三人在诉讼程序中提供的、被告在行政程序中未作为具体行政行为依据的证据。(4)作出原行政行为的行政机关在复议程序中未向复议机关提交的证据，不能作为法院认定原行政行为合法的依据。

3. 不能单独作为定案依据的证据(证据补强规则)

不能单独作为定案依据的证据主要有以下几类：(1)未成年人所作的与其年龄和智力状况不相适应的证言。(2)与一方当事人有亲属关系或者其他密切关系的证人所作的对该当事人有利的证言，或者与一方当事人有不利关系的证人所作的对该当事人不利的证言。(3)应当出庭作证而无正当理由不出庭作证的证人证言。(4)难以识别是否经过修改的视听资料。(5)无法与原件、原物核对的复制件或者复制品。(6)经一方当事人或者他人改动，对方当事人不予认可的证据材料。(7)其他不能单独作为定案依据的证明材料。

4. 证明力大小的效力认证

证据证明力大小的效力认证一般应当按照如下规则：(1)国家机关公文优先。国家机关以及其他职能部门依职权制作的公文文书优于其他书证。鉴定结论、现场笔录、勘验笔录、档案材料以及经过公证或者登记的书证优于其他书证、视听资料和证人证言。法定鉴定部门的鉴定意见优先于其他鉴定部门的鉴定意见。(2)原始证据优先。原件、原物优于复制件、复制品。原始证据优于传来证据。(3)法庭证据优先。法庭主持勘验所制作的勘验笔录优于其他部门主持勘验所制作的勘验笔录。出庭作证的证人证言优于未出庭作证的证人证言。(4)无利害关系的证据优先。其他证人证言优于与当事人有亲属关系或者其他密切关系的证人提供的对该当事人有利的证言。(5)证据链条优先。数个种类不同、内容一致的证据优于一个孤立的证据。

四、行政诉讼的举证责任

《行政诉讼法》第 34 条第 1 款规定："被告对作出的行政行为负有举证责任，应当提供作出该行政行为的证据和所依据的规范性文件。"上述规定明确了行政诉讼中被告对行政行为的合法性承担举证责任是一种举证责任倒置，此处的举证责任应当包含主观证明责任和客观证明责任，即提供证据的义务和承担"真伪不明"下的不利后果。

（一）被告的举证责任

1. 被告对作出的行政行为负有举证责任

作出行政行为的被告应当提供作出该行政行为的证据和所依据的规范性文件。原告可以提供证明被诉行政行为违法的证据。原告提供的证据不成立的，不免除被告对被诉行政行为合法性的举证责任。行政机关作出具体行政行为时未引用具体法律条款，且在诉讼中不能证明该具体行政行为符合法律的具体规定，应当视为该具体行政行为没有法律依据，适用法律错误。

【案例 7】 宣某成等诉浙江省衢州市国土资源局收回国有土地使用权案中，被告衢州市国土资源局作出《收回国有土地使用权通知》（以下简称《通知》）时，虽然说明了该通知所依据的法律名称，但并未引用具体法律条款。在庭审过程中，被告辩称系依据《中华人民共和国土地管理法》（以下简称《土地管理法》）第 58 条第 1 款作出被诉具体行政行为。法院认为，衢州市国土资源局作为土地行政主管部门，有权依照《土地管理法》对辖区内国有土地的使用权进行管理和调整，但其行使职权时必须具有明确的法律依据。被告在作出《通知》时，仅说明是依据《土地管理法》及浙江省的有关规定作出的，但并未引用具体的法律条款，故其作出的具体行政行为没有明确的法律依据，属于适用法律错误。根据《行政诉讼法》及其相关司法解释的规定，在行政诉讼中，被告对其作出的具体行政行为承担举证责任，被告不提供作出具体行政行为时的证据和依据的，应当认定该具体行政行为没有证据和依据。①

---

① 参见宣某成等诉浙江省衢州市国土资源局收回国有土地使用权案，最高人民法院指导性案例 41 号（2014 年）。

2. 复议维持案件中的举证责任

主要有以下几种情形:(1)人民法院应当在审查原行政行为合法性的同时,一并审查复议程序的合法性。

(2)作出原行政行为的行政机关和复议机关对原行政行为合法性共同承担举证责任,可以由其中一个机关实施举证行为。

(3)复议机关对复议程序的合法性承担举证责任。

(4)复议机关作共同被告的案件,复议机关在复议程序中依法收集和补充的证据,可以作为法院认定复议决定和原行政行为合法的依据。

3. 原告或第三人申请行政机关提交证据

主要有以下几种情形:(1)原告或者第三人确有证据证明被告持有的证据对原告或者第三人有利的,可以在开庭审理前书面申请人民法院责令行政机关提交。

(2)申请理由成立的,人民法院应当责令行政机关提交,因提交证据所产生的费用,由申请人预付。行政机关无正当理由拒不提交的,人民法院可以推定原告或者第三人基于该证据主张的事实成立。

(3)持有证据的当事人以妨碍对方当事人使用为目的,毁灭有关证据或者实施其他致使证据不能使用行为的,人民法院可以推定对方当事人基于该证据主张的事实成立,并可依照《行政诉讼法》第59条规定处理。

4. 被告逾期举证失权的例外

依照行政诉讼证据规则,被告行政机关因不提供或无正当理由逾期提供证据,被告行政机关将因违反证据规则承担败诉的法律后果。但在一般规则之外存在被告逾期举证失权的例外,《行政诉讼证据》第22条规定,根据《行政诉讼法》第34条第2款的规定,有下列情形之一的,人民法院有权向有关行政机关以及其他组织、公民调取证据:(1)涉及国家利益、公共利益或者他人合法权益的事实认定的;(2)涉及依职权追加当事人、中止诉讼、终结诉讼、回避等程序性事项的。从上述规定可以看出,并非只要被告超过举证期限,就必然产生视为被诉行政行为没有证据的法律后果。

【案例8】 再审申请人海南省海口市人民政府因被申请人海南灿某实业开发有限公司诉其与一审被告、二审被上诉人海南省人民政府土地行政处罚及行政复议一案。对于被告因不可抗力或者客观上不能控制的其他正当事由,不能在规定的期限内提供证据的,人民法院应当依法准许被告逾期举证;对于案件涉及国家利益、公共利益或者他人合法权益的事实认定，或者涉及依职权追加当事人、中止诉讼、终结诉讼、回避等程序性事项的，即便被告逾期举证不存在“不可抗力或者客观上不能控制的其他正当事由”，人民法院为了查清事实，仍然可以依职权向包括被告行政机关在内的人员调查取证。设定被告举证期限，目的是督促被告及时履行举证义务，防止被告在法庭上搞证据突袭，影响原告质证和辩论权利的公平行使，从而更加有利于查明案件的事实真相。设定被告举证期限，绝不是要掩盖事实真相，造成人民法院事实认定黑白颠倒的结果。

行政诉讼中，对于被告逾期举证的，人民法院必须查明是否存在被告因不可抗力或者客观上不能控制的其他正当事由逾期举证的情形。即便是因行政机关工作人员的故意或重大过失导致被告逾期举证，如果案件涉及国家利益、公共利益或者他人合法权益的事实认定，或者涉及依职权追加当事人、中止诉讼、终结诉讼、回避等程序性事项，人民法院也应当依法向被告行政机关或者其他知情人员调取证据，从而查明案件事实。二审仅仅以海口市政府逾期举证为由，不予采信78号决定已经依法送达的相关证据材料，证据采信不符合前述规定，确有不妥，最高人民法院予以指正。①

（二）原告的举证责任

1. 公民、法人或者其他组织向人民法院起诉时，应当提供其符合法定（起诉）条件的相应的证据材料；但被告认为原告起诉超过起诉期限的除外（被告认为原告起诉超过法定期限的，由被告举证）。

2. 在起诉被告不作为的案件中，原告应当提供其在行政程序中曾经提出申请的证据材料，但有下列情形的除外：

（1）被告应当依职权主动履行法定职责的；

（2）原告因被告受理申请的登记制度不完备等正当事由不能提供相关证据材料并能够作出合理说明的；

（3）在行政赔偿、补偿的案件中，原告应当对行政行为造成的损害情况提供证据。因被告的原因导致原告无法举证的，由被告就该损害情况承担举证责任。

对于各方主张损失的价值无法认定的，应当由负有举证责任的一方当事人申请鉴定，但法律、法规、规章规定行政机关在作出行政行为时依法应当评估或者鉴

① 参见最高人民法院行政裁定书，(2019)最高法行申7705号。

定的除外；负有举证责任的当事人拒绝申请鉴定的，由其承担不利的法律后果。当事人的损失因客观原因无法鉴定的，人民法院酌情确定赔偿数额。例如，在最高人民法院指导性案例 91 号“沙某保等诉马鞍山市花山区人民政府房屋强制拆除行政赔偿案”中，法院认为，在房屋拆除引发的行政赔偿案件中，原告提供了初步证据，但因行政机关的原因导致原告无法对房屋内物品损失举证，行政机关亦因未依法进行财产登记、公证等措施无法对房屋内物品损失举证的，人民法院对原告未超出市场价值的符合生活常理的房屋内物品的赔偿请求，应当予以支持。[①]

（三）第三人举证权利

按照行政案件的一般证据规则，举证责任应当由被告即行政机关承担，被告因不提供或无正当理由逾期提供证据而败诉，是被告违反证据规则应当承担的法律后果。但当被诉行政行为涉及第三人的合法权益时，为保护第三人在被告不举证情况下的合法权益，《行政诉讼法》第 34 条第 2 款增加了第三人的举证权利：被告不提供或者无正当理由逾期提供证据，视为没有相应证据。但是，被诉行政行为涉及第三人合法权益，第三人提供证据的除外。因此，在此情况下，被告不举证或逾期举证，人民法院则不能简单地判决被告败诉，复议机关也不能简单地决定撤销原行政行为。

【案例 9】　再审申请人张某年因与辽宁省凌源市松岭子镇东道村东庄村民组（以下简称东庄组）、辽宁省朝阳市人民政府（以下简称朝阳市政府）、原审第三人辽宁省凌源市人民政府（以下简称凌源市政府）、李某财行政复议一案再审案。根据原审法院查明的事实，涉案林权证记载的林地使用权、林木所有权、林木使用权系由案外人张某增等另 24 户村民共有，该 24 户村民作为共有权利人均与涉案林权证具有利害关系，该林权证是否被撤销均对该 24 户村民产生权益影响，应通知其作为第三人参加到复议程序中来。朝阳市政府未通知该 24 户村民参加复议，存在遗漏第三人的程序违法情形。凌源市政府未能在行政复议程序中提交证明颁发涉案林权证合法性的林权登记档案等证据材料，但涉案林权证的所有权人系东庄组，不考虑东庄组提交的证据，在未对发证行为合法性进行全面审查的情况下，只因凌源市政府未能提供相关证据而认定发证行为无证据、依据并予以撤销，有违基本法理。因此，张某年提出的再审申请理由不能成立，最高人民法院不

---

① 参见梁凤云：《行政诉讼法司法解释讲义》，人民法院出版社 2018 年版，第 146 页。

予支持。一审判决撤销行政复议决定,责令重新作出,二审判决予以维持,均无不当。①

五、行政诉讼的证明标准

我国2013年《行政诉讼法》将行政诉讼证明标准界定为“证据确凿”。对于具体何为“证据确凿”,最高人民法院在相关司法文件中提到:由于被诉具体行政行为的类型多样化,与刑事诉讼和民事诉讼相比,行政诉讼证据的证明标准也不是单一的,因此,根据具体行政行为性质的不同而应适用不同的证明标准。行政案件证明标准的高低,原则上取决于被诉具体行政行为对原告权益影响的大小。从目前的审判实际看,对于涉及限制人身自由、大额罚没等对行政相对人人身、财产权益影响较大的具体行政行为的案件,可以比照适用类似于刑事案件的证明标准;对于行政裁决类行政案件和其他行政案件,可以比照适用类似于民事案件的证明标准。② 可以看出,最高人民法院对于行政诉讼证明标准的基本态度是:首先,由于被诉具体行政行为对原告权益影响的大小差异较大,所以行政诉讼证明标准应当多样化;其次,对于人身、财产等权益影响越大则越趋向于适用刑事诉讼的证明标准,影响越小则越趋向于适用民事诉讼的证明标准。

民事诉讼当事人之间的权利义务是对等的,一般采用优势证明标准;刑事诉讼当事人之间的权利义务不对等程度最高,一般采用排除合理怀疑的证明标准;行政诉讼当事人的权利义务的不对等程度介于二者之间,应当采用严格程度介于其间的证明标准,即清楚而有说服力的证明标准。因此,在行政诉讼案件中,只有在特定的条件下采用优势或者排除合理怀疑的证明标准,一般情况下应当采用清楚而有说服力的证明标准。③

(一)优势证明标准的适用情形

根据被诉行政行为的性质与证明责任的承担方式,在以下两类情形中应当采用优势证明标准:

第一,行政机关作为中立机关对平等主体之间的民事纠纷作出裁决而引起的

---

① 参见最高人民法院行政裁定书,(2020)最高法行申154号。

② 参见阎巍:《行政诉讼证据规则:原理与规范》,法律出版社2019年版,第104页。

③ 参见最高人民法院行政审判庭编著:《最高人民法院〈关于行政诉讼证据若干问题的规定〉释义与适用》,人民法院出版社2015年版,第340~341页。

行政诉讼案件中，法官对行政机关裁决所认定的事实的判断，应当采用优势证明标准。这种裁决是依据对平等主体提供的证据的判断而作出的，行政机关在行政裁决中所采用的就是优势证明标准。因此，在行政诉讼中，法院对行政裁决行为进行审查时，也应当采用优势证明标准，即当原告提供的证据的可信度大于行政机关所认定的证据的可信度时，应当采信原告提供的证据；反之，则应当采信行政机关所认定的证据。因为在行政裁决案件中，行政机关裁决的性质相当于初审法院对民事案件的裁判，而行政诉讼程序的性质相当于二审法院对民事案件的裁判。①

第二，在行政诉讼中，原告应当承担证明责任的，采用优势证明标准。原告需要承担证明责任的，主要有以下两种情况：

一是在起诉被告不作为的案件中，原告应当提供证据证明其在行政程序中曾经提出申请的事实。例如，在一起行政诉讼案件中，原告在起诉状中声称曾经到工商机关申请营业许可证，并有同行的一个成年人的证言为证据，以证明原告和该证人于某天某时曾经到该工商机关申请营业执照。工商机关在诉讼中无法提供受理申请的登记册，但工商机关负责接待的两个工作人员一致认为，没有见过原告来申请营业执照。在这种情况下，法官可以认为原告的证据占有优势，而认定原告已经提出过申请。

二是原告提出被诉具体行政行为没有认定但与该行为合法性有关联的事实的，由原告承担举证责任。例如，某企业排放超标准污染物，被环保行政机关发现，环保行政机关认定该企业违反有关环境保护的法律、法规，作出责令停产整顿并处以巨额罚款的行政处罚的决定。在诉讼过程中，原告提出在行政机关作出处罚决定之前，该企业由于接到相邻居民的投诉，已经通过技术改造使排放的污染物降低到当地地方性法规规定的标准。根据地方性法规的规定，原告主动改正应当作出行政机关处罚程度的考量因素。在这种情况下，法院对原告提出已对污染物排放作过改正的事实应当作出判断。在判断时，应当采用优势证明标准。另外，在行政赔偿诉讼案件中，原告对被诉具体行政行为造成的损害事实负有证明责任。因此，在这种案件中，应当采用优势证明标准。其理论根据是，行政赔偿诉

① 参见最高人民法院行政审判庭编著：《最高人民法院〈关于行政诉讼证据若干问题的规定〉释义与适用》，人民法院出版社2015年版，第336页。

讼程序与民事诉讼程序在性质上基本相同。①

（二）排除合理怀疑证明标准的适用情形

我国行政处罚制度的设计与英美国家有很大的不同，特别是限制人身自由的行政处罚。英美国家正当法律程序原则要求所有限制人身自由的处罚均应当由法院经司法程序作出。而我国治安拘留的行政处罚是由公安机关作出的，并且只有在被处罚人提起行政诉讼的情况下，才接受法院的司法审查。不仅如此，我国治安拘留在行政诉讼期间不停止执行，这与任何人未经正当法律程序（包括司法程序）其人身、财产权利不受侵犯的原则是相冲突的。事实上，治安拘留对于人身自由的限制严厉程度相当于英美国家的轻罪，属于刑罚的范畴，因而应当适用刑事诉讼程序的证明标准。在行政诉讼中，若法官采用排除合理怀疑的标准，可能会认为行政机关认定的事实存在合理的怀疑，若不顾这种怀疑作出判决，可能因其不公正而剥夺了公民的人身自由，因而不应当采用优势证明标准。

（三）清楚而有说服力的证明标准

行政诉讼中清楚而有说服力的证明标准可以从以下几个方面来理解：第一，被告提供的证据相对于原告的证据具有明显的优势。这里所说的明显的优势是相对于民事诉讼中的一般优势而言的，在行政诉讼中，如果被告的证据相对于原告的证据，其可信度只占 51%，则不具有明显的优势，法官不应当采信这个证据，否认行政行为认定的事实。第二，清楚而有说服力的证明标准不排除存在合理怀疑。清楚而有说服力的严格程度低于排除合理怀疑，允许个别的合理怀疑的存在。第三，行政机关的证据之间具有清楚的逻辑关系。行政机关作出对相对人不利的行政决定时，应当对相对人的违法事实有一个合乎逻辑的判断，而行政判断的依据应当是行政机关收集的相关证据。因此，只有当行政机关认为其有确凿证据的时候，方可作出对相对人不利的行政处罚等行政行为。第四，行政机关的证据充分而且具有一定的说服力。行政机关作出行政行为时应当有充分的证据使大多数人相信其是必要的，也就是具有一定的说服力。②

---

① 参见最高人民法院行政审判庭编著：《最高人民法院〈关于行政诉讼证据若干问题的规定〉释义与适用》，人民法院出版社 2015 年版，第 337～338 页。

② 参见最高人民法院行政审判庭编著：《最高人民法院〈关于行政诉讼证据若干问题的规定〉释义与适用》，人民法院出版社 2015 年版，第 341～343 页。

第六章　第五步——法律规则适用、监管及评查

法律适用，按照通常的理解，是指国家司法机关根据法定职权和法定程序，运用法律处理案件、解决纠纷的活动。人民法院作为国家的审判机关，肩负司法为民、公正司法职责。法律适用的司法活动，具体反映在人民法院案件审理环节，就是正确理解法律（含立法解释和司法解释），并在此基础之上依法准确适用法律处理好待决案件的司法过程。在司法实务中，法律适用是一个能动的司法过程，是一个选择法律条文（法律规则）作为裁判依据，并据此公正裁判的履职履责过程。正确理解和适用法律，依法合理行使自由裁量权，既是法律赋予法官的权力，更是法律要求法官承担的责任义务。法律适用能力是法官专业能力的核心，是衡量法官办案能力和水平高低的"试金石"。法律规则适用是否得当，应当接受实践检验。具体而言，应当体现在据此作出的裁判结果是否实现了政治效果、法律效果、社会效果的统一以及"情、理、法"的统一。

法律规则适用、监管及评查是五步法的最后一步，也是最为关键的一环，直接关系案件审理结果的质量和效果，关系司法公共产品是否能够得到人民群众的真正认同和认可。案件审理在按照法律依据检索、类案检索、关联案件检索、证据规则运用之后，将进入法律规则适用最后一环，即准确地适用法律并据此作出居中裁判，进而达到公正司法的目的。审判实务中，按照五步法的要求，法官在法律适用中应当力求以最小的代价，获得最大的司法效益，同时，裁判结果应经受得住司法实践和人民群众口碑的双重检验。

为达到上述目的，在法律适用环节，法官应当正确理解和适用法律。在办案过程中，如果不同的法官个体对法律规则在理解上出现了分歧，应当严格按照有权解释解决分歧，自觉将裁判尺度统一到法律的明文规定和最高人民法院的统一裁判尺度上来。如果有权解释没有作出明确规定，在依法合议和能动司法的基础上，应当按照主流价值观并参考主流判决作出裁判。如果个案需要偏离主流价值

观和主流裁判的尺度，那么，该案的处理，在实体上应当具备充分理由并在审理报告中加以明确说明，在程序上必须经依法合议，按照“少数服从多数”的司法民主原则进行处理。法官在裁判过程中，应当坚持系统思维，待决案件应当与关联案件保持事实认定和法律适用的一致性。在出现普遍性的法律适用分歧时，应当依托审判委员会，充分发扬司法民主，集中集体智慧，能动司法，司法为民，公正司法，以实践为检验真理的唯一标准，以人民群众的评判为判断标准，坚持真理，修正错误。

为此，法官应当加强个人法学素养和道德素养，秉承社会良知，做到虚心、兼听、明察、慎断，坚持开门办案，自觉接受人民监督，主动接受实践检验，不断提升司法能力和水平。司法实践中，法官必须处理好五对关系，即程序公正与实体公正的关系，居中裁判与能动司法的关系，司法专业化与司法大众化的关系，法理与情理的关系，改革创新与继承传统的关系。①

第一节　法律规则适用概述

法律适用，从审判实务的角度看，是一个具体运用法律规则以处理待决案件的司法能动过程。法律规则，在形式上由具体的法律条文组成，广义上的法律规则还包含了法律原则。法律规则的适用以具体案件裁判中的法律条文援引为依托。审判实务中的法律适用，不仅包括实体法律规则的适用，也包括程序法律规则的适用，既包括案件裁判过程中的法律适用，而且还包括立案过程和执行过程中的法律适用。

以案件裁判过程中的法律适用为例，法官在对案件的证据进行审查、完成事实认定之后，需要“寻找”与案件事实相对应的法律规则并正确地予以适用，以妥善依法处理好待决案件。在选择了法律规则后，审判人员在制作裁判文书时应当在裁决中明确予以援引并进行说法析理。一旦法律适用完成，即产生待决案件的判决结果，该判决结果将产生既判力。由此可见，从司法实务角度看，法律适用，实际上是一个能动的司法过程，即审判人员对法律条文所包含的法律规则进行选

① 参见王雨田、周明：《处理好五对关系　践行司法为民宗旨》，载《人民法院报》2021 年 5 月 15 日，第 2 版。

择并作为判决依据进行裁决的司法过程。

法律适用,具体到个案处理中,是法官在正确认定事实的基础上,按照构成要件标准对所认定的事实进行定量定性分析后,准确对其进行类型化归类的过程。法官在此基础上"寻找"具体的适合于该具体案件处理的法律规则,用于处理待决案件。法律适用,实际上也是一个"找法""用法"的过程。在这个"找法""用法"的过程中,必然伴随定性分析和定量分析,必然伴随能动司法。它以法律依据检索(延伸检索和补充检索)为依托,是一个由具体事实到类型化的判断,再从类型化的判断到具体法律规则选择,从而准确适用最佳法律规则的过程,与此同时,法官也在不断比较和优化选择裁判思路。在这个比较与选择过程中,法官应当坚持系统思维,比对类案检索成果和关联案件检索成果,"以事实为根据,以法律为准绳",坚持独立判断,体现司法理性,发扬民主,能动司法,依法处理"待决案件"。

从具体案件和法律规则之间的关系来看,法律规则适用大致可以概括为以下三种情况:一是确定性法律规则的适用;二是开放性法律规则的适用;三是法无明文规定情况下的处理。

确定性法律规则的适用,在审判实践中一般表现为简单案件。在这类案件中,法律、司法解释、指导性案例等对于该类案件的各种情况已经作出明确规定,此时,法官应当根据该明确规定依法裁判案件,不能作偏离明确法律规则而作出与之不一致的裁判结果。需要注意的是,由于司法解释条文的文字也是相对有限的,司法解释条文本身也需要正确加以理解。具体而言,对于司法解释的理解,需要结合最高人民法院司法解释理解与适用系列,以及最高人民法院负责业务指导的相关庭室或者法官发表在《法律适用》《人民司法》《人民法院报》等权威期刊、报纸的职务作品进行理解。最高人民法院针对个案请示的批复意见,对于此类案件的处理同样具有约束力。

开放性法律规则的适用,在审判实践中一般表现为疑难复杂案件。在这类案件中,法律、司法解释对于相应的案件情况并没有具体而明确的法律规定,法官在法律适用过程中拥有解释的空间,可以行使自由裁量权。对于开放性法律规则的适用,要充分运用类案检索的成果作为参考,把关联案件检索结果作为参照,秉承社会良心,遵照主流价值观和主流裁判思路进行判决。此种情形下,法官如果要偏离主流判决进行裁判应有充分的理由,法官应当对开放性法律规则作出审慎、合理的解释。在程序上,这类案件不宜独任审理,必须通过合议庭的"小民主"依法合议,必要时需经过专业(主审)法官会议的"中民主",甚至审判委员会的"大民主”来决定。从合议庭的“小民主”到审判委员会的“大民主”，在发扬司法民主中，尽可能地集中司法智慧，凝聚司法共识。

法无明文规定情形，在审判实践中一般表现为新类型案件。此类案件属于社会经济生活中出现的新类型纠纷，通常尚未出台立法予以明确规制，例如祭奠权纠纷、代孕纠纷。尽管此类案件没有具体的法律规定，但是，在符合立案条件的情况下，人民法院亦不得拒绝裁判，在审理过程中，法官应充分发挥主观能动性，坚持“情、理、法”相统一，遵照相关的法律原则和法律精神妥善进行处理。对于法无明文规定案件的处理，应坚持以最小代价获得最大收益的原则，在程序上应依托审判委员会充分发扬司法民主进行裁决。在无法形成多数意见时，应当及时层报上级法院请求业务指导。面对新类型案件，法官在裁判时要守正创新，担当作为，能动司法，以实践作为检验案件效果的唯一标准。在此类案件中，应当用好司法建议，推动相关职能部门尽快出台相关法律法规，以完善社会主义法治体系，提升社会治理水平。

一、法律行为类型化的评价原则

法律适用，始终离不开对法律行为进行类型化的法律评价。法律行为的类型化，是以法律规定的构成要件为标准依法对法律行为进行的归类。在司法实务中，它是案件进入诉讼阶段必须首先面对的问题，具体决定案件在形式上应当以什么案由进入诉讼。在案件审理过程中，需要以类型化的法律行为为指引，在庭审中查明事实，在此基础上，根据类型化行为的法律评价标准进行实质判断，进而具体决定待决案件的实质案由以及待决案件的裁判方向和取舍具体裁判规则。

在刑事审判中，类型化的法律行为，就是指刑法分则所规定的为最高人民法院、最高人民检察院发布司法解释所确立的 483 个罪名，如投毒罪、抢劫罪、贪污罪等。在民事审判中，是指《民法典》和相关民商事法律规定的各种民商事行为，具体体现为民事案件的各种具体案由（各种民事法律关系）。在行政审判中，是指《行政诉讼法》所规定的各种可诉的行政行为，具体体现为行政诉讼案由，与案由对应的是诸如行政协议、行政登记、行政征收等行政法律关系及相关基础事实。类型化的法律行为还可以根据不同标准具体进行细分，比如，合同法律行为，就可以继续细分为借贷合同、保理合同、买卖合同等不同类型。从审判实务角度看，这些行为类型都充分体现在了立案环节的具体案由名称上。在立案环节，首先需要根据当事人的主张或者检察机关的指控确定形式上的案由（类型化的法律行为），做到“有案必立、有诉必理”。司法实务中，对类型化的法律行为的评价，是一个动态过程，随着庭审的逐步推进，对其认识将逐渐深化，直至精准锁定。在这个过程中，按照五步法的要求，要充分运用五步法中前四步的检索成果，由表及里，由现象到本质，进行综合分析，在独立判断和参照借鉴中，确定最佳的裁判思路，选择最合适的法律规则。

例如，违反公序良俗就是一种大的民事行为类型，但立法并未明确什么样的行为属于类型化的违反公序良俗的行为。司法实践中，有观点提出将违反公序良俗的行为类型化为十种：一是危害国家公序型，如以从事犯罪或者帮助犯罪行为为内容的合同；二是危害家庭关系型，如约定断绝亲子关系的协议；三是违反道德型，如开设妓院的合同，实践中以性行为为对价获得借款的情形；四是射幸行为型，如赌博、巨奖销售变相赌博等；五是违反人权和人格尊严行为型，如过分限制人身自由换取借款的情形；六是限制经济自由型，如利用互相借款扩大资金实力以分割市场、封锁市场的协议；七是违反公平竞争型；八是违反消费者保护型；九是违反劳动者保护型；十是暴利行为型。[①] 这些归类，对于法官具有参考价值。

对类型化的法律行为的评价应当遵循以下几个原则：

（一）依法评价原则

对类型化的法律行为进行评价，必须坚持“以事实为根据，以法律为准绳”的原则。依法评价是基本的法律评价原则，是法治的基本要求。只有对法律行为依法进行评价，才能确保法律规则的适用符合法治要求，体现法的实施的合法性和公正性，最终经得起司法实践和人民口碑的检验。依法评价原则要求，在对法律行为进行评价时，必须以国家宪法、法律法规、立法解释、司法解释等法律规范为基础和依托。法官应当准确领悟法律规定的精神内核，充分理解法律行为的构成要件，并在此基础上对法律行为的类型作出最准确的评价与判断。同时，依法评价原则要求，法官不能先入为主进行判断，不能脱离法律规定而主观臆断。法官必须以客观事实为基础，以法律规范为准则，以确保法律实施的严肃性和司法的正当性和公正性。

---

① 参见杜万华主编、最高人民法院民事审判第一庭编著：《最高人民法院民间借贷司法解释理解与适用》，人民法院出版社 2015 年版，第 268 ~ 269 页。

（二）充分评价原则

对法律行为进行类型化评价，要确保法律行为的全部内容都依法进行了充分的评价，不存在遗漏部分，这是充分评价原则的具体要求。充分评价原则强调的是：对行为的评价必须充分，评价时不能存在有部分行为及其法律意义被忽视、忽略或者根本未予以考虑。这就要求，评价者在进行法律评价时，对所有有意义的事实内容都予以了充分考虑，并依法进行了评价，即对有关事实做到了“应评尽评”。比如，在刑事案件中，被告人的犯罪事实可以评价为抢劫行为确定无疑，但是，除开这部分被评价为抢劫罪的犯罪事实外，行为人实施了其他还可以被评价为构成盗窃行为的事实，此时，就应当将行为人的犯罪行为评价为构成抢劫罪和盗窃罪两罪，而不是仅仅构成抢劫罪。此时，若仅适用抢劫罪的犯罪构成要件加以评价，因为遗漏了客观存在的盗窃行为，就会出现对被告人的犯罪行为依法评价不足的问题，违背了充分评价原则。

（三）禁止重复评价原则

对符合构成要件的同一行为只能进行一次评价，不能对同一行为进行重复评价，是禁止重复评价原则的基本要求。典型的，如在想象竞合犯中，因同一行为触犯两个以上罪名，在这种情况下，就不能进行重复评价，而应当按照处罚较重的犯罪进行评价。例如，一枪打死一人又打伤一人，如果将该枪击行为既评价为故意杀人罪的构成要件，同时又评价为故意伤害罪的构成要件，则这种评价就是一种重复评价，违背了禁止重复评价原则。此种情形应以故意杀人罪进行评价为宜。仍以刑事审判为例，在案件的审理过程中：（1）禁止运用同一标准对同一评价对象进行重复评价；（2）禁止运用犯罪构成对同一犯罪构成要件事实进行重复评价；（3）禁止运用犯罪构成在同一诉讼中对同一犯罪构成要件事实进行重复评价。例如，交通肇事案件中，已作为入罪要件的逃逸行为，不能再作为对被告人加重处罚的量刑情节而予以重复评价。禁止重复评价并非当然也非绝对，而是基于一定价值、目的下选择的结果，并且也是在一定的条件下才禁止双重评价。[①] 当行为人的犯罪行为符合数个犯罪构成要件时，则应当依法评价为数罪。

---

① 参见肖中华、周军等：《论刑法中的禁止不当评价》，载《法律适用》2000 年第 3 期。

（四）一次性评价原则

一次性评价原则，要求法官从整体上对类型化的法律行为作出评价，能够在法律上进行一次评价的，就不分解评价，否则将造成评价不当的后果。例如，在刑事案件中，行为人的行为构成抢劫罪，就不能将该符合抢劫罪犯罪构成的一个抢劫事实再机械进行拆解为一个抢夺行为和一个盗窃行为，并以此为基础再分别评价为“抢夺罪+盗窃罪”。一次性评价是在对法律行为进行类型化评价过程中应当遵守的基本原则。以刑事审判牵连犯的认定为例，按照传统的刑法理论，牵连犯是处断上的一罪，对牵连犯，原则上实行从一重罪处断（立法和司法解释明文规定并罚的例外）。也就是说，对牵连犯，在处理时应当按照数行为所触犯罪名中最重的罪论处。例如，行为人在诈骗犯罪中，为了进行诈骗，实施了伪造国家机关公文的行为。诈骗行为，是目的行为，伪造国家机关公文的行为，是手段行为，两个犯罪行为之间形成手段与目的的牵连关系，构成牵连犯，应按照较重的诈骗罪定性处罚。伪造国家机关公文的行为，因与诈骗行为存在牵连关系，不再单独评价为伪造国家机关公文罪，而是作为量刑情节予以考虑。

（五）一致性评价原则

一致性评价原则要求，对一个行为的法律评价应当具有一致性，不宜相冲突。例如，在合同行为构成犯罪的情况下，如果对该合同行为在刑法上作出成立犯罪的评价，而在民法上作出合同行为有效的评价，这就会出现法律评价的冲突问题，有违法秩序统一的原则要求。从一般原理上看，刑法是对行为性质最严重的否定，体现了国家对意思自治的干预，其背后的正当理由是为了公益，即公共秩序、基本人权、善良风俗等社会利益。上述案件中，在对合同行为依法评价时，一般应当保持法评价上的一致性，无论是刑法上的评价，还是民法上的评价，均应作出否定性评价。当然，民法上作合同无效的否定评价，并不等于说无过错之人的利益就不受法律保护。此种情形下，对于无过错方利益的保护，其保护依据由合同无效转变为据此依法认定应由实施犯罪行为的人承担相应的民事责任。需要注意的是，在判断涉嫌犯罪的合同的效力时，在保持法律评价一致性的问题上，最为关键的区分标准，是正确认定犯罪的对象是仅对合同订立中的某一行为，还是针对整个合同本身（合同的目的和合同履行的效果等）。如果犯罪评价的仅是合同行为人某一个具体订立合同的行为，则不涉及对整个合同效力的评价，合同仍依照民事法律评价不会出现冲突。如果犯罪评价的对象是整个合同关系，包括合同目的违法、合同标的违法、合同的履行行为违法等，则合同构成犯罪的，民法上亦应对合同作否定性评价。[①]

（六）最佳评价原则

最佳评价原则，是从评价结果视野审视的，要求对类型化的法律行为进行最精准的法律评价，从而适用最恰当的法律条文（法律规则）进行裁判。判断法律评价是否为最佳评价，是建立在评价者可以对法律行为进行多种法律评价的基础之上的。按照最佳评价原则的要求，在多个可以选择的法律评价思路之中，法官应当选择最佳的法律评价判断，进而确定最佳的裁判思路，在经过最佳评价原则进行评价取舍之后，相关案件的裁判结果能够最大限度地达到政治效果、法律效果和社会效果的有机统一，"情、理、法"的统一。最佳评价原则是法律评价的落脚点，是依法评价、充分评价、禁止重复评价、一次性评价、一致性评价等法律评价原则的最终归宿，是法官办理案件所要追求的价值目标。

二、法律规则适用的基本原则

从法律的立法目的、价值衡量、社会效果等方面来审视，法官在法律适用的过程中必须坚持客观判断、体系化适用、效果评价等基本原则，以确保裁判结果的公正性。

（一）客观判断原则

法官适用法律的过程，并非机械地生搬硬套法律条文。法官在全面检索出相关法律法规的基础上，需要结合案件事实对之进行客观判断。客观判断的过程，是一个具体情况具体分析的过程，通过客观判断，进而确定具体的法律规则之间的相互区别和联系，最后准确地选择适用所检索出的最佳法律规则来解决所面临的法律适用问题。为了进行客观判断，就必须对法律法规的可适用性进行客观评估，即分析评价已检索到的法律法规是否适用于所需解决的法律问题。评估的具体内容，不仅包括法律条文本身是否有效，还包括与所要解决的法律问题是否匹

① 参见江必新主编：《中华人民共和国民法典适用与实务讲座》，人民法院出版社 2020 年版，第 63～64 页。

配，法律条文能否适用于该法律问题等。一般而言，在进行客观判断时，有以下几种情形需要引起充分注意：

1. 法律法规本身已失效，应排除适用。这种情形往往比较容易分辨。许多法律检索工具对法律法规的时效性都已作出了明确标注，但不排除有些法律检索工具存在更新不及时的情况。对于已经被认定为“无效”的法律法规，应当不予适用。对于虽未被认定为“无效”但其有效性存在疑问的条文，法官则需要进一步延伸检索，以得出是否仍然有效的确定结论。需要说明的是，尽管某些法律法规被新法所替代而致失效，但因纠纷发生在其有效期间内，纠纷发生时的有关法律规则，则仍应当适用。例如，民法典施行后，侵权责任法、合同法等九部民事法律虽被废止，但侵权行为发生在民法典生效前，处理相关侵权纠纷应当适用侵权责任法。①

2. 法律法规本身还有效，但其部分条文已被新法的规定所取代，事实上不再适用。一部新出台的法律法规的末尾常有如下表述：“……在本法之前制定的法律法规的规定，与本法相冲突的不再适用。”在这种情况下，前法的时效性仍为现时有效，但是其中部分条文却因被后法的新规定所取代而不再适用。此种情况下，并不意味着前法与后法所规定的相关事项的所有条文均不再适用，而只是与后法规定相冲突的不再适用。这就要求法官时刻保持对法律更新的关注，及时学习领会新法的要义，对类似规定进行认真细致的分析，并作出准确的判断。

3. 法律法规本身所调整和规定的事项并非法官所需检索内容，但其部分条文，甚至是全部规定，却因为其他法律法规的准用而对法官所处理的法律问题具有适用性。如1986年颁布的《企业破产法（试行）》中关于破产还债制度的相关规定。旧破产法的第一部分即指出该法规定仅适用于全民所有制企业，然而根据最高人民法院《关于适用〈中华人民共和国民事诉讼法〉若干问题的意见》（现已修订）第253条的规定：人民法院审理破产还债案件，除适用《民事诉讼法》第19章的规定外，并可参照《企业破产法（试行）》的有关规定。从而，旧破产法中的破产还债规定对非全民所有制企业的破产还债案件也可适用。这同样需要法官全面熟悉掌握相关法律法规，时刻注意相关法规之间的联系。

（二）体系化适用原则

法律条文是依据一定的规则和规律陈列在编、章、节、条、款、项等位置上，应

① 参见最高人民法院民法典贯彻实施工作领导小组办公室：《〈最高人民法院关于适用《中华人民共和国民法典》时间效力的若干规定〉的理解与适用》，载《人民司法》2021年第10期。

根据法律条文前后的关联性确定其意义、目的、具体内容和适用范围。因此,在对法律条文进行解释的时候,就必须从体系的角度考虑该条文所在的具体位置,分析其与前后文的具体逻辑关系,从而正确地适用。在进行体系解释的时候,首先应找出法条在法律条文体系中所处的具体位置,然后依循法条在法律体系内部的逻辑关系进行恰当解释,这是法律适用时体系化适用原则的要求。

对于法律条文的体系化解释,要从法律条文与其他法律条文的关系、该法律条文在所属法律文件中的地位、有关法律规范与法律制度的联系等方面入手,系统全面地分析该法律条文的含义和内容,以免孤立地、片面地理解该法律条文的含义。[①] 以《民法典》为例,各章之间及各章内部都有一定的逻辑关系,这种逻辑关系就成为体系化解释的根据。如果进行法律解释的时候违背这种逻辑关系,可能就难以作出符合规范目的的法律解释。

例如,针对新冠肺炎疫情防控需要,最高人民法院、最高人民检察院、公安部、司法部联合发布《关于依法惩治妨害新型冠状病毒感染肺炎疫情防控违法犯罪的意见》(以下简称《疫情防控意见》),对妨害疫情防控违法犯罪涉及的罪名进行了较为全面的列举规定。在此次发布的《疫情防控意见》的性质及其效力如何理解的问题上,就应当进行体系化解释。按照体系化解释要求,《疫情防控意见》与2003年"非典"疫情期间最高人民法院、最高人民检察院发布的《关于办理妨害预防、控制突发传染病疫情等灾害的刑事案件具体应用法律若干问题的解释》(以下简称《疫情应用解释》)具有顺承的关系,2020年发布的《疫情防控意见》是在2003年发布《疫情应用解释》的基础上制定和实施的,二者均属于刑事司法解释,必须坚持在刑事法律规范体系中对其进行理解与适用,才能促进刑法规范的整体协调,否则,就可能会违背罪刑法定原则,破坏法秩序的统一性。

不同的法律原则之间同样存在适用的位阶顺序问题,要从体系化适用原则来理解和确定法律原则的适用位阶。以民法基本原则的位阶为例,《民法典》第一章确立了"平等、自愿、公平、诚信、守法、公序良俗和绿色"七项民法基本原则。民法七项基本原则充分展现了民法典以人为本,以权利为本的精神和灵魂,规定了民法的基本伦理、价值、功能,确立了民法的基本规范、结构、逻辑,是整个民法规范体系的根基,既是每一个民法规范的起点、支点,也是终点。民法七项基本原则之

① 参见王胜俊:《法律体系形成与人民法院的历史使命》,载《人民法院报》2011年9月8日,第1版。

间并非完全处于同一层级的并列关系，要注意相互之间存在秩序、位次和价值权重的差异。民法是民事权利的大宪章，确认和保障个人自由及权利的享有、发展是民法的基本目的。因而，第一层次的民法原则是以实现个人权利为基本功能的民事权利保护、意思自治、平等（人格）原则；第二个层次的基本原则是公平、诚信原则，用于平衡个人自由、权利与他人、众人之自由权利，维护人与人共生共存的私法空间，既是对个人权利的限制，也是实现个人权利的保障；第三个层次是依法和公序良俗、绿色原则，这两项原则是对意思自治原则的限制，也是对司法的作用空间和范围的限定，平衡的是民事主体与社会、国家的关系，以限定国家公权力对私人自治的干预，建立起个人自由和私法自治的防火墙和隔离带。[①]

针对案件事实，法官所检索到的与之匹配的法律依据、司法解释等常常并不是唯一的法律规则，需要准确适用。在司法实务中，法官对于法律规则的理解客观上可能出现不当，或对引用的法条及其相关司法解释考量不周，或对于法条的逻辑结构以及要件归入仍不够细致、缜密，这些都可能造成法律规则适用不当，进而导致裁判结果偏差。以刑事审判为例，在刑事案件中，在准确定性的基础上，量刑时必须综合考虑案件中被告人的犯罪事实、犯罪情节、主观恶性和人身危险性等因素，为此，法官必须从系统观的角度，根据相关刑事法律及相关刑事司法解释的规定，完整准确地进行理解，综合予以考虑，客观评价决定。在法律规则运用上，如果存在上述理解偏差和适用偏差，必须会导致定罪量刑出现偏差。为了避免上述偏差，在司法实务中，审判人员应当：一是要全面掌握法律原则的基本精神，[②]如刑法上的罪刑法定原则、罪责刑相适应原则，民法上的诚实信用、公序良俗、意思自治、公平、平等原则，行政法上的依法行政、审慎原则等精神；二是要系统准确理解和解释具体法律条文（法律规则）的含义，法官应在全面学习、掌握法律规定的基础上，以立法解释和最高人民法院的司法解释为依据，针对案件具有的特有事实、情节等情况，精准适用法律，真正做到裁判公正，案结事了。综上所述，法官在法律检索的基础上，还应当对法律规则适用从体系上进行细致缜密的分析，从而做出全面正确的理解和判断，进而确保在案件审理时不会错误地适用不当的法律规定，也不会漏掉应该适用的法律规定。

---

① 参见江必新主编：《中华人民共和国民法典适用与实务讲座》，人民法院出版社 2020 年版，第 64～65 页。

② 参见最高人民法院编写组：《人民法院审判理念读本》，人民法院出版社 2011 年版，第 193～195 页。

（三）效果评价原则

人民法院审理案件要通过准确认定事实与正确适用法律，达到定分止争的目的。法官对于法律规则的理解与解释，左右着其对法律规则的适用，决定了案件的裁判结果。一个符合公平正义要求的裁判必须能够经得起人民群众的评判和司法实践的检验，达到政治效果、法律效果和社会效果的有机统一。“三个效果”的统一是评价法律适用的重要维度，因而法官在法律适用过程中要始终坚持效果评价原则。

1. 政治效果评价

人民法院是人民民主专政的国家政权机关，是巩固人民民主专政的国家机器，肩负捍卫党的领导和人民民主专政的国家政权、维护党和国家工作大局的使命任务。人民法院的性质具有鲜明的政治属性，决定了人民法院首先是政治机关，旗帜鲜明讲政治是第一要求。要始终坚持党的坚强领导，在尊重法律适用规律的前提下实现党对国家政治的正确引领，这是法律适用的政治效果要求。在法律规则适用、监管及评查中，首先需要考量法律适用的政治效果。具体而言，法律适用的政治效果评价应当包括以下方面：(1)是否坚持党的领导，坚持党的思想路线和方针政策的领导；(2)法律适用及法律适用规则的运用是否符合政治要求；(3)是否在法治理念的前提下追求政治效果；(4)是否维护个案公正和社会公正，维护人民利益；(5)是否为社会发展服务，保障国家安全，捍卫党的执政地位，保障党的事业顺利进行。

2. 法律效果评价

法律效果是指法官在适用法律作出裁判时，是否体现法治的原则与内涵，是否严格依法办案。它要求法官在审理案件时既要遵守法定程序，充分体现法的自身价值，又要实现法律的立法目的，切实维护司法公正。在法律规则适用、监管及评查中，法律效果是法律适用的重要考量因素。我国上下级法院之间是审判监督关系，二审法院要对一审裁判的法律适用及其法律效果进行全面检视。具体而言，法律适用的法律效果评价应当包含以下方面：(1)法律规则的适用过程与结论是否符合法律规定；(2)法律适用规则是否遵循立法精神；(3)法律适用程序是否存在瑕疵；(4)法律适用主体的自由裁量权行使是否得当。

3. 社会效果评价

法律适用不仅仅只针对法律本身，由法律适用决定的裁判结果是司法公共产品,需要面向社会,接受社会公众的监督和评判。而产生既判力的裁判结果会对社会公众形成行为指引,从而调整相应的社会关系,由此产生了法律适用的社会效果。在进行法律规则适用、监管及评查的时候,应当从本质上审视社会公众对法律适用行为、结果是否满足程序正义与实体正义,是否满足社会的主流价值观和长远发展利益的判断,要体现社会公众对法律适用活动的情感认同与尊重。要从细节上审视具体的法律适用行为及其结论能否获得人民群众的真正认可,关切其对社会发展的客观影响。如辱母案、电梯劝阻吸烟案等社会广泛关注的热点案件,要密切关注法律适用活动对社会可能带来的影响。法律本身所具有的引导功能,在法律适用的过程、结果中会产生不同社会效果。正确适用法律规则,必然导致良好的法律适用效果,据此得出的判决结果显然会充满正义的正能量,而违法的、错误的适用法律规则会产生饱含争议的负面效应,在社会上产生负面效果。具体而言,法律适用的社会效果评价应当包含以下方面:(1)法律适用对案件有关的社会热点、大众情感、利益权衡等问题是否符合社会正义观念;(2)法律适用是否符合主流价值取向;(3)法律适用结果能否获得社会的普遍认可;(4)法律适用是否有助于促进社会秩序和经济秩序的平安、稳定、进步。

三、法律规则适用的基本规则

在坚持法律行为类型化的评价原则与上述法律规则理解和解释基本原则的基础上,法官在审理案件的过程中,根据各方诉讼主体参与诉讼的庭审情况,结合具体案件事实,在法律依据检索、类案检索和关联案件检索的基础上,一般可以大致确定待决案件需要适用的法律规则范围。在司法实务中,常常会出现多个法律规则之间存在冲突的情况,即法律规则产生冲突。此时,需要借助立法法所确立的法律适用规则来进一步确定应当适用的具体法律条文。立法法规定了四项法律适用规则:上位法优于下位法、特别法优于一般法、新法优于旧法、法不溯及既往。在这四项法律条文适用规则中,上位法优于下位法具有优先性、根本性,是首要遵循的规则。特别法优于一般法、新法优于旧法,这两项规则相互之间不具有优先性,适用它们的前提是,待选择适用的法律规范由同一机关制定。法不溯及既往的理论基础是法的安定性及由此衍生的信赖利益保护原则。

(一)上位法优先于下位法规则

通常认为,法的效力等级就是法的位阶,这也为立法法释义所明确认可。立法法释义同时指出:“确立法的效力等级是为了在解决法律冲突时,如何选择优先适用的法律规范,是为了解决不同等级的法的规范之间的冲突,便于法的适用。”法律规范之间的冲突,即法律规则之间相抵触或不一致。判断法律位阶是否发生冲突,需要满足两个条件:一是上下位法涉案的事项是同一事项;二是不同位阶的法律之间有抵触。在法律位阶发生冲突的认定标准中,关键在于分析上下位法之间的“抵触”是否为“同一事项”。如果上下位法所规定的并不是“同一事项”,或者其中的一则法律对“同一事项”作了规定,而另一则法律对此没有规定,则不同位阶的法律规定就失去了可比照性,也就不存在抵触。在我国,下位法抵触上位法的情形主要有三种:(1)先行性立法与其上位法抵触;(2)变通性立法(含变更性立法)所导致的规范抵触;(3)填补性立法(如执行性立法和补充性立法)所导致的规范抵触。在司法实践中,上下位法律规范之间的冲突主要有以下几种类型:

1. 违背上位法的语义。例如,《渔业法》规定,无证捕鱼的可处没收渔获物和违法所得,并可一并处以罚款,而最重的处罚是并处没收“渔具”。而《福建省实施〈中华人民共和国渔业法〉办法》(1993 年版)的地方性法规则规定,对于情节严重的捕鱼行为,可以没收“渔船”。可以看出,福建省的地方性法规的规定违背了其上位法《渔业法》的规定,将上位法所规定的没收“渔具”,扩大为没收“渔船”。与上位法的语义相违背,因此应当依照上位法优先的规则来进行处理。①

2. 超出上位法所设定的范围。如国务院制定的《公路管理条例》规定,公路的施工建设应当事先经过审批,获得公路主管部门的同意,相关工程建设完成之后,承建的单位要负责修复或者改建公路。其中,《公路管理条例》并没有规定要缴纳费用,而四川省的地方性法规即《四川省公路路政管理条例》则规定,承建单位应当缴纳公路占用费。对比两者的规定,下位法的规定已经超越了上位法所设定的义务范围。因此,相关案件的处理,就应当选择适用上位法。②

3. 违背上位法的精神或原则。违背上位法的精神或原则,在国内较典型的案例有“河南洛阳种子案”。在该案中,河南省种子管理条例中所规定的“执行省内统一价格”的内容与《种子法》所规定的种子价格由市场决定的原则相冲突,并由

---

① 参见最高人民法院《关于人民法院审理行政案件对地方性法规的规定与法律和行政法规不一致的应当执行法律和行政法规的规定的复函》(1993 年 3 月 11 日,法函〔1993〕16 号)(已失效)。

② 参见《最高人民法院关于公路路政管理机构行政主体资格及有关法律适用问题的答复》(〔1994〕行复字第 4 号)(此复函已失效)。

此引发了争议。此时，下位法根本性违反上位法已达到“抵触”上位法的程度，有权机关就必须要根据《立法法》第97条的规定予撤销。

“上位法优于下位法”规则的适用条件是：下位法与上位法必须在客观上存有抵触。但是，当下位法的制定经由上位法的立法机关授权或下位法的规定只是对上位法的细节强化时，就会生成“上位法优于下位法”规则的例外情形。

为解决不同的位阶法律之间的冲突，下级法院应当通过向上级法院层层“报请”的程序来请示最高人民法院做出答复意见。[①] 例如，人民法院对于地方性法规是否与法律或者行政法规相抵触难以确定的，以及不同地区的地方性法规具体规定不一致，在执行中发生冲突的，由各高级人民法院报最高人民法院送请全国人大常委会作出解释或者裁决。人民法院认为政府规章与部门规章不一致的，以及国务院各部门规章之间不一致的，由各高级人民法院报最高人民法院送请国务院作出解释或者裁决。

（二）特别法优先于一般法规则

在一个案件中出现了两个相同位阶的法律规范竞合，且适用两个法律规范会各自形成两个不同的裁判结果时，应当适用特别法优先于一般法规则。

1. 特别法与一般法的关系识别

不同法律规范之间出现冲突时，如何在多种法律之中找到特别法，识别的步骤和方法有：(1)依据法律条文来识别；(2)确定引发争议的关键事项及其主要性质；(3)通过对条文的文义、语义分析来判定；(4)必要时还需进行系统分析。[②]

法律规范发生冲突时，不同法律规范之间的法律后果关系极为复杂，主要有以下四种关系：(1)排斥关系。如盗窃枪支的法律后果应优先于普通盗窃的法律后果；(2)补充关系。如拐卖儿童与拐骗儿童之间的关系中，前者属于基本法，而后者属于补充法，因此法律的适用应以基本法为优先；(3)全新填补关系。如一般法规定了某种法律后果，而特别法却无法律后果方面的规定；(4)择一适用关系。如契约与契约外的损害责任。

例如，对比《侵权责任法》与《食品安全法》可以发现，前者第47条与后者第96条第2款之间的特别关系：(1)从法律效力的范围大小标准切入，就两部法律

---

① 参见曹磊：《行政法律规范冲突化解之司法方法论》，载《法律适用》2019年第16期。

② 参见顾建亚：《行政法律规范冲突的适用规则研究》，浙江大学出版社2010年版，第73～74页。

针对食品类产品责任的规定设定可以得出,《侵权责任法》为普通法,《食品安全法》为特别法;(2)从生产者是否明知的角度切入,《侵权责任法》又可以是《食品安全法》的特别法;(3)从损害后果的大小上切入,《侵权责任法》构成《食品安全法》的特别法。这些不同的法律后果关系在特别法的认定和处理中必须被考虑,因为只有在法律后果相互排斥时,特别法才会排除一般法适用。①

2. 特别法与一般法的识别逻辑

为了对个案适用的法律提供认定参考,一般的情况下,法官通过结构分析技术,再运用逻辑推理,就可以识别出特别法与一般法。但在少数复杂的案件中,囿于技术分析的不全面等因素,可能导致识别不全或者不能识别。此时法官必须从实质的层面去追溯认定特别法,对法律规范的实质内容进行充分理解。主要可以通过以下两种思路来辨识出类似或者疑似的特别法规定。

思路一:同一事项标准。在语义上,构成要件与案件的"事项"会出现重合的地方,此时"同一事项"作为识别的唯一要素难免与构成要件所理解的语义重复。② 尤其是,"同一事项"在生活事实的特征匹配上并不唯一,它可以是匹配一个,也可以是匹配多个。而法律构成要件的组成只是其中的一部分生活事实特征。如招摇撞骗罪与诈骗罪之间即具有事项上的同一性,但是两罪实际上构成想象竞合;非法采伐珍贵树木罪与盗伐林木罪之间在"非法伐木"这一事项上也具有同一性,但并不能将两罪的关系认定为特别关系。③

思路二:同一法益标准。区分法条竞合与想象竞合的实质标准是法益同一性。法益是否同一除考虑法益性质和内容外,还受制于法益保护范围和程度,即保护相同法益,但保护程度或范围存在轻重大小之别的条文之间,可认为法益不同一。如同样以盗伐林木为规范事项的盗伐林木罪与非法采伐珍贵树木罪,两者在法益即不具有同一性,因此只能以想象竞合论处。而金融凭证诈骗罪与贷款诈骗罪之间均旨在于保护财产,因此可以择一重处理。

3. 特别法优先于一般法的规则适用

对于特别法与一般法,在进行法律适用及适用规则检索与运用时,应当准确理解法律条文,对于特别法在审判实务中的理解有两种情况:

---

① 参见周江洪:《惩罚性赔偿责任的竞合及其适用——〈侵权责任法〉第 47 条和〈食品安全法〉第 96 条第 2 款之适用关系》,载《法学》2010 年第 4 期。

② 参见顾建亚:《行政法律规范冲突的适用规则研究》,浙江大学出版社 2010 年版,第 73 页。

③ 参见王强:《法条竞合特别关系及其处理》,载《法学研究》2012 年第 1 期。

一是对于“同一事项”应作宽泛理解。如《刑法》的实施要以人权保护为基础，但食品安全、环境保护等法律的目的同样也是保护人权。因此，如果在“同一事项”的理解中采取严格解释的立场，其结果就会自然的忽视法律之间的特有的功能性联系；而对于“同一事项”作宽泛性的解释，则相对更加符合法律调整对象上重叠的客观现实。如《反不正当竞争法》主要的规范对象是市场经营活动，而《烟草专卖法》则是烟草专卖领域方面的法律，两部法律的主要事项范围并不一致，但当两者均对不正当竞争的事项进行规定时，《反不正当竞争法》就可视为是一般法，而《烟草专卖法》则是特别法，应当在适用中优先考虑。①

二是对“不一致”的表现形态应当在适用法律后果上做考量。两个不同的法律规范在法律后果上存在差别，没有法律后果上的考量，就无法认定特别法律关系的存在。至于两个规范在构成要件上的关系，一般主要有两种形态：(1)包含关系的适用。如诈骗与金融诈骗的规范相比，前者的构成要件可以完全包容后者的构成要件，因此两者之间形成了特别法律关系。(2)交叉关系的适用。如《广告法》与《消费者权益保护法》本来分属于不同的事项范围，但是在针对广告经营者的责任范围方面两法有所交叉，并且都是为了保护公民的权利，因此两者之间也可构成特别法律关系。

(三)新法优先于旧法规则

对于同一事项，有先后不同时间所制定的法律规范产生竞合，应当依照新法优于旧法的规则加以解决。② 该规则从假定的条件出发，即新法在同一制定机关制定时，旧法与新法原有的抵触规定被有意废止。因此，新法优先于旧法适用，是同位阶法律规范间从制定时间的先后顺序来决定哪个应当被优先适用的基本规则。

1. 新法优先于旧法的识别

随着社会的发展，旧法已过时或者不适用新时代发展的需求时，一般情况下，新法会明确地表示废除旧有的与新法不一致的条款。但是，如果新法对旧有废止条款没有明确说明，此时新法优于旧法成为处理此类法律冲突的基本规则。

在逻辑上，立法者的同一性为新法优先于旧法适用的前提，新法的立法者对

① 参见顾建亚：《“特别法优于一般法”规则适用难题探析》，载《学术论坛》2007 年第 12 期。
② 参见黄茂荣：《法学方法与现代民法》，法律出版社 2007 年版，第 210 页。

原有的旧法因不符合社会需求而进行一定的修改是其应有的权力。但是,一般法律与宪法之间的关系不适用于该规则的调整。当旧法的原有规定与新法的调整范围不一致时,其在逻辑上只是新旧法的交叉并存。[①] 此种情形下,对案件有关事实的关系调整已经由新法作出。但是,在审理案件的具体情况下,新法是否应当完全替代旧法的适用,则还需要进一步审视新法的立法本意。按照《立法法》第57条、第58条、第59条的规定,法律在制定、修改获得通过之后必须进行公布,签署公布法律的主席令应当载明该法律通过和施行的日期。因此,客观上而言,判定新旧法律发生冲突的时间点只需要按照生效时间的标准,直接认定相对后生效的法律为新法即可。

2. 新法优先于旧法的规则适用

法律之间、行政法规之间或者地方性法规之间对同一事项的新的一般规定与旧的特别规定不一致的,人民法院原则上应当按照下列情形适用:(1)新的一般规定允许旧的特别规定继续适用的,适用旧的特别规定。(2)新的一般规定废止旧的特别规定的,适用新的一般规定。不能确定新的一般规定是否允许旧的规定继续适用的,人民法院应当中止案件的审理,属于法律的,逐级上报最高人民法院送请全国人民代表大会常务委员会裁决。(3)属于行政法规的,逐级上报最高人民法院送请国务院裁决;属于地方性法规的,由各地高级人民法院送请制定机关裁决。[②]

根据审判中的普遍认识和做法,行政相对人的行为发生在新法施行以前,具体行政行为作出在新法施行以后,人民法院审查具体行政行为的合法性时,实体问题适用旧法规定,程序问题适用新法规定,但下列情形除外:(1)法律、法规或规章另有规定的;(2)适用新法对保护行政相对人的合法权益更为有利的;(3)按照具体行政行为的性质应当适用新法的实体规定的。

(四)法不溯及既往规则

法不溯及既往是法的效力的一般原则,其法理基础在于对信赖利益的保护。一般而言,"昨天的行为不能适用今天的法律",如果人们按照昨天的法律去行为,由此形成的各种法律关系却被今天的法律所否定,不利于信赖利益保护,不利于

---

① 参见[德]齐佩利乌斯:《法学方法论》,金振豹译,法律出版社2010年版,第51页。

② 详见最高人民法院《关于印发〈关于审理行政案件适用法律规范问题的座谈会纪要〉的通知》(法〔2004〕96号)。

社会关系稳定，不利于维护法律权威。因此，法律原则上只对其生效后的行为起规范作用，不能要求人们遵守还没有制定出来的法律。当然，法不溯及既往也有例外情形。

1. 法不溯及既往的识别与适用

以法律事实发生时间作为判断是否适用新法的基准点，法律事实的发生时间不同于纠纷的发生时间和起诉时间，法律事实发生时间通常早于纠纷发生时间和起诉时间。

（1）判断标准。首先，一个案件是否能够形成相应的法律关系，其前提就需要明确是适用新法还是旧法进行评价。以法律关系的产生时间作为判断标准，势必会出现新法适用过宽，进而冲击法不溯及既往原则。其次，行为和事件在外延上是否包括状态存在争议，逻辑上可能存在不周延，而法律事实既涵盖了行为和事件，还可以包括行为、事件之外的其他事项，如状态、期间经过等，较为全面、稳妥。最后，以法律事实的发生时间作为判断标准有先例可循。《涉外民事关系法律适用法》第 37 条、《民事诉讼法》第 69 条、《民事诉讼法解释》第 522 条等法律、司法解释及规范性文件均使用过“法律事实”这一概念，并将法律事实的发生时间或者地点作为确定法律适用的依据。①

（2）时间界定。法律事实发生时间分为三类情形：第一类是法律事实发生在新法施行后；第二类是法律事实发生在新法施行前；第三类是法律事实发生在新法施行前并持续至新法施行后。对于新法施行后的法律事实引起的纠纷案件，适用新法的规定；对于新法施行前的法律事实引起的纠纷案件，原则上适用当时的法律、司法解释的规定；对于新法施行前的法律事实持续至新法施行后，该法律事实引起的民事纠纷案件，一般适用新法的规定。例如，《关于审理建设工程施工合同纠纷案件适用法律问题的解释》第 45 条规定：“本解释自 2021 年 1 月 1 日起施行。”

（3）考量因素。对于第三类情形，也即跨越新法施行前后的持续性法律事实，一般要统一适用新法的规定。② 这是因为：首先，持续性法律事实的衔接适用需要考虑法律事实发生的时间节点和当事人合理预期保护两个因素。保护当事人预

① 参见最高人民法院民法典贯彻实施工作领导小组办公室：《〈最高人民法院关于适用《中华人民共和国民法典》时间效力的若干规定〉的理解与适用》，载《人民司法》2021 年第 10 期。

② 参见最高人民法院民法典贯彻实施工作领导小组办公室：《〈最高人民法院关于适用《中华人民共和国民法典》时间效力的若干规定〉的理解与适用》，载《人民司法》2021 年第 10 期。

期存在一个假设的前提即当事人知道法律的规定，并根据法律规定形成行为后果的预期，任何人不得以不知道法律规定作抗辩。其次，新法施行后对所有的调整对象均发生效力，而持续性的法律事实自然就落入新法生效后要调整的范围之内，这是新法时间效力的当然解释。最后，适用新法有法律、司法解释和规范性文件的先例。如《关于审理著作权民事纠纷案件适用法律若干问题的解释》对跨法民事行为采取适用新法的规则，《九民纪要》也是采用这一做法，对跨法法律事实统一适用新法有利于维护法律适用的稳定。

(4)具体把握。对于跨越民法典施行前后的持续性法律事实，实践中要正确把握。法律事实可按其发生的形态分为瞬间性法律事实和持续性法律事实。① 瞬间性法律事实发生的时间是一个点，持续性法律事实发生的时间是一条不断延伸的线。例如，一次性交付行为就属于瞬间性法律事实，而持续一定时间的拘禁、胁迫等就是持续性法律事实。持续性法律事实不同于重复发生的相同法律事实，持续性法律事实是一个法律事实，而重复发生的相同法律事实是多个法律事实。例如，侵权人在一定时间内大量生产侵害专利权人专利的产品，这些侵权行为并非一个持续性的侵权法律事实，而是批量的、间隔很短的反复性侵权法律事实。

2. 法不溯及既往规则的例外

(1)有利溯及适用规则。《立法法》第 93 条明确将“为了更好地保护公民、法人和其他组织的权利和利益而作的特别规定”作为法不溯及既往的例外情形，该例外规定也被称为有利溯及适用规则。有利溯及在公法领域的适用规则比较明确，例如，刑法在溯及力上采取了“从旧兼从轻”的原则，即刑法原则上不溯及既往，但对行为人处罚更轻时例外。但是，民事法律通常涉及双方乃至多方当事人的权益，有的还与公序良俗和社会公共利益直接相关。如何确定有利溯及的具体标准相对复杂。关于民法典的有利溯及标准，应当以不打破当事人合理预期、不减损当事人既存权利、不冲击既有社会秩序为出发点，严格遵循《立法法》第 93 条“但书”的规定。最高人民法院《关于适用〈中华人民共和国民法典〉时间效力的若干规定》充分依据立法宗旨，结合审判实际作了进一步细化解释，将更有利于保护主体合法权益、更有利于维护社会和经济秩序、更有利于弘扬社会主义核心价值观的“三个更有利于”作为判断有利溯及的标准。要从以下三个方面对“三个更

① 参见最高人民法院民法典贯彻实施工作领导小组办公室:《〈最高人民法院关于适用《中华人民共和国民法典》时间效力的若干规定〉的理解与适用》，载《人民司法》2021 年第 10 期。

有利于”进行理解：一是在有利溯及的判断上，应当限定在对各方当事人均更加有利或者至少对一方更加有利的同时不损害其他方权益的情形；二是维护社会和经济秩序是民法典的立法目的之一，“更有利于维护社会和经济秩序”标准能够涵盖鼓励交易、维护交易秩序等具体判断因素，可以作为有利溯及的重要判断标准；三是社会主义核心价值观是民族精神和时代精神的高度凝练，弘扬社会主义核心价值观也是立法目的和立法宗旨，对有利于弘扬社会主义核心价值观的相关规定，溯及适用能够实现更好的政治效果、法律效果和社会效果。“三个更有利于”角度不同、各有侧重，但本质上是相通的，只有符合“三个更有利于”标准的才能作为有利溯及予以适用。为防止有利溯及的不当扩大适用，应当严格把握有利溯及的适用，不断总结审判经验，进一步完善工作机制，通过指导性案例、典型案例等方式，推动和保障有利溯及的统一、规范适用。

（2）新增规定溯及适用规则。“新增规定”主要指法律规则层面的新增，例如，《民法典》人格权编的大部分规定，合同编关于债权债务的一般规定、关于保理合同的规定等，均属于《民法典》的新增规定。上述规定表面上是语句或者文字表述上的新增，实际上是法律规范的要件、法律后果等增加规定，属于修改了原有法律规定的“改变规定”，不属于调整的新增范围。例如，《民法典》第1232条规定了故意污染环境、破坏生态的惩罚性赔偿，虽然从文字表述上看是新增，但是实质上加重了损害赔偿的后果，系改变规定而非新增规定，不能进行溯及适用。[①]《民法典》新增规定的溯及适用仍然必须在“三个更有利于”的范围内具体展开，同时需要注意以下两个方面的问题：一是新增规定不能溯及适用的情形。新增规定溯及适用时，明显减损当事人合法权益、增加当事人法定义务或者背离当事人合理预期的，仍然不能溯及适用，避免严重损害当事人的权益和预期。二是对新增规定是“可以适用”还是“参照适用”的做法，对标民法典关于参照的用法，使用“可以适用”更为准确。

（3）细化规定的适用规则。在新法中，某些规定仍是对原有法律、司法解释的细化。对于新法施行前的法律事实引起的纠纷案件，当时的法律、司法解释有规定而新法有更加具体、细化规定的，人民法院可以依据新法的细化规定进行裁判说理，增加裁判的正当性、合理性。但是，不能将新法的细化规定作为裁判依据进

① 参见最高人民法院民法典贯彻实施工作领导小组办公室：《〈最高人民法院关于适用《中华人民共和国民法典》时间效力的若干规定〉的理解与适用》，载《人民司法》2021年第10期。

行援引。主要原因是:细化规定是在原有法律、司法解释规定的基础上进行的规定,对于新法施行前的法律事实引起的纠纷案件,人民法院在进行具体裁判时是有旧法可依的,如果直接将新法的细化规定作为裁判依据进行援引,则会导致此类条款的溯及适用,不符合法不溯及既往的基本精神。[①]

第二节　确定性法律规则的正确理解和准确全面适用

法治的核心是规则之治,是一种依照规则进行治理和管理的实践活动,因而在现代法治的框架之下,司法裁判活动必须遵照法律所预设的规则体系来审理案件。当法律有明确具体的规则时,说明立法者有具体的意志指引,法官必须首先考虑这种要求。在司法实践中适用法律规则进行个案裁判是现代法治发展的必然要求,也是实现社会公平正义的基本要求。坚持法律规则的至上性,既能够确保裁判规则的可预测性,也能够确保法治作为一种规则治理的事业实现。[②]

在司法实践中,法律与司法解释已经有明确规定的,应当依照规定依法裁判案件。正如上文所述,由于司法解释条文的有限性,司法解释的具体条文,亦需要结合司法解释的理解与适用,包括最高人民法院法官发表在《法律适用》《人民司法》《人民法院报》等权威期刊、报纸的职务作品进行解读。同时,最高人民法院针对个案请示的批复意见,对于类案的处理也具有约束力,审判人员在办案时必须予以参考。

司法实践中,在法律有明确规定的情况下,也有极少部分案件的办案法官,因为对确定性法律规则缺乏正确理解或者准确全面适用,导致案件被发回重审或者被上级人民法院改判。对于此类问题,应当引起我们的高度重视。笔者在此节中,将对在有确定性法律规则的情况下,该如何对确定性法律规则正确理解和准确全面适用进行阐述。

一、法律规则理解和适用应当遵守的原则

在确定性法律规则适用过程中,法官亦应当遵守一定的原则。笔者认为,至

---

① 参见最高人民法院民法典贯彻实施工作领导小组办公室:《〈最高人民法院关于适用《中华人民共和国民法典》时间效力的若干规定〉的理解与适用》,载《人民司法》2021 年第 10 期。

② 参见张华:《法律原则的司法适用》,南京师范大学 2012 年博士学位论文,第 62 ~ 64 页。

少应当遵循正确理解和全面适用两项原则。

(一)正确理解原则

司法实践中,由于部分法律条文的抽象性、概括性、不完全性等特征,法官在法律适用中可能出现不同的理解,导致产生不一样的裁判结果。为了避免同案不同判,类案不类判现象,需要法官对即将予以适用的法条进行正确的理解。① 正确理解原则主要包含以下三个方面内容:

1. 审查立法宗旨和立法原意、法律原则、国家政策、司法政策等是否被正确解读

【案例1】 郝某盗窃案②

本案一审争议焦点是:本案盗窃数额巨大,按照《刑法》规定应该判处10年以上有期徒刑,但本案发生在亲友之间、被告人郝某刚满18周岁、且被害人强烈要求免除被告人的处罚,考虑到这些特殊情况应如何对被告人量刑。一审法院经审理认为:被告人郝某以非法占有为目的,秘密窃取他人财物,数额特别巨大,其行为构成盗窃罪。本案盗窃数额巨大,按照《刑法》规定应在10年以上量刑。但是在对被告人郝某量刑时有以下几点酌定从轻情节考虑:……据此,一审法院依照《刑法》第63条第2款、第64条、第264条之规定,于2008年9月25日判决被告人郝某犯盗窃罪,判处有期徒刑5年,并处罚金20,000元。一审宣判后,被告人郝某没有上诉,公诉机关也没有抗诉。因系法定刑以下判刑案件,经逐级层报陕西省榆林市中级人民法院、陕西省高级人民法院复核同意后报请最高人民法院核准。最高人民法院经复核,确认了一审查明的事实。

最高人民法院认为:本案虽然盗窃数额特别巨大,但是发生在有共同生活背景的紧密亲属关系之间,被害人郝某表示谅解且不希望追究被告人郝某刑事责任,所盗窃财物于案发后随即追回,并未造成被害人实际损失,被告人犯罪时刚刚成年,犯罪主观恶性不深,犯罪实际造成的危害范围和程度有限,根据案件的特殊情况,应当认定为《刑法》第37条规定的"情节轻微,不需要判处刑罚"的情形。原判对郝某在法定刑以下判处的刑罚量刑仍属过重。据此,最高人民法院依照《刑

① 参见杜万华主编、最高人民法院民事审判第一庭编著:《最高人民法院消费民事公益诉讼司法解释理解与适用》,人民法院出版社2016年版,第364~366页。

② 参见陕西省府谷县人民检察院诉郝某盗窃案,载《最高人民法院公报》2011年第5期。

法》第63条第2款和最高人民法院《关于执行〈中华人民共和国刑事诉讼法〉若干问题的解释》第270条的规定，于2009年11月20日裁定如下：不核准，撤销原审判决，发回重审。

该案具体情节并不复杂，但经逐级上报，最高人民法院为何要发回重审？此处除了案件的事实、经过、结果以及法律、法条的适用，还涉及相关刑事政策。在该案件中，原审法官没有顾及该案件中的一些特殊情况，缺乏对《刑法》第37条规定和宽严相济刑事政策的准确理解。法官仅仅根据案件所匹配的法条，简要适用了相关法条，最终最高人民法院将案件发回重审。

2. 审查法律条文的逻辑结构与构成要件是否被充分考虑

《刑法》第264条规定的盗窃罪的构成要素：一是以非法占有为目的；二是窃取他人占有的数额较大的财物，或者多次盗窃的行为；三是最低法定刑为3年以下有期徒刑、拘役或者管制。《刑法》第63条规定，犯罪分子具有本法规定的减轻处罚情节的，应当在法定刑以下判处刑罚。法官在量刑时，应当充分考虑所适用法条的各个具体要件之间的相互关联，对于所适用的法条及其构成要件要给予高度的重视。以郝某盗窃案为例，该案由最高人民法院发回重审后，原审法院才依据最高人民法院《关于审理盗窃案件具体应用法律若干问题的解释》第1条第4项的规定：偷拿自己家的财物或者近亲属的财物，一般可不按犯罪处理；对确有追究刑事责任必要的，处罚时也应与在社会上作案的有所区别，作出了免予刑事处罚的判决。

3. 审查司法解释条款是否存在不当理解或者错误引用

【案例2】 丹东益阳投资有限公司申请丹东市中级人民法院错误执行国家赔偿案①

在该案中，丹东市中级人民法院的解封行为构成错误执行的具体法律依据在于其解封行为发生在2008年，故应适用当时有效的司法解释，即2000年最高人民法院发布的《关于民事、行政诉讼中司法赔偿若干问题的解释》。由于丹东市中级人民法院的行为发生在民事判决生效后的执行阶段，属于擅自解封致使民事判决得不到执行的错误行为，故应当适用该解释第4条第7项规定的违反法律规定的其他执行错误情形。本案中，丹东市中级人民法院的执行行为已经长达11年没

① 丹东益阳投资有限公司申请丹东市中级人民法院错误执行国家赔偿案，最高人民法院指导性案例116号(2018年)。

有任何进展,其错误执行行为亦已被证实给益阳公司造成了无法通过其他渠道挽回的实际损失,故应依法承担国家赔偿责任。辽宁省高级人民法院赔偿委员会以执行程序尚未终结为由决定驳回益阳公司的赔偿申请,属于适用法律错误,应予纠正。

一般而言,执行程序只有终结以后,才能确定错误执行行为给当事人造成的损失数额,才能避免执行程序和赔偿程序之间的并存交叉,也才能对赔偿案件在穷尽其他救济措施后进行终局性的审查处理。但是,这种理解不应当绝对化和形式化,实践中应当从实质意义上对其进行解释。在人民法院执行行为长期无任何进展、也不可能再有进展,被执行人实际上已经彻底丧失清偿能力,申请执行人等已因错误执行行为遭受无法挽回的损失的情况下,应当允许其提出国家赔偿申请。否则,有错误执行行为的法院只要不作出执行程序终结的结论,国家赔偿程序就不能启动。可见,如此理解上述规则,无疑将与国家赔偿法以及相关司法解释的目的背道而驰。

(二)全面适用原则

适用法律规则,必须坚持全面适用原则,司法实践中,一个关键性法律条文的遗漏就可能导致案件裁判结果大相径庭,法官必须对法律条文检索的全面性保持高度的警惕并审慎看待。

1. 检视司法解释适用的全面性

司法解释是对相关法律的具体细化,对于相关案件的处理具有更加直接的影响。司法解释已经明确规定的,法官在案件审理过程中必须严格遵循。

以笔者经历的一起非法吸收公众存款罪案件的审理和监管为例,在案件审理过程中,按照五步法在案件监管与评查中发现,该案审理过程中因为司法解释适用不全面而导致在法律规则适用上存在对司法解释的明文规定出现“漏引”的重大瑕疵。同时,由于没有进行即时检索,该案没有根据 2019 年最新出台的司法文件审理和判断,存在法律检索不全面的问题。经全面进行法律依据检索,在办案依据上,除了《刑法》第 176 条非法吸收公众存款罪的立法规定之外,该案所涉及的司法解释和司法文件有以下四个:(1)《关于审理非法集资刑事案件具体应用法律若干问题的解释》(2011 年 1 月 4 日起施行);(2)最高人民法院《关于非法集资刑事案件性质认定问题的通知》(2011 年 8 月 18 日起施行);(3)最高人民法院、最高人民检察院、公安部《关于办理非法集资刑事案件具体适用法律若干问题的意见》(2014 年 3 月 25 日起施行);(4)最高人民法院、最高人民检察院、公安部《关于办理非法集资刑事案件若干问题的意见》(2019 年 1 月 30 日起施行)。对照刑法和司法解释、司法文件的明文规定,该案在认定事实部分和法律适用方面明显存在如下问题:(1)不当计算非吸金额。根据司法解释明文规定,非法吸收公众存款金额应全额计算。(2)不当核减非吸金额。该案错误核减以本人名义或直系亲属父母、子女名义放款。(3)在量刑事实问题上混淆了非法吸收公众存款犯罪金额、违法所得数额与涉案财物追缴和处置未归还资金数额。由于本案未能全面适用司法解释的规定,特别是未适用 2019 年最高人民法院、最高人民检察院、公安部联合出台的最新司法文件的规定,以致不当认定事实,不当适用法律。经过适时监管,本案及时纠正了二审案件办理中的不当意见,对被告人作出了罪刑相当的判决。

法官应当从司法解释的体系上完整掌握相关司法文件的精神,并严格依法贯彻执行最高人民法院(包括与其他司法机关联合发文)的司法解释和刑事政策。[①]按照相关指导意见,法官应充分认识非法放贷行为严重扰乱社会秩序的危害性。最高人民法院副院长姜伟指出,打击非法高利放贷是为了保护合法的民间借贷关系,防止非法高利放贷行为冲击正常的民间借贷和企业融资行为。[②] 对于民营企业来说,高利借贷无异于饮鸩止渴,是民营企业的"绞索"而非"救星",必须严厉打击这类职业放贷人和职业放贷公司的非法放贷的犯罪行为。

2. 检视司法解释适用的客观性

法律适用离不开对法律的解释,包括对司法解释的理解,在司法实务中,法官必须严谨、客观地对法律作出规范解释。虽然法律解释难免受主观因素的影响,但对客观和规范解释的不懈追求是法官应当具备的基本素质和基本要求。法官进行法律规则检索及适用相关法律规则时,应当对法律规范作出合理的解释,必须从提供标准规范的法律适用指引出发进行理解,具体而言,应当以最高人民法院的统一裁判尺度为尺度,在最高人民法院理解与适用也没有明确作出解释的情况下,则应力求做出符合立法原意、法条含义、公平正义等要求的规范解释。

---

① 参见最高人民法院民事审判第三庭:《关于印发在全国法院知识产权审判工作座谈会暨知识产权审判工作先进集体和个人表彰会上的总结讲话的通知》,载最高人民法院民事审判第三庭编:《知识产权审判指导》2009 年第 1 辑,人民法院出版社 2009 年版,第 36～37 页。

② 新华网:《全国扫黑办新闻发布会》,载新华网 2019 年 10 月 21 日,http:www. xinhuanet. com/legal/xsk/zhibo/201910/3732183. html。

【案例3】　朱某、蒋某劳务合同纠纷案

本案一审法律适用的争议焦点为：蒋某要求各被告共同承担支付工资有无法律依据，对于拖欠的蒋某工资，各被告应如何承担；蒋某要求各被告承担连带清偿责任有无法律依据。依照最高人民法院《关于审理建设工程施工合同纠纷适用法律问题的解释（二）》[①]第24条的规定，实际施工人可突破合同相对性向发包人主张工程欠款。该规定虽然针对的是实际施工人主张工程欠款的情形，但目的是解决农民工工资或劳务报酬问题，农民工向实际施工人主张劳务费与实际施工人向发包人主张工程款，两者虽不是同一法律关系，但同属建设工程领域民事法律调整的范畴，其法律适用原则与精神应当一致，即农民工向实际施工人主张劳务费亦可突破合同相对性而要求违法分包人承担连带支付责任。

依据劳动和社会保障部、建设部《关于印发〈建设领域农民工工资支付管理暂行办法〉的通知》（劳社部发〔2004〕22号第12条规定：工程总承包企业不得将工程违反规定发包、分包给不具备用工主体资格的组织或个人，否则应当承担清偿拖欠工资连带责任。因此，朱某应对拖欠蒋某的工资承担连带清偿责任。中铁公司认可朱某以赢天下公司的名义参加招投标并中标，朱某借用赢天下公司的资质进行招投标并中标，赢天下公司认可朱某向其公司缴纳管理费用，因此，可以认定朱某与赢天下公司之间是挂靠关系，故赢天下公司应对拖欠蒋某的工资承担连带清偿责任。中铁公司尚欠工程价款400,493.56元。

依据最高人民法院《关于审理建设工程施工合同纠纷案件适用法律问题的解释（二）》第24条的规定，中铁公司应在欠付工程价款范围内对实际施工人承担支付责任，故对蒋某要求中铁公司承担支付责任的诉讼请求，一审法院予以支持。关于中铁公司在本案中应承担的责任问题，一审判决认为依据最高人民法院《关于审理建设工程施工合同纠纷案件适用法律问题的解释（二）》第24条关于"实际施工人以发包人为被告主张权利的，人民法院应当追加转包人或者违法分包人为本案第三人，在查明发包人欠付转包人或者违法分包人建设工程价款的数额后，判决发包人在欠付工程价款范围内对实际施工人承担责任"的规定，判决中铁公司在尚欠的工程款范围内对蒋某承担支付责任。

本条规定了实际施工人可以突破合同相对性向发包人主张工程欠款问题，这种请求权对于有效建设工程的合同主体来说没有必要，因为合法施工人可以通过

---

① 该解释已于2021年1月1日失效。

合同相对性向对方主张，故实际施工人应理解为无效建设工程施工合同的承包人，即违法分包合同的承包人、转承包人、借用资质的施工人等。参照国务院办公厅《关于全面治理拖欠农民工工资问题的意见》（国办发〔2016〕1号）第9项的意见："……在工程建设领域，建设单位或施工总承包企业未按合同约定及时划拨工程款，致使分包企业拖欠农民工工资的，由建设单位或施工总承包企业以未结清的工程款为限先行垫付农民工工资……"故中铁公司作为施工总承包企业应在欠付工程款范围内对蒋某承担支付责任。

在有确定性法律规则的情况下，除了要遵循上述正确理解原则和全面适用原则外，还应当遵循"穷尽法律规则，方得适用法律原则"的原则。即如果有规则可以适用，不存在规则漏洞，那么就没有必要寻求规则以外的手段。适用法律原则最重要的前提，就是要穷尽法律规则。但是，这也不能一概而论，司法实务中，法官需要结合具体案件，妥善解决好法律原则与法律规则之间的冲突，在适用法律原则和法律规则之间作出精准的选择。如在早些年的四川泸州"二奶继承遗产案"，法院最终决定以"公序良俗"原则排除了遗赠协议的适用。该案也引发了社会关于"实现法律，还是实现正义"的讨论。笔者认为，司法的本质和最终目的是实现正义，当面临法律规则与法律原则的冲突时，不能机械司法，要准确理解法条文含义、精神含义和法正义含义，坚持司法的能动性，坚持法律的灵动性，从实现司法正义的角度出发，去选择或者科学地弥补法律自身的"非正义性"，从而实现司法的正义性，努力让人民群众在每一个司法案件中感受到公平正义。①

第三节　开放性法律规则的合理解释与准确适用

开放性法律规则，是指法律规则所采用的文字具有解释空间，或者法律规则赋予法官以自由裁量权授权其视情形便宜处理的法律规则类型。对于具体案件而言，虽然已经有相关的法律规定，但是，在开放性法律规则中，法律规定仍然较为抽象和原则，需要进一步加以解释，或者法律留给法官以裁量空间，法官需要具体情况具体分析，审慎妥善处理待决案件。审判实务中，在办理某些案件时，法官

① 参见仇慎齐：《实现法律抑或实现正义——对司法权本质的正义考量》，载《法律适用》2011年第2期。

根据案件情况可能检索到有相对应的法律规定，但在具体适用该法律规定的时候，会发现检索到的法律规定内容不具体，或需要进一步解释以明确其含义，或需确定该规则的适用范围，这些情况并不鲜见。这种情况下，法官在裁判之前，必须结合本案事实，对其中的不确定概念进行合理解释，对法律留给法官自由裁量的空间合理行使。立法上，法律规则的构成要素，需要通过法律概念和立法文字来进行表述，正是由于法律概念和立法用语具有不确定性（需要解释）导致了法律规则的开放性。例如，立法中常常使用“公共利益”“情节严重”“场所”“必要”“可能”“可以”等不确定法律概念，这些概念和文字在客观上需要进行合理解释。

与确定性法律规则相比，法官在适用开放性法律规则过程中，需要结合具体案件情况作出合理解释，即法官拥有解释的空间。正是由于法律规则的开放性，法官对于法律规则的理解会因为个体的认知不同而产生差异，客观上会出现“类案不同判”“类案不类判”。在审理此类案件的过程中，不同审判主体可能会产生不同的认识和观点，一时无法达成司法共识，这是正常的。在某些情形下，甚至最高人民法院尚未出台司法解释对相关争议问题予以明确，或者最高人民法院已经注意到了相关争议，但是，由于统一裁判尺度的时机尚未成熟，尚未制定出司法解释，相关争议问题有待在司法实践中进一步发展和检验。例如，对于通过行贿所取得的所有利益是否应当认定为非法利益予以没收，司法实践中尚未达成一致意见。比如，在工程招投标过程中通过行贿手段实现中标，由此工程项目取得的正常利益，是否应当认定为非法利益予以没收，司法解释没有明确规定，司法实践中也存在不同的观点，这是比较典型的例子。

对于此类适用开放性法律规则进行裁判的案件，出现“类案不同判”“类案不类判”的情况，属于正常现象。但这并非意味着法官的自由裁量权不受限制，绝对不能仅仅按照自己的理解就任意作出“五花八门”的裁判。对于开放性法律规则的适用，要充分运用类案检索的成果作为参考，把关联案件检索结果作为参照，法官的法律适用行为受到类案和关联案件的制约和监督，这是五步法各个环节与步骤之间环环相扣的要求。法官要根据具体案件情况，坚持与社会主义核心价值观保持一致，秉承社会良心，优化裁判思路，对于开放性法律规则中的不确定概念作出审慎与合理的解释。这类案件不能独任审理，要通过合议庭的“小民主”和专业（主审）法官会议、审判委员会（专业委员会）的“大民主”来集中司法智慧，发扬司法民主，集体决策作出妥当的裁判结果。司法实践是检验案件质量的唯一标准，要以政治效果、法律效果、社会效果是否有机统一，“情、理、法”是否有机统一来检验案件质量和案件办理的实际成效。同时,要努力消除不合理的同案不同判,避免非正常的类案不类判。

一、开放性法律规则的合理解释

(一)开放性法律规则的解释原则

对于开放性法律规则的解释,主要是对其中的不确定性法律概念进行解释。法官对不确定性法律概念进行解释必须坚持合法、合理、可接受性、审慎等基本解释原则。

1. 合法原则。应从形式合法和实质合法两方面来考察解释结论的法律效果,促使解释符合法律、法规的精神以及基本法理的要求,为解释具有合法性与相对确定性提供保障。法律解释行为,从形式上必须保持前后一致,这也是"类案同判"的法律规则统一适用的基础。解释应与法律制度规定之间保持可协调性,协调性要求旨在将法官的解释思维和解释结论严格规范在现有法律制度规范框架内。为了在解释法律规则时确保法官进行合理解释,首先,要求法官的解释结论应与现有法律规定体现不冲突或者相符合,这是处理法律解释方法和法律规则关系应遵循的最根本原则。其次,要求法官进行法律解释时应与具体案件事实相结合,将解释置于具体案件的案情进行考察,再在法律制度与规范的相互作用下得出解释结论。最后,要求法官在发扬司法民主中进行解释,类案检索、关联案件检索为法官办案提供了同行参考,合议时其他法官也直接参与了解释过程,同样也是有权解释主体,只有在用系统思维思考问题,用民主程序处理分歧,才能从实质上确保解释结论的合法合理。

2. 合理原则。合理解释原则主要从政治效果、社会效果、经济效果予以具体展开。在政治效果方面,可以细化并侧重考察纠纷解决的妥当性,看解释结论是否符合国家司法理念、司法政策和公共政策等指标。在社会效果方面,可以细化并侧重考察纠纷解决的公平性,看解释结论是否符合社会主流价值观念、符合发展的原则等因素。在经济效果方面,可以细化并侧重考察纠纷解决的经济性,看解释结论是否符合资源效用最大化、边际效用最大化、实现整体利益最大化、损害最小化等因素。合理解释原则所涵盖的内容较为宽泛,该原则旨在促使法官综合考量案件所涉各种利益关系。根据该原则的要求,法官应当在充分理解法律精神和依法认定案件事实的基础上,穷尽和案件冲突利益相关的一切考量因素,审慎衡量、仔细求证,始终保持全面的衡量维度、客观的衡量态度和正确的裁判理念,以保障解释结论的正确性与妥当性。要从维护社会公平正义的价值观出发，充分考虑公共政策、社会主流价值观念、社会发展的阶段性、社会公众的认同度等因素，坚持正确的补充规则理念，努力增强概念补充的确定性和可预测性，确保补充的法律概念符合社会发展方向。

3. 可接受性原则。对不确定性法律概念的解释，应当细化考察判决对司法公信力的影响，看解释结论是否符合当事人、法律人的心理预期和公众对判决的认同度，是否符合社会发展的阶段性，是否对社会发展具有正向激励性等因素。可接受性原则，是将解释置于法社会学背景之下，体现人们对司法的最终评价。该原则要求法官始终坚持从维护社会公平正义的价值观出发，充分考虑社会发展的时代性、阶段性和我国国情民意，注重裁量的结果与社会公众对公平正义普遍理解的契合性相匹配，使裁判结果与社会主流价值观要求相符合，努力增强解释结论的确定性和可预测性，努力缩小解释结论与人民群众理解之间的落差，消解法律规则与社会现实之间的张力，使法官在面对法条主义与民意互动回应及矛盾冲突中，可以较为理性地寻求司法的法律效果以及社会效果的这种平衡性、统一性。

4. 审慎原则。法官对不确定法律概念进行解释要秉持司法良知，恪守职业道德，坚持实体公正与程序公正并重。在充分理解法律精神、依法认定案件事实的基础上，对法律不确定概念进行补充。要审慎衡量，仔细求证，排除干扰，保持中立，避免偏颇。注意法律概念价值补充的适当性和必要性，注重法律概念价值补充与裁量结果的内在联系，注重裁量结果与社会公众对公平正义普遍理解的契合性，确保裁判结果符合司法公平正义的要求。[①]

（二）开放性法律规则的解释方法

规范性是法律思维的本质特征，在对不确定概念的解释时，法官需要规范性的法治思维。当我们检索裁判文书，可以看到某些案件的裁判结果公正与否，很大程度上取决于对法律概念的理解与解释是否适当。法官对不确定法律概念的解释应当从以下几个方面展开：

---

① 详见最高人民法院《印发〈关于在审判执行工作中切实规范自由裁量权行使保障法律统一适用的指导意见〉的通知》（法发〔2012〕7号）。

1. 凡法律上规定有定义的法律概念，应当严格按照法律定义理解

例如，《刑法》第30条规定的“单位犯罪”，经过法律检索，可以检索到全国人民代表大会常务委员会《关于〈中华人民共和国刑法〉第三十条的解释》，其内容如下：公司、企业、事业单位、机关、团体等单位实施刑法规定的危害社会的行为，刑法分则和其他法律未规定追究单位的刑事责任的，对组织、策划、实施该危害社会行为的人依法追究刑事责任。通过法律检索，还可以检索到最高人民法院《关于审理单位犯罪案件具体应用法律有关问题的解释》第1条规定，该条规定：《刑法》第30条规定的“公司、企业、事业单位”，既包括国有、集体所有的公司、企业、事业单位，也包括依法设立的合资经营、合作经营企业和具有法人资格的独资、私营等公司、企业、事业单位。同时，还可以检索到相关规范性文件，如最高人民法院研究室《关于外国公司、企业、事业单位在我国领域内犯罪如何适用法律问题的答复》（法研〔2003〕155号）。答复内容如下：符合我国法人资格条件的外国公司、企业、事业单位，在我国领域内实施危害社会的行为，依照我国刑法构成犯罪的，应当依照我国刑法关于单位犯罪的规定追究刑事责任。个人为在我国领域内进行违法犯罪活动而设立的外国公司、企业、事业单位实施犯罪的，或者外国公司、企业、事业单位设立后在我国领域内以便施违法犯罪为主要活动的，不以单位犯罪论处。随着社会的发展，单位犯罪的概念会出现新的延展，但在对其进行概念补充的时候，仍不得超出上述已检索出的法定范围内。[①]

2. 对于法律中没有定义的法律概念，可以以权威教科书上的定义作为理解该法律概念的根据

【案例4】 青岛源宏祥纺织有限公司诉港润（聊城）印染有限公司取回权确认纠纷案[②]

案件中的关键法律概念“占有改定”，在现行物权法上没有定义。二审法院判决书写道：“所谓占有改定，是指让与人与受让人达成动产物权变动协议后，依照当事人之间订立的合同，仍然继续占有该动产使受让人因此取得间接占有，以代替现实交付。”这显然是参考物权法教科书上的定义。

---

① 详见最高人民法院《关于审理单位犯罪案件具体应用法律有关问题的解释》（1999年7月3日，法释〔1999〕14号），最高人民法院《全国法院审理金融犯罪案件工作座谈会纪要》（2001年1月21日，法发〔2001〕8号）。

② 参见青岛源宏祥纺织有限公司诉港润（聊城）印染有限公司取回权确认纠纷案，载《最高人民法院公报》2012年第4期。

3. 如果法律辞书和教科书也没有为某个法律概念下定义，法官可以参考产生该项概念的专业和行业的定义

【案例5】　中国农业银行长沙市先锋支行与湖南金帆投资管理有限公司、长沙金霞开发建设有限公司借款担保合同纠纷案[①]

本案中的“流动资金”概念如何理解。裁判文书显示“流动资金系相对固定资产而言的企业资产，包括企业用于支付工资、购买原材料、偿付债务等的现金款项。”甲公司同意为乙公司“流动资金”借款提供担保，乙公司将借款用于支付到期债务，并未超出甲公司的担保范围。该案结果是判决甲公司败诉。该案的审理法官，对流动资金概念的理解，参考了企业管理行业的定义。

4. 对于法律中没有定义的法律概念，应当以法律目的作为理解和解释的依据

【案例6】　马士基(中国)航运有限公司及其厦门分公司与厦门瀛海实业发展有限公司、中国厦门外轮代理有限公司国际海上货运代理经营权损害赔偿纠纷再审案[②]

本案中“公共运输”概念如何理解。最高人民法院民事裁定书[(2010)民提字第213号]指出：公共运输履行着为社会公众提供运输服务的社会职能，具有公益性、垄断性等特征。为维护社会公众利益，《合同法》第289条规定：“从事公共运输的承运人不得拒绝旅客、托运人通常、合理的运输要求。”[③]国际海上集装箱班轮运输是服务于国际贸易的商事经营活动，不属于公用事业，不具有公益性，也不具有垄断性，故不属于公共运输。托运人或者其货运代理人请求从事国际海上集装箱班轮运输的承运人承担强制缔约义务，没有法理根据，应予驳回。

5. 结合法律背景与历史条件进行解释

在这一点上须特别注意，因法律背景和历史条件的改变，对同一个法律概念，应作不同的理解。任何法律概念，均有其存在的法律背景和历史条件，也就是解释学上所谓的“语境”。法律背景和历史条件发生了转变，“语境”也就改变了，所

---

① 详见中国农业银行长沙市先锋支行与湖南金帆投资管理有限公司、长沙金霞开发建设有限公司借款担保合同纠纷案，载《最高人民法院公报》2009年第1期。

② 详见马士基(中国)航运有限公司及其厦门分公司与厦门瀛海实业发展有限公司、中国厦门外轮代理有限公司国际海上货运代理经营权损害赔偿纠纷再审案，载《最高人民法院公报》2011年第10期。

③ 该条现为《民法典》第810条。

以,对该法律概念的理解也要相应的改变。

【案例7】 武汉市煤气公司诉重庆检测仪表厂煤气表装配线技术转让合同、煤气表散件购销合同违约纠纷案①

该案经向最高人民法院请示后,判决解除合同,免除供方责任。这是对《民法通则》②规定的"显失公平"不确定概念的价值补充。本案的意义在于,通过对"显失公平"概念的价值补充创设了情事变更原则。此项情事变更原则,在后来的司法解释中作了明确表述。最高人民法院《关于适用〈中华人民共和国合同法〉若干问题的解释(二)》③第26条规定:"合同成立以后客观情况发生了当事人在订立合同时无法预见的、非不可抗力造成的不属于商业风险的重大变化,继续履行合同对于一方当事人明显不公平或者不能实现合同目的,当事人请求人民法院变更或者解除合同的,人民法院应当根据公平原则,并结合案件的实际情况确定是否变更或者解除。"

6. 刑事审判中的行政犯认定严格参照相关行政法规进行解释

刑事审判中应当遵循罪刑法定原则,对于行政犯中的相关概念,需要严格参照相关行政法规进行解释。比较典型的例子是,刑法中对于毒品犯罪,涉案物品是否属于毒品,应当严格参照《麻醉药品品种目录》和《精神药品品种目录》予以认定。

【案例8】 廖某贩卖毒品案④

一审法院认为,被告人廖某违反国家毒品管理法规多次向他人贩卖毒品氟氨酮,情节严重,其行为已构成贩卖毒品罪。氟氨酮已经被国家禁毒委认定为是一种新型毒品,被告人廖某已着手实施犯罪,并且三次毒品交易均已实际完成,是犯罪既遂。判决被告人廖某犯贩卖毒品罪,判处有期徒刑3年,并处罚金人民币1万元。检察机关提出抗诉:原审判决认定氟胺酮属于毒品,认定事实有误;认定廖某犯罪既遂,适用法律不当,因廖某贩卖的氟胺酮尚不属于刑法意义上的毒品,应认定为贩卖毒品犯罪未遂;原审判处廖某有期徒刑3年,量刑畸重。二审法院认

---

① 详见武汉市煤气公司诉重庆检测仪表厂煤气表装配线技术转让合同、煤气表散件购销合同违约纠纷案,载《最高人民法院公报》1996年第2期。

② 《民法通则》已于2021年1月1日失效。

③ 该法已于2021年1月1日失效。

④ 参见湖南省郴州市中级人民法院刑事判决书,(2020)湘10刑终437号。

为,上诉人廖某违反国家毒品的管理法规,将氟胺酮当作毒品氯胺酮,多次向他人贩卖,情节严重,其行为已构成贩卖毒品罪。上诉人廖某以贩卖毒品氯胺酮的犯罪故意,着手实行贩卖毒品犯罪,因其所贩卖的物质系氟胺酮,实施犯罪时,氟胺酮尚未列入《麻醉药品品种目录》和《精神药品品种目录》,尚不属于刑法意义上的毒品,应认定为其意志以外的原因而未得逞,是犯罪未遂,依法可比照既遂犯对其从轻或减轻处罚。上诉人廖某犯贩卖毒品罪,判处有期徒刑 2 年,并处罚金人民币 1 万元。

本案审理的关键就在于氟胺酮能否解释和认定为刑法意义上的毒品。不仅二审合议庭存在不同的意见,专业(主审)法官会议和审判委员会讨论中均存在势均力敌的两种意见,检索类案也发现相关的判决"五花八门"。一种观点认为,氟胺酮虽然不是法律规定的毒品,但与毒品氯胺酮相类似,上诉人廖某贩卖氟胺酮的行为,应认定为贩卖毒品罪,且系犯罪既遂。2019 年 6 月 17 日国家禁毒委发布的报告中,氟胺胴被列入新型毒品,也是权威文件,氟胺胴具有麻醉的作用,为起到导向的作用应认定为毒品。另一种观点认为,毒品犯罪属于行政犯,根据罪刑法定的原则,氟胺胴是否属于法律规定的毒品,应当根据最高人民检察院、公安部《关于公安机关管辖的刑事案件立案追诉标准的规定》第 13 条的规定,依照相关目录为准,目前氟胺胴没有被列入名录,故不应当认定为毒品。

上级法院收到请示后回复,氟胺酮不是刑法意义上的毒品。2021 年 3 月 15 日将氟胺酮列入增补目录,于 2021 年 7 月 1 日施行。毒品犯罪属于行政犯,毒品的认定需要相关主管部门来确定,新类型毒品的认识需要有一个过程,现增补目录已确定清楚氟胺酮是毒品,但本案审理期间尚未纳入增补目录。二审判决严格遵循罪刑法定原则,认为上诉人廖某在实施犯罪时,氟胺酮尚未被列入《麻醉药品品种目录》和《精神药品品种目录》,尚不属于刑法意义上的毒品,应认定为其意志以外的原因而未得逞,是犯罪未遂,依法可比照既遂犯对其从轻或减轻处罚。

除了上诉最新的案例外,在 2020 年 6 月 26 日国际禁毒日,最高人民法院发布的十大毒品(涉毒)犯罪典型案例中的第 3 例,即"3. 刘某等贩卖、制造毒品案——制造、贩卖芬太尼等多种新型毒品,依法严惩"[①]也涉及上述问题。

---

① 参见最高人民法院:《最高人民法院发布 2020 年十大毒品(涉毒)犯罪典型案例》,载中国法院网 2020 年 6 月 23 日,https://www.chinacourt.org/article/detail/2020/06/id/5315018.shtml。

【案例9】 刘某等贩卖、制造毒品案①

2017年5月,被告人刘某、蒋某华共谋由刘某制造芬太尼等毒品,由蒋某华联系客户贩卖,后蒋某华为刘某提供部分资金。同年10月,蒋某华向被告人王某玺销售刘某制造的芬太尼285.08克。同年12月5日,公安人员抓获刘某,后从刘某在江苏省常州市租用的实验室查获芬太尼5017.8克、去甲西泮3383.16克、地西泮41.9克、阿普唑仑5012.96克等毒品及制毒设备、原料,从刘某位于上海市的租住处查获芬太尼6554.6克及其他化学品、原料。

2016年11月以来,被告人王某玺、夏某玺成立公司并招聘被告人杨某萃、张某红、梁某丁、于某等人为业务员,通过互联网发布信息贩卖毒品。王某玺先后从被告人蒋某华处购买前述285.08克芬太尼,从被告人杨某处购买阿普唑仑991.2克,并从其他地方购买呋喃芬太尼等毒品。案发后,公安机关查获王某玺拟通过快递寄给买家的芬太尼211.69克、呋喃芬太尼25.3克、阿普唑仑991.2克;从杨某萃处查获王某玺存放的芬太尼73.39克、呋喃芬太尼14.23克、4－氯甲卡西酮8.33克、3,4－亚甲二氧基乙卡西酮1920.12克;从杨某住处查获阿普唑仑6717.4克。

该案经由河北省邢台市中级人民法院一审,河北省高级人民法院二审,裁判已于2020年6月17日发生法律效力。

法院认为,被告人刘某、蒋某华共谋制造芬太尼等毒品并贩卖,其行为均已构成贩卖、制造毒品罪。被告人王某玺、夏某玺、杨某、杨某萃、张某红、梁某丁、于某明知是毒品而贩卖或帮助贩卖,其行为均已构成贩卖毒品罪。刘某、蒋某华制造、贩卖芬太尼等毒品数量大,且在共同犯罪中均系主犯。刘某所犯罪行极其严重,根据其犯罪的事实、性质和具体情节,对其判处死刑,缓期2年执行,剥夺政治权利终身,并处没收个人全部财产;蒋某华作用相对小于刘某,对其判处无期徒刑,剥夺政治权利终身,并处没收个人全部财产。王某玺、夏某玺共同贩卖芬太尼等毒品数量大,王某玺系主犯,但具有如实供述、立功情节,对其判处无期徒刑,剥夺政治权利终身,并处没收个人全部财产;夏某玺系从犯,对其判处有期徒刑地10年,并处罚金人民币10万元。杨某贩卖少量毒品,对其判处有期徒刑2年,并处罚金人民币6万元。杨某萃、张某红、梁某丁、于某参与少量毒品犯罪,且均系从

① 参见最高人民法院:《最高人民法院发布2020年十大毒品(涉毒)犯罪典型案例》,载中国青年网2020年6月23日,https://baijiahao.baidu.com/s?id=1670271548831370789&wfr=spider&for=pc。

犯,对4人分别判处有期徒刑1年8个月、1年6个月、1年4个月、6个月,并处罚金。

据公开报道显示,该案入选2020年最高人民法院十大毒品(涉毒)犯罪案件的典型意义在于,该案是国家相关部门在以往明确管控25种芬太尼类物质的基础上,又于2019年5月1日将芬太尼类物质列入《非药用类麻醉药品和精神药品管制品种增补目录》进行整类列管后,国内第一起有影响的芬太尼类物质犯罪案件,涉及芬太尼、呋喃芬太尼、阿普唑仑、去甲西泮、4－氯甲卡西酮、3,4－亚甲二氧基乙卡西酮等多种新型毒品。

二、开放性法律规则的司法适用

尽管不确定法律概念难以获得一个确定无疑的答案,但不确定法律概念解释应尽量参照法秩序体系、考察规范的目的,结合案件语境进行解释,以达至法律解释的合理性。不确定法律概念可以分为描述性不确定法律概念和评价性不确定法律概念。

(一)描述性不确定法律概念的解释

描述性不确定法律概念强调一种"去价值化"的、事实性的客观认知。[①] 当描述性不确定法律概念解释存在多种意义时,可通过与概念相关的条文及注意概念的规范意旨进行全面理解,选择多种解释中有助于维持该规定与其他规定事理上一致者。

【案例10】　甘某不服暨南大学开除学籍决定案[②]

甘某抄袭他人论文作为课程论文提交,被任课教师发现批评教育后第二次提交抄袭的论文,因此,暨南大学根据《暨南大学学生管理暂行规定》第53条第5项和《暨南大学学生违纪处分实施细则》第25条开除甘某的学籍,最高人民法院判决认为暨南大学对甘某"开除学籍"的处分属于"适用法律错误",应予撤销。

最高人民法院再审判决的基础是对于两个"不确定法律概念"——"剽窃、抄袭他人研究成果"与"情节严重"的解释。"剽窃、抄袭"属于描述性不确定法律概念。最高人民法院判决认为对甘某作出纪律处分所依据的《暨南大学学生管理暂

① 参见毋国平:《含义不确定的分类法律概念之解释》,载《法制与社会发展》2014年第5期。

② 参见最高人民法院行政判决书,(2011)行提字第12号。

行规定》第53条第5项和《暨南大学学生违纪处分实施细则》第25条均系依据2005年《普通高等学校学生管理规定》第54条第5项的规定而制定，因此最高人民法院再审认为前审“适用法律错误”，其所指“法律”即为“2005年《普通高等学校学生管理规定》第54条第5项”。其中第5项所称之“剽窃、抄袭他人研究成果”，系指高等学校学生在毕业论文、学位论文或者公开发表的学术文章、著作，以及所承担科研课题的研究成果中，存在剽窃、抄袭他人研究成果的情形。

就“剽窃”一词的含义，到目前为止，仅有国家版权局版权管理司在《关于如何认定抄袭行为给××市版权局的答复》（权司[1999]第6号）中回答：著作权法所称抄袭、剽窃，是同一概念，指将他人作品或者作品的片段窃为己有。这是一种日常用语式的表述，并没有解释著作权的实质。甘某作为在校研究生提交课程论文，属于课程考核的一种形式，即使其中存在抄袭行为，也不属于该项规定的情形。从再审判决书中的这段表述来看，法官要表明：“因为甘某提交课程论文属于课程考核的形式，其抄袭行为不属于在毕业论文、学位论文或者公开发表的学术文章、著作，以及所承担科研课题的研究成果中的抄袭行为。”法官对“剽窃、抄袭他人研究成果”以及“情节严重”进行了法律解释，但其表述“不能违背《普通高等学校学生管理规定》相应条文的立法本意”。对于“剽窃、抄袭他人研究成果”判决书中限定为“毕业论文”“学位论文”“公开发表的学术文章、著作”“所承担科研课题的研究成果”，这四类属于公开的学术成果，而不包含非公开的学术成果。①

（二）评价性不确定法律概念的解释

评价性不确定法律概念需要对事实进行价值评价之后才能作出解释。在没有相关法律规范提供参考时，也不能任意解释评价性不确定法律概念，需要结合案件事实进行语境解释。因为，法律解释并不等同于创造性解释法律，解释者的自由裁量权应该受到诸多限制。

1. 定量化评价性不确定法律概念的解释

仍以前述案例为例，“情节严重”与“剽窃、抄袭”不同。“情节严重”并不是描述性的不确定法律概念，而是带有评价性的含义。“情节严重”涉及程度的评价，属于定量化的评价性不确定法律概念。“严重”是一个评价性的意义成分，“情

① 参见蔡琳：《不确定法律概念的法律解释——基于“甘露案”的分析》，载《华东政法大学学报》2014年第6期。

节”是一个描述性的意义成分。对于“严重”或其他评价性意义，如“好的”“善”，因其评价依附于不同的事物而具有具体情境的相关性。相对描述性法律概念来说，它并没有一个确定的“概念核心”或类型的确定性。原二审判决认定“情节严重”是基于甘某本人的研究生身份和抄袭的次数，而最高人民法院的再审判决则侧重于抄袭的“量”与“行为的后果”。最高人民法院再审判决认为，所谓“情节严重”，系指剽窃、抄袭行为具有非法使用他人研究成果数量多、在全部成果中所占的地位重要、比例大，手段恶劣，或者社会影响大、对学校声誉造成不良影响等情形。一般来说，我们常见的方式就是用规定性去消除模糊性，定量是最常见的方法。例如，最高人民法院、最高人民检察院《关于办理非法利用信息网络、帮助信息网络犯罪活动等刑事案件适用法律若干问题的解释》第 12 条①通过具体的量化对“情节严重”作出解释。

2. 定性化评价性不确定法律概念的解释

立法中还存在无法定量化的评价性不确定法律概念，“公序良俗”就是其中的典型，需要作出定性化的评价和解释。

【案例 11】 “北雁云依”诉济南市公安局历下区分局燕山派出所公安行政登记案②

原告“北雁云依”出生于 2009 年 1 月 25 日，其父姓名为吕某峰，其母姓名为张某峥。原告父母酷爱诗词歌赋及中国传统文化，遂从四首中国古典诗词中提取寓意，自创以“北雁”为姓，“云依”为名，并以“北雁云依”为姓名办理了新生儿出生证明和计划生育服务手册新生儿落户备查登记。然而，2009 年 2 月，其父吕某峰前往济南市公安局历下区分局燕山派出所为女儿申办户口登记时，被民警告知拟被登记人员的姓氏应当随父姓或者母姓，否则不予办理户口登记。原告父母不服遂将燕山派出所告上济南市历下区人民法院，认为燕山派出所不予登记行为侵

① 最高人民法院、最高人民检察院《关于办理非法利用信息网络、帮助信息网络犯罪活动等刑事案件适用法律若干问题的解释》第 12 条第 1 款规定：“明知他人利用信息网络实施犯罪，为其犯罪提供帮助，具有下列情形之一的，应当认定为刑法第二百八十七条之二第一款规定的‘情节严重’：(一)为三个以上对象提供帮助的；(二)支付结算金额二十万元以上的；(三)以投放广告等方式提供资金五万元以上的；(四)违法所得一万元以上的；(五)二年内曾因非法利用信息网络、帮助信息网络犯罪活动、危害计算机信息系统安全受过行政处罚，又帮助信息网络犯罪活动的；(六)被帮助对象实施的犯罪造成严重后果的；(七)其他情节严重的情形。”

② 参见“北雁云依”诉济南市公安局历下区分局燕山派出所公安行政登记案，最高人民法院指导性案例 89 号(2017 年)。

犯了公民姓名权，主张依据《婚姻法》第22条及《民法通则》第99条第1款之规定，请求法院确认燕山派出所拒不为“北雁云依”办理户口登记行为违法。法院审理过程中发现该案涉及法律适用问题，于2010年3月11日裁定中止审判，报请有权机关作出解释。最高人民法院向全国人大常委会请求对《民法通则》第99条第1款和《婚姻法》第22条的规定进行解释，第十二届全国人大常委会第十一次会议于2014年11月1日作出解释①，认为公民享 有姓名权，但是应该受到《民法通则》第7条有关公序良俗原则限制。2015年4月21日恢复审理，并于同年4月25日作出(2010)历行初字第4号判决书。历下区人民法院援引立法解释认为，仅凭个人喜好愿望并创设姓氏，具有明显的随意性，不符合人大常委会第2款第3项“有不违反公序良俗的其他正当理由”的情形，遂驳回了原告的诉讼请求。

本案中，全国人大常委会作出的《民法通则》第99条第1款和《婚姻法》第22条有关“姓名权”的解释，与人民法院关于“公序良俗”的解释是限制原告行使“姓名权”的基本理由，可见如何对“姓名权”与“公序良俗”进行解释无疑是本案之关键。从法律概念语词的明确性上看，“姓名权”与“公序良俗”均是不确定法律概念，其内涵和外延具有不确定性，语义具有模糊性。

本案涉及“姓名权”解释问题，既可以报请全国人大常委会作出立法解释，也可根据审判的需要作出司法解释，但最高人民法院并未对此作出解释或批复，而是报请全国人大常委会作立法解释。一方面，基本权利是法律保留事项，只有法律才能对基本权利进行合理界定，由立法机关进行解释确保了法律的一般性价值，增强了法律的稳定性；另一方面，对涉及公民基本权利事项的解释交由权威机关作出，可以避免司法机关解释的恣意与能动，防范法官解释带来的裁判不确定性风险，通过去价值化及援引权威性论据来减少外界不必要的诘难，为后续审判活动提供案例指导，增强裁判的合法性，塑造司法公信力。人民法院正是参照立法解释释放了不确定法律概念“姓名权”的规范意义。

众所周知，“公序良俗” 属于典型的评价性不确定法律概念。有学者认为，公

① 2014年11月1日，十二届全国人大常委会第十一次会议通过的《关于〈中华人民共和国民法通则〉第99条第1款、〈中华人民共和国婚姻法〉第22条的解释》规定如下：公民依法享有姓名权。公民行使姓名权，还应当尊重社会公德，不得损害社会公共利益。公民原则上应当随父姓或者母姓。有下列情形之一的，可以在父姓和母姓之外选取姓氏：(1)选取其他直系长辈血亲的姓氏；(2)因由法定扶养人以外的人扶养而选取扶养人姓氏；(3)有不违反公序良俗的其他正当理由。少数民族公民的姓氏可以从本民族的文化传统和风俗习惯。

序是指国家社会一般的利益，良俗是指社会一般的道德观念，两者都可以归入“社会妥当性”之内。① 国家社会一般利益或者公共利益象征着公序，社会一般的道德观念、社会公德、善良风俗及人伦秩序代表了良俗。公序良俗尽管是一个法律概念，但它拥有不同的作用维度：规制法律行为意义上的公序良俗、作为法律体系根本理念乃至最高理念的公序良俗、作为基本原则的公序良俗以及作为判断标准的公序良俗。可见，并非“公序良俗”这一概念本身在规制民事行为，而是作为公序良俗的内容在起作用。但如同国家社会一般利益、公共利益、道德观念、社会公德、善良风俗及人伦秩序等都带有价值评价性。而这些带有评价性的概念却往往没有可供参照的解释资源，即便存在可供参考的资源，任何一个因素或语境的变化都可能导致不确定法律概念含义的变化，因此法官必须结合案件事实对其内涵与外延进行界定。如同本案，在没有其他法律规范作为参照的情况下，裁判指出：公民姓氏选取涉及公序良俗，公民对姓氏传承的重视与崇敬，不仅仅体现了血缘关系、亲属关系，更承载了丰富的文化传统、伦理观念、情怀，符合主流价值观念，是中华民族向心力、凝聚力的载体和镜像。原告“北雁云依”所选取的姓氏“北雁”系公民仅凭个人意愿喜好随意选取甚或是创造的姓氏，这与中华传统文化上所讲“姓氏”承袭血缘传承、伦理秩序和文化传统相背离，构成了对“公序良俗”的违反。②

第四节　“法无明文规定”时法律规则的适用

当前，我国已经建成中国特色社会主义法律体系，“有法可依”问题已经得到基本解决，全面依法治国进入到新时代。在看到我国依法治国取得可喜成绩的同时，我们也不应该盲目乐观，不能盲目自信地认为“任何法律问题都存在明确的规范指引”③。事实上，在司法实践中，某些领域“无法可依”现象仍然客观存在，这是我们必须要正视的客观现实。

“司法不得拒绝裁判”（也称“禁止拒绝裁判”）作为一项现代司法原则，为世

---

① 参见赵万一：《契约自由与公序良俗》，载《现代法学》2003 年第 3 期。

② 参见杨铜铜：《论不确定法律概念的体系解释——以“北雁云依案”为素材》，载《法学》2018 年第 6 期。

③ 庄绪龙：《“法无明文规定”的基本类型与裁判规则》，载《法制与社会发展》2018 年第 2 期。

界上绝大多数国家和地区所认可。近年来,“司法不得拒绝裁判”逐渐走入我国司法实践,并已广泛运用于我国司法实践中。保守的司法裁判观念在面对民众诉求时往往缺乏正义色彩,罔顾司法在纠纷解决中的实质支配力,这与“司法不得拒绝裁判”的基本精神相差甚远。法学不允许遗留任何“无法解决”的问题,这是法学与其他学科的根本区别之一。[①] 公力救济的程序正当性、诉权的人权属性以及实质正义实现等现代法治理念,均要求司法机关即便面临“法无明文规定”困境时,也不得对抗“司法不能拒绝裁判”的基本原理。[②] 即在司法裁判领域,尽管法律没有规定、法律规定不明或者法律规定相互冲突,不能以此为借口以“不予受理”或者“驳回起诉”的方式拒绝裁判,这是“司法不得拒绝裁判”基本法理的必然要求。因此,法官不能拒绝裁判,司法不能回避所谓“法无明文规定”的问题。

司法机关在面临“法无明文规定”困境时,法官必须运用自己的司法经验和人性良知,以公平、正义的法律观念为基础,在逻辑分析的前提下,根据法律的基本原则和精神,作出公正合理的裁判。[③]换言之,在“法无明文规定”的司法裁判领域,法官不能与己无关地责备立法者没有提供明确的规范文本,即便没有明确的规范指引,他也必须对案件事实进行有效归纳,对诉讼双方的诉争纠纷作出至少不违背法理精神的裁判。正因如此,引申出了我们本节的探讨主题,在“法无明文规定”的情况下,司法裁判者该如何适用法律作出司法判决。笔者认为,在法律不能提供有效裁判指引的前提下,提炼相关的裁判规则就显得格外必要。

根据司法裁判阶段性发展的特征,“司法不得拒绝裁判”原则的规范意涵主要体现为三个方面:其一,在立案与受理阶段,法官不得无故拒绝案件受理;其二,在案件审理阶段,法官应当充分保障当事人诉讼程序;其三,在裁判结果制作中,不得以“法律规范缺漏”为由拒绝作出实体判决。在“法无明文规定”情形下,司法裁判若“主要靠经验”,这显然属于一种危险性状态,与人民法院审判工作高质量发展的要求相去甚远,更无法满足人民群众对高质量司法裁判的新期待。司法裁判在面临“法无明文规定”困境时,在尊重法官经验的同时,更需要具有普遍适用性、客观性特点的裁判规则作为支撑。经不完全归纳,“法无明文规定”的不予受理(驳回起诉)规则、“法无明文规定不为罪”规则、“法无禁止即可为”的私法自治规则、私法自治不得侵害他人合法利益规则、义务附加的权利补足规则、利益衡量

---

① 参见[德]伯恩·魏德士:《法理学》,丁晓春、吴越译,法律出版社2005年版,第137页。

② 参见庄绪龙:《“法无明文规定”的基本类型与裁判规则》,载《法制与社会发展》2018年第2期。

③ 参见彭世忠:《论“无法”司法——一种对司法过程的另类思考》,载《政法论坛》2007年第5期。

规则、法律漏洞填补规则，可以为司法机关面临“法无明文规定”困境时提供合理的裁判指引。①

一、“法无明文规定”的不予受理（驳回起诉）规则的适用

（一）不予受理（驳回起诉）规则的提出

法的滞后性与不周延性等特性，决定了“法无明文规定”是成文法国家无法避免的客观现象。现代法治理念大多认为，“以事实为根据，以法律为准绳”是司法裁判的基本原则，依法裁判是法治规律的必然结论。因此，实务界有观点认为，在没有明确法律依据时，当事人之间的纠纷被法院以“不予受理”或者“驳回起诉”的方式拒绝裁判，在整体保守的司法大环境中有时是顺理成章的。司法实践中确实有为数不少的实务案例。下面以“祭奠权”纠纷为例进行举例说明。

以“祭奠权”纠纷为例，探讨在“法无明文规定”时，不予受理或驳回起诉的裁判规则。笔者认为，“司法不得拒绝裁判”要求法官在“法无明文规定”时，即受诉法院在没有立法和司法解释明确规定的情况下，不能自主决定“民事诉讼的受理范围”，尤其不能以“不属于民事诉讼受理范围”为由任意剥夺起诉人的诉权。受理诉讼的人民法院如果要将某种类型的纠纷排除在民事诉讼的范围之外，必须有明确的立法依据，至少要有明确的司法解释依据。例如，对于“祭奠权”纠纷的处理，虽然我国法律没有明文规定祭奠权，但“祭奠权”在我国属于一种习惯性权利则当属于没有争议事项。根据我国《民法典》总则编第 10 条关于“处理民事纠纷，应当依照法律；法律没有规定的，可以适用习惯，但是不得违背公序良俗”的规定，我国法律体系已经将“祭奠权”纳入了“规范评价”范围。因此，在处理此类问题时，不宜以祭奠权属于“法无明文规定”的纠纷，简单地就采用“不予受理”或者“驳回起诉”的方式处理，而应当对涉“祭奠权”纠纷中不同个案诉求的具体情形，妥善对待当事人的诉权。

（二）实践中适用不予受理（驳回起诉）规则的具体类型

根据现行《民事诉讼法》第 122 条的规定，“属于人民法院受理民事诉讼的范围”的案件，人民法院才能在立案环节予以受理。由于该条规定的笼统性，使对于“不属于法院的受理范围”情形没有明确规定，这导致实践中产生了许多问题。根

① 庄绪龙：《“法无明文规定”的基本类型与裁判规则》，载《法制与社会发展》2018 年第 2 期。

据相关法律规范、司法解释等明确规定，司法实践中常见的法院不予受理的事项范围有：[①]

1. 对单位内部争议事项不予受理

在司法实践中下列八种行为一般认定为是单位内部争议事项，当事人以此为由提起诉讼的，一般不予受理。

第一种情形，对企业内部的人事任免争议不予受理。

第二种情形，对农村征地的补偿纠纷一般不予受理（该项目前在实务界属于有争议的事项）。根据最高人民法院《关于审理涉及农村土地承包纠纷案件适用法律问题的解释》（法释〔2020〕17 号）第 1 条第 3 款中关于“农村集体经济组织成员就用于分配的土地补偿费数额提起民事诉讼的，人民法院不予受理”的规定。至此，从法律的明文规定上，农村征地补偿款纠纷的诉讼被列入了人民法院不予受理的案件范围，此类争议只能由有关部门协调解决。但是司法实践中，对该类型的案件是否可以由人民法院受理，实务界有争议，亦有不同的操作办法。

第三种情形，对涉及农村自治的纠纷，人民法院一般不予受理。例如，北京市高级人民法院《关于涉农纠纷受理问题的指导意见》（京高法发〔2005〕264 号）认为应将某些涉及农村自治权行使的纠纷，排除在人民法院民事诉讼受案范围之外。

第四种情形，对涉及成员资格的案件不予受理。根据最高人民法院《关于审理涉及农村土地承包纠纷案件适用法律问题的解释》（法释〔2020〕17 号）第 1 条第 2 款规定，农村集体经济组织成员因未实际取得土地承包经营权提起民事诉讼的，人民法院应当告知其向有关行政主管部门申请解决。广东省高级人民法院《关于进一步提高人民法庭司法能力为建设社会主义新农村提供公正、高效司法保障的意见》（粤高法发〔2006〕34 号）认为，要妥善处理外嫁女权益纠纷，对于涉及集体经济组织成员资格的确认问题，应按“最高人民法院关于审理涉及农村土地承包纠纷案件法律问题的解释”的相关规定，告知当事人向当地乡镇人民政府申请解决，对乡镇人民政府处理不服的，可以行政纠纷案件向人民法院起诉，以保障外嫁女能够通过多种渠道维护自己的合法权益。

第五种情形，对内部分配房产的纠纷不予受理。根据最高人民法院《关于房

① 参见薛豪：《我国民事诉讼中人民法院不予受理的实证分析》，中国人民大学 2013 年硕士学位论文。

地产案件受理问题的通知》(法发〔1992〕38 号)第 3 条的规定,凡不符合《民事诉讼法》、《行政诉讼法》有关起诉条件的属于历史遗留的落实政策性质的房地产纠纷,因行政指令而调整划拨、机构撤并分合等引起的房地产纠纷,因单位内部建房、分房等而引起的占房、腾房等房地产纠纷,均不属于人民法院主管工作的范围,当事人为此而提起的诉讼,人民法院应依法不予受理或驳回起诉,可告知其找有关部门申请解决。2003 年,最高人民法院研究室《关于人民法院是否受理涉及军队房地产腾退、拆迁安置纠纷案件的答复》(法研〔2003〕123 号)规定指出,根据最高人民法院《关于房地产案件受理问题的通知》的精神,因涉及军队房地产腾退、拆迁安置而引起的纠纷,不属于人民法院主管工作的范围,当事人为此而提起的诉讼,人民法院应依法不予受理或驳回起诉,并可告知其找有关部门申请解决。除此之外,1991 年 1 月 30 日最高人民法院作出的《关于军队离退休干部腾退军产房纠纷法院是否受理的复函》也体现了上述精神,认为"此类纠纷人民法院不宜受理"。

第六种情形,对职务行为的民事纠纷不予受理。最高人民法院《关于职工执行公务在单位借款长期挂账发生纠纷法院是否受理问题的答复》([1999]民他字第 4 号)指出:由于刘某受单位委派,从单位预支 15,000 元处理一起交通事故是职务行为,其与单位之间不存在平等主体间的债权债务关系,人民法院不应作为民事案件受理;刘某在受托事项完成后,因未及时报销冲账与单位发生纠纷,应由单位按其内部的财会制度处理。《江苏省高级人民法院 2001 年全省民事审判工作座谈会纪要》(苏高法〔2001〕319 号)(现已失效)在"民事审判职能范围的界定"部分第 5 点中指出:"供销员以及其他职工因执行职务与单位发生的债权债务关系,不是平等主体之间的法律关系,因此引发的纠纷不属于民事案件,如已立案,应裁定驳回起诉。"

2. 对涉及行政权的纠纷不予受理

在民事司法实践中,下列情形一般认为是涉及行政权的纠纷,人民法院在民事案件中一般不予受理。

第一种情形,对政府正在处理的纠纷不予受理。根据最高人民法院经济审判庭《关于对南宁市金龙车辆配件厂集资纠纷是否由人民法院受理问题的答复》(法经〔1991〕121 号)文件精神,对于集资纠纷案件不属于人民法院的受理范围。此外,根据 1998 年全国经济审判工作座谈会的精神,对于以农村合作基金会为债务人的纠纷及农村合作基金会与农户间的纠纷,一般应当首先由清理部门按照国务院有关政策处理,人民法院一般不予受理。

第二种情形,对涉及政府职权的纠纷不予受理。在司法实践中,许多法院的裁判认为合同义务的履行只能涉及合同当事人,对合同约定义务涉及政府职权处理的纠纷,就不属于民事诉讼受案范围。上海法院对此有明确意见,由于户口迁移涉及相关行政部门的审批制度,属于行政管理范畴,不属于民事案件的受理范围。经释明后,当事人仍坚持主张迁移户口的,应裁定不予受理或驳回起诉。①

第三种情形,对涉及土地葬坟的纠纷不予受理。实践中,因为大部分葬坟纠纷是群体性纠纷,且这类纠纷往往也涉及土地管理问题。为此,司法实践中,许多法院的司法裁判据此认为,应由政府主管部门处理,不予受理此类案件或者受理后也都予以驳回起诉。

3. 对刑事附带民事诉讼请求精神损害赔偿不予受理

根据《刑事诉讼法》第 101 条规定,在刑事附带民事诉讼中,只支持以物质损失为诉求提起的附带民事诉讼。再结合最高人民法院《关于刑事附带民事诉讼范围问题的规定》(法释〔2000〕47 号)(已失效)第 1 条第 2 款“对于被害人因犯罪行为遭受精神损失而提起附带民事诉讼的,人民法院不予受理”和最高人民法院《关于人民法院是否受理刑事案件被害人提起精神损害赔偿民事诉讼问题的批复》(法释〔2002〕17 号)(现已失效)的规定“对于刑事案件被害人由于被告人的犯罪行为而遭受精神损失提起的附带民事诉讼,或者在该刑事案件审结以后,被害人另行提起精神损害赔偿民事诉讼的,人民法院不予受理。”当前,司法实践中,对于刑事附带民事诉讼请求精神损害赔偿的,一般不予受理。

4. 对非法律纠纷不予受理

最为典型的有两种情况,即以学术争议为由提起诉讼的和以道德为由提起诉讼的。在实践中,该两类案件法院一般不予受理,或者受理后也都会驳回起诉。

第一种情形,以道德问题为由起诉的不予受理。在“周某华诉谢某萍”案中,生效裁判认为:“该案属于道德问题,不属于人民法院民事案件受理范围,裁定撤销一审判决,驳回原告的起诉。”②

第二种情形,以学术争议为由起诉的不予受理。司法实践中,在“丘某东起诉

① 参见江爱华:《上海市高级人民法院关于审理“二手房”买卖案件若干问题的解答》(2005 年 12 月 16 日),载搜狐号“江爱华律师”2021 年 1 月 22 日,https://www.sohu.com/a/446041747_120977702。

② 参见薛豪:《我国民事诉讼中人民法院不予受理的实证分析》,中国人民大学 2013 年硕士学位论文,第 36 页。

教科书中论述宗教的内容不当案”中,法院认为,“法院审查后,裁定该案不属于人民法院受理民事诉讼的范围而不予受理;当事人不服提起上诉,二审法院审理后,裁定维持原裁定。”另外,在“挑刺《新华字典》案”中①,法院认为,“原告提出的是《新华字典》在知识性、逻辑性、语言性、体例性、标点符号方面存在差错,这些内容所涉及的是学术上的问题,属于学术争议,非民事权利争议,不属法院民事诉讼主管范围。”原告不服,上诉后,上海市第二中级人民法院以“对辞书类图书内容的争议,如果不属于图书的编校问题,而属学术争议,人民法院不予受理”为由,裁定维持原裁定。

鉴于当前,我国的民事诉讼法中并未明确规定“人民法院非受案范围”,也未明确列举不予受理的类型对被人民法院不予受理的案件类型明确规范的现实背景下,人民法院应当严格落实立案登记制改革的要求,严格依据法律和司法解释明确规定,切实保障当事人诉权。同时可以在合适的时机修订《民事诉讼法》,对不予受理的案件(纠纷类型)在条文、款项中进行明确规定,即将“人民法院非受案范围”具体化,让地方各级人民法院在适用民事案件受理的规范时,只有被法律明文规定属于“人民法院非受案范围”的案件才能不予受理,进一步厘清“法无明文规定”时不予受理案件的法律规则适用。

二、“法无明文规定不为罪”规则适用

“法无明文规定”的情形,在刑事领域的适用规则体现为“法无明文规定不为罪”。我国《刑法》第3条规定:“法律明文规定为犯罪行为的,依照法律定罪处刑;法律没有明文规定为犯罪行为的,不得定罪处刑。”这条规定,也被称为罪刑法定原则。“法无明文规定不为罪”的规则,其实质就是对罪刑法定原则的遵守。

虽然刑法规定“法无明文规定不为罪”,但司法实践中却会面临很多复杂局面。如何在应对这些复杂局面中坚守罪刑法定原则,落实“法无明文规定不为罪”考验着法官的智慧。下面进行举例说明。

第一种,民愤极大,但“法无明文规定”时该如何处理?最为典型的案件是,1999年轰动全国的“钱塘江工程案”②。

---

① 参见陈铁珺、郦亮:《挑刺〈新华字典〉案发生质变》,载《青年报》2006年12月14日,第10版。

② 参见中国青年报:《钱塘江“豆腐渣工程”案 法律难究肇事人》,载新浪网,https://news.sina.com.cn/china/1999-12-23/44910.html。

【案例12】 钱塘江工程案

在钱塘江工程中,工程承包人、监理人违反国家规定和有关操作规程,用泥沙代替混凝土投入基础沉井,降低工程质量,给钱塘江海塘安全带来了严重隐患,导致发生了当时轰动全国的“钱塘江工程案”。1998年,该案发生后,直接肇事的四名工程承包人被依法逮捕,一名工程监理取保候审。根据按省市有关部门当时的联合调查,检察机关认为,几名肇事人共同构成了重大安全事故罪。于是,1999年5月17日,杭州市江干区人民检察院以“涉嫌构成重大安全事故罪”提起公诉,杭州市江干区人民法院受理。但随着对案件调查的深入,案情有了变化,同年10月,江干区检察院向人民法院申请撤回起诉。随后,“钱塘江工程案”的几名工程承包人无罪释放。

根据,时任杭州市江干区人民检察院检察长金福泉说,“钱塘江工程案”撤回起诉的主要原因在于“罪不当罚”。我国《刑法》第137条规定:“建设单位、设计单位、施工单位、工程监理单位违反国家规定,降低工程质量标准,造成重大安全事故的,对直接责任人员,处五年以下有期徒刑或者拘役,并处罚金;后果特别严重的,处五年以上十年以下有期徒刑,并处罚金。”据金福泉检察长释明称,当时《刑法》对“重大事故”有具体规定。即“死亡二人以下;重伤三人以上、十九人以下;直接经济损失十万元以上不满三十万元”,这是构成重大安全事故罪的最低界限。只有符合这些条件才构成法律上的重大安全事故罪,也只有这样才能追究有关直接责任人的刑事责任。而在钱塘江工程案中,工程承包人、监理人违反国家规定和有关操作规程,用泥沙代替混凝土投入基础沉井,降低了工程质量,给钱塘江海塘安全带来了严重隐患,性质是恶劣的。但它没有法律规定的重大事故的发生,因此也就构不成重大安全事故罪。随后他进一步释明说,“直接经济损失也是构成重大安全罪的一个要件”。当时指控犯罪的一个重要依据,就是调查认定的直接经济损失17万元。但在之后的调查中发现,四名承包人虽然作案手段相同,方式、目的一致,造成的后果也相同,但均是单独作案,不存在相互串通、共同作案的问题。根据作案性质,造成的直接经济损失应该由几名包工头分头承担,而不是共同承担,这就使案件的性质起了质的变化。另外,这些包工头既是肇事者也是工程承包人,按照双方承包合同,这些经济损失最终得由他们自己承担。金福泉检察长认为,此案的处理,检察部门是慎重的,也经过了多次的集体讨论。

案件处理结束后,很多市民对此处理结果感到惊讶:“这么大的案件,肇事者就没事了?”而律师徐某则认为该案的处理正体现了我国的依法治国从“人治”走向了“法治”;司法实务界有人则撰文认为:“作为一件曾轰动全国,引起全国关注的工程质量大案,几名肇事者被无罪释放,表明了我国法治观念已深入人心,也表明了我国依法办案的决心。”并指出,刑事案件的办理需要严格执行“法无明文规定不为罪”,社会影响不能决定当事人的罪过与刑事责任,高水平的法治需要健全的法治体系,更需要全民的支持。①

解析:“法无明文规定不为罪”是现代法治国家的基本要求,是现代刑法的最基本原则之一。1997 年修订的《刑法》把这一原则确立为《刑法》三大基本原则之一。在 1997 年《刑法》修订后发生的“钱塘江工程”的处理中,未受该案社会影响巨大的干扰,检察机关坚持适用“法无明文规定不为罪”的法律规则,申请撤回起诉,该案是坚守“罪刑法定原则”的典型案件。

除了上述“社会影响巨大,但法无明文规定”的案件外,实践中还面临着“法无明文规定,但却有严重的社会危害性的行为”该如何处理问题。笔者认为,对于该类行为,仍然要坚持“罪刑法定原则”,毫不犹豫地适用“法无明文规定不为罪”的法律规则进行处理,真正实现保障人权的法治理想,使社会主义法治观念更加深入人心。此外,在实践中要注意延伸刑事审判职能,针对各类法无明文规定的严重危害社会的行为,在坚持罪刑法定原则的基础上,对于具备立法条件的行为,应及时报请立法机关进行立法规制;符合立法解释,要报请立法机关作出立法解释;符合司法解释条件的要及时报请最高人民法院制定司法解释,以弥补法律漏洞。②

社会是发展的,尤其是犯罪现象是随着社会发展而层出不穷的。而立法确实具有滞后性,导致出现某些新的犯罪行为,而刑法中却没有相应规定的问题。在这种情况下,根据罪刑法定原则,不能以犯罪论处。但是,对于法律有明文规定,或者法律解释能够合理容纳的,则应当按照法律的规定和合理的解释,依法审判和处理,否则,也将造成放纵犯罪的后果,必然经受不住人民群众的评判。

三、“法无禁止即可为”的私法自治原则

“法无禁止即可为”(另译“法不禁止即自由”)是西方法律传统中的一句谚

---

① 参见苏东:《民愤极大,法无明文规定咋办?——钱塘江“豆腐渣工程”案引起的思索》,载《广西政法干部管理学院学报》2000 年第 2 期。

② 参见李国如、张文:《刑法实施应贯彻罪刑法定原则——论对法无明文规定的严重危害社会行为的处理》,载《法学研究》1999 年第 6 期。

语。在今天已被当作基本法理或普遍性常识。[①] 对私权利来说,需要遵守的是“法无禁止即可为”;而对国家公权力来说,则应该恪守“法无授权即禁止”。

就规范层面来说,它是关于私权自治的法律原则。这项原则划定了“法不禁止即可为”主要适用于私法领域。具体而言,这项原则有三个要点。[②] 第一,从主体看,“法无禁止即可为”是针对公民而言,而非公权力。自由首先指的是公民的自由,而不是国家的或集体的自由。第二,从内容看,“法无禁止即可为”的“可为”是指权利而言。权利是公民依自己意志为或不为某种行为的资格或能力,自由被认为人的首要权利之一。第三,从对象来看,“法无禁止即可为”是相对权力而言的。法律是公权力行使的依据,法律若未明文禁止,公权力不得恣意干预公民的行为。“法不禁止即可为”基于个人主义原则、为防止公权力的扩张而存在。因此,作为公民,他不但可以大胆地运用自己的权利（法无禁止即可为、自由）,还可以勇敢地监督政府（法无授权即禁止）;而对政府而言,其不但要谨慎运用手中的每一项权力（法无授权即禁止）,还必须尊重公民的每一项权利（法无禁止即可为）。[③]

在法律依据上,“法无禁止即可为”原则有立法依据作为支撑。我国《立法法》第 8 条第 5 项和第 8 项分别规定了“对公民政治权利的剥夺、限制人身自由的强制措施和处罚”以及“民事基本制度”等,“只能制定法律”。因此,人民法院在审理民事案件,不能单纯依部门规章的规定而忽视法律的规定,更不能忽视公民正当民事权利的行使。换言之,在民事案件审理中,按照“法无禁止即可为”的基本原理,只要是法律并未禁止的行为,原则上都应被拟制地认为是可为且正当合法的。下面通过实证案例进行说明:

【案例 13】 全国首例冷冻胚胎权属纠纷案[④]

2012 年 8 月,沈某和刘某夫妇由于无法在自然情况下顺利生育,经二人商议决定在鼓楼医院进行体外受精即胚胎移植手术。治疗过程中,鼓楼医院一共冷冻 4 枚成熟胚胎。但在 2013 年夫妻二人死于车祸,但沈某父亲和母亲凭借继承纠纷

---

① 参见刘星:《对“法不禁止便自由”的重新审视》,载《法律科学(西北政法大学学报)》1995 年第 5 期。笔者在这里需要说明的是,由于《民法典》将弘扬社会主义核心价值观入典,以及规定了公序良俗原则,严格意义上讲,民事法律行为同样应当弘扬社会主义核心价值观,同时,不得违背公序良俗。

② 王雅琴:《论“法不禁止即可为”》,载《理论视野》2014 年第 4 期。

③ 庄绪龙:《“法无明文规定”的基本类型与裁判规则》,载《法制与社会发展》2018 年第 2 期。

④ 详见江苏省无锡市中级人民法院民事判决书,(2014)锡民终字第 01235 号。详见刘平、房管亮:《疑难案件利益衡量的效果评价——由两起全国首例案件的审判展开》,载《东岳论丛》2018 年第 2 期。

的名义起诉女方父母，目的是获得这4枚胚胎。法院将鼓楼医院视为第三方，其中原告庭审指出胚胎是其生命的延续，因此最终处置和管理权应掌握在自己手中，而被告却坚持处置权应由其所有。鼓楼医院就此给出的解释为因为胚胎性质至今仍未明确，不属于财产，对其处置涉及伦理问题，不能成为继承的标的，原、被告双方都无法继承，胚胎被取出后唯一使其存活的方式就是代孕，根据《人类辅助生殖技术管理办法》等原卫生部的相关规定，该行为是违法的。一审法院对此事给出的解释为，由于受精胚胎本身的特殊性，是生命的延续，具有成长为生命的潜能，因此不能将其视为其他普通物品而进行随意转让或者继承。父母可以就胚胎行使自己的权利，但却是有限制的，不得违背我国人口和计划生育相关法律法规，不得有违社会伦理道德，通俗来讲即不可以买卖，只能是以生育为目的，但双方已经因为车祸不在人世，那么手术生育也就完全不可能实现了，在这种情况下，父母对冷冻胚胎享有的权利将得到限制，因此也就不能被继承，一审法院判决驳回原告诉讼请求。原告对一审判决结果不满意，则提起二审，二审法院审理后认为，目前并没有法律法规阐述胚胎的属性，而出于社会伦理道德、情感等因素的考虑，法院决定将胚胎归属权交由原告，即沈某父母有权利对胚胎进行监管和处置，但应遵守法律且不得违背公序良俗和损害他人之利益。

解析：在该案中，否定论者主要以原卫生部出台的《人类辅助生殖技术管理办法》及《人类辅助生育技术规范》作为论证的规范渊源。有学者对这种观点并不认可。[①] 该部分学者认为，虽然原卫生部颁布的《人类辅助生殖技术管理办法》规定“禁止以任何形式买卖配子、合子、胚胎”“禁止实施胚胎赠送”“医疗机构和医务人员不得实施任何形式的代孕技术”，但该部门规章并不能、也并未禁止父母对亡故子女遗物的处置监管权。首先，应当遵循卫生部门规章的主体是医疗机构及其从业人员，对社会中的普通公民而言应当不具有强制力和约束力。其次，在该案中，当事人并未主张买卖、赠送亡故子女遗留的冷冻胚胎，而只是要求法院确认其对于该冷冻胚胎具有主体地位的监管权和处置权。根据“法无禁止即可为”的基本原理，在该案中，法律并未禁止父母对亡故子女遗物的处置监管权，那么原则上，该案中父母对于亡故子女留下的冷冻胚胎的处置监管权就应被拟制地认为是可为且正当合法的。由此，医院不能单方面随意处置该冷冻胚胎，否则将对失独老人的私法自治权利造成侵害。

① 庄绪龙：《“法无明文规定”的基本类型与裁判规则》，载《法制与社会发展》2018年第2期。

【案例14】 陈某诉济南市城市公共客运管理服务中心案[①]

两乘客于2015年1月7日通过网约车平台与陈某约定乘车。济南客运服务管理中心以陈某未取得许可而擅自从事客运业务认定其为非法运营,于2015年2月13日作出停止违法行为并罚款2万元的行政处罚。陈某不服诉至法院。

一审法院认为,陈某的行为构成未经许可擅自从事出租汽车客运经营,但考虑共享经济的背景,原行政处罚不符合比例原则、明显不当。二审法院维持原判。

【案例15】 蔡某诉广州市交通委员会案[②]

2016年4月17日,乘客通过滴滴打车与蔡某取得联系,约定乘车。广州市交通委员会认定蔡某擅自从事道路客运经营,作出责令停止经营并罚款3万元的行政处罚。蔡某不服,申请复议,复议机关维持原处罚决定。

一审法院认为蔡某的行为构成违法,但广州市交通运输委员会适用法律错误且不符合比例原则,明显不当,予以撤销。二审法院维持原判,但理由略有不同。二审法院适用"法无禁止即可为"的原则认定网约车运营行为合法,同时指出该案不涉及比例原则的适用。

解析:上述两起案件是在当规则缺失时,法院适用了私法中"法无禁止即可为"的基本原则,认为对于新生事物,行政机关应当采取措施引导公众有序进行,而不宜简单地将这些法律性质尚不明确的新业态经济定性为非法运营,并据此对两起案件作出了司法裁判。该两起案件是在明确法律规则缺失的情况下,运用"法无禁止即可为"基本原则对案件作出了裁判的典型案例,达到了政治效果、法律效果和社会效果三个效果的有机统一。

除了上述案例外,在"隔代探望权纠纷案"中,适用"法无禁止即可为"法律规则,也能较好解决该类纠纷。按照法律规定,父母离婚后不直接抚养子女的一方取得对子女的探望权。但在司法实践中,关于探望权的主张已经超出了离婚父母的范围,祖父母、外祖父母对孙子女、外孙子女主张行使探望权隔代探望权逐渐成为带有普遍性的社会现象。因为,对此法律并无明确规定,在司法实践中,对于该问题存在较大争议,并未形成相对一致的观点。下面举例进行说明:

---

① 详见山东省济南市中级人民法院行政判决书,(2017)鲁01行终103号。

② 详见广东省铁路运输中级人民法院行政判决书,(2017)粤71行终786号。

【案例16】　“全国首例隔代探望权案”①

1996年6月彭某与艾某结婚，但儿子出生后二人感情变淡，无法继续共同生活。二人经法院调解同意离婚，儿子由母亲彭某抚养。离婚后，儿子实际上由外公外婆抚养，爷爷奶奶经常前去探望。后彭某再婚，而爷爷奶奶经常未经彭某同意径直前往彭某家探望孙子，对彭某的家庭生活造成影响。虽经多次协商，但未能达成一致意见，彭某遂将爷爷奶奶告上法庭，请求法院判决被告不得再探望其儿子。

法院经审理认为，按照我国原《婚姻法》第38条的规定，爷爷奶奶未经监护人同意，任意探望孙子的行为，侵犯了抚养人的监护权。最终法院判决，未经抚养人同意，爷爷奶奶不得擅自探望孙子。

【案例17】　“全国首例跨国隔代探望权案”②

原告丁某夫妇系小文的祖父母。2004年9月2日，小文的父亲与母亲白某登记离婚，双方约定婚生子小文由其父亲抚养。离婚后，小文一直跟随丁某夫妇共同生活。而后，母亲白某与一德国人结婚。2011年1月5日，小文的父亲与白某协商，将小文变更由白某抚养。后来，小文被白某带至德国法兰克福学习和生活。然而，白某却不允许小文回国探亲，且时常阻挠小文与其祖父母联系。祖孙三人相思心切，丁某夫妇通过联系当地使领馆等多种方式，仍不能与其孙小文相见，丁某夫妇无奈之下诉至法院，要求行使探望权。

法院审理认为，祖父母与孙子女具有基于特殊血缘情感而产生的特殊身份，不因父母双方的离婚而消灭。通常情况下，祖父母也在一定程度上照顾了孙子女。因此，祖父母的探望权同样应当受到保护。对祖父母探望孙子女的主张予以保护，不仅能够满足祖父母对孙子女的关心、抚养、教育的情感需要，同时也能保护未成年孙子女的身心健康及情感需要，对孙子女的价值观形成起到积极的作用。

【案例18】　“江苏首例隔代探孙权案”③

2012年6月，徐某、李某夫妇的独生子小徐与女孩倪某结婚。婚后半年，小徐

---

① 佚名：《祖父母行使探望权受阻》，载离婚法律网2011年4月18日，http://www.lihun66.com/hyanli/znanli/82623.html。转引自庄绪龙：《“隔代探望”的法理基础、权利属性与类型区分》，载《法律适用》2017年第23期。

② 吴晓锋等：《全国首例跨国隔代探望权一审宣判》，载《法制日报》2016年9月21日，第8版。

③ 陈坚：《江苏首例“隔代探望权”一审宣判》，载《江苏法制报》2015年7月9日，第6版。

却意外身亡。两位老人对独子的离世无法释怀，并与儿媳倪某产生隔阂。但不久后，徐某、李某发现儿媳怀孕，老人遂将所有希望放在未出世的孙辈身上，双方关系也有所缓和。怀孕期间，徐某、李某夫妇给了儿媳4万元营养费。2013年10月底，倪某产下一名男婴，但因双方的心结尚未完全解开，在探望一事上摩擦不断，甚至爆发冲突。倪某为此拒绝老人的“探孙权”。协商未果，老人将倪某告上法庭，无锡市北塘区人民法院作出一审判决，在孩子10周岁之前，原告徐某、李某夫妇可以每月探望一次，每次探望时间以6小时为限。

【案例19】 张某夫妇探望权案①

张某某系张某夫妇的儿子，其与王某结婚后育有一子。2008年张某某因交通事故死亡，后张某夫妇与儿媳王某约定，孙子由王某抚养，张某夫妇每季度探望一次。后因探望问题发生纠纷，张某夫妇向法院起诉。法院审理认为，虽然张某夫妇与王某对探望达成协议，但在具体执行过程中发生矛盾，因孙子年龄尚小，强行探望会影响孩子成长，张某夫妇不宜再行探望，等到条件成熟时再主张探望。

解析：在上述四个真实的司法案例中，案例17和案例18对于老人的隔代探望权的主张作出了肯定的司法裁判；而在案例16和案例19中，法院对于老人隔代探望权的诉求却作出了否定结论。由此可见，司法裁判对于隔代探望权的认识存在较大差异，对于该问题缺乏统一的法律适用规则。当前，我国对于父母之外的其他亲属是否享有探望权虽然并未作赋权性规定，但也未作否定性的禁止。那么，在现有法律规范体系下，有法律明确赋权的父母之外的祖父母、外祖父等人是否享有探视权呢？

在法理上，“法无禁止即可为”是私法领域的基本原则之一，其与“法无授权不可为”的公法理念遥相呼应，同属现代法治社会的基本价值理念。从“法无禁止即可为”的私法自治精神上来看，在公民私人生活领域中，公民的一切行动和权利应当被先验的推定为法律所赋权，权利行使和主张的排除范围只能是被法律法规所禁止的情形，这是私法自治的基本理念。因此，在隔代探望的问题上，虽然民法理论一般认为探望权属于父母子女亲权法律关系的范畴，隔代探望并不被亲权所涵摄。但从更为宏观的人文视角来看，隔代探望却存在正当性和必要性，且我国婚姻家庭法以及其他行政法规、部门规章甚或地方性法规并未直接否定隔代探望的

---

① 朱江主编：《北京市第二中级人民法院经典案例分类精解·未成年人案件卷》，法律出版社2011年版，第14页。

权利属性。[①] 因此,笔者认为,按照"法无禁止即可为"的私法自治规则,祖父母、外祖父母主张隔代探望权属于顺理成章,同时,从情理角度来看,祖父母、外祖父母与孙子女、外孙子女之间的感情和关系法律应当予以尊重和支持。故此,隔代探望问题在法律上具备正当性,对此类诉求,人民法院应当予以支持。

同样地,在"贞操权案"中,"法无禁止即可为"的司法自治规则对该类争议解决也具有明确的裁判规则指引作用。"贞操权"是否是一项独立的民事权利,虽然当前法律"并无明文规定",但却难以否认其作为权利样态的私法自治构成。实务界有观点认为,我国原《民法总则》以及现行《民法典》虽然对人身权、人格权作了规定,但对于"贞操权"却并未提及,司法不宜对人格权作过度解读。笔者认为,尽管"贞操权"并无实体法依据,但也并未否定"贞操权"的权利特性。因此,在"法无禁止即可为"的原则支撑下,公民完全可以"贞操权"被侵害为由向人民法院提起诉讼,人民法院也应当支持。[②]

四、私法自治不得侵害他人合法利益规则

根据权利的限度理论,权利如同其他任何事物一样,应当有其限度,即有权利就有限度,超越了权利的限度,就可能走向权利滥用。遵循权利相对或禁止权利滥用理念,是所有文明国家法律制度中的重要内容。[③] 因此,拥有权利的同时,也就意味着拥有了限度,且不得滥用。也即,任何一种权利的行使,都有其合理限度,有其特定的时间、地点和场合。为此,司法裁判在面对"法无明文规定"情形时,既需要尊重当事人的私法自治原则,也需要时刻秉持公义,公民行使私权行使不得危及他人的合法利益。

仍以"隔代探望权案"进行阐释分析。理论上,即便承认隔代探望作为一项独立的权利存在法理上的正当性,但其并非绝对权利,而是一种相对权。隔代探望作为一项独立性权利,虽然是以未成年人利益最大化为根本目的,但在本质上却属于祖父母、外祖父母的个人权利。换言之,该权利的行使虽然对于未成年孙子女、外孙子女而言具有重大意义,但这并非权利本身。由于隔代探望权的行使需要直接抚养孩子的父或母一方的协助和配合,因而隔代探望权的行使应当满足特

---

① 参见庄绪龙:《"隔代探望"的法理基础、权利属性与类型区分》,载《法律适用》2017 年第 23 期。

② 参见上海市第一中级人民法院民事判决书,(2014)沪一中民一(民)终字第 2315 号。

③ 参见[法]路易·若斯兰:《权利相对论》,王伯琦译,中国法制出版社 2006 年版,第 1 页。

定的条件——不对直接抚养孩子的父或母一方的生活安宁权造成额外负担。[①] 因此,在隔代探望的问题上,在整体上虽然肯定其权利的独立属性,但却不能“任性”,需要遵循不得侵害他人合法利益规则。

需要注意的是,私法自治不得侵害他人合法利益规则要求社会公民在采取紧急避险和实施自救行为时,要符合限度条件。法官在审理涉及紧急避险和自救行为案件时需要予以关注。

五、义务附加的权利补足规则

安提戈捏曾说,法律之内,应有天理人情在。在我国,“情理”抑或“伦理”作为一种大众普遍认同的情感抽象,在中国漫长的社会养成中,始终占据着理性与良知的范畴,是我国道德伦理和常识的系统表征。因此,在法律规定之外,道德伦理秩序对于社会秩序维系具有明显的作用。

由于社会生活的复杂性和多样性,尤其是在夹杂伦理、情理因素的婚姻家庭关系中,在法律义务规定不足或者“法无明文规定”的情形下,道德崇尚的伦理要求往往偏离法治理念的基本原则和精神,司法裁判对此需要充分注意。换言之,某些领域中的作为义务,法律并未明确要求,但是在道德层面却存在比较强烈的倾向和主张。[②] 比如,根据法律的规定,父母对于年满18周岁的子女(如在校大学生)不再负有抚养义务,但如果其子女并不具有独立生活的能力,在道德标准甚或一般社会伦理秩序上毫无疑问要求父母应当继续抚养。司法实践中也有类似纠纷,下面举例说明。

【案例20】 小筝诉倪某抚养费纠纷[③]

大三学生小筝(化名)虽然已年满18周岁,却因求学深造而无法独立生活,无奈向父亲索要抚养费。法院经审理后认为,《婚姻法》第21条第1款、第2款规定:“父母对子女有抚养教育的义务;子女对父母有赡养扶助的义务。父母不履行抚养义务时,未成年的或者不能独立生活的子女,有要求父母付给抚养费的权利。”根据该条规定,小筝如果通过法律要求其父亲抚养,只有在以下两种情况下,才能得到法院的支持:一种是她尚未成年,另一种是她虽然已经成年,但是不能独

---

① 参见庄绪龙:《“法无明文规定”的基本类型与裁判规则》,载《法制与社会发展》2018年第2期。

② 参见庄绪龙:《“法无明文规定”的基本类型与裁判规则》,载《法制与社会发展》2018年第2期。

③ 陈向东、贾俊辉:《大三女生状告父亲索抚养费 因满18周岁被驳回》,载《人民法院报》2017年5月18日,第3版。

立生活。但小筝在父母离婚之时,已满21周岁,且正在接受大学教育,依法属于能够独立生活的成年子女,已成年的小筝必须培养起自立自强的意识,可以通过助学贷款、勤工俭学等来完成学业,她的父亲已经没有支付抚养费的法定义务,故判决驳回小筝的诉讼请求。

在释法说理中,法官指出,从法律上说,已经年满18周岁就读大学的子女,父母没有承担学费、生活费的义务。但大学生正处在求学的阶段,高等教育也不是义务教育阶段,小筝的父亲应考虑父女之情和自己的经济条件,给予女儿适当的经济帮助,投资自己未来的幸福,而小筝也应定期或不定期地向父亲汇报生活、学习情况,加强父女间感情交流,以期能取得父亲的理解和帮助。

解析:当前,在我国的教育体制下,子女已满18周岁但因求学深造而无法独立生活的现象十分普遍。在处理此类案件时,确实面临着情与法之间抉择问题。同时,上述案例中法官的释法说理,也从侧面表明,如果有抚养能力的父母拒绝抚养,虽然不违反强制法的规定,但难以为社会一般伦理道德观念所认同。

除了上述大学生索要抚养费的案例外,在我国司法实践中,尤其是涉及家庭伦理关系的案件,即便面临"法无明文规定"的情境,道德义务法律化的诉求并不鲜见。事实上,对于道德义务法律化的确认,我国法律也基本予以承认。如我国《民法典》第1129条规定:"丧偶儿媳对公婆,丧偶女婿对岳父岳母,尽了主要赡养义务的,作为第一顺序继承人。"这就清晰地说明了这个问题。

一般而言,"法无禁止即可为"作为私法自治的基本理论支撑,对于"法无明文规定"的权利保障具有比较明确的指导意义。从应用法学的角度出发,在"法无明文规定"但却存在情理认同的"义务附加"应当如何裁判的问题更值得我们思考。在民事法律中,"义务承担"必须存在法律的明确规定,或者通过契约签订等方式自愿承担。因而,在抽象意义上而言,平等民事主体之间若无权利享有的铺垫和架设,单纯的义务附加与承担,显然是缺乏法理支撑的。① 因为,义务之履行对于公民而言具有责任施压的特性,必须以法律明确规定为前提,必须存在义务履行的前提和基础,故法律并未作明确要求的义务,公民无须承担。这在"儿媳赡养""女婿赡养"类纠纷中体现得比较明显。

根据我国《老年人权益保障法》第14条第2款、第3款规定,赡养人是指老年人的子女以及其他依法负有赡养义务的人。赡养人的配偶应当协助赡养人履行

① 参见庄绪龙:《"法无明文规定"的基本类型与裁判规则》,载《法制与社会发展》2018年第2期。

赡养义务。由此法条规定可见,作为赡养人的配偶,没有直接承担赡养人责任的义务。司法实务中的裁判也充分说明了这点。[①]

但是,放在整个法律上来理解,儿媳是否绝对地不承担赡养义务呢?对此,需要进行综合分析。根据《民法典》第1129条的规定,按照此规定,公婆、岳父母去世后儿媳、女婿并非继承人,其将无法继承财产,即便是在丈夫、妻子先行去世的情况下,除非其尽了赡养义务,否则也不是适格的继承人。按照权利义务对等原则,儿媳、女婿对于公婆财产无继承权,那么对其而言赡养义务也就自然不存在。但这里的问题是,如果丈夫、妻子继承了父母的财产,按照现法律规定属于夫妻的共同财产。那么,在夫妻离婚时该共同财产如果被分割,是否意味着赡养支出也要作为夫妻共同债务呢?笔者赞同庄绪龙法官的观点,在"法无明文规定"时,原则上不能对公民附加义务。但是,如果公民享受了相关连带性权利,即便法律没有要求相关的义务承担,根据权利义务对等的基本法理,享受权利的公民应当在权利的范畴内承担必要的义务。[②] 因此,夫妻一方继承的财产基于婚姻关系成为夫妻的共同财产,但这并不意味着一方可以绝对地坐享其成。换言之,无权利即无义务,不能以"法无明文规定"为由只享受权利而不履行义务,这是权利义务对等原则的基本法理。反过来讲,在"法无明文规定"的情形下,公民义务承担的前提应当存在权利补足的对价,否则义务承担就不可被当然地承认。

六、利益衡量规则的适用

利益法学派认为,法律的实际作用比法律的抽象内容更为重要,法官于用法之际,应自命为立法者之"思想助手",不仅应尊重法条之文字,亦应兼顾立法者之意旨,对立法者未虑及之处,应运用其智慧,自动审查各种利益加以衡量。[③] 在当前的司法实践活动中,三段论的科学性和严谨性逐渐呈现庸俗化和碎片化,司法判断的逻辑体系难觅其宗,取而代之的是简单、机械的组装。庸俗化和碎片化地理解三段论并将之施用于裁判的推理过程,裁判结果往往在案件事实与法律规范之间简单、机械的安装与对应过程中产生。[④] 显然,这种崇尚形式主义的逻辑思维

---

① 详见李宁等:《公婆状告丧偶儿媳承担赡养责任有无法律依据?》,载《天津日报》2016年12月29日,第27版;叶仕欣:《丧偶儿媳对公公婆婆是否有法定的赡养义务》《女婿有义务赡养岳母吗?》,载《海南人大》2017年第2期。

② 参见庄绪龙:《"法无明文规定"的基本类型与裁判规则》,载《法制与社会发展》2018年第2期。

③ 参见杨仁寿:《法学方法论》,中国政法大学出版社2013年版,第221页。

④ 参见朱加赛:《和谐社会中的裁判合理性——以实现途径为视角》,《法律适用》2007年第4期。

并不能有效指导司法实践，无法完全适应不断发展变化的社会环境，甚至会陷入机械司法的泥沼。这就要求在司法实践中要运用“利益衡量”能动司法。

现阶段，理论上一般都承认，“利益衡量”通常是指在具体案件中，尤其是在法律适用争议较大、法理阙如甚至“法无明文规定”的案件，司法裁判应当科学比较权衡没有绝对位序高低的利益及背后的规范理由乃至价值基础，由此得出科学的裁判结论。[①] 拉伦茨指出，“个案中之法益衡量”是法的续造的一种方法，法官需要借助“法益衡量”解决原则冲突及规范冲突。[②] 由此，利益衡量规则是司法面临“法无明文规定”情形的一种当然裁判规则。因此，在案件审理过程中要综合考量案件所涉各种利益关系，对相互冲突的权利或利益进行权衡与取舍，正确处理好公共利益与个人利益、人身利益与财产利益、生存利益与商业利益的关系，保护合法利益，打击非法利益，努力实现利益最大化、损害最小化，确保政治效果、法律效果与社会效果的有机统一。[③]

（一）利益衡量的基本原则

1. 法内衡平原则

“利益衡量只能在法律的疆界内发挥其应有的作用，不能越出法律的边界”。在进行利益衡量的时候，无论法律有没有直接规定，都应当是在法律的界限内适用法律，从法律的框架内寻求最优的解决利益冲突的方案。疑难复杂案件的利益衡量，需要在立法原意或者立法目的层面上对利益衡量进行具体分析。同时，在案件的审理程序上，要一并进行合理、合法的利益衡量。

2. 整体利益最大化原则

整体利益最大化原则就是使当事人的合法权益与裁判结果具有一致性，它不仅保护法律适用对象的合法利益，而且还实现了法律适用主体的整体利益。该原则主要通过法官对现有的法律资源在法律范围内进行合理的配置。整体利益最大化的实现，必须从同一层面上综合分析各种相互冲突的利益特征，把冲突、摩擦造成的损失降低到最低限度。[④] 这要求法官在思考案件法律适用问题的时候，将

---

① 参见庄绪龙：《“法无明文规定”的基本类型与裁判规则》，载《法制与社会发展》2018 年第 2 期。

② 参见［德］卡尔·拉伦茨：《法学方法论》，陈爱娥译，商务印书馆 2003 年版，第 246～247 页。

③ 详见最高人民法院《关于在审判执行工作中切实规范自由裁量权行使保障法律统一适用的指导意见》（2012 年 2 月 28 日，法发〔2012〕7 号）。

④ 参见张利春：《日本民法解释学中的利益衡量理论研究》，法律出版社 2013 年版，第 51 页。

整体利益的最大化作为总体目标,以实质性判断的方式对纠纷利益关系的进行整体分析、平衡。

3. 效益原则

当面对两个都受法律保护的权利与利益冲突,两全不得其美是效益原则弥补利益的切入时机。司法实践中，面对疑难复杂案件的处理,要充分考虑裁判结果的社会指引功能,裁判结果的价值取向以及由此可能引发的社会后果,是法官在法律适用中必须充分考量的因素。两个或者多个冲突的权利与利益之间存在价值秩序的位阶，权利要大于利益,社会公共利益要大于个体财产利益,人格利益要大于财产利益,生命健康权要大于一般人格权,人身损害赔偿要大于财产损害赔偿的保护规则。在不同的社会利益冲突时,排序的位置应从社会价值的重要性进行考虑。①

（二）利益衡量的具体分析

1. 利益界定

面对双方当事人的利益冲突、对立,从利益衡量出发来进行裁判,这是法官在进行法律适用中典型性的裁量类型。针对案件的利益权衡并不是要刻意去调整本就不在同一水平线上的当事人利益,而是从法律的框架内去依法权衡,即利益衡量具有限度。例如,损害赔偿以受损失的价值为基础,这是合理原则的体现,而合法保护个人利益则是利益衡量限度的体现。个人利益受到保护,但并不是任何利益都能受到保护,此处的合理限度就是,个人的合法利益受到合法保护。②

2. 利益把握

在利益衡量时,应当坚持社会公共利益高于个人利益。在一定情况下,需要对个人利益给予一定合理补偿。此时,需要重点把握以下几个方面:(1)综合法律规定。法律规范是一种具有内在联系的体系,相互联系的法律规范体系是进行利益衡量的标准,应当按照标准适用法律规范。在一般情况下,政治、道德或公共利益高于其他个体利益。即使没有相关法律规范规定,也要以此进行利益衡量,这是坚持社会主义核心价值观的必然要求。(2)具体问题具体分析。利益衡量的情

---

① 参见孙笑侠:《论法律与社会效益》,载《中国法学》1995 年第 4 期;梁上上:《利益的层次结构与利益衡量的展开——兼评加藤一郎的利益衡量论》,载《法学研究》2002 年第 1 期;李友根:《社会整体利益代表机制研究——兼论公益诉讼的理论基础》,载《南京大学学报》2002 年第 2 期。

② 参见顾全:《关于法律行为效力评价体系的思考》,载《人民司法(应用)》2021 年第 1 期。

况因具体案件情况而千差万别，特别是针对个案来说，应当结合具体的案情确定法律适用的价值倾向，不应一概而论。[①] 总的来说，对于涉意识形态的，按照维护主流意识形态的取向进行衡量；对于司法政策导向，根据当时的社会需求等作出判定；对于涉及权利冲突的，按照权利的重要性或者优先性进行判定，如道德价值保护大于经济价值，人身权保护大于财产权保护，经济价值大于美学价值等。(3)注重衡量的妥当性。司法实践表明，以简单的非此即彼来判定权利与利益冲突，对于妥当解决矛盾纠纷显然并非最佳方式。在两种同一位阶的冲突利益中选择以和为贵，相互忍让、妥协的利益裁量，进而限制利益冲突的扩大，是更为妥当的处理方式。但是不能为了"息事宁人"而让公共利益在个人利益面前进行妥协。(4)公正与秩序的衡量。对于既统一又对立的公正与秩序，孰优孰劣、谁是谁非，需要在具体案件中审慎平衡。[②] 有时候，需要以暂时牺牲公正来维护社会秩序或者变动现有秩序，但对于公共秩序的稳定在政治考量上必然优于公正。

3. 具体规则

在利益衡量的具体适用中，主要包括确定、衡量、范围和检验四个环节：(1)确定环节。首先确定案件双方当事人之间的利益纠纷属于哪个类型。对于类型的确定，不得超脱于法律范围。(2)衡量环节。双方当事人就案件作出的主张是否符合利益的正当性。在对利益进行正当性评价时，不必全然以法定主义原则获取法律的承认，而是需要全盘考虑社会价值观念、公共政策、基本道德标准、社会主流意识等主要方面的内容。(3)范围环节。具体个案的合法利益通过法律来进行合理保护，但不得以侵犯某一方的利益来保护另一方的利益，也不得以牺牲第三人利益、国家利益和社会公共利益为代价。(4)检验环节。根据利益衡量得出结论，赋予形式依据后，须经历一个验证结论的合法性和正当性的过程。该过程的分析起点即该案件纠纷事实中的利益关系；思维焦点就是对相互冲突的利益之间进行利益衡量和价值判断；结论终点就是通过严密的逻辑推理和具体的法律解释方法的运用，对法律进行创造性解释和适用，形成让人信服的、可接受的公正裁决。从利益衡量的视角来看，在检验所作出的结论是否符合法的安定性、正义性、合目的性的同时，再考察其是否对既定的法律秩序和社会道德观念的遵从；最后

---

① 参见王虹霞：《司法裁判中法官利益衡量的展开——普通法系下的实践及其启示》，载《环球法律评论》2016 年第 3 期。

② 参见朱福勇：《民事法官能动性：权利保障与权力回应——兼析规则与法官能动性共生的民事司法模式之构建》，载《现代法学》2011 年第 2 期。

再考量利益衡量得出的结论是否具有普适性，以此避免和防止法官对个案的恣意判断。[①]

（三）其他需要注意的事项

1. 利益衡量应当遵从我国现行法律既有的利益分类，对各种利益予以相对明确的排序

一般的利益排序与个案的审查相结合，考量社会主流价值观、公众舆论、社会公共政策、社会基本道德、社会效果、各种冲突利益的协调和排除因素等。利益衡量应当适当考虑社会公共政策、公序良俗。[②] 公共政策是由某种权威在一定历史时期和环境下制定，旨在解决当下存在的公共问题。如在婚姻家庭和继承纠纷的裁判中，道德和习惯在一定条件下可以成为法律渊源。对法律与道德出现断裂的情形，应当修正的可能是法律。对法律规定模糊的情形，道德则成为利益衡量的解释法律的一种尺度。

2. 利益的衡量应当考虑人民群众的现实需要

社会的主流价值需求是在一定社会意识中处于主流地位，并发展成熟的、固定的道德信念及价值观，它决定社会中多数人的行为选择方式和行为模式。通过理解社会大众对某种利益的观点、看法后，可以决定其平衡与取舍，从而使裁判结果与人民群众的需求相一致。[③]

3. 利益衡量应当重视公共舆论，但不能一味迎合公共舆论

因为公共舆论存在不确定性和易变性。在进行利益衡量时，应当立足于普通人的立场进行平衡、取舍，以更符合社会需要。就法律问题而言，社会价值观念所具有的主流性、正当性和关联性是成为法律适用者裁决依据的原因。同时需要注意的是，法官要避免陷入法律技术主义，要具有同理心，避免脱离社会常识去谈论法律适用。

4. 利益衡量应当确定个案应采用的裁判准则

对个案纠纷事实本身进行衡量时，要自觉地运用自身知识或经验考量裁判的社会效果。但对于在具体纠纷中存在的多种利益且相互冲突的情况下，需要法官

---

① 参见［日］加藤一郎：《法的解释与利益衡量》，梁慧星译，法律出版社 1994 年版，第 78 页。

② 参见林琳、赵芳：《利益衡量在审判实践中的运用》，载《山东审判》2004 年第 6 期。

③ 参见李良军：《论利益衡量在司法实践中的运用》，载中国法院网 2008 年 1 月 23 日，https://www.chinacourt.org/article/detail/2008/01/id/285258.shtml。

结合案件的实际情况,认真分析和考量各种冲突利益的利害得失,作出理性判断。法官在利益衡量中,应当排除来外来干扰。为他人谋自己的利益、非法干预案件审理、人情世故、个人好恶等非理性因素都有可能影响利益衡量的判断,这些非必要因素,应当逐一排除。①

七、法律漏洞填补规则

宏观法律体系的完善并不意味着个案中法律漏洞的消失。面对个案案情与法律规范之间的复杂关系,法官经常能够发现法律漏洞的存在。② 因此,在处理个案的微观层面上,司法者仍然不可避免地需要面对法律规范中的漏洞和缺陷。如何补充法律漏洞,按照法律规范的整体指向形成裁判结果,最终实现政治效果、法律效果和社会效果的统一,成为司法者经常需要面对的问题。

法律存在的基础和追求的目标是社会的公平、正义等法律价值,也是法官在裁判中所追求的法律效果。法官依法裁判本身就是为了让文本上的法律具体适用到现实案件,使其构成维护社会秩序的一个组成部分,当法律规则出现漏洞,预先的设想就与现实发生冲突。在法律必然出现漏洞与法官必须依法裁判的冲突下,法官处于进退维谷的尴尬境地:"一方面,社会现实的冲击使得法律漏洞经常显现,在个案的司法裁判过程中进行漏洞补充非常必要;另一方面,法官经常没有被明确授予创制新规则的权力,不得不以隐晦或者间接的方式进行实质意义上的漏洞补充。"③因此,为了消除冲突隐患,需要采用漏洞填补的方式予以弥补。

(一)漏洞填补适用的基本原则

1. 尊重立法目的原则

立法目的既是立法者在制定法律时设定的未来该法律实施所要达到的目标,也是法官准确适用法律应当遵循的依据。当法律规则出现漏洞的情况之下,在制定法之外续补一种全新的适用法则,必须具备坚定的以立法目的为标准的法律精

---

① 参见郑永鹤、吴金水:《论行政审判中的利益衡量》,载《政治与法律》2001 年第 2 期。

② 参见孙光宁:《中国司法的经验与智慧:指导性案例中法律方法的运用实践》,中国法制出版社 2018 年版,第 306 页。

③ 参见孙光宁:《漏洞补充的实践运作及其限度——以指导性案例 20 号为分析对象》,载《社会科学》2017 年第 1 期。

神。[①] 同时，在对法律漏洞进行填补时，必须将立法目的作为行为指南，避免滥用自由裁量。

2. 配合法律论证原则

逻辑和辩证逻辑是法律论证的形式。法官可以根据法律常识、公理向案件当事人说明、证立自己在实践中检索发现的法律与案件之间的内在联系。法官在审理案件中，所作的判决结果是否妥当，是否符合法律，是否令当事人满意等这一系列，都需要通过法律论证来予以证明。[②] 对法律漏洞进行填补是一种造法行为，创造出来的新法或新的规范需要跟裁判时所依据的法一样，经得起法律解释，经得起逻辑推理，经得起价值判断。判决的结果是为了平息争讼，是为了当事人合法权益获得最大体现。但对于法官创造的漏洞填补，难免受人质疑。如此，则需要法官在填补漏洞时对裁判的决定过程和采用的论据进行充分的详说，并运用各种论证方法进行说理，以此让创造出的新的个案规范更加合法、合理、合情。[③]

3. 充分对话原则

对话是人类行动的基本方式，是思想沟通的重要形式。对话也是维系人与人之间交往的一条途径、一条纽带。法官在审判活动中，除了要跟直接当事人对话外，还要跟案件的关联人员进行对话，不仅要跟涉案的事实对话，还要跟涉案的法律进行对话。有时，对于案件的审理，法官还要跟自己进行对话。因为，跟当涉案相关的交流，是为了在存有法律漏洞的情况下，充分听取他们的陈述和辩论，确保判决结论被认可、被接受；跟事实、跟法律进行对话，是为了法律漏洞能在程序上合法，在实体上中正，确保程序的公正和法律适用的精准；而与自己的对话，则是为了自由裁量下法律漏洞能够避免主观随意创造而得到最好的补充。

（二）漏洞填补的具体方法

1. 依习惯补充法

因受理的案件在法律上找不到适用的法律以及适用的规则时，依习惯是最先考虑的方法，比如地方习惯、行业习惯和交易习惯等。[④] 在办案过程中，发现现有

---

① 参见陈甦主编：《民法总则评注（上）》，法律出版社 2017 年版，第 7 页。

② 参见胡仕浩、刘树德：《裁判文书释法说理：原则、目的与价值——〈关于加强和规范裁判文书释法说理的指导意见〉的理解与适用（上）》，载《人民司法》2018 年第 25 期。

③ 参见[德]齐佩利乌斯：《法学方法论》，金振豹译，法律出版社 2009 年版，第 90 页。

④ 参见顾祝轩：《民法系统论思维——从法律体系转向法律系统》，法律出版社 2012 年版，第 201 页。

的法律对已着手的案件没有具体规定时，首先应当考虑的就是依习惯补充漏洞，但必须注意两点：一是习惯属于事实，应由当事人举证证明，且该习惯不违反法律和公序良俗。二是所依据的习惯不得违反法律的基本准则，不得违反法的基本精神。[①] 例如，最高人民法院《关于适用〈中华人民共和国合同法〉若干问题的解释（二）》（现已失效）第 7 条规定："下列情形，不违反法律、行政法规强制性规定的，人民法院可以认定为合同法所称'交易习惯'：（一）在交易行为当地或者某一领域、某一行业通常采用并为交易对方订立合同时所知道或者应当知道的做法；（二）当事人双方经常使用的习惯做法。对于交易习惯，由提出主张的一方当事人承担举证责任。"[②]

2. 类推适用法

类推适用是指当法律存在规则漏洞时，法官在现行法律体系范围内，通过对系争案件与既有规则的指涉案型进行对比判定，比附援引与当下案情最相类似的法律规定进行司法适用，使漏洞型疑难案件得以规范的法律方法。类推适用秉持"相同情况相同对待"的意旨，体现了法律正义的价值要求。类推适用法主要包含以下环节：(1)条件设定。当前案件在法律上缺少规定，通过检索类案的法律规则看能否找到一个可以适用本案的法律条文。与类比推理采用个案之间的类比不同的是，本条所规定的类推适用是论证"后案"与"前案"相似，主要论证的是个案事实是否类属于法律条文中对案件事实的抽象化规范。(2)认定根据。类似性是两个案件之间适用类推的根据。当两个案件相互之间存在类似性，但一个在法律上有规定，另一个在法律上没有规定，此时，法官可以用法律上有规定的那个案件的规则，裁判法律上没有规定的那个案件，这叫类似案件同样处理。(3)区分事项。一是刑事裁判中的"同一"，二是民事裁判中的"相同"，三是民事裁判上的"类似"，即类推的主要依据。(4)具体步骤。首先，考察能否被规范涵摄。如果可以通过法律解释予以涵摄，则不属于"真正的漏洞"。如果在文义上根本没有涵摄的可能性，则考虑进行类推。其次，要判断类推适用的可行性，某些法律规范因其自身特点而不具有进行类推的可能性，比如规范本身就是特殊规范，不具有一般性，是故要予以排除。最后，对案件事实的可类推性进行判断，其判断重点乃是

---

① 详见最高人民法院《关于建立健全诉讼与非诉讼相衔接的矛盾纠纷解决机制的若干意见》（2009 年 7 月 24 日，法发〔2009〕45 号）。

② 参见沈德咏主编：《〈中华人民共和国民法总则〉条文理解与适用》，人民法院出版社 2017 年版，第 164 ~ 167 页。

规范事实构成与案件具体事实之间的相似性问题，由于类推说理已经排除了文义、体系、目的扩张、限缩等法律体系内的解释方法，此处的说理应当追求事物本质与法规范的一致性，通过探求法律的真意进行判断。[①] 但必须注意的是，我国《刑法》第3条规定：法律明文规定为犯罪行为的，依照法律定罪处刑；法律没有明文规定为犯罪行为的，不得定罪处刑。说明刑法上禁止运用类推适用原则。

3. 法律原则、立法目的方法

具体包含以下环节：(1)条件设定。当前的法律对具体案件情况没有作出明确的规定，但检索到一条既符合立法目的又能适用于本案裁判的法律条文。但是该条文在适用的时候又发现它的立法原意与适用范围均不包括本案类型。那么，法官就需要运用法律原则、立法目的作为裁判的依据。(2)运用思路。既然本案符合该法律条文的法律原则、立法目的，就采用该条裁判本案。(3)具体方法。在存在多个原则、目的相互冲突的情况下，选取哪个原则、目的作为裁判依据，就需要进行充分的论证说理。此处需要强化论证的是通过利益衡量的方法。一是利益的衡量方法应采取比例原则：①衡量哪种利益具有明显的价值优越性；②哪种利益受影响的程度更高；③对哪种利益保护更具有紧迫性；④假如某种利益需要做出让步，其受害程度如何；⑤选择保护哪种利益能使相对利益的损害程度最低；⑥利益并存时，可否使其各自实现一部分。二是要参照生活常情或"事物本质"确立原则、目的之间的优先条件，通过具体的优先条件确立优先原则、目的，继而适用于个案。(4)注意事项。填补真正的法律漏洞要加强法律论证，在审判实践中，要注意以下几点：

一是要在庭审中以方法适用作为辩论的焦点。一般来说，要注意裁判说理的逻辑进路、修辞进路、商谈进路3条基本的进路。[②] 在"填补真正法律漏洞"时，要充分重视商谈程序的运用。在"填补真正漏洞"的情形下，类推的适用，习惯的确认，原则的运用都直接关涉法律适用，只有通过庭审、经过充分的辨法析理，对各方提出的观点进行汇总，才能够辨明方法运用的可取性，比如，对于某类习惯的确认，就需要在听取双方当事人观点基础上形成判断。在这一过程中，要尽可能塑造庭审中的"理想交谈情境"；对于方法适用的讨论，要更为开放自由，在充分听取

---

① 参见胡仕浩、刘树德：《裁判文书释法说理：类型划分与重点聚焦——〈关于加强和规范裁判文书释法说理的指导意见〉的理解与适用(中)》，载《人民司法(应用)》2018年第28期。

② 参见胡仕浩、刘树德：《裁判文书释法说理：类型划分与重点聚焦——〈关于加强和规范裁判文书释法说理的指导意见〉的理解与适用(中)》，载《人民司法(应用)》2018年第28期。

双方观点基础上形成裁断。二是要在裁判文书中对方法适用进行充分说理。[①] 在类推适用中，要寻找法律规范欲以保护的法益，以此论证规范事实构成与案件具体事实之间的相似性问题。在习惯的运用中，要抓住习惯的本质特征，对待证习惯进行论证，是否具有稳定性以及在某个范围内具有普遍的内心确认与约束力。在原则的运用中，应对该项原则本身进行阐明，在出现“原则冲突”的情形下，要通过优先条件论证出某原则的优先性。[②]

4. 依指导性案例补充

长期的司法实践证明，为了统一裁判尺度、尊重既有裁判中的智慧与经验、保持司法行为的一致性，无论是不是英美法系国家，都会有意无意地重视待决案件与先例之间的关系。研究发现，在大陆法系国家，判例经常被法院用来填补法律漏洞或调节法律之间的冲突。[③] 在我国，法官理论上无须受其他法院判决的拘束，但在遇到疑难案件时，法官大都会了解上级法院特别是最高人民法院对同类案件的已生效裁判并尽量避免作出与之不一致的判决，追求实现“类案同判”。特别是最高人民法院出台类案检索指导意见后，指导性案例已成为法官办案必须参照的对象。

作为源自本土司法实践的优秀案例，指导性案例能为法官进行有效的漏洞补充提供重要启示。[④] 最高人民法院于2010年确立了指导性案例制度，从制度层面尝试发挥判例的审判指导作用。“对于案例指导制度来说，创制规则是其根本职责之所在。没有规则的创制，也就没有指导性案例存在的必要性。因此，案例指导制度旨在通过创制司法规则，发挥其对司法活动的指导作用，以弥补立法与司法解释的不足。”[⑤]“指导性案例以现实的、生动的案例为基础，充分展示法官的法律智慧。这种智慧不仅体现在事实认定方面，而且体现在法律解释、漏洞填补等方面，消除法律矛盾、弥补法律漏洞，进而通过法律推理作出判决。”[⑥]指导性案例

---

① 参见最高人民法院行政审判庭编：《行政诉讼文书样式（试行）》，人民法院出版社2015年版，第200页。

② 参见胡仕浩、刘树德：《新时代裁判文书释法说理的制度构建与规范诠释（下）——〈关于加强和规范裁判文书释法说理的指导意见〉的理解与适用》，载《法律适用》2018年第18期。

③ 参见曹磊：《法律漏洞补充方法和司法运用》，载《民商法论丛》2018年第1辑（第67卷）。

④ 孙光宁：《中国司法的经验与智慧：指导性案例中法律方法的运用实践》，中国法制出版社2018年版，第306页。

⑤ 陈兴良：《案例指导制度的规范考察》，载《法学评论》2012年第3期。

⑥ 参见魏胜强：《为判例制度正名——关于构建我国判例制度的思考》，载《法律科学（西北政法大学学报）》2011年第3期。

最重要的价值便是创设规则、填补法律漏洞。例如，指导性案例2号对“和解协议”范围的扩大，和解协议原本仅指执行过程中的和解协议，该案将诉讼外和解协议扩张适用于执行和解协议；指导性案例3号将“为他人谋取利益”扩张为明示和默示两种方式，涵盖承诺、实施和实现三个阶段；指导性案例50号把“通过人工授精所生子女”认定为婚生子女。这三个案例均以目的性扩张方法填补法律漏洞。指导性案例58号通过“老字号”与注册商标联系使用的现实，给予“老字号”与注册商标同等保护，系以类推适用填补法律漏洞。指导性案例24号创设“个人体质状况不成为减轻侵权人侵权责任事由”的规则；指导性案例65号创设“涉及他人、集体、公共利益的法定债权请求权”不适用诉讼时效制度的规则。这两案均以创造性补充方法填补法律漏洞。[①] 司法实践中，指导性案例中的裁判方法与结果实际上发挥着对同类案件的裁判指引作用。

依指导性案例填补法律漏洞应遵循以下程序与步骤。

第一步是指导性案例的确定。法官在获取法律规范未果的情况下，应当转入对指导性案例的检索。此时，指导性案例的检索和确定等同于法律获取。

第二步是类案识别。在类案识别中，最为关键的是进行相似性判断，具体方法在类案检索章节有详细阐述，在此不再赘述。通过识别、比对、判断后，确定可以适用的指导性案例或参考性案例。[②]

第三步是适用案例。这个过程就是将待决案件的事实涵摄于指导性案例所蕴含的裁判规则之中，得出与指导性案例相同的法效果，进而实现“类案同判”。

需要注意的是，在适用指导性案例填补法律漏洞时，既要在类似性问题上参照指导性案例的裁判要点，也要认真对待待决案件与指导性案例的不同之处，以避免机械适用，适得其反。在实践中，因为指导性案例中创设的规则相较于立法或司法解释而言更加简单、便捷，更具有针对性和实用性。法官往往困惑于法律漏洞的识别及漏洞补充方法的选择，而指导性案例可以有针对性地为法官提供明确和精细的操作指引。如果法官能够寻找到与待决案件具有相似性的指导性案例，对当事人而言他们更容易接受相同的裁判结果，这既有助于提高判决的可预测性、可解释性，也有助于约束法官的自由裁量权、实现法律适用统一。当前，指导性案例在填补法律漏洞中发挥着重要的作用，参照指导性案例进行裁判的案件

---

① 参见曹磊：《法律漏洞补充方法和司法运用》，载《民商法论丛》2018年第2辑（第67卷）。

② 参见张骐：《论寻找指导性案例的方法——以审判经验为基础》，载《中外法学》2009年第3期。

审判质效均大大提升。[①]

在法律漏洞补充的方法中，除上述方法之外，就目前研究结果而言，还有多种方法。如制定法内的补充方法还有目的性扩张、目的性限缩和反对解释；[②]制定法外补充方法还有依据诚实信用原则、依据比较法补充和依据学理部分等。[③] 其中前面两种是专门针对公开法律漏洞的方法。法官在面临具体法律漏洞困境时，可以随机选取一种或者几种方法对法律漏洞进行补充，确保在“法无明文规定”的情况下，妥善地处理待决案件。

第五节　法律适用分歧解决机制

法律适用的过程，实质也是一个对法律的再理解与再认识的过程，由于经济社会发展迅猛，案件的具体情况千差万别，法律条文又相对有限，类型化的法律规则也未穷尽社会生活的全部，法律规则的适当理解客观上也存在一个在认识上不断深化的过程。法官在办案过程中产生法律适用分歧是常有的，也是正常的。但是，在出现法律适用分歧后，正确处理好法律适用分歧就显得十分重要，必须建立统一高效的法律分歧解决体制和机制，让审判权在规范的轨道上运行。应当指出的是：在法律有明确规定或者最高人民法院已经通过司法解释、指导性案例等方式统一了裁判尺度的情况下，法官必须遵照相关规定依法判决，不存在因个人理解与认识差异而突破法律规定裁判的空间。同时，对于某类案件的法律适用问题，最高人民法院虽然尚未明确统一裁判尺度，但是司法实践中已经形成了相对主流的裁判思路，法官在待决案件的法律适用中可能会偏离主流裁判思路，此时，应当有充足的理由，并明确进行说明。产生和适用法律适用分歧解决机制的前提条件是：法律没有明确的、具体的、细化的规定，最高人民法院亦尚未统一裁判尺度。在这种情况下，司法实践中的裁判思路往往会出现差异，这在新类型案件和疑难复杂案件的审理中十分普遍。此时，应当启动法律分歧解决机制，对出现的

---

① 以指导性案例24号为例，据北大法宝统计，截至2018年2月，指导性案例24号被参照适用次数高达450余次。详见曹磊：《法律漏洞补充方法和司法运用》，载《民商法论丛》2018年第2辑（第67卷）。

② 参见孙光宁：《中国司法的经验与智慧：指导性案例中法律方法的运用实践》，中国法制出版社2018年版，第313页。

③ 参见黄建辉：《法律漏洞·类推适用》，台北，蔚理法律出版社1988年版，第77页。

法律适用分歧，通过合议庭（独任庭）—专业（主审）法官会议—审判委员会（专业委员会）的司法民主程序和机制，在充分发扬司法民主的基础上予以及时解决[①]。

一、最高人民法院法律适用分歧解决机制

最高人民法院出台的《法律适用分歧解决办法》自2019年10月28日起正式施行。《法律适用分歧解决办法》在分歧解决工作组织体系、分歧解决申请、分歧解决工作流程、分歧解决结果的适用等方面作出了具体规定，旨在从审判机制上避免最高人民法院本级生效裁判之间发生法律适用分歧，并及时解决最高人民法院生效裁判之间业已存在的法律适用分歧。[②] 最高人民法院法律适用分歧解决机制是中国特色社会主义司法制度的创新与发展，若最高人民法院本级生效裁判之间一些法律适用分歧长期存在，下级法院将无所遵循、无所适从，当事人更难以服判息诉，必然会损害最高人民法院的司法权威。

（一）法律适用分歧的类型

《法律适用分歧解决办法》第2条规定了最高人民法院各业务部门、各高级人民法院以及各专门人民法院在案件审理执行过程中可以申请解决的两种类型的法律适用分歧。一种类型的法律适用分歧就是最高人民法院现有生效裁判之间已经存在的法律适用分歧；另一种类型的法律适用分歧就是因在审案件作出的裁判结果可能偏离最高人民法院生效裁判确定的法律适用原则或者标准而发生的法律适用分歧。其中，第一种类型的法律适用分歧属于业已存在型法律适用分歧，即对于特定法律问题，最高人民法院现有两份或多份生效裁判之间已经存在的法律适用分歧。第二种类型的法律适用分歧属于意欲偏离型法律适用分歧，即对于特定法律问题，最高人民法院现有生效裁判之间并不存在法律适用分歧，只是因为在审案件对于该特定法律问题的裁判结果意欲偏离最高人民法院生效裁判已经确定的法律适用原则或者标准，从而产生的新的法律适用分歧。由于目前

---

① 根据最高人民法院《关于健全完善人民法院审判委员会工作机制的意见》（法发〔2019〕20号）第6条的规定，人民法院的审判委员会会议分为全体会议和专业委员会会议，专业委员会会议是审判委员会的一种会议形式和工作方式。

② 参见曹士兵、韩煦：《〈关于建立法律适用分歧解决机制的实施办法〉的理解与适用》，载《人民司法》2020年第1期。

法律适用分歧的发现具有一定的随机性,因此一些法律适用分歧在客观上可能已经存在但尚未被发现。为解决这一问题,各级人民法院应当严格落实类案和新类型案件强制检索的司法改革要求,在案件审理执行过程中对类案和新类型案件必须进行检索,并形成检索报告。

(二)法律适用分歧解决的申请主体

按照《法律适用分歧解决办法》第 2 条规定,最高人民法院各业务部门、各高级人民法院、各专门人民法院都可以是法律适用分歧解决的申请主体。根据《法律适用分歧解决办法》第 3 条规定,除最高人民法院各业务部门、各高级人民法院和各专门人民法院可以作为法律适用分歧解决的申请主体以外,中国应用法学法研所在组织实施人民法院类案同判专项研究过程中,如果发现最高人民法院生效裁判之间存在法律适用分歧,也应当向审管办提出法律适用分歧解决申请。

(三)法律适用分歧解决结果的运用

审判委员会关于法律适用分歧作出的决定具有确定性的效力,最高人民法院各业务部门、地方各级人民法院、各专门人民法院在审判执行工作中应当参照执行。需要强调的是,法律适用分歧解决机制是统一法律适用机制,但不是纠错机制。最高人民法院已经生效的裁判即使与审判委员会后来就法律适用分歧作出的决定不一致,这些案件也不是错案。因此,当事人不得以审判委员会讨论决定的法律适用分歧解决结果为依据,就此前已经生效的判决、裁定申请再审。

《法律适用分歧解决办法》的适用范围仅限于最高人民法院本级生效裁判之间的法律适用分歧,或者下级法院意欲偏离最高人民法院生效裁判形成新的法律适用分歧,对于地方各级法院生效裁判之间的法律适用分歧,尚未形成统一的法律适用分歧解决机制。上下级法院之间是审判监督与审判业务指导关系。对于法律适用分歧,一般应当在本院内部按照合议庭(独任庭)—专业(主审)法官会议—审判委员会的程序予以解决,经过审判委员会讨论研究后仍未形成较为成熟意见的,可以层报上级法院请求业务指导。上海法院积极探索法律适用分歧解决机制,上海市高级人民法院制定了《关于运用法律适用疑难问题网上咨询系统加强审判执行业务指导推动适法统一的实施办法》,并配套研发了“法律适用疑难问题网上咨询系统”,充分发挥全市审判业务专家和审判调研骨干的作用,及时解答办案一线共性的法律适用疑难问题，有效促进法律适用统一。[①] 需要指明的是，上级法院的业务指导意见只供下级法院在审理案件过程中予以参考，并不具有强制适用的法律效力。但同时应当注意的是，对于上级法院的业务指导意见，原则上应当予以遵照执行，如果不予采纳的，应当具有充分的理由。

二、合议庭评议制度

合议庭是人民法院的基本审判组织，合议制度是一项重要的审判制度。合议庭评议既是法律适用分歧的产生根源，又是解决法律适用分歧的途径，要尽可能地通过类案与关联案件检索达到统一裁判尺度的目标。合议庭成员应当针对案件的证据采信、事实认定、法律适用、裁判结果以及诉讼程序等问题充分发表意见。为了确保合议结果的公正性和科学性，合议庭的评议应当遵守以下五个方面的要求：

一是合议庭评议的保密性。合议庭的评议应当在审判长的主持下进行，参与人员仅限合议庭成员与书记员，所有参会人员对案件的评议过程和评议结果均应当保守秘密，这是审判秘密的重要内容。合议庭评议案件应当制作合议庭评议笔录，对评议过程和评议结果予以记录，结案后装入卷宗副卷，且对外不予借阅，不得查阅、摘抄、复制。

二是合议庭评议的及时性。合议庭应当在案件庭审结束后五个工作日内对案件进行评议，及时对开庭审理的案件进行评议，合议庭成员能够最大限度地保持对案件情况的熟悉和内心确信的感知，这是案件审理亲历性的必然要求。合议庭评议一般进行一次，特殊情况下可以多次评议。合议庭评议后达成一致意见的，应当及时作出裁判，若合议庭评议后无法形成多数意见，应当按照相关规定提请专业（主审）法官会议讨论，确有必要的，还应当提交审判委员会研究决定。

三是合议庭评议的民主性。合议庭评议实行少数服从多数原则，合议庭的多数意见即合议庭的意见。持少数意见的合议庭成员可以保留意见，但应当遵从合议庭的多数意见。同时，根据最高人民法院《关于完善人民法院专业法官会议工作机制的指导意见》（以下简称《指导意见》）第 4 条的有关规定，持少数

① 《建设统一法律适用专门化系统　完善法律适用分歧解决机制》，载《人民法院报》2020 年 7 月 16 日，第 4 版。

意见的合议庭成员有权将案件的法律适用问题或者与事实认定高度关联的证据规则适用问题提交专业（主审）法官会议讨论。为了确保合议庭评议结果的公正性和科学性，合议庭成员的发言顺序一般应当按照以下要求进行：在有人民陪审员参审的案件中，可以由人民陪审员先发言；其他审判人员应当以职级最低或者资历最浅者为先，职级和资历相同的，以年龄小者为先；审判长的评议意见应当最后发言。

四是合议庭评议的结果性。合议庭评议制度作为一种法律适用的表决机制，必然要求产生评议结果。合议庭成员发表评议意见应当要对案件的法律适用结果提出鲜明的意见，不能模棱两可。即使在疑难复杂案件的法律适用中可能存在多种不同的意见，合议庭成员的评议也应当提出倾向性的意见，避免“合而不议”“议而不决”的现象。

五是合议庭评议的独立性。合议庭评议案件是审判权运行的具体方式，合议庭成员独立发表意见，对案件发表的评议意见具有同等的决定权，并独立承担相应的审判责任。对于疑难复杂案件和新类型案件，合议庭成员发表评议意见前可以检索相关类案和关联案件，作为案件承办人的合议庭成员应当制作类案检索报告。专业（主审）法官会议的意见或者结论对于合议庭的审判具有一定的参考意义，但不具有强制适用的效力。需要注意的是，合议庭评议的独立性是相对的，对于提交审判委员会讨论的案件，合议庭应当执行审判委员会的决定，如有不同意见，可以建议院长提交审判委员会复议。

三、专业（主审）法官会议制度

专业（主审）法官会议是人民法院向审判组织和院庭长（含审判委员会专职委员）履行法定职责提供咨询意见的内部工作机制，这是专业（主审）法官会议的制度定位。这表明专业（主审）法官会议既非法定审判组织，亦非法定诉讼程序，只是嵌入审判权力运行体系的内部机制或咨询平台。根据《指导意见》，专业法官会议包含辅助决策、咨询参考、全程留痕三重制度属性。[①] 专业（主审）法官会议是解决法律适用分歧过程中的重要一环。疑难复杂案件和新类型案件容易产生法律适用分歧，需要充分发挥专业（主审）法官会议的咨询参考功能，为法官裁判提

① 参见刘铮、何帆、马骁：《〈关于完善人民法院专业法官会议工作机制的指导意见〉的理解与适用》，载《人民法院报》2021年1月14日，第5版。

供意见或者建议。同时,根据《指导意见》第4条的规定,"四类案件"属于应当提交专业(主审)法官会议讨论的范围,而"四类案件"按照相关规定亦应当提交审判委员会讨论研究决定,而专业(主审)法官会议是提交审判委员会讨论的前置过滤程序。在司法实务中,在运用专业(主审)法官会议制度解决法律适用分歧时,需要注意以下几个问题。

一是专业(主审)法官会议的意见效力问题。《指导意见》第11条指出,专业(主审)法官会议讨论形成的意见供审判组织和院庭长参考。此处的参考虽然表明专业(主审)法官会议的意见不具有强制适用的效力,但也并非对合议庭(独任庭)没有任何拘束。该条规定进一步将专业法官会议的意见效力作了适度区分:经专业(主审)法官会议讨论的"四类案件",合议庭(独任庭)应当及时复议;专业(主审)法官会议没有形成多数意见,合议庭(独任庭)复议后的意见与专业法官会议多数意见不一致,或者合议庭(独任庭)对法律适用问题难以作出决定的,应当层报院长提交审判委员会讨论决定。对于"四类案件"以外的其他案件,专业(主审)法官会议没有形成多数意见,或者合议庭(独任庭)复议后的意见仍然与专业法官会议多数意见不一致的,可以层报院长提交审判委员会讨论决定。以"四类案件"为例,合议庭(独任庭)经复议后,与专业(主审)法官会议的多数意见不一致,应当层报院长提交审判委员会讨论决定,这表明专业法官会议在解决法律适用分歧的过程中,事实上对合议庭(独任庭)具有一定的约束力。

二是是否需要类案检索报告的问题。类案检索报告在解决法律适用分歧、统一裁判尺度方面的巨大作用无须赘述,但对于提交专业(主审)法官会议的案件是否需要类案检索报告,司法实践中存在不同的意见。最高人民法院的权威意见认为,提交专业(主审)法官会议讨论的情况各异,应区分个案具体情形,决定是否制作类案检索报告,不宜一律要求类案检索。只有当案件涉及统一法律适用问题时,合议庭(独任庭)才应当说明类案检索情况,确有必要的再制作类案检索报告,以求符合案件审理需要,避免"为检而检"的形式主义,并合理减轻一线法官工作负担。[①] 笔者认为,对于"四类案件"在提交专业法官会议讨论的时候应当提交类案检索报告,因为"四类案件"在专业(主审)法官会议讨论后还应当提交审判委员会讨论,按照相关规定亦需要向审判委员会说明类案与关联案件检索情况,应

① 参见刘铮、何帆、马骁:《〈关于完善人民法院专业法官会议工作机制的指导意见〉的理解与适用》,载《人民法院报》2021年1月14日,第5版。

当以提交类案与关联案件检索报告为宜。

三是专业(主审)法官会议与审判委员会的衔接机制问题。对于实践中,由于专业(主审)法官会议的意见缺乏法定的约束力,影响其作用发挥的问题,最高人民法院《关于健全完善人民法院审判委员会工作机制的意见》(以下简称《审委会工作机制意见》)规定,专业(主审)法官会议意见与合议庭或者独任法官意见不一致的,院长、副院长、庭长可以按照审判监督管理权限要求合议庭或者独任法官复议;经复议仍未采纳专业(主审)法官会议意见的,应当按程序报请审判委员会讨论决定,充分发挥专业(主审)法官会议的作用,并实现其与审判委员会的有效衔接。

四、审判委员会制度

审判委员会是人民法院内部最高审判组织,审判委员会制度是中国特色社会主义司法制度的重要组成部分,审判委员会讨论是解决法律适用分歧的重要途径。

(一)提交审判委员会讨论决定的案件类型

《审委会工作机制意见》将提交审判委员会讨论决定的案件类型分为"应当提交"和"可以提交"两类。

1. 应当提交讨论的案件类型

根据《审委会工作机制意见》第 8 条规定:各级人民法院审理的下列案件,应当提交审判委员会讨论决定:(1)涉及国家安全、外交、社会稳定等敏感案件和重大、疑难、复杂案件;(2)本院已经发生法律效力的判决、裁定、调解书等确有错误需要再审的案件;(3)同级人民检察院依照审判监督程序提出抗诉的刑事案件;(4)法律适用规则不明的新类型案件;(5)拟宣告被告人无罪的案件;(6)拟在法定刑以下判处刑罚或者免予刑事处罚的案件;(7)高级人民法院、中级人民法院拟判处死刑的案件。

2. 可以提交讨论的案件类型

另据《审委会工作机制意见》第 9 条规定:各级人民法院审理的下列案件,可以提交审判委员会讨论决定:(1)合议庭对法律适用问题意见分歧较大,经专业(主审)法官会议讨论难以作出决定的案件;(2)拟作出的裁判与本院或者上级法院的类案裁判可能发生冲突的案件;(3)同级人民检察院依照审判监督程序提出抗诉的重大、疑难、复杂民事案件及行政案件;(4)指令再审或者发回重审的案件;(5)其他需要提交审判委员会讨论决定的案件。新类型案件主要是指新的法律规定或司法解释出台后,但仍存有一定的模糊地带,最高人民法院尚未发布相关指导性案例,上级人民法院和本院均无先例可循的新类型案件。①

3. 将专业(主审)法官会议作为提交审判委员会讨论的前置程序

为有效控制审判委员会讨论案件数量,确保审判委员会更好地履行总结审判经验、统一法律适用、研究讨论审判工作重大事项等宏观指导职能,不断提升审判委员会讨论案件质效。拟提请审判委员会讨论决定的案件,应当有专业(主审)法官会议研究讨论的意见。专业(主审)法官会议意见与合议庭或者独任法官意见不一致的,院长、副院长、庭长可以按照审判监督管理权限要求合议庭或者独任法官复议;经复议仍未采纳专业(主审)法官会议意见的,应当按程序报请审判委员会讨论决定。提交审判委员会讨论的案件,合议庭应当形成书面报告。书面报告应当客观全面反映案件事实、证据、当事人或者控辩双方的意见,列明需要审判委员会讨论决定的法律适用问题、专业(主审)法官会议意见、类案与关联案件检索情况,有合议庭拟处理意见和理由。有分歧意见的,应归纳不同的意见和理由。审判委员会作为解决法律适用分歧的重要途径,提交审判委员会讨论的案件主要是新型、重大、疑难、复杂案件,在案件分配和确定审判组织时,优先让审判委员会委员作为合议庭成员直接参与案件的审理。要将审判委员会制度与院庭长办案制度相结合,进一步落实最高人民法院《关于加强各级人民法院院庭长办理案件工作的意见(试行)》的相关规定,院庭长应当根据分管的审判工作,结合专业背景和个人专长办理案件,重点审理重大、疑难、复杂、新类型和在法律适用方面具有普遍指导意义的案件。

4. 明确审判委员会专业委员会的制度定位

《审委会工作机制意见》第 6 条规定:审判委员会会议分为全体会议和专业委员会会议。专业委员会会议是审判委员会的一种会议形式和工作方式。中级以上人民法院根据审判工作需要,可以召开刑事审判、民事行政审判等专业委员会会议。专业委员会会议组成人员应当根据审判委员会委员的专业和工作分工确定。审判委员会委员可以参加不同的专业委员会会议。专业委员会会议全体组成人员应当超过审判委员会全体委员的 1/2。专业委员会作为审判委员会的一种

① 参见南英、高憬宏主编:《刑事审判方法》,法律出版社 2013 年版,第 402 页。

工作方式,专门就各审判领域的专业性问题进行研究讨论,充分发挥了审判委员会的专业把关作用,提升了审判委员会的工作质效。

2018 年修订的《人民法院组织法》充分肯定了人民法院的实践探索,首次以立法形式明确了审判委员会专业委员会会议的法律地位。① 明确了审判委员会专业委员会会议既不是介于审判委员会与合议庭之间的独立机构,也不是审判委员会下设的二级机构,而是审判委员会根据专业分工履行职责的一种会议形式或者工作方式。实践中,审判委员会全体会议与专业委员会会议既具有紧密联系又具有明显区别:全体会议与专业委员会会议组成人员均是审判委员会委员,后者包含于前者之中;两种会议均可以讨论决定提交审判委员会的案件或者事项,但任务分工和讨论范围应有所区别,具体情形可以由设立专业委员会会议的法院根据工作实际予以规定;两种会议讨论案件的决定,合议庭应当执行。② 审判委员会全体会议和专业委员会会议讨论案件或者事项,一般按照各自全体组成人员过半数的多数意见作出决定,少数委员的意见应当记录在卷。经专业委员会会议讨论的案件或者事项,无法形成决议或者院长认为有必要的,可以提交全体会议讨论决定。

五、解决法律适用分歧的根本途径是发扬司法民主

对于最高人民法院尚未统一裁判尺度的案件,出现法律适用分歧在所难免,尤其在新类型案件和疑难复杂案件的法律适用中更加容易出现分歧。在此情况之下,法官仍需努力去尽量缩小裁判分歧,裁判结果和价值取向要始终和社会主义核心价值观保持一致。法官要根据具体的案件情况,选择最优的裁判思路,以政治效果、法律效果、社会效果的有机统一作为检验裁判结果公平性和正当性的重要标准。

法律适用分歧应当在本院内部按照合议庭(独任庭)—专业法官会议—审判委员会的程序予以解决,这些程序均按照少数服从多数的原则形成表决结果,其本质就在于发扬司法民主。相比较而言,合议庭是“小民主”,专业(主审)法官会议、审判委员会专业委员会是“小民主”拓展出来的“大民主”,在更加广泛的范围内征求专业意见,以坚持司法理性为基本要求,以求最大限度地汲取司法智慧,进

---

① 详见《人民法院组织法》第 36 条。

② 参见钟宣、胡继先:《〈关于健全完善人民法院审判委员会工作机制的意见〉的理解与适用》,载《人民司法》2020 年第 1 期。

而凝聚司法共识,从而达到发扬司法民主的目的,这是中国特色社会主义司法制度的智慧结晶。

实行少数服从多数原则是民主集中制的基本要求,但真理有些时候掌握在少数人手中,解决法律适用分歧需要在发扬司法民主的基础上保持一定的开放性和包容性。以《侵权责任法》第24条公平责任的适用为例,类似侵权案件中"和稀泥式"的判决一度成为"主流",但只要有充分和足够的理由一样可以偏离"主流判决"。以"电梯劝阻吸烟猝死案"为代表,二审判决认为,本案中杨某劝阻吸烟行为与段某某死亡结果之间并无法律上的因果关系,因此,一审判决依照《侵权责任法》第24条的规定,适用公平原则判决杨某补偿田某某1.5万元,属于适用法律错误。本案中,杨某对段某某在电梯内吸烟予以劝阻合法正当,是自觉维护社会公共秩序和公共利益的行为。一审判决判令杨某分担损失,让正当行使劝阻吸烟权利的公民承担补偿责任,将会挫伤公民依法维护社会公共利益的积极性,既是对社会公共利益的损害,也与民法的立法宗旨相悖,不利于促进社会文明,不利于引导公众共同创造良好的公共环境,二审法院依法予以纠正。[①] 该案引发了全社会对《侵权责任法》第24条公平责任的滥用的强烈关注和司法机关的认真反思,最终对过去"和稀泥式"判决予以纠偏,弘扬了社会主义核心价值观,依法守护社会正能量成为众望所归。"电梯劝阻吸烟猝死案"的二审判决做到了情理法统一,对于规范《侵权责任法》第24条公平责任的适用作出了重要贡献。

第六节 建立事实认定分歧解决机制

"以事实为根据,以法律为准绳",是司法机关应当坚持的一项基本原则,这表明人民法院审理案件主要围绕事实认定和法律适用展开。准确认定案件事实,是正确适用法律的前提和基础,不把案件的事实认定清楚,法律适用无从谈起。审判实务中,合议庭在事实认定中出现分歧的情形客观存在,在疑难复杂案件的审理中,事实认定分歧,相比于法律适用分歧,甚至更为普遍。事实认定分歧,主要指足以影响案件的法律规则适用和裁判结果的重大事实认定分歧,而非案件中细

① 参见高洁:《"电梯劝阻吸烟猝死案"为何改判?依法守护社会正能量众望所归》,载腾讯新闻网,https://news.qq.com/a/20180125/028125.htm。

枝末节、无关紧要的事实认定分歧。

事实认定分歧的产生原因是多方面的，在笔者看来，主要包括以下四个方面：一是案件事实本身的复杂性。具体案件的纷繁复杂和千变万化，可能已经远远超出了法官的一般生活经验认知，难以避免会因法官理解与认识的个体差异而出现事实认定分歧。二是证据规则体系的不完善。证明责任的分配与当事人实体法上的权利义务紧密相关，实践中始终难以找到一套放之四海而皆准为所有人所认可的证明规则体系。三是法官在事实认定中的自由裁量权。法官在事实认定中的自由裁量权是客观存在的，尤其是对于证据证明力和证明标准的判断，离不开法官的自由裁判权的行使，这必然会使合议庭成员之间因自由裁量权的差异而出现事实认定分歧。四是法官的司法能力差异。当前，按照新发展理念的要求，需要实现人民法院工作的高质量发展，这就必然要求司法人员进一步提升司法能力和司法水平。如果审判人员不与时俱进，及时更新司法理念和证据规则体系知识，由此带来的事实认定必然会五花八门。从长远来看，为了尽量缩小事实认定分歧，要进一步深化证据规则体系改革，全面建立起适应我国国情，符合社会主义法治要求，符合国际通行规则，且与国内法治体系深度融合的证据规则体系，在更高水平上实现证据规则体系的现代化与中国化。同时，要进一步提升司法人员的能力与水平，要坚持以马克思主义哲学为指导，坚持普遍联系的观点，透过现象看本质审查和认定证据。要进一步提升法官的职业素养和道德素养，审判人员要代表社会良心作出事实判断，做到不偏不倚、不左不右、不枉不纵，让人民群众评判，接受实践检验。

目前，不同于法律适用分歧的完整解决机制，事实认定分歧往往只能通过合议庭内部的民主机制予以解决。笔者认为，从深化司法改革的要求出发，对于事实认定分歧，应当提升到应有的高度予以充分重视。从人民法院审判工作高质量发展客观需要以及人民群众新期待看，事实没有查明，或者没有努力查明就裁断案件，显然会导致法律适用的基石不牢，裁判结果的公正性和合理性也必将受到影响。如何建立起更加科学合理高效的事实认定分歧解决机制，显得十分重要和紧迫。现有的事实认定分歧解决机制，急需补充、丰富和完善。在司法实务中，在坚持“让审理者裁判，由裁判者负责”的同时，也要赋予监督者对事实认定错误的监督权力，以实现“让监督者监督”的改革要求体现于全方位全过程，进而全面贯彻落实以公开促公正，以监督促公正的深化司法改革要求。这就必然要求，人民法院内部应进一步建立和完善审判权力制约监督机制，要强化对事实认定分歧及其合理解决的制约监督。

在当前的审判管理体制中，即使案件因合议庭存在事实认定分歧而提交专业（主审）法官会议和审判委员会讨论研究，在现有的制度框架内仍然难以得到妥善的解决。尽管专业（主审）法官会议可以就与事实认定高度关联的证据规则适用问题进行讨论，但是专业（主审）法官会议辅助决策、咨询参考的制度属性限制了其在解决事实认定分歧中所能发挥的作用。按照现有审判委员会规则，审判委员会仅讨论案件的法律适用问题，事实认定问题仍然需要由合议庭负责。因此，事实认定分歧解决机制的缺失成为当前审判实践中的薄弱环节，亟须通过司法改革予以完善。具体理由如下：

第一，事实认定与法律适用紧密联系。在人民陪审员制度改革中，通过区分"事实审"与"法律审"，进而明确了人民陪审员只参与案件的事实认定，不参与法律适用，这在简单案件中尚具有可操作性。然而在疑难复杂案件的审理中，"事实审"与"法律审"的界限并不是泾渭分明的，两者往往联系十分紧密，互相交织在一起。对于"事实审"与"法律审"的区分，不仅我国法学研究尚未深入研究过这一领域，审判实务中也未形成清晰可用的区分标准。我们不应过于追求事实认定问题与法律适用问题的绝对分离，事实认定过程中必然包含着对法律规则及其类型化的价值判断，从而决定了法律适用的方向。[①] 现有的案件审理分歧解决机制中，仅仅关注了法律适用分歧解决机制，而忽略了事实认定分歧的解决机制，这不仅有违司法规律，而且不符合司法实践中的实际需求。

第二，要重视事实认定分歧的妥善解决。案件的事实认定出现偏差，必然会导致法律适用误入歧途，在此基础上作出的裁判结果，与公平正义的要求同样相去甚远。相比法律适用的专业性而言，当事人因为切身经历而对案件事实有更加直接的认识与理解，认定案件事实错误更加容易引起当事人的不满和质疑。因而，要把事实认定分歧的妥善解决，摆到与法律适用分歧解决同等重要的高度，甚至更加重要的高度。众多疑难复杂案件的审理难点不在于法律适用，而是合议庭对于事实认定出现了重大分歧。这在死刑案件中体现得尤为明显，认定被告人是否存在杀害被害人行为的事实至关重要。"聂树斌案"的原审判决与再审判决的结果截然不同，关键就在于案件事实认定部分的差异，再审判决认定本案的"抓获

① 参见廖永安、胡东骄：《对事实审与法律审分离的再思考》，载《人民司法（应用）》2018 年第 22 期。

经过”不符合证据的关联性要求,不应具有证据的适格性,不宜据此确定聂树斌为犯罪嫌疑人,由此掀开了原审定案证据体系上的“裂缝”。

第三,应当尽快建立事实认定分歧解决机制。事实认定与法律适用的紧密关系决定了应当将两者置于同样的分歧解决程序之中,参照法律适用分歧解决机制,建立事实认定分歧解决机制。现有的法律适用分歧解决机制,建立了合议庭(独任庭)—专业(主审)法官会议—审判委员会(专业委员会)等一系列程序和机制,均按照少数服从多数的原则形成表决结果,其本质就在于发扬司法民主,这是中国特色社会主义司法制度的智慧结晶。应当将事实认定分歧一并纳入上述机制中予以解决,在更加广泛的范围内征求专业意见,坚持司法理性,以求最大限度地汲取司法智慧,进而凝聚案件事实认定的司法共识。尤其是应当赋予审判委员会对合议庭重大的事实认定分歧作出最终决定的审查权,避免承办法官由于主客观因素出现事实认定上的重大失误或偏差,最大限度地发挥审判委员会制度在重大、疑难、复杂案件审理中的效能。随着证据规则体系的日渐完善和法官司法能力水平的不断提升,事实认定分歧会逐步减少,主要出现在重大疑难复杂案件当中,而这类案件本身就属于应当提交审判委员会讨论决定的案件类型。经过审判委员会讨论后,认为案件事实认定仍然存在困难的,可以由合议庭补充开庭或者依职权调取相关证据。审判委员会进行事实认定应当以专业委员会为原则,专业委员会是审判委员会的一种会议形式和工作方式,其依法作出的决定与审判委员会具有同等的效力。由专业委员会进行事实认定,符合审判专业化的要求,且更加有利于实践中的操作。同时,对于部分刑民交叉的复杂疑难案件,经过院长批准,可以在审判委员会中进行事实认定,确保案件事实认定的精准性。

第四,要充分发挥类案及关联案件检索报告在事实认定分歧解决机制中的独特作用。“类案同判”的前提条件是同样类型的案件在基本事实的认定方面应当基本相同。合议庭出现重大的事实认定分歧后,应当进行类案检索,参考类案在事实认定方面的主流裁判观点。待决案件与类案相比,在事实方面不存在特殊因素的情况下,事实认定应当遵从主流类案的裁判观点,偏离主流类案的事实认定需要具有充足的理由。同时,通过对关联案件的检索,加强对涉案事实的全面性认识,尤其是在刑民交叉案件的事实认定过程中,需要坚持“穿透式审判思维”,对涉案事实作出准确认定。例如,在民间借贷纠纷案件的审理中,要通过关联案件的检索对“套路贷”和“非法放贷”行为进行审查与识别,从而作出准确的事实认定。因重大的事实认定分歧而提交专业(主审)法官会议和审判委员会(专业委员会)讨论研究的,应当提交类案与关联案件检索报告,明确事实认定分歧的争议焦点。

第五,司法的亲历性不应当成为审判委员会进行事实认定的改革阻力。事实认定问题始终未能进入审判委员会(专业委员会)的讨论议题之中,其中最为重要的原因在于理论界普遍认为,由审判委员会进行事实认定有违司法的亲历性原则。与法律适用相比,案件的事实认定具有亲历性的特点,即直接言词原则,这是"让审理者裁判,由裁判者负责"的必然要求,也是司法责任制的重要内容。但随着科学技术在庭审中的广泛运用,且在线诉讼日益普及化的情况下,审判委员会进行事实认定的亲历性不应当成为改革阻力。庭审直播与远程视频庭审系统的推广与普及为解决审判委员会进行事实认定的亲历性问题提供了可能,目前的庭审录音录像技术具有内容准确、形象逼真、可再现等特点,不仅能准确记录当事人与证人的内容,而且能准确记录庭审的场景、双方的动作、神态、表情、语气,给人以身临其境、亲见其人、亲闻其声、亲感其事的感觉,它为拓展"亲历"的时间、空间和方式提供了可能。这虽然与严格意义上的"亲历"仍然具有一定的区别,但是已经达到"间接的亲历"[①],为审判委员会进行事实认定分歧解决提供了可行性。从审判实务的角度来看,由审判委员会进行事实认定分歧解决与司法的亲历性并不矛盾,不能简单、机械、僵化地理解司法的亲历性。审判委员会进行案件事实认定应当审核证据、调阅庭审笔录和庭审录像,通过合议庭完整汇报案件情况和庭审情况来了解事实认定分歧的争议焦点,事实上借由合议庭落实了直接言词原则。由审判委员会进行事实认定分歧解决在一定程度上与二审书面审理具有相似性,契合司法实际需求。例如,最高人民法院在死刑案复核件中,由合议庭进行书面审查为原则,这并不违背"让审理者裁判,由裁判者负责"的要求。

建立事实认定分歧解决机制,由审判委员会对疑难复杂案件中的重大事实认定分歧进行最终决定,达到了事实认定与法律适用相统一,为疑难复杂案件的公平公正审理奠定了事实基础。同时,由审判委员会负责事实认定分歧的解决,对合议庭的事实认定形成了监督,真正实现在"让审理者裁判,由裁判者负责"的基础上,落实让监督者监督,落实司法责任制。[②]

---

① 朱孝清:《司法的亲历性》,载《中外法学》2015 年第 4 期。

② 参见王雨田:《加强制约监督　规范司法权力运行》,载《法治日报》2021 年 8 月 5 日,第 5 版。

后　记

徒法不足以自行，法律的生命力在于实施。习近平总书记指出：所谓公正司法，就是要让受到侵害的权利得到救济和保护，要让违法犯罪活动受到制裁和惩罚，努力让人民群众在每一个司法案件中感受到公平正义。要实现社会公平正义，就要用公正裁判引领社会风尚，用公正司法指引全民守法，要深入推进全面依法治国，建设更高质量的法治中国，实现更高水平的社会治理。为了这个目标，全体法院人都在不懈努力。

近年来，湖南法院系统始终坚持以习近平新时代中国特色社会主义思想为指导，深入贯彻落实习近平法治思想，坚定不移深化司法体制改革，全面落实司法责任制，审判质量、效率和公信力不断提升。湖南省高级人民法院党组书记、院长田立文同志明确要求全省法院对审判工作进行精细化管理，全力提升审判质量、效率和公信力。为此，笔者在岳阳市中级人民法院履职期间，积极总结办案方法，探索审判管理流程，在工作中初步形成了五步法，并实际运用于审判实务，取得了良好成效。2020 年 8 月到郴州市中级人民法院任职后，笔者又进一步进行了修改完善，目前，五步法正在郴州市中级人民法院全面推行。五步法旨在以实际行动坚决贯彻落实新发展理念，按照党中央和最高人民法院、湖南省高级人民法院的要求，在坚持"让审理者裁判，由裁判者负责"的基础上，努力实现"让监督者监督"，不断把基层司法改革推向深入。希望此书能够抛砖引玉，促进司法改革向纵深发展。

在本书撰写过程中，胡桐辉、陈琳、何伦波、周明、唐红等同志承担了资料收集、文字整理等工作。本书的出版，得到了法律出版社的大力支持，特别是法商分社薛晗社长、赵明霞编辑、魏艳丽编辑、王文阑编辑不辞辛劳，对本书进行编辑、校稿、审阅，使本书得以顺利出版。同时，本书的出版得到了领导的关心和实务界、出版界朋友的支持。在此，一并谢忱！

本书提倡的五步法本质上是一种案件审理方法，但同样适用于案件监管和案件评查工作。本书主要侧重于方法阐述，关于事实审＋法律审的规则运用，有待以后在司法实践中进一步丰富、完善。书稿存在的纰漏和不足，还请各位不吝批评指正。相关修改完善的意见和建议，请发送至电子邮箱 wytwbf@ yeah. net，以促进五步法更加完善、缜密。

谨以此书，向广大厉行法治、负重奋进、无私奉献的全体法官同仁致敬！

王雨田

2021 年 10 月 31 日